中国 语言文字学 的发展

中西书局 组编

ZHONGGUO
YUYAN WENZIXUE
DE FAZHAN

中西书局

出 版 说 明

　　中西书局、上海辞书出版社长期致力于中国语言文字学学术成果的出版。在新时代，为配合本学科的发展，我们约请不同领域的学者，结合他们自身的研究工作，撰文回顾既往、评述现状、展望未来。由于篇幅的原因，各篇行文无法面面俱到，唯求客观平实、言之有物。在未来，我们将持续地开展这项工作，衷心希望能够得到学界和广大读者的关心支持。

　　本项目是集体创作，2020 年 8 月启动后，各位作者陆续交稿，时间上前后有差，这一点是要特别说明的。

中西书局

2023 年 7 月

作者名单

朱晓农　江苏师范大学语言科学与艺术学院 /
　　　　云南民族大学民族文化学院

麦　耘　中国社会科学院语言研究所 /
　　　　江苏师范大学语言科学与艺术学院

黄德宽　清华大学出土文献研究与保护中心

李宇明　北京语言大学语言资源高精尖创新中心

张涌泉　浙江大学文学院

孔江平　北京大学语言学实验室 / 中国语言文学系

汪维辉　浙江大学汉语史研究中心

刘丹青　深圳大学人文学院 / 中国社科院大学

吴福祥　北京语言大学语言科学院

陈忠敏　复旦大学中国语言文学系

黄成龙　中国社会科学院民族学与人类学研究所 /
　　　　中国社会科学院中国少数民族语言研究中心

陈　剑　复旦大学出土文献与古文字研究中心

韩小荆　苏州大学文学院

景盛轩　浙江师范大学人文学院

梁春胜　河北大学文学院

史文磊　浙江大学汉语史研究中心

黄　阳　西南交通大学人文学院

Contents 目录

汉语历史音韵学管窥

麦　耘

汉语历史音韵研究作为中国现代语言学中的一门学科，已经诞生一个世纪有奇，取得了巨大的成就，今后还会再接再厉。下面在笔者所见所识范围内，有选择地谈一些研究现状，以及未来学科发展中可能值得注目的问题。学殖不足，谬误自不能免，大家勿怪！[1]

一、中古音研究

中古音涉及面非常广，本文只就《切韵》和韵图音系讲一下。

（一）《切韵》音系

1. 介音系统

介音是《切韵》音系的纲，纲举而目张。关于《切韵》的介音，主要有一个观念问题、三个局部问题、一个系统问题。

（1）观念问题

古反切如何反映介音？介音又称韵头。这两个名称，外延相同，但内涵有别：称韵头，就是视之为韵母的一部分；谓之介音，则系指其为介于声母和韵母之间的成分。对古反切的一向观念，是韵母（包括韵头）由反切下字表现，反切上字只表现声母；而赵元任（1941）提出反切上、下字的"介音和谐"规则，指出

---

[1]麦耘（2019）有一些内容为本文所无，可以参看。不过该文有个别地方弄错，例如说李荣（1956）构拟重纽 A 类等介音为 -j-（其他是写作 -i-），谨向同仁致歉！该文还有一些印刷问题，也请读者留意。

反切上字和下字都可能反映介音。陆志韦（1963）讲得更详细。

《切韵》唇牙喉音反切上字有分组的趋势，大体上三等韵为一组，一二四等韵为一组。高本汉（1915—1926/1995）[29-31]认为切上字的分组反映了声母不同，构拟为三等声母腭化（"j 化"），一二四等声母不腭化。[1]但有坂秀世（1937—1939/2010）、陆志韦（1939）、李荣（1956）[110-112]等都根据反切上字的分组，指出三等韵有前腭介音，而一二四等韵没有。面对相同的材料，不同的观念形成了不同的解释。

三等韵的重纽两类，有时从反切下字能看出对立，但有时反切下字会把两类系联成一类，所以有人觉得重纽对立可疑。实际上，重纽两类的不同经常由反切上字表现。（周法高 1952；辻本春彦 1954；松尾良树 1975）这既证明重纽之确实存在，又暗示其对立的成分在介音。

（2）三个局部问题

① 四等韵介音。高本汉（1915—1926/1995）构拟三、四等都带前腭介音，其依据主要是韵图和方言。在他的认知中，《切韵》与韵图的介音系统是完全一样的，韵图四等的介音状况就是《切韵》四等韵的介音状况，这是大错了（见后文）；而现代大多数汉语方言的语音特征，是对应汉语史上《切韵》以后的、韵图的音系。自有坂秀世、陆志韦等之后，已经有许多学者认同《切韵》四等韵无前腭介音之说，也有新的证据被发掘出来。

不过，高本汉仍有支持者。李方桂（1971/1980）[23]把四等韵在上古的韵腹构拟为复元音 *ia *iə（其中 *i 不是介音），故以为须假定《切韵》四等韵有 -i- 介音较好。这是要求《切韵》研究迁就上古拟音了。尉迟治平（2002）则用梵汉对音来证明四等韵有前腭介音[2]。

张渭毅（2003）认为有方言之别，北方四等韵带 -i- 介音，南方不带。此待再考。

马德强（2011）对四等韵介音问题的研究有很好的评论。

② 重纽与三等韵介音。目前多数音韵学者认为，重纽对立是介音对立[3]。重

---

[1] 三等前腭介音造成唇牙喉音声母腭化，本来是说得通的。高本汉的问题在于：如果按他的构拟，三等和四等都有前腭介音，为什么三等的会使声母腭化，而四等的就不会？

[2] 施向东（1983）等同样根据梵汉对音，却构拟四等韵没有前腭介音。这还需要专家再做磨勘。

[3] 对重纽有多种看法，有认为重纽两类没有语音区别，有认为是不同方言综合的结果，有认为是音系内部的音位对立；在后者中，又有介音区别、韵腹区别、声母区别、声母与介音共同起作用、韵腹与部分声母共同起作用、部分由韵尾区别等不同主张。本文主要取为较多学者所认可的"介音区别说"来谈。

纽是三等韵内部的对立；换言之，三等韵不是如高本汉所想，统一地具有一种前腭介音，而是有两种。

有坂秀世（1937—1939/2010）和郑仁甲（1994）都依据朝鲜汉字音，有坂拟重纽三等（B类）带 -ï- 介音、重纽四等（A类）带 -i- 介音，郑仁甲所用元音符号相同，唯不加弱音符。王静如（1941）、陆志韦（1947/1985）[25] 拟 B 类 -ɪ- 介音（同时声母带嗫唇），A 类 -i- 介音。藤堂明保（1954）拟 B 类 -rj-，A 类 -j-。水谷真诚（1960）、俞敏（1980）和施向东（1983）据梵汉对音，也都认为 B 类介音带卷舌性。邵荣芬（1982）[124] 拟 B 类介音为 -i-、A 类介音为 -j-。潘悟云和朱晓农（1982）、朱晓农（2004）据汉越语唇音 A 类变舌齿音，论证 A 类 -j- 介音带较强摩擦性。[1] 麦耘（1992）兼取王、陆和藤堂、水谷、俞、施的观点，拟 B 类介音为 -rɪ-（卷舌性的 ɪ，或写作 -ri-，声母嗫唇为非区别特征）；后又依潘、朱，以 A 类介音为摩擦的 -j-。（麦耘 2022a）多数拟音的共同特点，是 A 类介音比 B 类更具锐音性。（黄笑山 1996）[2]

重纽对立以外的三等韵字的介音，依陆志韦（1947/1985）[25-26] 说，非重纽韵的唇牙喉音（除喻四）介音为 B 类；其余声母中，精章组和日母、喻四的介音是 A 类，庄知组和来母、喻三是 B 类，不论是否重纽韵。麦耘（1992）根据反切情况，大体支持陆志韦的意见，不过知组和来母在反切上不太稳定，需进一步解释。[3] 平山久雄（1997）的一个意见值得重视：介音的实际读音会随不同的声母而有差别（即有条件变体），而今人的构拟和分类则是音位性的。

后代变轻唇的唇音字的介音要考虑。王静如（1941）、麦耘（1992）归 B 类，郑张尚芳（1987）归 A 类。这涉及轻唇化的语音条件，需要从音理上再做思考。

③ 二等韵介音。高本汉（1915—1926/1995）[477-478] 起初为二等构拟介音为"寄

---

[1] 平山久雄（1997）用三根谷彻（1953）的观点，认为可从音位上把 A 类视为声母上带强腭化。这跟潘、朱认 A 类介音为强摩擦实质上是相同的。

[2] 龙宇纯（1986）和张渭毅（2003）反过来拟 A 类为 -i-、B 类为 -j-（请注意，龙氏对 A、B 类的称名与本文相反）。李荣（1956：142）也写 A 类 -i-（与一般三等韵同）、B 类 -j-，不过他只是用来标类，并非构拟。

[3] 邵荣芬（1982）[78-80] 考察舌齿音与重纽两类的关系，不用反切，而根据韵图和《韵会举要》。但《切韵》的介音状况到韵图已发生改变，不可全据；《韵会举要》时代亦晚，且其"字母韵"是《蒙古字韵》的机械汉化版（参看郑再发 1965），后者的八思巴字对译汉语，对牙喉音重纽（实为韵图三、四等）两种前腭介音用两种字母，而译舌齿唇音也同样是这两种字母，但使用规则不同，《韵会举要》只知死板地照字母的写法归纳，更乱人眼。邵荣芬的分类既不依《切韵》反切，谢纪锋（1992）复取邵说以观察颜师古《汉书》反切，发现不能相合，遂谓颜氏音无重纽之别。其实颜氏反切与《切韵》反切是一致的。

生的 i"，后来取消。许宝华和潘悟云（1985，1994）重新论证二等介音的存在，构拟为后腭的 -ɯ-。郑张尚芳（1987）也拟为后腭介音，唯写作浊辅音 -ɣ-，强调了摩擦性。[1]肯定二等韵有独特介音，这一成果意义非凡。不过，至目前为止，中古二等韵有介音的证据还是相对薄弱了一些。

（3）系统问题

高本汉所拟《切韵》开口介音是：一、二等零介音，三等 -ɹ-，四等 -i-。而依上文，一、四等韵同为零介音，二等韵有介音，三等韵有两种对立的介音，如下：[2]

	一、四等韵	二等韵	三 B 类	普通三等韵	三 A 类
郑张尚芳（1987）	-Ø-	-ɣ-	-ɣi-	-i-	-i-
潘悟云（2000）	-Ø-	-ɯ-	-ɯi-	-i-	-i-
麦耘（2022）	-Ø-	-rɣ-	-ri-	-ri-/-j-	-j-

各家具体构拟略有不同（同一个学者的观点也会有变化），可以另说，关键是这个格局能否成立。这是一件极重要的事情，牵涉到对《切韵》整个音系的看法。

此外还有一个问题：在有开口介音的时候，我们习惯把合口介音写在后面，例如 -iu- 或者 -jw-。这次序为什么不是倒过来？有什么讲究吗？还有，为什么一定得是复合介音，能不能构拟为单介音，譬如 -y-[3]？喻世长（1989）、平山久雄（1997）就不构拟复合介音。

2. 声母

唇音和牙喉音相对简单，所以这里只谈舌齿音的两个问题。

① 知组与庄组的关系。高本汉（1915—1926/1995）[32]用商克（Schaank S H.）的舌齿音比例式"t（端）：知 =ts（精）：照"，转换出"知：照 =t：ts"，再推断知组与照组调音部位相同，非常精彩。但是这只适合于韵图；韵图照组在《切韵》是庄、章两组，本应从中选一组代入，高本汉却拿两组齿音硬配一组舌音（他说

---

[1]《蒙古字韵》二等牙喉音介音跟四等同类，而不是跟三等同类，很可能说明中古二等介音带摩擦性，所以跟四等也带摩擦性的 -j- 介音容易合并。当然，二等介音也可能只是在牙喉音里摩擦性才较强。

[2]郑张和潘为三等韵拟 3 种介音，但普通三等韵与 A、B 类均无对立。麦耘所拟普通三等韵内两种无对立。

[3]明前期《韵略易通》把《中原音韵》的鱼模韵分成居鱼、呼模两韵，一般认为这是 y 元音在汉语史上出现之始。但从逻辑上并不能断言，一定要有了韵腹元音 y，才能够有介音 -y-。

庄组只有二等，是让韵图迷惑了）；在具体构拟上，拟知组为 ṭ 等，实际上只与章组 tɕ 等相配，而庄组拟 tʂ 等（1915—1926/1995）[305]，导致后者在这个结构中游离在外。

陆志韦（1947/1985）[14]、李荣（1956：128）、李方桂（1971/1980）[6-7]都指出知、庄组同部位。知二配庄二，知三配庄三，很整齐；章组只见于三等韵，反倒不应在此结构中。

② 舌齿音与唇牙喉音的不同性质。高本汉（1915—1926/1995）[29-36]把《切韵》唇牙喉音反切上字的分组解释成三等声母腭化，并加以推广，说舌齿音声母也是三等腭化。但实际上，舌齿音反切上字的分组情况与唇牙喉音并不一样。麦耘（1994b）把知、庄组构拟为卷舌音，而二等韵和三等韵 B 类介音也带卷舌性，并指出：在舌齿音，卷舌介音导致切上字一级分组（分端与知、精与庄、来母与之平行），前腭介音导致二级分组（精组的三等韵与一四等韵约略能分）；唇牙喉音则相反，前腭介音导致一级分组（三等韵自为一套切上字），卷舌介音导致二级分组（三等韵内重组两类反切上字不互用）。

这可能暗示舌冠类（舌齿音）与非舌冠类（唇牙喉音）声母在语音性质上的不同。这对古音构拟及语音演化研究都应有一定的启迪作用，或许还能从中挖掘更多的东西。

3. 韵腹元音

我们挑选几个问题来简单谈谈。

① 《切韵》音系韵腹元音的数目。冯蒸（1998）认为应至少有 12 个，因为《切韵》里 -ŋ/k 尾韵就有 12 个，韵腹少了分不开。《切韵》里有很多韵包含了韵腹相同而介音不同的韵母，所以说，冯蒸"不按介音分韵"的立论可以得到《切韵》本身的支持。

余迺永（1993）和麦耘（1995c）只拟 7 个元音音位，让带有不同介音的韵作互补分布。如余迺永所拟：江 ɔŋ、冬 uoŋ、钟 juoŋ，青 iŋ、蒸 jiŋ、庚（j）aŋ、清 iaŋ，唐 ɑŋ、阳 iɑŋ，麦耘所拟：江 rɔŋ、冬 oŋ、钟 ioŋ，耕 reŋ、青 eŋ、清 ieŋ、登 ɤŋ、蒸 iɤŋ；唐 ɒŋ、阳 iɒŋ。

质疑者会问：如果是这样，为什么陆法言不把同韵腹的韵合并呢？大概可以有两种辩词：一是有音位变体，譬如江韵的元音开口度大些，冬韵的小些之类，陆氏是根据不同变体的实际音值来分韵。二是依方言"从分不从合"，譬如假定洛阳音江韵跟唐韵同韵腹、冬韵跟东韵同韵腹，则虽然它们在金陵音里韵腹与钟韵相同，编韵书时还是要让三者独立。

这涉及两个问题：一是历史构拟要不要用音位方法，如果要用，用到什么程度？周法高（1954）对中古音位有过详细讨论。二是《切韵》是否是方言的综合？这个下文将具体讨论。

②u 和 i 的落脚处。在一个音系中，外缘元音由哪些音类占据，是很重要的。前后 a 分歧不会大，但 u 和 i 需要研究。下面只讨论单元音韵母 u 和 i，再加上 in/it。

玄奘出生于《切韵》编成前一年，长于洛阳，其口音是隋唐间的洛阳音。他译梵文的 *u* 基本上用模韵字（施向东 1983），这能支持王力（1958/1980）[52] 所拟模韵 u。[1] 不过这样的话，模韵字作反切上字似应多切合口，然而相反，开口反切上字多用模韵字。也许可以说反切用字反映的更早时模韵的读音为 o；或者是当时洛阳音和金陵音不同，模韵在洛阳是 u，在金陵还是 o。[2] 如果模韵不是 u，则 u 就要落在侯韵上，如郑张尚芳（1987）等所拟。

高本汉（1915—1926/1995）[492] 分不开脂韵和之韵，都写作 i。王力（1958/1980）[51] 将 i 安排给脂韵。李新魁（1979，1986）则拟之韵为 i，又欣 / 迄韵为 in/it。之、欣 / 迄韵没有合口，这个构拟能避免 iui 和 iuin/iuit 这种发音上有点尴尬的拟音。只是有一个小问题：真韵因庄组声母影响韵腹而分出臻韵，另有少数上声字进入欣韵的上声隐韵，要说隐韵是 in，好像不大能说明这个现象。郑张尚芳（1987）、潘悟云（2000：89）是脂韵 i、真（质）韵 in/it。

至于四等韵拟 i 韵腹（如马学良，罗季光 1962；余迺永 1993），要面对的问题与四等韵拟 -i- 介音正同：四等韵切上字何不与三等韵同组？至于后来的发展，如果蟹摄四等韵齐韵是 i，就要思考为什么后代变出 ɿ 韵母的不是蟹摄精组，而是止摄精组？（麦耘 2008b）

③轻唇韵的韵腹。轻唇化在韵腹上的条件，赵元任（1941）曾想过是后元音或央元音。李新魁认为轻唇韵的韵腹是圆唇元音，是个很好的思路。构拟起来亦多顺理，唯微韵作 ĭøi/ĭwøi（李新魁 1979）[94] 或 ĭui/ĭwui（李新魁 1986）[178]，似还需再推敲。

---

[1] 隋及其前，汉籍佛经多用尤韵字对应梵文 *u*。（参李荣 1956）按玄奘之前的佛经来自中亚，对译汉字的是中亚语言，与真正的梵文还有距离。

[2] 高本汉（1915—1926/1995）[522] 拟模韵为 uo，也不好解释反切。只是模韵中有显然是上古合口来源的字，如"孤"之类，与上古开口来源者如"姑"之类在《切韵》中同音，故拟为 o 也令人犹豫。

④ 元韵的特殊地位。在隋代诗文中，元韵多押魂痕韵，少量押仙先韵（麦耘 1999）；后代则归仙先韵。高本汉（1915—1926/1995）[475, 484] 拟为 ɐ 韵腹，在仙韵的 ɛ 跟魂痕韵的 ə 之间。这种取"中位数"的办法似未必最佳。李新魁（1979，1986）拟为 o 韵腹（这也满足了他对轻唇韵的要求）。不妨假定有方言差异：元韵韵腹在金陵是 o，在洛阳则直接跟仙韵一样是 ɛ。后来韵图及多数方言继承了洛阳音，其间不一定有一个从臻摄变到山摄的过程。（麦耘 1995c）

（二）中古后期音研究

1. 中古音的内部分期和韵图的性质

马伯乐（1920）、蒲立本（1984）、郑张尚芳（2000）和麦耘（2002）等都谈过中古音分期问题。麦耘把中古前、后期的分界划在盛唐与中唐之间，后期的特征是四等韵产生前腭介音；后期再分两段，第二段开始于唐宋之际，特征是三等韵庄组失去前腭介音，最终导致庄、章组合流为照组。这两个语音特征是韵图形制建立的必备条件：第一个造成韵图的四等，第二个使韵图的齿音只设一栏即足够。这两点基本上能代表中古后期的语音框架。

不过，早期韵图《韵镜》《七音略》在分韵上全依《广韵》，却是存韵书之旧，并不反映中古后期的韵母系统。可见早期韵图是半创新、半存古的怪胎。后来的学者往往因看到《韵镜》《七音略》的分韵遵《广韵》，就以为它直接表现中古前期音系；又往往因它在一些地方（主要在"等"上）与《切韵》《广韵》有龃龉，就反过来说韵图体例不够妥善，未能正确表现《切韵》音系，譬如指责其齿音只有一栏，竟令庄三、精三等屈居所谓"假二等、假四等"位置。

韵图的框架，是唐末宋初的学者根据当时的实际语音而定；其所列声母、四等，均不能与《切韵》密合（唐宋之际人对《切韵》音系结构的了解，必不如今之音韵学家）。《韵镜》编者的确希望存古，但至多只能做到坚持《广韵》的分韵，而将《切韵》的小韵一一填入此框架时，所依据仍是当时的语音，再加上一些未必正确的猜测。（参陈振寰 1986[218]；丁邦新 2015[74]）罗常培（1943）指"以等韵图与韵书同观"为失，所具体针对虽为《切韵指掌图》，实不排除早期韵图。晚期韵图在分韵上固已按照时音（主要是合并"重韵"，即韵腹系统简化），而图式与《韵镜》一般无异，可反证早期韵图四等框架早已与韵书不合。譬如《切韵指掌图》，虽特为精组单独安排一栏，然三等韵精组仍列于四等——在有四等韵的摄里，自与四等韵精组混一，在只有三等韵的摄里亦置四等，而宁肯空置三等，真是毫不掺假的四等。

需要有一个观念：中古前后期的语音差别，不仅在声纽、韵部，还有介音系统变化。[1]

2. 韵图的"等"与中古前、后期之间介音的演变

对于"等"的通常解释是：韵图每一图中，四个等表示四种高低不同的韵腹元音；而当不同的等的韵腹相同时，三、四等带前腭介音。（王力 1963/1991）[93-94] 新的定义是：四个等代表四种介音。（麦耘 1995b，2002）新定义在逻辑上更明晰、更具自洽性；且解释面更广，譬如说明为何重纽 B 类列三等、A 类列四等，及三等韵精组喻四在四等，等等。

需要着重说明，"等"有两个概念：一是原生的，指韵图在四横栏里分别排列的四类韵母；一是衍生的，是现代学者取韵图概念加以改造后，用以称呼《切韵》音系的四类韵母。[2]两个概念之间有对应，也有参差，在某些场合极易混淆。笔者强烈建议，在指称上做出区分：前者称"一等、二等、三等、四等"，后者称"一等韵、二等韵、三等韵、四等韵"。

上述中古后期的两项语音特征，就是介音系统上的两项演变：

（1）四等韵产生 -j- 介音

黄淬伯（1930）整理中唐慧琳《一切经音义》，谓四等韵与三等韵混同，唯山摄之先韵与仙韵 A 类合流，而与仙韵 B 类（加元韵）对立。[3]有坂秀世（1937—1939/2010）谓四等韵在慧琳音是与 A 类合流，不及 B 类。赵翠阳（2014）的研究支持有坂，指出所有四等韵在慧琳音都与三等韵 A 类（含重纽四等和精组喻四）合流，三等韵 B 类与无重纽三等韵合流，并不限于山摄。这是四等韵在中唐以后产生了 A 类介音 -j-。旧说慧琳音"三四等合流"，其实既非三等韵与四等韵合流，更非韵图三等与四等合流，而是四等韵与三等韵的 A 类（及精组喻四等声母字）合流，两者构成后来韵图的四等，而三等韵的 B 类（及知组喻三等声母字）在韵图三等，无重纽三等韵亦按此声母分配三、四等。

按传统的说法，韵图四等是《切韵》四等韵的基本盘，凡有《切韵》三等韵字置于韵图四等者，是"假四等"。然而实际上，若谓四等的特征就是带 -j- 介音，

---

[1] 高本汉凡说到韵图有创新，都是指《切韵指掌图》等晚期韵图之简化韵母系统，而不知道介音系统以及声母系统在中古后期的改变，在《韵镜》等早期韵图中已经实现。

[2] 前一概念实即表示中古后期带四种不同介音的韵母；后一概念也与中古前期介音有很大关系。

[3] 黄淬伯已观察到其他摄也有四等独立的迹象，但可能对重纽问题了解得不透彻，终未能析出。

则三等韵 A 类（含精组喻四）在《切韵》时已然，应是"老四等"，四等韵不过是后来者。

朝鲜汉字音牙喉音重组有对立（郑仁甲 1994），而 A 类与四等韵牙喉音合并，实为韵图格局（麦耘，钱有用 2022）。越南汉字音唇音变舌齿音也主要是 A 类（王力 1948），而羼入部分四等韵字（丁邦新 2015）[81-82]。很可能反映过渡性音系，其中四等韵字已开始产生 -j-。

中唐及以后的注音材料不少，都值得从这个角度再加爬梳。

（2）庄、章组链式音变

三等韵庄组字在《切韵》已有前腭介音脱落的迹象，表现为真韵部分庄组字脱离出来，另为臻韵。（麦耘 2000）此脱落过程约在唐末完成，故韵图列庄三于二等，是反映实在的语音变化，不可谓"假"。[1]这变化使庄三原来的位置成了空档，章组遂递补上来。（郑仁甲 1994；麦耘 1994a）是时，庄组在二等，无前腭介音，章组在三等，带前腭介音，呈互补分布；两组声母的音值初或尚有差异，后来慢慢从音位上合成一组。

有学者怀疑《切韵》庄、章组是否真的曾合并为照组，盖从中古到近代，乃至现代部分方言，庄、章两组字大部分不同音。今按：在庄三组失落前腭介音后，和原无前腭介音的庄二组一起，与有前腭介音的章组相对立，自是不会同音。[2]从逻辑上说，这固然不能证明其声母是否相同，但至少可以说声母不是区别两类字音的主要特征，介音才是。（参罗常培 1943）

不过，庄三组前腭介音失落过程的详情，目前尚缺乏完整的资料，有待发掘。

3. 其他问题

问题其实很多，这里我们也只能挑选几个来说。

① 知组和日母的演变。知组原为爆发音，唐末宋初开始塞擦化。北宋邵雍《声音倡和图》将知组缀于照组后，而又不合并。周祖谟（1943）说已是塞擦音；更可能是爆发音后带弱擦音，如 tʃ 之类。日母则从《切韵》的纯鼻音，到中唐开始变鼻擦音（储泰松 1998），唐末宋初可拟为 nʑ。这可以解决李荣（1956）[126]对

---

[1]"假二等"这个概念，是分析了《切韵》，发现有庄三与章组同在三等韵，再回头审视韵图才推出的，非出自韵图本身。"假×等"之说是先错误地认定《切韵》与早期韵图音系一致，再对此错误加以弥缝。

[2]王力（1985）[第七章]谓宋代庄、章组（及知组）声母已合流，但照二组仍带前腭介音（如"愁"字），这就会与照三组字同音，与实际材料不合。

《守温韵学残卷》以日母配知彻澄的疑问。知组于南宋时彻底塞擦化，并入照组。（王力 1982b）

② 入声韵演变复杂。邵雍书中，除 -p 还配 -m 外，-t -k 尾已消变，配阴声韵。（周祖谟 1943）《四声等子》《切韵指掌图》《切韵指南》入声多阴阳两配，有的还不止配一个阴声韵。这需要好好梳理，从中找出中古后期到近代入声韵演变的头绪。

③ 轻唇音的介音问题。慧琳音里显示轻唇音已失去前腭介音，可是韵图仍将它们列于三等。其中的原因也需要找出来，否则对韵图体制的了解就还是有缺陷。

（三）中古通语的性质

1.《切韵》的性质

对这个问题的讨论已经非常多，但仍有继续研究的必要。《切韵》为"南北古今大杂凑"之说，恐怕是很难维持了；但说是单一音系，问题也不少。比较之下，周祖谟（1963）"文学语言的语音系统"的观点比较中允，同意此说的学者也较多；具体地，是对南（金陵上层语言，源出洛阳）、北（洛阳话）两个亲缘密切的音系做有限综合的结果。邵荣芬（1982）认为以洛阳音为主；但有迹象暗示，金陵音可能更受重视。如鱼、虞洛阳不分，其分韵当据金陵；又如佳韵独立，很多学者都拟为零韵尾，大约是洛阳音，而使之与皆韵同列（显示韵尾为 -i），则是依金陵。若能把《切韵》中两个音系的不同成分一一剥离开来，就是一个大成功。

2. 隋唐宋通语的基础方言

马伯乐（1920）第一编1 认为《切韵》表现长安音，理由是此书在京城长安编成。编写地点尚属次要，且不论；关键词是"京师"。这涉及一个重要的理论问题：在一个语言中，最强势的会是哪里的方言？经常能听到的回答是：政治或经济中心的方言。其实，正确的答案应该是：文化中心的方言。当然，政治、经济会强烈影响文化，政治、经济中心也常常会成为文化中心；但与语言直接联系的还是文化，政治和经济毕竟是间接的，当文化中心与政治、经济中心不重合时，文化对语言的影响会凌驾于政治、经济。在隋唐，首都长安固然也是文化中心之一，但地位逊于洛阳[1]；在南北朝，金陵的文化地位还在洛阳之上。

---

[1] 洛阳作为唐东都，是第二政治中心，经济上则由于有隋运河水运之利，比关中繁荣得多。

黄笑山（1995）[4-8] 认为，中古通语的基础方言有过两次变动：《切韵》是伊洛，中唐至五代是长安，宋代又回到汴洛；中唐五代的语音与《切韵》之不同，主要不是时代差异，而是地域不同。其主要的证据，是慧琳以"秦音"（理解为关中之音）为正，斥《切韵》为"吴音"。不过，晚唐李涪《刊误》说："凡中华音切，莫过东都"，同样痛贬《切韵》的"吴音"。[1] 表面上看，慧琳与李涪说法相矛盾。其实，唐代佛教典籍中的"秦"，并非指关中地区，而是指中国。据郑张尚芳（2019）考证，古印度称中国为 Cina，其语源是"晋"，从西域随佛典回译为汉语时，方讹变为"秦"。慧琳作为西域和尚，所言"秦音"实泛指中国北方的通语音，与其为长安音抑或洛阳音无关。（储泰松 2001）在此问题上，自当相信李涪。看来整个唐宋，通语的基础方言都是洛阳话（上溯亦为洛阳，详见后文）。

二、近代音研究

近代音也可分前、后两期。这里主要讲前期。

（一）《中原音韵》和《蒙古字韵》音系

下面我们挑几个较为重要的问题来说一说。

1.《中原音韵》入声存否

《中原》"入作三声"，具体是把入声字附于各阴声韵的阳平、上声、去声之后。周德清说：《音韵》无入声，派入平上去三声。"但又说："入声派入平上去三声者，以广其押韵，为作词而设耳；然呼吸言语之间，还有入声之别。"[2] 在这个问题上，主要有两派观点：

A. 赵荫棠（1936）[卷上第二章]、王力（1958/1980）[134]、宁继福（1985）[第二章第三节] 等认为入声已消失，周德清使入声另列是存古。董同龢（1968）[58] 认为《中原》所反映的北曲语言已无入声，上述第二句话是周氏说自己的语言里还有入声。[3]

薛凤生（1975/1990）[117-118] 认为，汉语音节结构的韵尾位置只容得下一个音

---

[1] 慧琳和李涪以为《切韵》代表"吴音"（古吴语？），自是误会，不必论。

[2] 一般根据周氏此语，称《中原》对入声的处理为"入派三声"。但其韵谱中的术语是"入声作平声""入声作上声""入声作去声"，卓从之《中州音韵乐府类篇》同。故更合适的提法是"入作三声"。

[3] 周德清家乡高安为江西省高安市老屋周家村，此地的现代方言为赣语，入声有 -p -t -k 三种韵尾。（颜森 1981）假如当年周德清的母语就是这样，对他关于入声的言论该如何看，还需要考虑。

素，凡带半元音韵尾的韵母，就不能再有表入声的喉塞尾的成分，故推论《中原》不会有入声。但今方言中入声塞尾与元音/半元音尾共存，或入声读短调（没有占音节成分的喉塞尾），并不罕见。

B. 陆志韦（1946）、杨耐思（1981）^五、李新魁（1983）^{第五章第二节}等主张有入声。杨耐思参照河北一些晋语方言，认为古入声在《中原》变阴声韵，而有三个入声调。

麦耘（1995d）订当时通语入声的特征是短（不必带喉塞），有三种短调，音高分别与阳平、上、去近同。入声字在元曲押韵中与阴声韵同押，显示确实没有独立的入声韵。但不排除一种可能：入声在日常言语里是短调，而在元曲演唱中，字音的长短被曲牌音乐的节奏抹平，入声乃不显。[1]《中原》本就是为元曲的艺术语言服务的工具书。（汪寿明 1991）

也有介于上述两者之间的意见，如黎新第（1987）、林焘（1992）认为当时中原口语里入声已消失，书面语里还有。沈建民（1989）提出发展不平衡性，入声可能会在带 -u -i 尾的韵母中先消变。或许还可以参考现代方言中常见的另一种不平衡情况——浊入消变、清入保留，对思考清入在北京话里归调之乱可能有一定启发。

这个问题实际上可分为两个子问题：《中原》这部书有无入声；元代通语有无入声。

入声在现代官话方言中归派各声，多不整齐，尤其是清入，相当杂乱。可见在官话的祖语里，至少清入在很晚近的时候还保存着。这对《中原》的研究有相当的参照作用。

2.《中原音韵》知系声母[2]的分合和构拟

知系分洪音（无前腭介音）和细音（带前腭介音），分别对应韵图二等和三等（止摄开口除外）：前者是知二照二（《切韵》知二庄），后者是知三照三（《切韵》知三章）。有两种意见：

A. 洪细音是同一套声母，罗常培（1932）、杨耐思（1981）²⁵⁻²⁷拟为 tʃ 组，赵荫棠（1936）^{卷下第一章}、李新魁（1983）⁶³⁻⁷⁶拟 tʂ 组，薛凤生（1975）^{4.5}写作 /cr/ 组。

---

[1] 曾闻友生言：自周德清所论，入声信有之，然读元曲，又觉无入声。余谓：元曲固不当读之，当歌之也！又，或谓元杂剧宾白中入声与三声同押，非关唱词，可见入声确不存。其实，元杂剧作家一般不写宾白，概演员临场发挥；今所见元杂剧的宾白，尤其有韵者，基本上能判断是明清人所添加。

[2] "知系" 含知、庄、章组和日母。（丁声树，李荣 1981）此术语对研究近代音和多数方言较方便。

B. 陆志韦（1946）、王力（1985）^{卷上第七章}分洪音 tʂ 组、细音 tɕ 组两套声母。

宁继福初从陆、王说（忌浮 1964）；后改将洪细音合为一套，写作 tʂ 组，唯是认为其与细音韵母相拼时，实际音值是 tʃ 等（宁继福 1985）²¹³⁻²¹⁵。知系洪、细音呈互补分布，音位上确可合一，与不同的韵母相拼时有音位变体，也易于理解。不过，听感上很不相同的卷舌音与非卷舌音归为同一音位，可能会不很自然。

知系在《蒙古字韵》的分布与《中原》大体相同，而用同一套八思巴字母来对译，不管洪音细音（实际音值应是舌叶音）；在明前期《韵略易通》"早梅诗"和王文璧《中州音韵》反切中，知系也是一套。分两套声母，与材料不合。真正的问题是：

① 卷舌声母是否可以拼 i 元音和前腭介音？分两套的学者坚执不可，合为一套而要拟为舌叶音的学者，也是因为觉得这种拼合有问题；拟作一套卷舌音的学者就认为可以。下文第四节会再具体论述。

② 对于近代知系洪、细之别的来源，有两种选择：第一种，从《切韵》出发直达《中原》，知二 + 庄组为洪音（需要回答庄三何时洪音化），知三 + 章组为细音。第二种，《中原》继承韵图，二等为洪音，三等为细音，近代音与韵图的不同，仅在知组塞擦化，与照组合并。关键不在近代，而在韵图：如果相信"假二等"之说，便可选择第一种，而跳过韵图；如果做第二种选择，就是认为韵图的安排反映了实际语音，庄三洪音化可上溯至唐宋之际。

知系在现代一些方言里分两类，一如《中原》。若谓源于《切韵》"知二 + 庄 vs. 知三 + 章"，是古声母不同；而从韵图出发，则是"知二 + 照二 vs. 知三 + 照三"，古音区别在"等"即介音。只是在方言里，两类的对立常在声母，已经不在介音，令人有"差别从来在于声母"的印象。其实，依历史比较法，介音与声母之间可能的语音转化，实属自然，无须过多思虑，要问的只在这种转化有没有分化条件而已。（参看麦耘 2010）

3. 江宕摄入声字的韵母

古江宕摄入声字在《中原》重出于歌戈韵和萧豪韵；在燕山人卓从之《中州音韵乐府类篇》里，它们只见于萧豪韵，不入歌戈韵，《蒙古字韵》也只见于萧韵。

现代方言中，江宕摄入声读萧豪型的，主要分布在河北省中部以北，中原地区基本上是歌戈型。初步推想，《中原》这些字归歌戈韵是记录洛阳音，而归萧豪韵，以及卓从之书和《蒙古字韵》所表现的，是当时的大都音。现代北京话里，

白读为萧豪型，是本地层次，文读为歌戈型，是外来层次，应该就是来自历史上强势的洛阳音。（黎新第 1991）

北宋邵雍《声音倡和图》以江宕摄入声字配效摄。邵氏长居洛阳，故周祖谟（1943）以其所记为汴洛音。[1]《七音略》及晚期诸韵图无不配江宕摄入声于效摄，若谓系遵用大宋境外的幽燕方言，或邻近幽燕的边境方言，难以信人。黎新第（1991）提供了一种解释：在早期的北方各地，江宕摄入声都读萧豪型；洛阳的歌戈型在北宋中期以后出现，以洛阳话的影响力，逐步覆盖中原及其他地区，而河北中部以北未受其波及。张玉来（2016）、吴永焕（2019）等都有近似的意见。这需要更多的材料支撑；至于洛阳话历史上，两型之间如何替换，还需细酌。段亚广（2019）反对此说，认为宋元韵图江宕摄入声配效摄仅是韵腹相同，与幽燕方言江宕摄入声读如效摄不是一回事。这个问题需要进一步思考。

4.《蒙古字韵》喉牙音三等与二四等的对立

韵图三、四等在《蒙古字韵》的牙喉音中存在对立。此外，二等牙喉音产生了前腭介音，且多与四等相同（少数是单独的介音，另江韵并于阳韵）。有学者疑心这并非当时实际的语音，只是编者欲存传统韵书、韵图之旧。（宋洪民 2017）第三章第四节但是：

① 唇音三、四等对立仅见于支韵，但三等作合口，四等作开口；牙喉音开口三、四等都有对立，合口只有少部分保存。如果是抄故纸，不当牙喉音开、合口与唇音畸重畸轻，也不该牙喉音与唇音的标识不同。

② 二等牙喉音出现前腭介音，并与四等合并，是音系创新，无韵书、韵图旧例可循。

现代山西不少方言中，能约略看到韵图的牙喉音开口三等与二、四等的对立，唯已转化为声母不同。（刘海阳 2017）溯观元代，存在《蒙古字韵》型方言现象并不奇怪。

5.《蒙古字韵》的古全浊声母

《蒙古字韵》保持塞音"全清—次清—全浊"三向对立，但用八思巴字的浊音对译汉语的全清音，反过来用八思巴字的清音对译汉语全浊音。这种反常的做法，使有的学者认为这个存浊系统是虚假的，这说法也能找到一些证据。（参看宋洪民 2017）第一章第五节四

---

[1] 雅洪托夫（1980）说邵雍表现北京音（邵氏原籍涿州），主要也是考虑到江宕摄入声字的类型。

龙果夫（1930）的解释是：汉语全浊音是吴湘型的清声浊流，故八思巴字用清音对译；汉语的清音是清化浊音 ɦ ɖ 等，八思巴字就用浊音 b d 等来对。前说可据，后说嫌勉强。[1]

可以有另一种想法。现代维吾尔语的浊音是浊内爆音，清音是清声浊流（王文敏，陈忠敏 2011；王文敏 2017）。如果假设元代蒙古语如同现代维吾尔语，再假设《蒙古字韵》所对译的汉语音系，全浊是清声浊流（现代方言多见），全清是浊内爆音（现代方言亦不罕见），"清浊颠倒"就可以理解。（麦耘 2022b）

（二）近代通语的性质

1.《中原音韵》音系的基础方言和性质

主要有两种说法：

A. 王力（1958/1980[37-38]，1985[308]）、赵遐秋和曾庆瑞（1962）、宁继福（1985）[184] 等认为表现元代大都（今北京）语音。

B. 李新魁（1962，1963，1983）[17] 主张反映洛阳音或以洛阳音为主体的河南音。

耿振生（2005）认为燕山人卓从之的《中州音韵乐府类篇》是《中原音韵》的底本，而卓氏自应是描写大都音。卓氏书与《中原音韵》的区别，是后者将江宕摄入声重出于歌戈韵。准此，《中原音韵》就是大都音加上洛阳的江宕摄入声读法。大都与洛阳应还有别的音系差异。例如，梗摄二等牙喉音在卓书和《中原音韵》都对应于现代北京白读层的齐齿呼，而现代洛阳是开口呼，元代洛阳音当与现代洛阳音对应。周德清对卓书此处保留原貌，也许是考虑到，不管怎样处理都在庚青韵里，就不动了。明前期的《韵略易通》在这点上则选择洛阳音。

张玉来（2000）指出，近代汉语通语以河淮之间的中原方言为最基础的核心，但缺乏明晰的标准，音系结构弹性大。这其中重要的社会原因，是自宋以降，官方的标准《韵略》之类不合唇吻，遂造成口语标准阙如。在特定的时候（如制订曲韵），标准也会相对明晰，比如在大都与洛阳之间做有限综合，略似《切韵》在金陵与洛阳之间的有限综合。

随着讨论的深入，论题已不限于《中原音韵》，而转到近代通语的性质上。

---

[1] 高本汉（1915—1926/1995）[253-254] 猜测当时蒙古语的清音送气较强，而他构拟古汉语的全浊音是送气的，所以能对译。可是，八思巴字清音有送气和不送气两套，译汉语全浊音的是不送气那一套。

很多学者都主张不把近代通语的音系基础看作具体的方言，尤其是单一的方言，如杨耐思（1981）[69]、耿振生（2007）等。不过有一点还须承认：文化上强势的方言会对通语的音系构成有更大的影响。

2.《蒙古字韵》与《中原音韵》的关系

龙果夫（1930）推测"古官话"有两大方言：一是八思巴字译音反映的官派的音系（但是实有的音系），一是近代的土话。罗常培（1959）加以发挥，谓前者代表凑合南北方言的官话读书音（不是实有的音系），如《蒙古字韵》，后者则代表方言的说话音，如《中原音韵》。他们判断的根据是前者较存古，也就较保守，主要指保留全浊音。此外，《蒙古字韵》牙喉音三四等有别、江宕摄入声为萧豪型，以及宕摄庄组尚未变合口、读ʅ韵母的字比较少、古曾梗两摄入声洪音韵母的区分较清楚等，确实都比《中原音韵》近于古。

但是，存古不等于虚假。可以有别种解释：《蒙古字韵》表现北方边远地区的方言，它发展得比中原地区慢；当时蒙古人或即使用这种汉语方言。（李立成 2002；麦耘 2022b）

3. 明代官话的基础方言

有关讨论每常围绕明末《西儒耳目资》展开。有北京音、洛阳音、山西音、南京音诸说，下面特别讨论一下后者。

有相当多学者主张明代官话基础是南京话/江淮方言，《西儒耳目资》反映南京音，如远藤光晓（1984）、鲁国尧（1985，2007）、张卫东（1991）、杨福绵（1995）等。反对此说的学者则有蔡瑛纯（2007）、麦耘和朱晓农（2012）、曾晓渝（2014）等。

南京音说最根本的问题是，江淮方言自古具有一个很显著的特征，即古臻深摄与曾梗摄相混（所谓"in~iŋ、ən~əŋ 相混"），这一点与明代官话绝不相容。尽管有很多明清的文史资料记载，官话以"南京话"为正，但那在多数场合是指当时的一种南方官话，而非谓属于江淮方言的南京方言。

孙宜志（2010）考察《西儒耳目资》，认为此书知系字分布的主体类型合于南京音，而羼入了其他方言的读音。且不论其具体结论，这种思考角度值得赞赏。不仅《西儒耳目资》，整个明代的官话都不会直接取某个方言，从理论上说，还当是有限综合的音系。

附带说说通语基础方言的转移方式。李新魁（1980）认为近代共同语的基础在清代中叶从河洛转移到北京；张卫东（1998）认为官话标准音在1850年前后从南京转移到北京。这个话题引人思考：基础方言是如何转移的？自不会是一次性搬家，更不会是地理上的步步挪动。笔者认为是语言特征渐次增减：基础方言从甲地转往乙地，是一个此消彼长的漫长过程，乙方言的特征在通语中逐渐增多，甲方言的特征逐渐减少，且会有两可的阶段，不排除会有半途停滞，甚或两下徘徊。从这过程中截取一个音系，会看到甲、乙方言的有限综合。譬如，假定《中原音韵》可代表元代通语，则它可能正在从洛阳向大都转移的途中。

三、上古音研究

（一）上古音研究中的几个问题

笔者对上古音本就研究得少，近年更几无涉猎，故可置喙者有限，下面只能略谈几点。另，与上古音研究有关的两大领域：一是汉藏语比较研究，笔者曾写过文章（麦耘 2005c），现在未有新想法；一是古文字和出土文献研究，可参看叶玉英（2009）等，今亦藏拙。

1. 复辅音声母问题

大多数音韵学家认为上古有复声母，主要是根据谐声系统来推断。但也有一些学者不同意，因为谐声材料里有一些部分很复杂，一一构拟出来会很乱。（王力 1985）[25] 然而：

① 谐声现象大多与中古声母对应整齐，不对应的是少数。如知归端、庄归精等，均可验诸谐声，可见从谐声考求声母的方法是基本可靠的。即使涉及复声母，也有不少材料相当严整而可信，如与来母有关的部分。不应因有部分杂乱现象，就否定总的原则。

② 并非凡遇谐声与中古声母不对应之处都必须构拟复声母。如郑张尚芳（2003）[563] 拟"支" *kj-（与"馶" *k- 等谐声），后代 *kj- → tɕj- 很顺，不必拐个弯考虑复声母。[1]

有一点非常重要：学术界最初提出复声母之说，主要是解释谐声现象和假借、异文等；但学科发展到今天，复声母已经成为理解上古汉语词根、词族和形态，寻绎上古汉语词义演化等的一把钥匙，不应仅从字音上去考虑。这一点到后文会再说到。

---

[1] 李方桂起初构拟与牙音谐声的章组为 *skj- 等（李方桂 1971/1980）[26]，后改作 *krj- 等（李方桂 1976）。

笔者主张，看到学问上有难解之处，就需要学者努力去研究，而不是放弃。探索即使试出了错，也是一种学术贡献，总比不作为要好。

2. 二等韵介音问题

王力（1958）构拟上古二等开口带介音 *-e-，合口为 *-o-。陈复华、何九盈（1987）开口作 *-ɪ-，与王力相近，但合口作 *-ɪw-。雅洪托夫（1960a）也认为二等介音可能曾是 *-e-，但来自更早的 *-l-。李方桂（1971）构拟为 *-r(w)-，认为它会影响中古二等韵腹形成。为上古二等韵构拟介音，对简化上古元音系统很有好处。

雅洪托夫（1960a）指出二等韵与来母基本上互补（中古二等韵极少来母字[1]）。这一点很重要，是他 *Cl- 型复声母构拟的重要基石。不过他后来又把来母改为 *r。（雅洪托夫 1976）许思莱（1974）既取二等韵介音为 *-r- 之说，同时以来母为 *r，则互补格局仍成立。就二等韵这个音类内部而言，只要认为它有介音，构拟为什么音本来重要性已属次一等；但与来母相关联，就涉及 *Cl-/*Cr- 型复声母的构拟，[2]或者就干脆关系到承认不承认这个类型的复声母。

3. 关于韵腹元音在韵部中的分布

王力（1958，1995）和李方桂（1971）等都主张《诗经》一个韵部只应有一个元音。这对解释押韵和同根词很方便，但每每不足以解释后代演变。更重要的是，一部一元音使元音在整个音系中的分布失衡。（郑张尚芳 1984）《诗经》收喉韵部特多，收舌韵部较少，收唇韵部更少，反映的是三类韵母在音感上的不平衡，不宜直接认为韵母系统就是这样不平衡；构拟韵母系统固须凭借韵部系统，却不可为所拘。（麦耘 1995a）

那么是否必须把韵母系统每个空档都填满呢？笔者认为也不一定。语言系统会保持大体平衡，但常常也有不平衡之处。是平衡还是不平衡，最终还要看材料。有学者看到宵／药部和幽／觉部没有相对的阳声韵，就想找出来，显得有点刻意。

在一个韵部里安排多个元音，也要注意一些问题。首先要得到同根词／形态研究的认可。如笔者曾拟歌部中的中古歌韵字为 *ɒi 韵母，麻韵字为 *ai 韵母，（麦耘 1995a）是从后代演变考虑；但到讨论"贺"和"嘉"这一对同根词时，就

---

[1]《切韵》梗韵"冷"与"打"自成一韵类，应视为附于此韵的一等韵字（"冷"鲁打反，切上字一等韵）。《切韵》里真正的二等韵来母字可能只有觉韵的"搴"（切为吕角，以三等韵字为切上字）。

[2] *Cr- 到中古或韵母变二等韵，或声母变来母。亦可参看潘悟云（2000）的"次要音节"说。

发现还需要解释其中的元音转换。

此外，若相信统计能分辨不同元音的押韵行为，则一部多元音还须经受统计的检验。

4. 注意上古不同时期的语音差异

上古时间很长，内部可分期。郑张尚芳（2003）[261] 已提及上古前、后期音的一些系统差别。谐声与《诗经》押韵固自不同，而对之前的远古、之后的战国两汉亦当分开看。

以收唇韵母为例。一批早期收唇入声字后来变收舌（中古多读去声），*-p(s) → *-t(s)，见有"世—葉，[1] 内—入"等谐声、假借、同根词为证。阳声韵方面，《诗经》冬蒸东诸部字每通侵部，如蒸部"媵腾滕"、东部"送"等字谐侵部"朕"之类；于省吾（1962）又指出甲骨文东部字"雍"从冬部"宫"得声。对此，可依陆志韦（1947/1985）[187-194]，将此三部在周以前的韵尾均拟作 *-m，至少是其中部分字。早期收唇韵母的分布范围会更广，需进一步探索。（参董同龢 1944/1997[57-60]；余逎永 1985[144-155]；孟蓬生 2016 等）

声母略举一例："唐"谐"庚"，故前者声母需拟 *g·l-。[2] 但在属于战国西汉时代的出土简帛文献中，"昜（陽）"或借为"唐"，应认为 *g·l- 此时已变为 *l-，不宜仍据谐声视之。

5. 同根词 / 同族词和形态研究

同根词/同族词属于语源学内容，形态属于语法学内容，两者有时还分不开。钻研上古音的学者们总是把这些领域纳入自己的研究范围，因为它们与上古音韵的关系太密切。这是比一般的上古音构拟更加艰辛的工作。

① 同根词或同族词，王力（1982a）称"同源字"，为之编字典。沙加尔（1999）专门探讨上古汉语词根，构拟各词根及其衍生词的语音形式，也包括形态形式。

研究同根词自要仔细考察词义及其演变，而音韵上的要求，则比谐声、假借、异文等更为严格。如"申"为"電"的初文，"申"后来假借为干支用字，它的拟音与"電"只需相似，能说明假借即可；而"電"与"神"不仅有谐声关系，还是同根词，对它们读音的构拟，就要求能够体现词义引申在音韵上的规则。文

---

[1] "世"者三十年，读音则"三十"合音加 *-s 尾（唯元音 *ə 变 *a，未知是否有形态意义）。以"葉／枼"假借为"世"，古文字和古籍习见，可见至相当后期，"世"字仍有读收唇者。

[2] 此处从潘悟云（1999，2000）"次要音节"的拟法。

字谐声不同的同根词则有"震"。"天"也可能属该系列同根词，[1]它还有晓母一读，构拟时须通盘考虑引申关系与语音关系。

再如，"封"是植木为界，"邦"指界内的领土及政治实体。这一对同根词的语音区别，可能在介音，也可能在元音，语音变化与词义引申之间的关系，需有规则性的说明。

又如"屰"（"逆"初文）与"溯、朔、愬／訴"[2]等都既是同谐声系列的字，又是同根词；与之谐声不同但同根的还可以找出"迠、忤、禦、蘇、迎[3]"等，其谐声也要考虑。仅就声母说，词根是 *ŋ- 还是 *sŋ-？如是前者，则 *s- 若为前缀，就与形态有关。

② 形态可分构词形态和构形形态。形态转换总是在同根词之间，所以形态研究也是同根词研究，只是由于要考虑形态的类型性，对语音的构拟也要有更多类型上的考虑。

去声的构形作用是被讨论得最多的，如王力（1958/1980）[213-217]、周法高（1962）[53-87][4]等。现在一般构拟去声为 *-s 韵尾，则去声作为形态音位就是 *-s 后缀。

去声的构形类型很多很杂，有的看上去正好相反，如既有名词读去声变动词，又有动词读去声变名词。梅祖麟（1980）发现其中存在不同的时间层次，这能解决一部分问题。孙玉文（2000）觉得难于从材料中总结出整齐的构形类型，所以认为去声只有构词作用[5]。

郑张尚芳（1994，2003）[211]指出上古上声（拟 *-ʔ 韵尾）可为小称、昵称标志，每见于亲属词、身体词和表示小、减损义等的词语，则为 *-ʔ 后缀。[6]

上古前缀的研究也是一大热门，尤其是 *s- 前缀。如：墨 *mək—黑 *s-mək，

---

[1] 一般认为"天"是从头顶义引申出天空义。不过上古对自然性的天空一般说"穹"，而"天"是带神秘性、社会性的，所以笔者认为，"天"指上苍，更可能是从"電／神"引申而来，字形只是假借。

[2] 月相由望渐至晦，如流之下，然后自朔始而返盈，有回溯义。"愬"为以下言于上，有逆向义。

[3] "禦"的迎接和抵挡两义都出自这个词根，但两者引申方向略有异。《荀子·议兵》："以故顺刃者生，蘇刃者死"，唐人杨倞注："蘇读为傃。傃，向也。""蘇"是假借字，"傃"是后起字。"迎"是方言词。

[4] 周法高（1962）所称构词包括了构形。

[5] 王力（1958/1980）[65]认为上古去声是长入。但这不能说明阳声韵字读去声。孙玉文（2000）因而把去声分两种；其实王力（1958/1980）[103]已隐有此意。不过这一来，作为形态标志的去声就不统一了。

[6] 朱晓农（2007）认为中古前期的上声是比喉塞尾更强烈的假声。从可表小称、昵称的角度看，这个意见其实亦可施诸上古。

林 *rjəm—森 *s-rjəm，[1] 名词加 *s- 前缀变形容词；折 *djat—折使折断 *s-djat（→ tɕ-），著附着 *drjak—著穿着（使衣物附着于身）*s-drjak（→ t-），自动词加 *s- 前缀变使动（语音上浊声母变清声母[2]）。

　　*s- 前缀与 *-s 后缀（去声）的关系值得注意。史 *s-rjəʔ—吏 *rjəʔ-s，看来词根是 *rjəʔ（或许是"理"的根词），一加前缀，一加后缀。逸 *lit—失 *s-lit，亡 *maŋ—丧 *s-maŋ-s，此二例形态类型相同（自动变使动），但前例只加前缀，后例则前、后缀都加。是否也有时间层次？"著记述"*s-drjak-s 当是附着义的引申，是先加前缀再加后缀，还是相反？

　　还会有其他词缀。如"事、士、仕"与"史、吏"为同根词，但读浊声母。郑张尚芳（2003）拟 *zr-（带 *z- 前缀）；然其初亦可能是 *s- 前缀叠加 *ɦ- 前缀。又如"易"古文字象从器皿中倒出液体，甲骨文中有繁形作"易、益"合体（表皿中盛水），示双向授受，当表示交易，或物品所有权变易，声母为 *l-；单向的惠予则为"锡（赐）"，是 *s-l-。[3]"益"的本义后来由转注字"溢"承当，也是 *l-。[4]但"益"字后代为影母，假定是加了 *ʔ- 前缀，引申出形容词、动词、名词等多义。须多找例子比对，以进一步确定这些前缀的形态功能。

　　形态的语音形式变了，书写形式不一定做区别，如"好、恶"。古书上的"亡"，有的可能读"丧"；又古文字材料中，"锡／赐"往往写作"易"，等等。都会造成研究上的困难。

　　形态问题非常复杂，材料也很繁杂。今后要做的工作包括（但不限于）：

　　一，尽量搜集和整理材料。目前材料已不少，但似乎仍感未足。

　　二，从材料中概括出可能存在的各种语义类型，特别注意有一些会是我们过往没想到的［如沙加尔（1999）提及的起始体、成双的动作等］。必要时需要参考民族语言或外语。

　　三，必须把形态的语义类型与形态音位一一对应起来，这不容易。假定上古

---

[1] 高本汉（1940/1997）[404] 拟"黑"声母为 *xm-，王力（1982a）沿之；董同龢（1944/1997）[12-14] 改拟为 *m̥-；雅洪托夫（1960a）则认为 *xN- 来自早时的 *sN-，今从雅氏。雅氏拟"林"和"森"的声母分别为 *l- 和 *s-l-，今依当前的习惯拟法改 *l 为 *r。不过，依李方桂（1971），*Cr- 当中的 *-r 是介音，而此处似应理解为复声母的一个成分［郑张尚芳（2003）称"后垫音"］。这个问题还需思考（参看孙宏开 2001）。又，若承认"林"与"禁"（以时禁入林行猎）是同根词，且为谐声字，则还须考虑与见母的关系。

[2] 可参考藏缅语，使动前缀 *s- 会与词根的声母融合，若原声母为浊者则使变清。（戴庆厦 2001）

[3] "易" *-k 尾，"赐"去声，是 *-k-s，前、后缀都有。同类型的"受—授""买—卖"都只加后缀。

[4] "益" *-k 尾，而"溢"在中古读 -t 尾，不确定是后来的演变，还是当时的形态变化。

有些形态的语义类型已经衰落，形态音位成为残存形式，或与音韵音位混淆，则材料会显得乱。

四，有可能时，也可以试试查看，上古形态有没有方言的差别。

语法学，尤其是形态学，是多数音韵学者的短板。这一方面要靠音韵学者自己去补，另一方面，需要求助语法学者，或者说，需要语法学者，尤其是古汉语语法学者，大规模参与这个领域的研究。我们期待着。

（二）上古雅言 / 通语的音系基础

郑张尚芳（2009）考证夏代的语言是汉语的祖语，并由商人所继承。周本是夏部族集团的一员，于夏晚期西奔戎狄，数百年后回迁岐山。可假定这时他们所使用的，是一种带有西部民族语言成分的汉语方言。周兴而代商，成为部族集团宗主，继承商人的文化、语言和文字（周人此时尚无文字）；此后商、周两种方言融合，亦当以商的方言为主，因为商人的文化较高。文化发展之高低在此中是极重要的社会因素，不因商人为被征服者而移。

周初，商人被安排三分：人数有限的旧王室迁宋（今商丘），底层细民留殷（今安阳），而掌握发达文化的贵族尽徙成周（洛阳前身）。自此，成周成为当时汉民族文化水准最高的都邑。或谓西周雅言的方言基础当在镐京，理由是那里是王都。但以文化对语言的影响而论，实应首推成周。

降至东周，政治中心与文化中心重合于洛阳，言语之正在于斯，更无疑义。洎春秋战国，虽周室衰落，各邦国时有地区性文化中心崛起，但以政治分裂，各方争持，不能相下，文化上始终无可取代洛阳者。是故《论语》记孔子所用之雅言，必为伊洛之音。

刘邦立国，初欲都洛阳，张良以军事理由谏之，方改为关中。由此可推见，当时论文化、经济之昌盛，当数洛阳，而非长安。后东汉迁洛，直到西晋，无须赘言。

西汉晚期，扬雄作《方言》。今人分析此书，发现其所记周郑（洛阳、新郑一带）方言的词语数量不多。有学者以为，这显示扬子不重视此方言，可见它不会是通语的基础。然而，是书所标举方言词语为其异于通语者，故合乎逻辑的推理是：周郑的方言词较少，说明此地用词多与通语相同，这正好成为一个证据，证实它就是通语的基础方言。譬如检视现代方言与普通话不同的词语，北京话必较其他方言为少，因为普通话以之为主要基础。（参丁启阵 1991）[31]

李新魁（1980）指出，自上古到近代，以洛阳话为主体的中原地区的方言，一直是汉语共同语的基础。尽管古代不可能如同现代，有严格的标准语，但基本的语言框架、核心的部分，是历代文化人和统治者，以及受他们导向的平民所承认的。诚然，各地方言，尤其是洛阳以外的其他文化中心（如金陵、大都）的方言，在不同时期对通语大小不等的影响，自是必有，却并不妨碍把清初以前的汉语通语语音史视为一个基本上保持单线发展的历史。

四、历史音韵研究的理念和方法

（一）理念

认识世界、研究学问，需要在几个层次上做努力：材料是基础，其上的层次分别是理论、方法、理念（或曰观念）。现在谈谈理念。笔者已分别讨论过"假设—证明"的研究程序（麦耘 2005b）和历史比较与文献考据之间的关系（麦耘 2008a），不再重复；这里说另外两点。

1. 语言是一种"准逻辑/准平衡"系统

在机械决定论看来，世界的逻辑是极其精密无误的。但是，即使在量子理论出现之前，人们就已经知道并非如此。绝对严格自洽的系统在理论上只能做内部循环，但事实上，一切事物都会发生演化，会在一定条件下突破自己，甚至造成系统上的新旧替废。许多事实证明，世界经常无限接近演绎逻辑，却永远不会完全符合；语言更是如此。每一个成熟的语言系统都有很强的逻辑性和平衡性，不过这又常常是相对的；一定条件下的逻辑模糊或偏离、平衡失落，也是语言运行和演化中的一种常态。

今举一例。图 1 为舌齿音关系从上古（左）到《切韵》（中）、韵图（右）的变化（为便比较，数字均指"某等韵"；《切韵》端三字极少；上古音用李方桂；中古音省略 -ɣ- ）：

端一四 t-	精一四 ts-	端一四 t-	精一四 ts-	端一 t-	精一 ts-
知二 tr-	庄二 tsr-	知二 tr-	庄二 tʂr-	知二 tʂr-	庄二三(照二) tʂr-
知三 trj-	庄三 tsrj-	知三 tri-	庄三 tʂri-	知三 tʂri-	章(照三) tʂri-
章三 tj-	精三 tsj-	（端三 tj-）	精三 tsj-	端三四 tj-	精三四 tsj-
		——	章三 tɕj-		

图 1

23

舌音与齿音在上古有很漂亮的对称。到《切韵》章组塞擦化，从舌音变为齿音，破坏了对称。从《切韵》到韵图有两个变化：一是四等韵产生了前腭介音 -j-，其中端四补上了《切韵》tj- 的空档；二是庄三发生了非前腭化而入韵图二等，tʂri- 空出，吸引章组拉链式进入。这样，韵图又重拾对称。这种"否定之否定"的系统演化，是一种发展逻辑。（麦耘 1994a）依马丁内，音系会趋向协合 / 平衡。（陈保亚 1989）但平衡态会打破，经历不平衡态，再达到新的平衡态，语言就这样发展。此之谓"准平衡"。

演变有时会有剩余，如上古 *tj- 到中古塞擦化形成章组的演变漏过了个别字，变成《切韵》中零星的三等韵端组字，如"地"字（图 1 中括号所在）。演变也会有先行者，如《切韵》真韵部分庄组字析出为臻韵，而部分留在真韵、上声宥入隐韵，表现出从中古前期到后期庄三非前腭化进程中词汇扩散式的演变。（麦耘 2000）这都体现了"准逻辑"。

再举一例，亦与章组有关：上古 *kj- 类之一部分字变入《切韵》章组 tɕj-，而另一部分字不变，构成牙音重组 A 类 kj-，故牙音 A 类呈残存结构。新语法学派强调音变整齐划一，确实反映了语言遵从逻辑性 / 平衡性的一面，但解释不了离散式音变现象。

黄典诚（1979）认为汉语语音发展有"强弱不平衡律"，由上古至中古，强韵则弱声，强声则弱韵。此理论尚可琢磨，但有一点是确定的：上古一字至中古分裂为二音者甚夥，并非都必须拟出不同的上古来源。当然，探讨不平衡，前提是承认平衡，是平衡中有不平衡。

语音史研究中常见一种做法：只要看到语言中有一种变化显现在一些字音上，就轻易断言该音变在此音系中已全面实现。例如《切韵》中有重纽对立的字音，到中古后期每见混淆，有学者即据以断定重纽对立已消失。其实，从部分例子的变化推论系统结构的转变，需要非常谨慎，因为这种转变常常会经历漫长的词汇扩散过程才能完成。（参看王士元 1995）

2. 汉语音韵研究与人类语言的音法研究相结合

汉语是人类语言的一部分，汉语历史音韵研究是人类语言研究工作的一部分，其中规律性的内容必然合乎人类语言的音法。"音法"是朱晓农发明的术语［参看朱晓农（2012）"声母"即前言］，笔者的理解，是指人类语言中具有普适性的语音 / 音系类型及其演化类型；音法学，或泛时音韵学（Pan-chronic Phonology），其研究对象涵括各种语言（不论有无谱系关系、有无接触关系）的共时和历时、宏观和微观、静态和动态的语音 / 音系现象，其学术目标，是以语音实验（声学、生理、心理等的实验）支持的音理解释为主要基础，对语音学、音系学、语音史等，及非语音的，甚至非语言的影响因素，做类型学的联合研究，探讨人类语音发生和演化的根本性规律。下面分两方面说：

① 语音史研究一向是历史比较和文献考证两种研究角度的互相结合。现在的学术趋势是再加一种：音法推衍。

以往言"音变规律"，如古全浊塞音在今通语平送气仄不送气，客赣方言全送气，平话全不送气，诸如此类，实多为具体语言 / 方言的音变规则；只有从普适性的音法原理出发得出的，方可称规律。规则背后必有规律，规律制约规则。譬如，若构拟各方言祖语的全浊音，则可能古通语是弱气声，古客赣方言是强气声，古平话是常态浊音，等等。

要研究语音史，就要探索音法规律。潘悟云（2000）[273] 鉴于各类音素有响度和强度的反向序列：

响度———————————————————————————————→
塞音—塞擦音—擦音—鼻音—流音—半元音—元音
←——————————————————————————————强度

在语音变化中，响度大而强度小的音容易失落，据此建立"复辅音简化的基本规则"。这个规则就是基于音法规律。有对规律的尊重，才能避免凭臆想来定规则。

再如元音转移的规律，有很多是各种语言 / 方言都相同或近似的（朱晓农 2005），这里头一定可以有音法上的解释。各语言 / 方言的元音转移又不完全相同，其中必有原因，不是一句"各有特点"就能概括的，真要深挖下去，并不容易。

又如，丁邦新（2015）[80] 认为中古的前腭介音，有部分是从上古复声母 *Cl- 中的 *-l- 变来，举了很多语言的例子，可见其在人类语言中的普适性。此音变的音法基础在于：边近音和中槽近音是自然对。现在音韵学界一般构拟喻四在上古为边音，也合乎音法原理。

在汉语音韵研究这方面，要从音法学获得解释的凭据；而在音法学这方面，则要取汉语的材料来建构自己的大厦。为了这两个目的，不少学者做出了努力，朱晓农是其中很突出的一位（如朱 2003，2004，2005，2010 等）。盼望今后学界在这方面更加注重。这既有赖于实验语音学的进步和音法理论的完善，也有赖于

汉语音韵研究的深入。(麦耘 2017)

②笔者悬想，在未来某个时候，国际语言学界可以把人类语言的各种音法内容总合成一个大库，或者说是一个大框架，任何具体的人类语音和语音史现象(包括个别的音和音系结构方面的内容)，都将涵括在内。汉语音韵研究的成果，会与其他语言的研究成果一道，对这个大框架做出贡献，成为其中的一部分，并确定自己在此框架中的音法库藏(inventory)类型[1]位置，及与其他语言音法类型的关系。从这个库的角度说，则要用已认识的音法规律和音变规则对各种成果进行验证，遇有不符合规律／规则的，要进一步审查，是成果本身有问题，还是原有的规律／规则不合适，须调整、补充，甚至推翻，或是要另外建立新的规律／规则。这将是个极其宏大的、长期的工程。汉语历史音韵学者们将会亲身参与其中，并且相信必会有人成为这支国际队伍中的主将，甚至主帅。(参麦耘 2006)

这就要求，从现在起，我们的工作就要尽力与国际的语言研究接轨。[2]接轨包括两方面：一是了解外国学者的汉语研究，二是外国语言研究与汉语研究相结合。这还需多加强。

(二)方法

笔者(麦耘2005a)已讨论过历史音韵研究的一些方法，涉及系统参照、统计、音位分析和语音实验。下面主要说两点：参考活语言，讲究逻辑，然后对统计再补充几句。

1. 参考活语言来研究语音史

历史比较法本就是参考现代活语言来构拟古代音系，故此题目似乎是老生常谈。不过，历史比较法主要重视音类，笔者还想讲音值问题，这与前述"音法推衍"有直接关联。

试举两例：全浊音和卷舌音。

①高本汉(1915—1926/1995)[168, 252-253]参照北部吴语构拟古全浊音，谓吴语的浊音带弱浊送气 ɦ(实即气声)，对古浊塞音写作送气，是要说明其后来

---

[1]"库藏类型"的含义，可参看刘丹青(2011)。

[2]有的学者不喜欢"接轨"这个词，好像一说就自降身价。其实，国人对此真的无须介意。正如铁路本是舶来品，初时我们只能跟外国接轨；待我们的技术上去了，在一些方面人家就会主动来接我们的轨。关键是我们自己的水平。

分别变清送气不送气。这暗藏着以气声解释全浊音后来变化的意思。赵元任（1928/2011）[61] 指出，吴语浊音是清声浊流（浊流即气声）。按：除了吴语，部分湘语、五岭南北的土话、北部赣语的浊音，也多作气声。麦耘（1998）拟古全浊音为吴语式发音，后以平上声低调头变清送气，去声高调头和入声短促变不送气；朱晓农（2010）以语音实验方法证成此说。与高本汉比，麦、朱有音法研究为后盾，故能明确言之，并以后代声调起首高低为分化条件。

不同的音高如何影响带气声的塞音，使之表现出送气或不送气感，这自然有赖于语音实验所提供的论证，今后还需要有更多来自活语言的实例验证。

② 高本汉（1915—1926/1995）拟庄组为卷舌音；嗣后诸家多改作舌叶 tʃ 组，根本的理由是认为卷舌音无法与三等韵的前腭介音拼合。这问题还涉及《中原音韵》知系的拟音，以及李方桂（1971）为上古音构拟的 *-rj- 介音能否成立。李新魁（1983，1986）对中古和近代都构拟有卷舌音，都可以与 i 相拼，并指出这正是知系细音韵母向现代洪音韵母过渡的枢纽。

对卷舌音的认识，一向来自北京话。尽管高本汉（1915—1926/1995）[182-183] 描写汉语方言，有 ʂ₁ 和 ʂ₂ 之辨，但少人注意。现见方言报告中记 tʂ 等音，有相当部分是带卷舌色彩的舌叶音，在一些方言可与 i 相拼，或拼 i 的舌叶性卷舌音与不拼 i 的舌尖性卷舌音互为条件变体。卷舌是一种音色，这种音色不一定要舌尖上卷才能发出。方言中舌叶性卷舌音被记为 tʂ 等，是其卷舌音色吸引了调查者的注意，而舌叶性被忽略，情有可原。（麦耘 2015）

对古音构拟中的 tʂ，也可做如是理解：构拟者希望突出其卷舌音色，而并不在意古人发此类音是否舌尖上卷。这种构拟的优点，在于显示出卷舌音色自古至今的传承性。

2. 搞研究要讲究逻辑

语言作为准逻辑系统，基本上遵循逻辑运行。故语言研究必重逻辑性，使用清晰、不游移的逻辑推理方法，而不是凭感觉或含混的思路来做猜测，所得方耐推敲。下举数例。

①《切韵》庄、章是两组声母，在近代及现代许多方言中也不同音，由此出发看韵图把两组合为照组是否合理。今用演绎逻辑（三段论）来推理：

大前提：在韵图及近代，庄、章两组字音不相混。

小前提：庄组在韵图二等，章组在三等，两者互补。

结论：韵图把《切韵》庄、章两组合并为照组是合理的。

这一推理用事实来证明事实，似乎是同义反复，而实有新知焉：《切韵》庄组三等韵字至中古后期，只有失去了前腭介音，韵图始能置之于二等，并使庄、章两组合并。庄三在近代清清楚楚是洪音，往前逆推，可知庄三作为洪音在北宋已经实现。

诚然，也可以做出别种推理。大前提不动，另立小前提，结论也就不同：

小前提：韵图列庄三于二等是"假二等"，庄、章组在三等有对立。

结论：庄、章两组无法归为同一组，合并为照组不合理。

既然小前提否定了韵图的措置，则推出的是反对韵图的结论，自不意外。

以上两个推理差别在于：相信韵图，抑或相信"假二等"之说？孰违孰从，学者自择之。可见，严谨的逻辑推理的作用并不一定是直接拿出答案，更重要是点出问题的关键所在。

②《切韵》序有"因论南北是非，古今通塞，欲更捃选精切，除削疏缓"等语。以下推理在形式上未臻严谨，但已经足够：

大前提：萧、颜们和陆法言希望编出他们心目中好的韵书。

小前提：他们相当了解南北古今之音中的是非与通塞。

结论：他们编韵书会取其中之是者通者，而弃其非者塞者。

可见《切韵》既不会是"古今南北大杂凑"，也不会照录一个不作人为加工的自然音系。

③曾有学者论及与重纽有关的问题，举例说：支韵中"妫—规""巇—闚""奇—岐""皮—陴"对立，每一对字前者来自上古歌部，后者来自上古支部，可见《广韵》分列乃因袭魏晋韵书，实际语音已两两合流。按之逻辑，此中有个隐藏了大前提的三段论：

小前提：重纽两类各有不同的上古来源。

结论：重纽两类之间没有语音区别。

可以补出大前提："（吾人认为同音而韵书分列者）凡能说明其来源不同，就必定不是当时语音有别。"此前提一经逻辑梳箆而显，其失立见。宜将其中"必定不是"改为"不一定是"，然则结论的"没有"便须相应改成"不一定有"。如此，论者尚能凿凿言之否？

此外，还可用类比推理进行归谬：《广韵》既奉魏晋韵书的做法来处理唇牙喉音，理当亦施之于舌齿音；但《广韵》支韵舌齿音的古歌部字与支部字并不分开，何解？

④《中原音韵》知系声母既拼洪音韵母，也拼细音韵母，呈互补分布；它们是一套还是两套声母，有争议。在寒山、仙天韵里是如下情形（暂时假定知系与洪、细音韵母相拼时，声母有区别）：

	开口	合口
洪音	① tʂan	③ tʂuan
细音	② tʃiɛn	④ tʃiuɛn

明代有某韵书则略不同，是③、④合流，应该是都读洪音 tʂuan。于是有学者认为这说明该音系中①与②之间声母不是互补，而是对立，由此反溯《中原音韵》知系实为两套声母。

笔者为之梳理其中逻辑关系如下：既然④已洪音化，则②也必平行地发展为洪音；但②与①又不相混，故判断区别在声母，即：① tʂan vs. ② tʃan。

现在来分析其中的问题：

第一，语音平行发展规则，在逻辑上属于类比推理。类比推理所得为或然性断语，而非确然性断语，换言之，类比推理的证明力是很有限的。故"②韵母与④韵母平行发展，都发生洪音化"，只是一种可能，并非必然。

第二，如果强烈认可类比推理的证明力，则吾将以子之矛攻子之盾：④的韵母洪音化的同时，其声母也洪音化了，那么依照语音平行发展的规则，就应推断，若②的韵母变洪音，其声母也该平行地变为洪音声母；但既然现在②的声母未变，可判断其韵母亦未洪音化。

⑤ 曾有学者试图如此证明《诗经》是押韵的：《左传》中郑庄公母子"大隧赋"是押韵的，汉代的赋是押韵的，则《诗经》的"赋"必然也押韵，可知《诗经》是押韵的。

这是联想，不是推理。逻辑推理，尤其是演绎推理，要求严格的概念同一，而不仅是概念的名称相同。郑庄公母子之"赋"是歌唱，汉赋是一种文体，《诗经》的"赋"则从修辞角度与"比、兴"相对，指平铺直叙。[1]这三个"赋"的概念固然同源，但意义已经分化，无论外延或内涵都不一样，并不符合运行三段论时作为"中项"的基本条件。至于《诗》中之"赋"不等于《诗》，更不待言。这是概

---

[1]"六义"中"风、雅、颂"是《诗经》自身的分类，而"赋、比、兴"是西汉人毛亨总结出来的，严格地说不是《诗经》原有的概念。不过毛氏可能前有所承。赋者铺也，这个意义也相对接近词根义。

念定义模糊，觉得差不多就联想过去，造成无效推理。[1]

更多的逻辑推理过程比上述例子复杂，而只要一一釐清，都不难做出正确判断。

3. 运用统计方法

此处所言为概率统计，包括古典概率统计和现代数理统计。

这里有个问题：统计与归纳是什么关系？在形式逻辑中，归纳包含两种：完全归纳和不完全归纳。不过，也有逻辑学家（多是数理逻辑学家）会把统计归为归纳之一种。确实，粗略言之，统计之于数理逻辑，貌似归纳之于形式逻辑。但是，形式逻辑意义上的归纳不能用于证明；而统计方法，在各种实证学科的研究工作中，却常常是证明的利器，往往能拿出有效的、甚至关键性的证据来解释现象、解决问题，尤其是在精密的逻辑推演使不上力的地方。这是统计与归纳之间在根本性质上的不同。把统计简单地视为归纳，是不合适的。

上文言及，世界是"准逻辑系统"，换个说法，是概率意义上或统计意义上的逻辑系统，或者就叫作"概率／统计逻辑系统"。从世界观和认识论说，逻辑性／平衡性与其相对性互补；从方法论说，逻辑方法与统计方法互补。统计方法是观察世界行之有效的"准逻辑窥镜"，合适的统计方法能利用表象性的数据，揭示事物的或远或近地接近于演绎逻辑的本质。

比起许多自然科学的研究对象（譬如物理现象）来，语言是统计精度较低的系统；在语言研究中运用统计方法，相对简单易行，且能起到很好的作用。例如，诗文押韵自必对应一定的韵母系统，但不会完全遵循，会有通押、出韵等；对古诗文韵脚进行较大数据的统计，常能相当精确地提取其所据的古韵母系统及其中诸韵母之间的关系。这样的成果有朱晓农（1989）、白一平（1992）等。

笔者一向认为，统计在语言研究中，一是会有大作为，二是需要尝试运用各种计算方法。（麦耘 2008c）经历过近年来更多的学习和思考，笔者现在愿意用更强烈的表述方式：未来的语言研究，包括汉语历史音韵研究，决不能离开统计，而统计方法本身又要不断发展、更新，才能有活力。期望在不久的将来，汉语历史音韵学与统计方法会有更好的结合。

---

[1] 李书娴和麦耘（2008）用统计方法，对"《诗经》是押韵的"这个命题做出了初步论证。

参考文献

［1］白一平（W. H. Baxter）. *A Handbook of Old Chinese Phonology*. Berlin: Mouton de Gruyter, 1992.

［2］包拟古（N. C. Bodman）. 原始汉语与汉藏语：建立两者之间关系的若干证据（中译本）. //包拟古. 原始汉语与汉藏语. 北京：中华书局，1980/1995.

［3］蔡瑛纯. 关于明代汉语共同语基础方言的几点意见. //耿振生. 近代官话语音研究. 北京：语文出版社，2007.

［4］陈保亚. 音变原因、音变方向和音系协合. 西南师大学报，1989（3）.

［5］陈复华，何九盈. 古韵通晓. 北京：中国社会科学出版社，1987.

［6］陈振寰. 音韵学. 长沙：湖南人民出版社，1986.

［7］储泰松. 梵汉对音与中古音研究. 古汉语研究，1998（1）.

［8］储泰松. 唐代的秦音与吴音. 古汉语研究，2001（2）.

［9］戴庆厦. 藏缅语族语言使动范畴的历史演变. //戴庆厦. 藏缅语族语言研究（三）. 昆明：云南民族出版社，2001/2004.

［10］丁邦新. 音韵学讲义. 北京：北京大学出版社，2015.

［11］丁启阵. 秦汉方言. 北京：东方出版社，1991.

［12］丁声树，李荣. 汉语音韵讲义. 上海：上海教育出版社，1981/2010.

［13］董同龢. 上古音韵表稿. 台北：台湾“中央研究院”历史语言研究所，1944/1997.

［14］董同龢. 汉语音韵学. 台北：广文书局，1968.

［15］冯蒸. 论《切韵》的分韵原则：按主要元音和韵尾分韵，不按介音分韵——《切韵》有十二个元音说. //冯蒸. 冯蒸音韵学论集. 北京：学苑出版社，1998/2006.

［16］高本汉（K. B. J. Karlgren）. 中国音韵学研究（中译本）. 北京：商务印书馆，1915—1926/1995.

［17］高本汉. 汉文典（中译本）. 上海：上海辞书出版社，1940/1997.

［18］耿振生.《中原音韵》的原始著作权和它的基础方言问题. //北京大学中国语言学研究中心《语言学论丛》编委会编. 语言学论丛（第三十一辑）. 北京：商务印书馆，2005.

［19］耿振生. 再谈近代官话的“标准音”. 古汉语研究，2007（1）.

［20］黄典诚. 汉语音韵在强弱不平衡律中发展——兼论中古四等的由来. //黄典诚. 黄典诚语言学论文集. 厦门：厦门大学出版社，1979/2003.

［21］黄淬伯. 慧琳一切经音义反切考. 北京：中华书局，1931/2010.

［22］黄笑山.《切韵》和中唐五代音位系统. 台北：文津出版社，1995.

［23］黄笑山.《切韵》三等韵的分类问题. 郑州大学学报，1996（4）.

［24］忌浮. 中原音韵二十五声母集说. 中国语文，1964（5）.

［25］黎新第.《中原音韵》“入派三声”析疑. 重庆师院学报，1987（4）.

［26］黎新第. 北纬 37° 以南的古 -k 韵尾字与二合元音. 语言研究，1991（2）.

［27］李方桂. 上古音研究. 北京：商务印书馆，1971/1980.

［28］李方桂. 几个上古声母问题. //李方桂. 上古音研究. 北京：商务印书馆，1971/1980.

［29］李立成. 元代汉语音系的比较研究. 北京：外文出版社，2002.

［30］李荣. 切韵音系（校订本）. 北京：商务印书馆，1956/2020.

［31］李书娴，麦耘. 证《诗经》押韵. 中国语文，2008（4）.

［32］李新魁. 论《中原音韵》的性质及其所代表的音系. //李新魁. 李新魁语言学论集. 北京：中华书局，1962/1994.

［33］李新魁. 关于《中原音韵》音系的基础和"入派三声"的性质. //李新魁. 李新魁语言学论集. 北京：中华书局，1963/1994.

［34］李新魁. 古音概说. 广州：广东人民出版社，1979.

［35］李新魁. 论近代汉语共同语的标准音. //李新魁. 李新魁语言学论集. 北京：中华书局，1980/1994.

［36］李新魁.《中原音韵》音系研究. 郑州：中州书画社，1983.

［37］李新魁. 汉语音韵学. 北京：北京出版社，1986.

［38］林焘. "入派三声"补释. //北京大学中国语言学研究中心《语言学论丛》编委会编. 语言学论丛（第十七辑）. 北京：商务印书馆，1992.

［39］刘丹青. 语言库藏类型学构想. 当代语言学，2011（4）.

［40］刘海阳. 韵图三四等对立在现代方言中的反映. 方言，2017（4）.

［41］龙果夫（А. А. Драгунов）. 八思巴字和古官话（中译本）. //罗常培，蔡美彪. 八思巴字与元代汉语（增订本）. 北京：中国社会科学出版社，1930/2004.

［42］龙宇纯. 从集韵反切看切韵系韵书反映的中古音. //"中央研究院"历史语言研究所编. 历史语言研究所集刊（第五十七本）. 台北：台湾"中央研究院"历史语言研究所，1986.

［43］鲁国尧. 明代官话及其基础方言问题——读《利玛窦中国札记》. 南京大学学报，1985（4）.

［44］鲁国尧. 研究明末清初官话基础方言的廿三年历程——"从字缝里看"到"从字面上看". 语言科学，2007（2）.

［45］陆志韦. 三四等与所谓"喻化". //陆志韦. 陆志韦语言学著作集（二）. 北京：中华书局，1939/1999.

［46］陆志韦. 释中原音韵. //陆志韦. 陆志韦近代汉语音韵论集. 北京：商务印书馆，1946/1988.

［47］陆志韦. 古音说略. //陆志韦. 陆志韦语言学著作集（一）. 北京：中华书局，1947/1985.

［48］陆志韦. 古反切是怎样构造的. //中国社会科学院科研局组织编. 中国社会科学院学者文选·陆志韦集. 北京：中国社会科学出版社，1963/2003.

［49］罗常培.《中原音韵》声类考. //《罗常培文集》编委会编. 罗常培文集（第七卷）. 济南：山东教育出版社，1932/2008.

［50］罗常培. 拟答郭晋稀《读〈切韵指掌图〉》. //《罗常培文集》编委会编. 罗常培文集（第七卷）. 济南：山东教育出版社，1943/2008.

［51］罗常培. 论龙果夫的《八思巴字和古官话》. 中国语文，1958（12）.

［52］马伯乐（H. Maspéro）. 唐代长安方言考（中译本）. 北京：中华书局，1920/2005.

［53］马德强.《切韵》音系四等韵的介音研究平议. //浙江大学汉语史研究中心编. 汉语史学报（第十一辑）. 上海：上海教育出版社，2011.

［54］马学良，罗季光.《切韵》纯四等韵的主要元音. 中国语文，1962（12）.

［55］麦耘. 论重纽及《切韵》的介音系统. //麦耘. 音韵与方言研究. 广州：广东人民出版社，1992/1995.

［56］麦耘. 关于章组声母翘舌化的动因问题. //麦耘. 音韵与方言研究. 广州：广东人民出版社，1994a/1995.

［57］麦耘.《切韵》二十八声母说. //麦耘. 音韵与方言研究. 广州：广东人民出版社，1994b/1995.

［58］麦耘.《诗经》韵系. //麦耘. 音韵与方言研究. 广州：广东人民出版社，1995a.

［59］麦耘. 韵图的介音系统及重纽在《切韵》后的演变. //麦耘. 音韵与方言研究. 广州：广东人民出版社，1995b.

［60］麦耘.《切韵》元音系统试拟. //麦耘. 音韵与方言研究. 广州：广东人民出版社，1995c.

［61］麦耘.“中原音韵”无入声内证”商榷——兼论相关的几个问题. //麦耘. 音韵与方言研究. 广州：广东人民出版社，1995d.

［62］麦耘.“浊音清化”的语音条件试释. //麦耘. 著名中年语言学家自选集·麦耘卷. 上海：上海教育出版社，1998/2012.

［63］麦耘. 隋代押韵材料的理数分析. 语言研究，1999（2）.

［64］麦耘. 汉语语音史上词汇扩散一例——卷舌咝音使 i/j 消变的过程. //声韵学学会，“国立台湾大学中国文学系”主编. 声韵论丛（第九辑）. 台北：学生书局，2000.

［65］麦耘. 汉语音史上“中古时期”内部阶段的划分——兼论早期韵图的性质. //麦耘. 著名中年语言学家自选集·麦耘卷. 上海：上海教育出版社，2002/2012.

［66］麦耘. 汉语历史音韵研究中的一些方法问题. //浙江大学汉语史研究中心编. 汉语史学报（第五辑）. 上海：上海教育出版社，2005a.

［67］麦耘. 汉语史研究中的假设与证明——试论一个学术观念问题. //麦耘. 著名中年语言学家自选集·麦耘卷. 上海：上海教育出版社，2005b/2012.

［68］麦耘. 走进汉语历史音韵学的汉藏语比较研究. //刘丹青编. 语言学前沿与汉语研究. 上海：上海教育出版社，2005c.

［69］麦耘. 立足汉语，面向世界——中国语言学研究理念漫谈. 语言科学，2006（2）.

［70］麦耘. 语音史研究中历史比较研究与历史文献考证相结合的几个问题. //麦耘. 著名中年语言学家自选集·麦耘卷. 上海：上海教育出版社，2008a/2012.

［71］麦耘. 论对中古音“等”的一致性构拟. //复旦大学汉语言文字学科《语言研究集刊》编委会编. 语言研究集刊（第五辑）. 上海：上海辞书出版社，2008b.

［72］麦耘.《齐梁陈隋押韵材料的数理分析》序. //张建坤. 齐梁陈隋押韵材料的数理分析（卷

首）. 哈尔滨：黑龙江大学出版社，2008c.

［73］麦耘. 从中古后期－近代语音和官客赣湘方言看知照组. //麦耘. 著名中年语言学家自选集·麦耘卷. 上海：上海教育出版社，2010/2012.

［74］麦耘. 汉语的 R 色彩声母. //《东方语言学》编委会编. 东方语言学（第十五辑）. 上海：上海教育出版社，2015.

［75］麦耘. 音法研究与音史研究. //张玉来编. 汉语史与汉藏语研究（第一辑）. 北京：中国社会科学出版社，2017.

［76］麦耘. 汉语音韵学研究 70 年. //刘丹青编. 新中国语言文字研究 70 年. 北京：中国社会科学出版社，2019.

［77］麦耘. 中古音系研究框架——以介音为核心，重纽为切入点. 辞书研究，2022a（2）.

［78］麦耘. 谈《蒙古字韵》与《中原音韵》的几个音系差异——兼论近代官话的“中原为中心，南北为边缘”现象. //中国社会科学院语言研究所，《历史语言学研究》编辑部编. 历史语言学研究（第十八辑）. 北京：商务印书馆，2022b.

［79］麦耘，钱有用. 三、四等见系在朝鲜汉字音中的表现及相关问题. //复旦大学汉语言文字学科《语言研究集刊》编委会编. 语言研究集刊（第三十辑）. 上海：上海辞书出版社，2022.

［80］麦耘，朱晓农. 南京方言不是明代官话的基础. 语言科学，2012（4）.

［81］梅祖麟. 四声别义中的时间层次. 中国语文，1980（6）.

［82］孟蓬生. 汉语前上古音论纲. //香港浸会大学孙少文伉俪人文中国研究所主办. 学灯（第 1 辑）. 上海：上海古籍出版社，2016.

［83］宁继福. 中原音韵表稿. 长春：吉林文史出版社，1985.

［84］潘悟云. 汉藏语中的次要音节. //石锋，潘悟云编. 中国语言学的新拓展. 香港：香港城市大学出版社，1999.

［85］潘悟云. 汉语历史音韵学. 上海：上海教育出版社，2000.

［86］潘悟云，朱晓农. 汉越语和《切韵》唇音字. //潘悟云. 著名中年语言学家自选集·潘悟云卷. 合肥：安徽教育出版社，1982/2003.

［87］平山久雄. 重纽问题在日本. //平山久雄. 平山久雄语言学论文集. 北京：商务印书馆，1997/2005.

［88］蒲立本（E. G. Pulleyblank）. *Middle Chinese: A Study in Historical Phonology.* Vancouver：University of British Columbia Press, 1984.

［89］三根谷彻. 韻鏡の三四等について. //言语研究（第三十一辑）. 1953.（转引自平山久雄 1997）

［90］沙加尔（L. Sagart）. 上古汉语词根（中译本）. 上海：上海教育出版社，1999/2004.

［91］邵荣芬. 切韵研究（校订本）. 北京：中华书局，1982/2008.

［92］沈建民. 论《中原音韵》中两韵并收的入声字. 玉溪师专学报，1989（6）.

［93］施向东. 玄奘译著中的梵汉对音和唐初中原方音. 语言研究，1983（1）.

［94］辻本春彦. 所谓三等重纽的问题. 冯蒸译. //冯蒸. 冯蒸音韵学论集. 北京：学苑出版社，1954/2006.

［95］水谷真诚. 表示梵语卷舌元音的汉字. //言语研究（第三十七辑），1960.（转引自松尾良树 1975）

［96］松尾良树. 论《广韵》反切的类相关. 冯蒸译. //冯蒸. 冯蒸音韵学论集. 北京：学苑出版社，1975/2006.

［97］宋洪民. 八思巴字资料与蒙古字韵. 北京：商务印书馆，2017.

［98］孙宏开. 原始汉藏语中的介音问题——关于原始汉藏语音节结构构拟的理论思考之三. 民族语文，2001（6）.

［99］孙宜志. 从知庄章的分合看《西儒耳目资》音系的性质. 中国语文，2010（5）.

［100］孙玉文. 汉语变调构词研究. 北京：北京大学出版社，2000.

［101］藤堂明保. 中国語の史的音韻論. 日本中国学会报，1954（6）.（转引自平山久雄 1997）

［102］汪寿明.《中原音韵》音系谈. //《中原音韵新论》编辑组编.《中原音韵》新论. 北京：北京大学出版社，1991.

［103］王力. 汉越语研究. //王力. 龙虫并雕斋文集（第二册）. 北京：中华书局，1948/1980.

［104］王力. 汉语史稿（修订版）. 北京：中华书局，1958/1980.

［105］王力. 汉语音韵. 北京：中华书局，1963/1991.

［106］王力. 同源字典. 北京：商务印书馆，1982a.

［107］王力. 朱熹反切考. //王力. 龙虫并雕斋文集（第三册）. 北京：中华书局，1982b.

［108］王力. 汉语语音史. 北京：中国社会科学出版社，1995.

［109］王静如. 论开合口. //王静如. 王静如文集（上）. 北京：社会科学文献出版社，1941/2015.

［110］王士元. 词汇扩散理论：回顾和前瞻（中译本）. //王士元. 语言的探索——王士元语言学论文选译. 石锋译. 北京：北京语言文化大学出版社，1995/2000.

［111］王文敏. 维吾尔语清浊爆发音的性质——兼论清浊颠倒现象. 广东技术师范大学学报，2021（2）.

［112］王文敏，陈忠敏. 维吾尔语的内爆发音. 民族语文，2011（6）.

［113］吴永焕. 官话方言古铎药觉韵的今读类型及历时演变. 方言，2019（4）.

［114］谢纪锋.《汉书》颜氏音切韵母系统的特点——兼论切韵音系的综合性. 语言研究，1992（2）.

［115］许宝华，潘悟云. 不规则音变的潜语音条件. //潘悟云. 音韵论集. 上海：中西书局，1985/2012.

［116］许宝华，潘悟云. 释二等. //潘悟云. 音韵论集. 上海：中西书局，1994/2012.

［117］许思莱（A. Schuessler）. *R and L in Archaic Chinese*. *Journal of Chinese Linguistics*, 1974（2）.

［118］薛凤生. 中原音韵音位系统（中译本）. 北京：北京语言学院出版社，1975/1990.

［119］雅洪托夫（С. Е. Яхонтов）. 上古汉语的复辅音声母（中译本）. //唐作藩，胡双宝编. 汉语史论集. 北京：北京大学出版社，1960a/1986.

［120］雅洪托夫. 上古汉语的唇化元音（中译本）. //唐作藩，胡双宝编. 汉语史论集. 北京：北京大学出版社，1960b/1986.

［121］雅洪托夫. 上古汉语的起首辅音 L 和 R（中译本）. //唐作藩，胡双宝编. 汉语史论集. 北京：北京大学出版社，1976/1986.

［122］雅洪托夫. 十一世纪的北京语音（中译本）. //唐作藩，胡双宝编. 汉语史论集. 北京：北京大学出版社，1980/1986.

［123］颜森. 高安（老屋周家）方言的语音系统. 方言，1981（2）.

［124］杨福绵. 罗明坚、利玛窦《葡汉词典》所记录的明代官话. 中国语言学报，1995（5）.

［125］杨耐思. 中原音韵音系. 北京：中国社会科学出版社，1981.

［126］叶玉英. 古文字构形与上古音研究. 厦门：厦门大学出版社，2009.

［127］有坂秀世. 评高本汉之 j 化说（中译本）. //潘悟云编. 境外汉语音韵学论文选. 上海：上海教育出版社，1937-1939/2010.

［128］俞敏. 等韵溯源. //中国音韵学研究会编. 音韵学研究（第一辑）. 北京：中华书局，1980/1984.

［129］余迺永. 上古音系研究. 香港：香港中文大学出版社，1985.

［130］余迺永. 再论《切韵》音——释内外转新说. 语言研究，1993（2）.

［131］于省吾. 释𢆶、𢆶兼论古韵部东、冬的分合. //于省吾. 甲骨文字释. 北京：中华书局，1962/1979.

［132］尉迟治平. 论中古的四等韵. 语言研究，2002（4）.

［133］喻世长. 切韵韵母拟音的新尝试. //吕叔湘等. 语言文字学术论文集——庆祝王力先生学术活动五十周年. 上海：知识出版社，1989.

［134］远藤光晓. 《翻译老乞大·朴通事》里的汉语声调. //北京大学中文系《语言学论丛》编委会编. 语言学论丛（第十三辑）. 北京：商务印书馆，1984.

［135］曾晓渝. 《西儒耳目资》音系基础非南京方言补证. 语言科学，2014（4）.

［136］张卫东. 论《西儒耳目资》的记音性质. //《纪念王力先生九十诞辰文集》编委会编. 纪念王力先生九十诞辰文集. 济南：山东教育出版社，1991.

［137］张卫东. 北京音何时成为汉语官话的标准音. 深圳大学学报，1998（4）.

［138］张渭毅. 魏晋至元代重纽的南北区别和标准音的转变. //张渭毅. 中古音论. 开封：河南大学出版社，2003/2006.

［139］张玉来. 近代汉语共同语的构成特点及其发展. 古汉语研究，2000（2）.

［140］张玉来. 论《中原音韵》萧豪/歌戈韵入声字又读的音变性质. 语文研究，2016（2）.

［141］赵翠阳. 慧琳《一切经音义》韵类研究. 北京：中国社会科学出版社，2014.

［142］赵遐秋，曾庆瑞. "中原音韵" 音系的基础和 "入派三声" 的性质. 中国语文，1962（7月号）.

［143］赵荫棠. 中原音韵研究. 上海：商务印书馆，1936.

［144］赵元任. 现代吴语的研究. 北京：商务印书馆，1928/2011.

［145］赵元任（Y. R. Chao）. Distinctions within Ancient Chinese. //赵元任. 赵元任全集（第四

卷). 北京：商务印书馆，1941/2012.(依原发表刊物 *Harvard Journal of Asiatic Studies* Vol.5 No.3-4 的抽印本所附更正表，文题应作 Distinctive and Non-Distinctive Distinctions in Ancient Chinese.)

[146] 郑再发. 蒙古字韵跟跟八思巴字有关的韵书. 台北：台湾大学文学院，1965.

[147] 郑仁甲. 论三等韵的 ï 介音——兼论重纽. //中国音韵学研究会编. 音韵学研究(第三辑). 北京：中华书局，1994.

[148] 郑张尚芳. 上古音构拟小议. //郑张尚芳. 郑张尚芳语言学论文集. 北京：中华书局，1984/2012.

[149] 郑张尚芳. 上古韵母系统和四等、介音、声调的发源问题. //郑张尚芳. 郑张尚芳语言学论文集. 北京：中华书局，1987/2012.

[150] 郑张尚芳. 中古音的分期与拟音问题. //郑张尚芳. 郑张尚芳语言学论文集. 北京：中华书局，2000/2012.

[151] 郑张尚芳. 上古音系(第二版). 上海：上海教育出版社，2013.

[152] 郑张尚芳. 汉语声调平仄之分与上声去声的起源. //郑张尚芳. 郑张尚芳语言学论文集. 北京：中华书局，1994/2012.

[153] 郑张尚芳. 夏语探索. 语言研究，2009(4).

[154] 郑张尚芳. "支那"真正的来源. //郑张尚芳. 胭脂与焉支. 上海：上海教育出版社，2019.

[155] 周法高. 三等韵重唇音反切上字研究. //周法高. 中国语言学论文集. 台北：联经出版事业公司，1952/1975.

[156] 周法高. 论中古汉语的音位. //周法高. 中国语言学论文集. 台北：联经出版事业公司，1954/1975.

[157] 周法高. 中国古代语法·构词编. 台北：台湾"中央研究院"历史语言研究所，1962.

[158] 周祖谟. 宋代汴洛语音考. //周祖谟. 问学集. 北京：中华书局，1943/1966.

[159] 周祖谟. 切韵的性质和它的音系基础. //周祖谟. 问学集. 北京：中华书局，1963/1966.

[160] 朱晓农. 北宋中原韵辙考——一项数理统计研究. //朱晓农. 音韵研究. 北京：商务印书馆，1989/2006.

[161] 朱晓农. 从群母论浊声和摩擦——实验音韵学在汉语音韵学中的实验. //朱晓农. 音韵研究. 北京：商务印书馆，2003/2006.

[162] 朱晓农. 唇音齿龈化和重纽四等. //朱晓农. 音韵研究. 北京：商务印书馆，2004/2006.

[163] 朱晓农. 元音大转移的起因——以上、中古汉语过渡期的元音链移为例. //朱晓农. 音韵研究. 北京：商务印书馆，2005/2006.

[164] 朱晓农. 证早期上声带假声. //朱晓农. 音法演化——发声活动. 北京：商务印书馆，2007/2012.

[165] 朱晓农. 全浊弛声论——兼论全浊清化(消弛)低送高不送. //朱晓农. 音法演化——发声活动. 北京：商务印书馆，2007/2012.

汉语历史词汇学的回顾与展望

汪维辉　史文磊

蒋绍愚（2010）认为："汉语历史词汇学包括汉语词汇史的研究，古汉语同源词、同义词的研究，常用词演变的研究，近代汉语俗词语的研究，音义关系的研究，词汇和文化关系的研究，以及有关汉语历史词汇的理论问题的研究等方面。"本文采用这一观点，以"汉语历史词汇学"作为学科名称来统摄相关的研究。

一、回顾

（一）通论及理论性专著

已出版的汉语历史词汇学专著中，重要的可以分出以下三类：通论性著作、分期词汇史著作和结合现代语言学的理论性著作。

初期通论性著作中，王力（1958/1980，1990/1993）搭建起了汉语词汇史的基本框架，影响深远。此后，有两部通论性专著也具有一定的影响：史存直（1989）和潘允中（1989）。二书各有专擅，但均属"概要"性质，主要是提纲挈领地勾勒了汉语词汇发展历史的轮廓。此外，向熹（1998/2010）也值得一提。该书在写法上采用分段（上古、中古、近代）叙述的方法，是明显不同于之前的其他同类著作的一个特点。以上三种汉语词汇史著作具有明显的继承发展关系，基本格局是由王力（1958）奠定的。需要特别指出，张世禄在二十世纪中期完成的汉语词汇史讲义，即已采用上古、中古、近代分段叙述的方法。该书直到近年才出版（张世禄 2020）。

蒋绍愚（1989/2005）是颇具理论性的通论性著作，该书对传统词汇学的研究做了系统化的构建，同时结合具体实例指出，汉语词汇系统在不同历史时期的发展变化可以从三个方面去考察：义位的结合关系；词在语义场中的关系；词的亲属关系。对后来的汉语历史词汇学研究具有指导意义和引领作用。蒋绍愚（2015）是第一部以"汉语历史词汇学"命名的理论著作，搭建起了汉语历史词汇学的基本框架，全书共八章：字和词，构词法、造词法和词汇化，词义和词义的分析，词义的发展和演变，同义词和反义词，词汇和语音、语法的关系，词汇系统和词义系统，词汇与文化。内容涵盖了汉语历史词汇学研究中的基本理论问题。该书"较多地吸收了现代语义学和认知语言学的研究成果"，作者运用新的理论，吸收学界的最新成果，结合汉语实际，提出了许多富有启发性的新见，为今后汉语历史词汇学的发展奠定了理论基础。

最近出版的汪维辉（2021），吸收了以往论著的框架和观点，同时融入了作者的研究心得。全书包括：意义和词的关系、基本词汇的演变、历代特色词汇描写、外来词汇的借入和吸收、构词法的发展、同义词和反义词的发展变化、汉语词汇演变的总体趋势和基本规律。

分期词汇史专著主要有两部，分别是专论上古汉语词汇发展的徐朝华（2003）和专论中古汉语词汇发展的王云路（2010）。徐朝华（2003）重点论述了上古汉语时期汉语词汇的发展、词义的发展变化和构词法的发展。王云路（2010）比较全面地讨论了中古汉语词汇史的各方面，是目前最为详尽地阐述中古汉语词汇史的著作。

从前文对 10 种汉语历史词汇学专著的简单回顾可以看出，汉语历史词汇学所包含的**内容**是十分丰富而又庞杂的，大致可以归纳为以下 11 个方面：（1）基本词汇；（2）同源词和滋生词；（3）同义词和反义词；（4）成语、谚语和典故；（5）借词和译词；（6）概念变了名称（词的历史替换）；（7）词变了意义（词义的演变）；（8）构词法；（9）词汇和语音、语法的关系；（10）社会发展和词汇发展的关系；（11）汉语词汇对周边语言的影响。

汉语词汇史研究所依据的**材料**主要是历代的文献资料，包括传世文献和出土文献（以前者为主），必要时也会利用方言资料和域外资料（主要是日本、韩国、越南的汉籍和日、韩、越语中的汉语借词）。汉语词汇史的研究目标主要是阐明汉语口语词汇的发展演变过程及其内在规律，因此大多数学者在材料的选取上比较注重口语性（当然是以真实可靠为前提）。研究**方法**上，主要是采用归纳法，即根据文献用例概括基本的语言事实，在此基础上总结汉语词汇历史演变的若干规律。不过，关于汉语词汇演变的规则和规律，目前知道的还不多。

一些汉语历史词汇学著作在结合现代语言学理论方面取得了一定的成绩。比较突出的除了上文提到的蒋绍愚（2015）之外，还有董秀芳（2002/2011）。该书是国内系统论述汉语史上"词汇化"问题的第一部著作。该书指出："双音词有三类主要历史来源，一是从短语降格而来，二是从由语法性成分参与形成的句法结构中衍生出来，三是从本来不在同一个句法层次上的跨层结构中脱胎出来。其中，从短语降格而来的双音词最多。"书中对五类短语成词的难易程度（有些短语类型比另一些短语类型更难成词）、双音词的历时发展特点与词化程度等级及其序列（以动词性并列式双音词的历时发展为例，存在四个阶段和相应的四个等级）等问题都有深入的讨论。作者用原型理论（prototype theory）来处理词与短语的分界，较好地解决了这个一直困扰汉语学界的老大难问题。

（二）常用词演变研究

词汇演变的研究大致可以分为"词是怎样变了意义的"和"概念是怎样变了名称的"两个方面。（王力 1980）[565-587]"词是怎样变了意义的"大体相当于符意学（semasiology）层面的演变，或是词汇意义的创新（innovation）；"概念是怎样变了名称的"则大体相当于定名学（onomasiology）层面的演变，或是词汇形式的更新或更替（renovation）。

从传统训诂学发展到现代语言学意义上的历史词汇学，常用词的研究在其中显得格外重要。正如张永言、汪维辉（1995）[411]所指出的："常用词大都属于基本词汇，是整个词汇系统的核心部分。""词汇史的研究不但不应该撇开常用词，而且应该把它放在中心的位置，只有这样才有可能把汉语词汇从古到今发展变化的主线理清楚，也才谈得上科学的词汇史的建立。""词汇的更替尤其常用词的更替，是词汇定名学演变的重要方面，也是近年来汉语词汇史研究着力甚多、成果丰硕的研究领域，其中汪维辉（2000/2017，2018b）是这类研究的代表性成果。"（吴福祥 2019）[7]本节重点介绍汉语常用词更替研究方面的进展，兼及其他。

一般来说，常用词"主要是指那些自古以来在人们的日常生活中都经常会用到的、跟人类活动关系密切的词，其核心就是基本词"（汪维辉 2000/2017）[11]。核心词"就是表示核心概念的那些词"（汪维辉 2018b）[3]。这几个术语各有侧重，涵盖的范围也不尽相同；但人们在从事具体的研究时，并没有实质性的纠纷。正如"Swadesh 词表（Swadesh list）"（Swadesh 1952，1955）在不同文献中的叫法互有差别，如基本词汇（fundamental vocabulary）（Pagel *et al.* 2007；Pagel & Meade 2018）、核心词汇（core vocabulary）（Rácz *et al.* 2019）等。这很大程度上源于研究者理解的差异，但具体研究对象实际上并无二致。因此，本文在梳理既有的研究时，不做严格区分。

1. 常用词更替实例的调查

汪维辉（2007a[92]，2018b）[31-32] 指出："在词汇史研究中，揭示语言事实的真相是首要任务。""在现阶段，扎扎实实地把一批常用词的演变史实描写清楚是首要之务。""只有在对词汇演变的史实作出充分而可靠的描写的基础上，才有可能解释演变的模式、原因和机制等等。"令人欣喜的是，近二三十年来，经过学界同行的共同努力，汉语词汇史尤其是常用词更替的研究取得了实质性的进展，其中最突出的当数对诸多演变个案所做的扎扎实实的描写。下面对其中具有代表性的研究做一述评。

（1）常用词更替的历时描写研究

王力（1962/1999）、王凤阳（1993/2011）对汉语常用词的历时更替做了比较全面的描写。此后，张永言、汪维辉（1995），汪维辉（2000/2017），汪维辉（2018b）等系列研究将这一领域推向了"深耕细作"的阶段，精度和深度都超过了以往。综观这些研究，大体可以分为两个阶段。

第一阶段是对历时更替的深入描写。张永言、汪维辉（1995）讨论了"目/眼""视/看""寒/冷"等 8 组同义词在中古汉语时期的变迁递嬗情况。汪维辉（2000/2017）详细描写了东汉至隋这近 600 年间 41 组常用词（名词 10 组，动词 21 组，形容词 10 组）的历时演变情况。该书对汉语历史词汇学学科的基础建设具有推动意义，此后学界出现了一股常用词演变研究的热潮，推动汉语历史词汇学学科逐渐充实和丰富起来。该书的考察对象是实词，关于虚词演变和词汇演变的更多规律尚有较大的研究空间。

（2）历时与共时相结合的考察

第二阶段是历时演变与共时分布相结合的考察。正如方言地理学所提倡的，共时方言的分布状态是历时演变的积淀。汉语拥有悠久而未曾间断的历史，方言分布错综复杂，两者的结合给词汇史研究提供了极佳的材料。进入新世纪以来，学界逐渐开始关注这一领域，但真正结合得好的精深扎实的个案调查其实并不多见。汪维辉（2003）对"说（say）"义词的现状和历史的调查以及汪维辉、秋谷裕幸（2010，2014）对"站立"义词和"闻／嗅"义词的现状和历史的调查，可以说是这方面的代表性研究。最近出版的汪维辉（2018b）是这方面研究的标志性成果。该书通过翔实的调查呈现出了汉语 100 核心词的现状和历史。这 100 核心词（概念）表的设计以"Swadesh 词表（Swadesh list）"作为底本，并根据汉语实际做了少量调整。选词和调整的原则跟 Swadesh（1952）[457] 基本一致。[1] 全书分名词、动词、形容词、数词、代词和副词六类进行论述。每个词条包括"音""形""义""词性""组合关系""聚合关系""历时演变""方言差异""小结"等项。

　　书后有三个附录。附录一是作者近年来的几篇相关论文，附录二是"100 核心词历时演变简表"，附录三是"100 核心词方言分布简表"。

　　该书对历史词汇学及相关领域的研究具有较高的参考价值。当然，也还有进一步挖掘的空间。第一，该书采用的现代方言材料大多来自现有的方言词典，不是实地调查得到的第一手资料。第二，尽管已经设置了适当的特征和考察角度，如组合关系、聚合关系以及相关的语义特征等，但由于工程庞大，有些项目尚可进一步合理化和精细化。

---

[1] Swadesh（1952）[457] 对核心词表的设计和应用有如下说明：

Suitable items for a test list must be universal and non-cultural. That is，they must refer to things found anywhere in the world and familiar to every member of a society，not merely to specialists or learned people. Moreover，they must be easily identifiable broad concepts，which can be matched with simple terms in most languages. Of course，it would be impossible to devise a list which works perfectly for all languages，and it must be expected that difficult questions will sometimes arise. This can，however，be very simply met by omitting the troublesome item when necessary. The rules for filling in the list for each language may be stated as follows：（a）Try to find one simple equivalent for each item by disregarding specialized and bound forms and the less common of two equivalents.（b）Use a single word or element rather than a phrase，even though the meaning may be broader than that of the test item.（c）Where it is impossible to find a single equivalent，omit the form.

[适合列入词表的必须是人类语言中普遍存在、且不受文化特性限制的词项（概念项）。也就是说，它们所指称的必须是世界上任何地方都能见到、且为社团全体成员所熟知的事物，而不仅仅是少数专家或有学识者所掌握的。另外，它们必须是容易辨认的概括性概念，这样才可以在绝大多数语言中找到相应的简单表达形式。当然，要想编制一个对所有语言都完美适用的词表是绝不可能的，各种问题肯定会出现。但是，必要时可以删除这些棘手的词项来解决疑难杂症。在为具体语言设计词表时，可以遵循以下基本规则：（a）尽量寻找词表项目在该语言中相应的简单形式，排除那些专门性、黏附性的形式，如有两个对应形式，排除非常用形式。（b）选取独用的词，排除短语形式，尽管意义上可能更具概括性。（c）如果根本找不到对应的表达形式，那就删除这个词项。]

2. 汉语常用词演变的稳定性等级

一般来说，常用词是相对稳固的，不易发生变化。常用词的稳固性至少表现在以下三个方面：寿命长、变化慢、借用难。（汪维辉 2015）但是，常用词内部成员之间在稳固性的表现上是参差不齐的。汪维辉（2018b）根据历时的稳定性和共时的一致性，提出了一个词汇稳定性等级（scale of vocabulary stableness）。汉语 100 核心词在这个等级上大致可以划为四级（tier），一级稳定性最高，一致性最强，往后依次递减：

一级词（23 个）：血（blood）、手（hand）、心（heart）、肝（liver）、鱼（fish）、角（horn）、水（water）、雨（rain）、地（earth）、山（mountain）、云（cloud）、烟（smoke）、灰（ash）、来（come）、坐（sit）、飞（fly）、大（big）、白（white）、黄（yellow）、热（hot）、新（new）、一（one）、二（two）；

二级词（32 个）：人（person）、男（man）、女（woman）、骨头（bone）、头发（hair）、耳朵（ear）、鼻子（nose）、牙／牙齿（tooth）、舌头（tongue）、虱子（louse）、尾巴（tail）、爪子（claw）、种子／种／子（seed）、叶子（leaf）、月亮（moon）、星星（star）、石头（stone）、沙／沙子（sand）、火儿（fire）、名字／名儿（namc）、死（die）、杀（kill）、游泳（swim）、多（many）、小（small）、长（long）、黑（black）、圆（round）、我（I）、你（you）、谁（who）、不（not）；

三级词（14 个）：皮（skin）、肉（flesh）、膝盖（knee）、鸟（bird）、狗（dog）、羽毛／毛（feather）、路（path）、夜／晚上（night）、看见（see）、知道（know）、烧（burn）、少（few）、绿（green）、干（dry）；

四级词（31 个）：脂肪／油（grease）、头（head）、眼睛（eye）、嘴／嘴巴（mouth）、脚（foot）、脖子（neck）、肚子（belly）、乳房／嬭（奶）（breast）、蛋（egg）、树（tree）、根儿（root）、太阳（sun）、喫（吃）（eat）、喝（drink）、咬（bite）、听见（hear）、睡（sleep）、走（walk）、躺（lie）、站（stand）、拿（hold）、给（give）、说／讲（say）、红（red）、冷（cold）、满（full）、好（good）、这（this）、那（that）、什么（what）、全／都（all）。

当然，这是一个大概的分类，各级之间没有绝对的界限。但我们可以据此看出大体的倾向。在这 100 核心词中，一级词约占 1/4，这类词在义项和用法上也存在地域和时代的差异，但几千年来它们的能指、基本意义和语法功能等基本上没有改变，而且具有"唯一性"，即表达这个概念在汉语史上和现代方言中都只有一个词，没有第二个对等词。

二级词在词形上略有变化或者不像一级词那样具有"唯一性"，但其词根自古以来没有改变，仍能判定为同源词（cognate）。因此二级词也属于核心词汇中的稳定层。

三级词和四级词反映了核心词的可变性，尤其是四级词，"能指"在历史上都发生过新旧替换，方言分歧也非常大，是最缺乏稳固性和一致性的一类。值得注意的是，有些词虽然很早就发生了新旧替换，但是旧词的生命力很强，并没有在方言中完全消失。比如"狗"对"犬"的替换过程大概在上古汉语末期（西汉后期）就已经完成，但是方言中还有不少地方保留了"犬"，主要是闽语、吴语等。

核心词的稳定性等级还可以做跨词类的比较。根据汪维辉（2018b）的考察，名词的词义比较明确，且稳定性强。在这100核心词中有53个名词，其中古今基本没有变化的就有36个。数词也极其稳定，汉语里从一到十的基数词几乎没有太大变化。相反，动词的词义往往具有模糊性，且容易变化。在20个动词中，古今基本未变的只有5个，其中能列入一级词的仅有3个。形容词的词义也有较大的模糊性和主观性，但一些基本的形容词稳定性比较强。汉语的代词是容易变化的一类，6个代词中划入四级词的有"这、那、什么"3个，还有3个"我、你、谁"归入二级词。

3. 汉语常用词演变的基本类型

根据演变的情况，汉语100核心词可以大致归纳为四种基本类型。（汪维辉 2000/2017，2018b）简述如下。

（1）稳定少变型

稳定少变型的词具有稳定性和一致性的特点，即从古到今很稳定，基本上没什么变化，在现代方言中也具有很高的一致性。它们是汉语核心词中最稳定的部分，可以称为"泛时空词"。（汪维辉 2006）

严格来说，一个词的所有义项和用法（词汇语义、形态句法、语篇语用）在历史上完全一成不变的情况几乎是不存在的。汉语里"火"这个词是比较典型的，能指几千年未变，连引申义古今南北也有不少是相同的，而且"火"也是唯一古今都兼具名词、动词、形容词三种词性的一个核心词。因此，这里说的稳定少变只是相对而言。

稳定少变型核心词中，名词占比最大，有"人，血，手，心，肝，鱼，角，水，雨，地，山，云，烟，火，灰"等15个。动词数量很少，只有"来，飞，坐，死"等少数几个算得上。形容词有8个：大，长，黑，白，黄，热，新，圆。100核心词中的数词"一""二"也都是。

（2）归一型

指在上古汉语中表达某个概念有两个以上的词，到现代汉语只剩下其中的一个。例如：名词（3个）：皮，肉，牙。最终胜出的那个词形都发生了上位化。动词（1个）：游泳。形容词（2个）：多，绿。代词（3个）：我，你，谁。

（3）双音化但词根未变型

这一类词大多采用加缀法构成双音词。例如：

名词：男→男人/男子，骨→骨头，发→头发，耳→耳朵，鼻→鼻子，舌→舌头，膝→膝盖，乳→乳房，虱→虱子，尾→尾巴，羽/毛→羽毛，爪→爪子，种/子→种子，叶→叶子，月→月亮，星→星星，石→石头，沙→沙子，名→名字/名儿。

动词：见→看见，知→知道。

（4）历时更替型

指同一个概念在不同时代用不同的词来表示，新词对旧词发生过历时替换。这一类在100核心词中约占1/3，是词汇史研究需要探讨的核心课题之一。例如：

名词：膏/脂/肪→油/脂肪，首→头，目→眼/眼睛，口→嘴/嘴巴，足/趾（止）→脚，领/颈/项→脖子，腹→肚子，犬→狗，卵→蛋（弹、鷃），木→树，本→根儿，日→太阳，夜/夕→晚上。

动词：食→喫（吃），饮→喝，啮（齧、嚙）→咬，闻→听见，寝/寐/卧/眠→睡，行/步→走，卧→躺，立→站，执/持/秉/握/将/把/捉→拿（擎），与/予→给，言/语/云/曰/谓/道/话→说/讲，燃（然）/焚/燔→烧。

形容词：寡→少，赤/朱→红，寒→冷，盈→满，良/善/吉/佳→好。

代词：此/是/斯/兹→这，彼/夫→那，何/胡/奚/曷→什么。

副词：皆/咸/悉/佥/胥/尽/俱（具）/均/总→全/都。

此外，还有一些不能归入上述四类的类型，比如并存型（路/道；干/燥）、避讳改音型（鸟）等。

4. 汉语常用词变与不变的动因

从上面的调查可以看出，汉语常用词有的非常稳固，历久未变，有的则发生了很大的变化。那么，为什么有的常用词尤其是核心词会稳固不变，而有的却容易变化呢？

（1）常用词为什么会稳固不变？

要对以上两个问题做出圆满的解释是十分困难的。对于常用词之所以具有稳固性，汪维辉（2015）提出以下四个方面的原因：① 重要性；② 常用性；③ 易知性；④ 封闭性。

重要性不言而喻，人们总是希望日常交际中重要的范畴和形式稳固不变。常用性这一条跟近年来通过大数据调查得到的结论是一致的。Pagel *et al.*（2007）[717] 调查了 200 核心词（意义）（Swadesh 1952）在英语、西班牙语、俄语和希腊语四个大型语料库中的对应表达，结果显示：就这 200 核心词来说，使用频率越高变化速度越慢，使用频率越低变化速度越快。（Across all 200 meanings，frequently used words evolve at slower rates and infrequently used words evolve more rapidly.）换言之，越常用，越稳固。

易知性是指"音义结合度 / 语义感知度"高，常用词或基本词一般都是"易知性"最高的，它们在人们的语感中是最熟悉、最容易感知的音义结合体。易知性大体相当于高可及性，即人们在组词造句时一下子能想到的音义结合体。封闭性是指每个义位（概念）成员有限，通常只用一个词来表达，有两个词的不多，三个以上的则几乎没有。常用词义位（概念）成员有限，相当稳定。

（2）常用词为什么会发生变化？

既然常用词具有很强的稳固性，那么它们为什么会变化？为什么会发生新旧更替呢？以下三方面的因素值得引起重视。（汪维辉 2000/2017，2015，2018b）

① 同音竞争。如果两个不同的常用词发音相同，就会导致表意不明确，妨碍通畅的交际。解决的办法之一是其中一个被别的词形替代。汉语中"头"替换"首"就是这样一个例子。"首"与"手"上古和中古都同音，分布相似，容易产生同音冲突，导致表意不明晰，所以后来用"头"替换了"首"。

② 避讳。避讳是中国历史上长久存在的重要文化现象，在汉语词汇史中留下了深刻的印迹。一些常用词发生新旧更替就是由避讳导致的。表示 egg 义的"卵"有一个义项指男性的睾丸，于是后来改用了"蛋"；表示 bird 义的"鸟"还可以用来指男性生殖器，所以人们把它的读音从 diǎo 改成了 niǎo。这是由于人们不愿说或不便说导致的词汇变化，还有因为人们不许说或不敢说导致的词汇变化。中国古代社会由于避帝王和尊长的名讳而导致的词汇变化，是后一种情况的典型案例。如表示 full 义的"满"替代"盈"，很可能是因为西汉时期避惠帝刘盈的讳。另如"开"替代"启"，"常"替代"恒"等，也是如此。

③通语基础方言的变动。汉语史上通语和方言之间的关系很具特点。历史上首都所在地的方言一般都会成为通语的基础方言，如此，首都的更迭就会成为通语常用词汇新旧更替的一股重要推动力。如汉语中表示 stand 义的"站"替代"立"，就与明初曾在南京定都有重要关系。

另外还有文化因素、语言的经济原则、义项过多等因素，这里就不一一介绍了。需要注意的是，不少词的演变不易解释，再就是词汇的个性极强，有时很难找出一致的共性。

5. 常用词演变的单向性原则及相关问题

常用词是活跃于口语中的，在历史演变上具有一定的独特性，其中突出的一点是近年提出来的"单向性演变"。汪维辉、胡波（2013）[363] 提出，汉语史研究中可以确立两条原则，第二条是"以前期赅后期"：

> 以前期赅后期。即：某一事实在前期已经得到证明，则后期的反面证据可以不予采信，因为按照一般逻辑，某一种语言现象只会按着既定的方向向前发展，除非有特殊的原因，不会逆转。

王力（1947/1990）[177] 讨论"远绍"的现象时也曾提过类似的看法：

> 从前的文字学家也研究语源，但是他们有一种很大的毛病是我们所应该极力避免的，就是"远绍"的猜测。所谓"远绍"，是假定某一种语义曾经于一二千年前出现过一次，以后的史料毫无所见，直至最近的书籍或现代方言里才再出现。这种神出鬼没的怪现状，语言史上是不会有的。

蒋绍愚（2010）[128] 进一步说：

> 这种"远绍"的猜测"是违背语言社会性的原则的，因为语言总是某一人群使用的，不可能出现这样的情形：一个词在某个时期只使用过一两次，后来一直没有人使用，过了一二千年后突然又使用起来，或者引申出新的意义"。

王力（1958/1980）[588] 在讨论仿古词语时说：

> 实际上，仿古词语如果不能写成成语，它就不能在人民口语中生根，结果只成为个人或少数人所能了解的词语，和语言的发展问题无关。假使今天

还有人称盘为"案"，称小腿为"脚"，这是注定要失败的。……仿古是不值得提倡的；虽然有人这样做了，但这是开倒车。语言将顺着它的内部规律发展，而不会受仿古主义者的影响。

以上看法都可以从语言演变的"单向性"来理解，通俗说就是语言演变不走回头路。汪维辉、胡波（2013）[363]强调，这条原则"只适用于同一个语言（或方言）系统的共时状态及其连续性演变，而不能用来解释不同方言之间的共时差异或不同语言（或方言）系统各自独立发展的历时演变，这是不言而喻的"。由此可见，常用词演变的单向性原则是针对一种"纯净"的语言状态而言的。但实际上，透过文献语料还原真实口语是非常复杂的，不少问题需要仔细辨析。下面从词汇的地域差异、结构分层差异、语体差异等方面略做论述。

第一，地域差异。词汇不但具有时代特征，还表现出地域差异，且自古而然。（汪维辉 2006，2007c）在现代共时层面存在地域差异的方言词汇系统，无疑应该分别对待。但对于文献语料记载的古代汉语，尤其是在方言之间表现出守旧和求新之别的情况下，如何判定通语中词汇的发展阶段，是一项关键却也棘手的工作。例如，汪维辉（2007a）对六世纪汉语词汇的南北差异做了调查，发现南方较多地使用新词，北方则相对保守。例如近指代词（this），南方多用"许"，北方多用"此"。如果这两种形式都被通用文本记录下来，我们就应该去伪存真，剥离并汰除这种假象，最大限度还原当时口语使用的真实面貌。

第二，词汇演变中的分层并存原则。以上论及的地域差异可以算是一种"假象"，因为这属于不同地域或方言带来的"叠置"，严格来说不属于同一套语言词汇系统。但有一种新旧并存的情况是属于同一套语言词汇系统的，即"分层并存原则"（Principle of Layering），在坚持词汇单向性原则时是需要注意的。分层并存原则是 Hopper（1991）[22-24]论及语法化五项原则时提到的第一项原则，他说：

Layering. Within a broad functional domain, new layers are continually emerging. As this happens, the older layers are not necessarily discarded, but may remain to coexist with and interact with the newer layers.

［分层并存原则：在某一功能范畴内，新的结构层次会不断涌现。这时，旧的结构层次不一定立即消失，而是会跟新的结构层次并存互动。］

不单是语法化，词汇演变过程中，分层并存原则同样适用。汪维辉、胡波

（2013）在反对"'一锅煮'统计法"时，分析了汉语史上"痴"替代"愚"和系词"是"成熟的时代，其中区别了不同的句法层次、词法层次，正是分层并存原则的体现。在词汇史的研究中，贯彻分层并存原则是非常必要的。

第三，语体差异。任何一种成熟的语言，都有语体的区分，词汇的选用上自然不会例外。汪维辉（2014）提出了"语体词汇"的概念，即"为表达某一语体的需要而产生或使用的词汇"，并对现代汉语的语体词汇系统做出了论析。根据语体的需要，古老的成分或结构可能会被重新启用，这种情况对词汇演变的单向性原则是巨大的挑战。二者是何种关系，需要未来的研究做出进一步的探索。

（三）词汇及词义演变规律的研究

词汇及词义演变规律的研究，很难一一尽述，这里仅就我们所知，介绍近年来的一些进展。

1. 类概念的确立与词汇上位化

汉语词汇的演变表现出若干倾向性的规律，其中一条是上位化。"上位化"是指词汇系统中某个词从下位词擢升为上位词的变化。近年来研究发现（墙峻峰 2007；汪维辉 2018b；贾燕子 2018），"上位化"是汉语词汇发展史上表现出的一个显著趋势。上古汉语下位词丰富而上位词贫乏，中古以后上位词明显增加，许多下位词被淘汰；而一部分下位词发生上位化，擢升为上位词。比如"睡"本指"坐寐"（坐着打瞌睡），后来成为上位词，泛指一切的睡眠；"走"本指快跑，后来泛指所有的行走；"红"在上古专指粉红色，唐以后上升为一个类名，泛指各种红色，所以有了"深红""桃红""粉红"这样的构词格式。"好"上古本指女子容颜之好，后来上升为类名，表一切的好。"类概念的确立和类名（上位词）的普遍形成是在魏晋到隋唐时期，这可能跟汉民族的认知发展有关，可以为认知语言学提供很好的素材。"（汪维辉 2018b）[28]

2. 词义演变规律的研究

汉语学界向来关注单个词义的演变，积累了大量个案调查的资料。在词义演变规律的研究方面，汪维辉、顾军（2012）提出"误解误用"是词义演变的一种重要方式，并对误解误用的几种常见类型和动因做了举例分析。吴福祥（2017）主张语义演变的规律性主要是指演变具有"非任意（non-random）、有理据（motivated）、模式化（patterned）的路径"。

（四）构词法、造词法和词汇化的研究

对于汉语历史词汇学中的构词法、造词法和词汇化诸问题，蒋绍愚（2015）就以往的代表性观点进行了中肯的评价，并做了进一步的论述。根据构词法与句法的匹配度，复合词可以分为句法式、半句法式、非句法式三类。造词法分五大类：（一）旧词→新词（一对一）。（1）音变：好（hǎo）→好（hào）。（2）义变：刻（刀刻→时刻）。（3）改造：换素（泰山→泰水）；倒序（演讲→讲演）；缩略（同堂→堂）。（二）词＋词（凝固或在线生成）→复合词。（1）词＋词（重叠）→叠音词：稍稍。（2）短语→复合词：天气。（3）语法结构→复合词：其实。（4）跨层结构→复合词：否则。（三）词＋词缀→派生词：～然，～子。（四）译音词。（1）完全音译：单于；菩萨。（2）半音半义：尼姑；僧人。（五）来源不明的词。

在近年汉语历史词汇构词法与造词法的研究中，孙玉文（2000/2007，2015）做出了实质性的贡献。孙玉文（2000/2007）辨析了古汉语中100组原始词和滋生词的音义关系。该书材料丰富，论证周密，不但深入探讨了汉语变调构词理论，也辨清了诸多词义发展的源流。孙玉文（2015）收录了清代以前见于文献的汉语变调构词的配对词1000余对（组），并对每一对（组）配对词进行了详实的考辨。

汉语词汇化的研究在过去二三十年一直是研究的热点问题。在同类研究中，最具代表性的是董秀芳（2002/2011），详见前文第一部分第（一）小节"通论及理论性专著"，这里不再赘述。词汇化视角的引入，对探明汉语复合词形成的途径和机制，具有重要的推动作用。

（五）词典编撰

优质词典的编撰是历史词汇学研究成果的浓缩和集中体现。近几十年来学者们编撰了不少质量上乘的汉语历史语文词典，取得了可喜的成绩。例如，1986年至1994年出版的《汉语大词典》，是迄今规模最大的"古今兼收，源流并重"的汉语语文辞书，目前正在进行全面修订，预计全书将达25卷，其中1—12卷"征求意见本"已经印出。《汉语大字典》（1990年第一版出齐，2010年修订版）是迄今为止规模最大的汉字字典。特别值得介绍的是，《近代汉语词典》（白维国主编，江蓝生、汪维辉副主编）于2015年由上海教育出版社出版，是分期汉语词典的重要代表。

（六）历史文献语料的整理、选择和分析

历史文献语料是芜杂的，在反映每个时代的词汇面貌和历时发展上，常常具有蒙蔽性，我们面对的文献语料内部往往表现出语体差异、地域差异；另外，不少文献所反映的语言年代也存在争议，后代的类书往往好将前代的口语改为雅正表达，等等。因此，文献语料需要经过整理、选择和分析才能被有效地利用。近年来，汉语史学界在这方面下了很多功夫，使我们对一些文献语料的性质有了更加深刻的认识，也挖掘了一批有代表性的口语化语料。汪维辉《汉语词汇史新探》（2007b）、《著名中年语言学家自选集·汪维辉卷》（2011a）和《汉语词汇史新探续集》（2018a）中收集的多篇论文具有一定的代表性，可以参看。

二、展望

汉语历史词汇学的研究尽管起步很晚，从王力《汉语史稿》出版至今也只有半个多世纪，但在近二三十年里无疑取得了不少实质性的进展。同时我们也应该看到，存在的问题也不少，要做的工作还有很多。为此我们不揣浅陋，提出以下几点展望。

汉语历史词汇学的研究要再上一个台阶，我们认为有两点比较重要：一是夯实基础，二是更新观念。

（一）夯实基础

汉语历史词汇学的研究应该建立在坚实的基础之上，其中首要之务是加强语料建设。

汉语历史词汇学是汉语历史语言学（大致相当于通常所说的"汉语史"）的一个部门。众所周知，汉语史是一门实证性学科，一切研究都有赖于语料，因此做好语料工作事关全局，正如太田辰夫（2003）所说："在语言的历史研究中，最主要的是资料的选择。资料选择得怎样，对研究的结果起着决定性的作用。"语料对于汉语史学科的重要性，就如同史料之于历史学。早在二十世纪八十年代，吕叔湘先生（1985）在《近代汉语读本·序》中就提出了进一步开展近代汉语词汇语法研究所需要做的三项基础工作：一是做好资料工作，二是总结研究成果，三是编辑读本。吕先生曾提出要编近代汉语文献解题目录，可惜至今尚未实现。上古

汉语和中古汉语研究同样需要做好资料工作。只有夯实语料基础，才能建造汉语历史语言学的大厦。语料建设目前有三项亟需做的工作：（1）编写《汉语史语料解题目录》。从上古开始到近代汉语结束，遴选对于汉语史研究具有重要价值的语料（除传世典籍外，也包括甲骨金文、战国秦汉简帛、敦煌文献、明清契约文书、历代碑刻、域外资料等），有针对性地阐发其研究价值和意义。这个目录可以为汉语史及相关领域的研究者提供详尽准确的汉语史语料概貌，让大家知所依从，提升研究效率和质量。（2）编纂《汉语史语料汇编》。精选历代有代表性的、有较高研究价值的语料汇为一编，特别注意收集汉魏六朝文献中散在各处的能反映口语的材料；在此基础上，加以精校精注。这样的语料汇编可以为研究者熟悉各种语料的性质和特点、进行语料辨析提供便利；对于历史性语文辞书的编纂和修订也有参考价值。（3）撰写《汉语史语料学概论》。在整理汉语史语料的基础上，撰写《汉语史语料学概论》，从理论上详细阐述汉语史语料各个方面的问题，初步构建科学系统的汉语史语料学，为正确利用语料从事汉语史研究提供理论指导。

（二）更新观念

比较重要的一点是语言学和语文学互给。

现在大体的局面是，从事传统语言文字学的学者不太关心现代语言学的发展，从事现代语言学新理论研究的学者，不太强调传统语文学的素养。我们认为，理想中的汉语历史词汇学研究，语文学和语言学不应分而治之，而应做到互相供给。具体来说，历史词汇学研究中语文学的考据应着力于挖掘文献语料的语言学理论价值，语言学理论的分析应落脚于对具体文献语料更为精准的诠释。这种思路可以称之为"新语文学（Neophilology）"。研究者既要有语文学的功底，也要有语言学的眼光和本领。（汪维辉 2015）

第一，语文学的功底。汉语历史词汇学的研究不同于传统训诂学（王力 1947/1990；张永言，汪维辉 1995），但科学严谨的历史词汇学研究却是建立在扎实的语文学基础之上的。历史词汇学研究依据的主要是历史文献语料，对文献性质的正确判断、语料的准确诠释，是一项无可回避的基础工作。近年来一些历史词汇描写的研究，在这方面暴露出严重的问题（参看真大成 2018 等），需要引起重视。

第二，语言学的眼光和本领。王力（1981/1990）[1]在《中国语言学史·前言》

中说：

> 大家知道，语文学（philology）和语言学（linguistics）是有分别的。前者是文字或书面语言的研究，特别着重在文献资料的考证和故训的寻求，这种研究比较零散，缺乏系统性；后者的研究对象则是语言的本身，研究的结果可以得出科学的、系统的、细致的、全面的语言理论。

汉语历史词汇学研究者自然不应满足于语文学的阶段，还应该具备语言学的眼光和本领。首先，应像对待现代语言一样对待古代语言。无论是古代语言，还是现代语言，都是一个完整的说话交际系统。现代词汇具有历史性、社会性，具有语体、词法、句法和语用等属性，古代词汇也有。其次，应积极吸收现代不断发展的语言学理论和分析手段，运用于历史词汇学的研究中。举例来说，目前在结合句法研究词汇时，大致的做法还是把句子结构笼统地分为主、谓、宾、定、状、补等成分。现代生成句法学和功能语法学对句子结构的扩展性分析都有较大的进展，如制图理论（cartography）（Cinque 1999）和语篇语法（discourse grammar）（Kaltenböck *et al.* 2011）等。只有合理借鉴这些思路，才能全面、真切地还原口语中词汇使用的情况。

在此基础上，我们提出以下几个值得期待的课题供同道参考。

（三）课题设想

1. 音义关系研究

词是音义结合体，多音多义词在历史上的音义组配关系往往相当复杂，《汉语大字典》《汉语大词典》等大型语文辞书在处理音义关系时问题很多，常常发生错配。汉语历史词汇学的一大任务就是厘清历史上一大批多音多义词的音义组配关系，还它们以本来面目，为人们提供正确可靠的历史词汇知识，同时为历史性语文辞书和现代汉语词典的编纂和修订提供依据。在充分的个案研究的基础上总结音义关系及其历时演变的规律。

2. 字词关系研究

粗略地说，字词关系就是语言里的词（音义结合体）跟文字系统里的字（书写形式）之间的关系。虽然文字不等于语言，但是历史词汇学的研究对象都是用汉字记录的古代文献，离开字是无法研究词的，所以字词关系是历史词汇学研究绕不开的问题。跟音义关系一样，历史上的字词关系也是极其错综复杂的，需要下大力气一个一个地梳理清楚，并总结其中的规律。从某种意义上说，把音义关系和字词关系研究清楚了，汉语历史词汇学的研究也就思过半了。音义关系和字词关系的研究虽然已经取得了可喜的成就，但是尚未明确的问题还多如牛毛，今后仍大有用武之地。

3.《汉语历史词典》的编纂

在 2017 年 10 月于重庆师范大学召开的第四届汉语历史词汇与语义演变学术研讨会上，蒋绍愚先生曾经提出编纂《汉语历史词典》的设想，这是很有远见的。它比现有的大型历史性语文辞书要更加精细，提供的信息也更丰富，实际上可以看作是汉语历史词汇研究成果的一种呈现形式，没有对每个词的深入研究是无法编纂这样的《汉语历史词典》的。我们可以从专书词典和断代词典的编纂做起，条件成熟时汇编成综合性的《汉语历史词典》；也可以先精选一千个左右的常用词来试编，以积累经验。

4. 纵横结合的词汇历史层次研究

在汉语方言和语音史研究中，学者们运用历史层次分析法解决了许多之前没能很好解决的问题，极大地推进了相关研究的深入。词汇同样具有历史层次，相关的事实可能比语音更多也更复杂，值得深入研究。历史层次的形成是基于历史上通语对非通语的一次又一次的影响和渗透以及方言之间的影响和渗透，这种渗透导致语音上的叠置式音变和词汇上的新旧同义词并存。词汇历史层次的研究需要采取纵横结合的思路，也就是把纵向的历时演变和横向的方言分布结合起来，厘清其中的历史层次。从某种意义上说，汉语词汇在历史上的新旧更替，就是方言词跟方言词或方言词跟通语词之间此消彼长的结果。史皓元等（Simmons *et al.* 2006）[94-95] 有一个很能说明问题的例子："汉语'擦'义，这一带最常用的是'揩'，同时有'搌'、'缴'、'抹'、'擦'等多种说法。……有的点只用其中某一个说法，有的点同时采用两三种，不过搭配的宾语有限制，这些都从各个侧面反映出不同的历史层次。"

5. 历史词汇的语体差异研究

语体问题近些年来成为现代汉语语法学界的一个研究热点，成果迭出，进展迅速，但是在汉语史领域还没有引起足够的重视。（参看汪维辉 2020a）汉语史语料的基本样态是"文白混杂"，只是文与白的比例和程度不同而已，不对语料做语体分析，就无法进行科学的汉语史研究，这一点正在逐步成为共识。但是如何分析历史词汇的语体差异，还是一个有待深入探讨的问题。语体分析的基本方法是比较。胡敕瑞（2013）导夫先路，通过比较支谶所译《道行般若经》和支谦所译《大明度经》这两部同经异译的语言，归纳出十五条文白差异，作为鉴定中古口语语料的标准，其中与词汇相关的至少有十条，比如："（3）单复音词不同。文言语料多使用单音词，白话语料多使用复音词。（4）常用词不同。譬如文言中的'目''首''言''击''甘''坚''咸'等常用词在白话中多被'眼''头''说''打''甜''硬''都'等常用词替换。"（胡敕瑞 2013）[173] 胡文的研究方法和结论给我们以很大的启迪。汪维辉（2022）以一篇写于公元952年的五代公文为例，对其中的词汇进行了语体分析，为历史词汇的语体差异研究做了一点探索。历史词汇的语体差异研究不仅有助于正确认识和科学运用语料，也是汉语历史词汇学研究的题中应有之义。这项工作有待全面展开，远景目标是编写一部类似于仓石武四郎《岩波中国语辞典》那样的《汉语历代词汇语体词典》。

6. 结合现代句法理论的汉语历史词汇学研究

词汇和句法是紧密关联的。这至少体现在以下四方面：第一，词汇是伴随句法特征入句的。如果把语言系统比作人体系统，词汇好比是血肉，而句法就像骨骼。二者的存在与演变是相互影响的。第二，语法性词汇（虚词）同时是词汇学和句法学的重要研究对象。这部分词汇的功能，需要结合句法才能准确把握。第三，同一语义要素，有时用词汇表达，有时用句法组合表达。蒋绍愚（2015）[329]说："人们对世界认知而形成的语义要素，有时可以作为词的语义构成成分包含在词里，有时可以单独的作为一个词出现在句子层面的句法组合中。"第四，词义的准确诠释，离不开句法的参照。因此，结合现代句法理论的汉语历史词汇学研究，是值得期待的一个课题。这方面的研究尚不多见。贝罗贝、李明（2008）梳理了词汇与句法在历史上相互影响的若干情况，蒋绍愚（2015）辨析了"食—吃""衣—著/穿"的句法行为与词义构成之间的关系，史文磊（2021）从论元结构的角度考察了"派遣"义"使"的用法的历史演变。正如蒋绍愚（2015）[335] 指出的，"在汉语研究中，词义和句法之间的关系也还需要深入探讨，比如，一些特定的句式（如处置式、动结式）对词义有什么要求？哪些词义要素会影响词的论元配置？这些问题都是有待于深入研究的"。

7. 基于特征的汉语历史词汇学研究

站在语言系统的角度看，词汇是语音、语义、语法和语用等各部门特征交汇的心理现实体。因此，基于特征的汉语历史词汇学研究是很有必要的，也是很有价值的。在这方面的研究中，基于语义特征的研究最为突出。例如，蒋绍愚（2015）把古代汉语中综合性的词，按其融合的语义要素的不同，分成若干词化模式：动作＋方式（瞻、顾）；动作＋对象（沐、沫）；动作＋主体（集、骤）；动作＋背景（跋、涉）；性状＋事物（骊、殁）。史文磊（2014）考察了运动动词词化模式的历史演变。但基于句法特征的研究相对少见。汪维辉（2011b）区分了"愚""痴"演变的词法和句法特征，史文磊、谷雨（2020）区分了介词演变的主句与从句特征。该项课题的大体思路是：设置语音、语义、句法、词法、语用、语体、用字等特征参数系统，在此基础上考察：（1）各项特征发生了何种变化？（2）哪些特征率先发生了变化？（3）特征之间存在怎样的互动？详细刻画一批词汇的历史演变过程，归纳其演变的模式，揭示其历史演变的规则、演替的机制。

8. 汉语历史词汇数据库建设与研究

汉语历史语料数据库的建设已经取得了显著的成绩，数据用海量来形容，并不夸张。但是，这些数据库成分芜杂。就汉语历史词汇学的研究而言，我们真正需要的是深度加工的数据库。理想的汉语历史词汇数据库，是建立在语音、语义、句法、词法、语用、语体、用字等特征参数系统上的历史词汇数据库，为一批词汇的历史建立详细的特征档案。

9. 基于词汇类型学和语义地图方法的汉语语义演变规律研究

汉语语义演变规律的研究，近几年结合词汇类型学（lexical typology）和语义地图（semantic map）等方法，取得了一定的成绩。如张定（2016）对"追逐"义动词的研究，贾燕子、吴福祥（2017）对"吃""喝"类动词的研究，墙斯（2019）对水中运动动词的研究。尤为值得称道的，是跨语言共词化数据库（https：// clics.clld.org/）的建设。该数据库由马普人类历史科学研究所 Johann-Mattis List 等学者建成，涵盖了 3156 种语言的关联词汇，目前已更新到第三版。本项课题期待引入词汇类型学、语义地图模型、认知语义学等的最新研究成果和思路，选取若干语义范畴，从人类语言词汇普遍性与差异性的高度开展汉语历史词汇学的调查研究。由此我们既能以简驭繁地把握词汇和词义的演变模式和方向性，又可以在很大程度上避免以偏概全的问题，使学界对汉语历史词汇共性和个性的认知更为客观和深入。

10. 汉语词汇多功能模式的历时演变研究

另一项在汉语语义演变规律上有待开展的课题，是汉语词汇多功能模式的历时演变研究。国外这方面的研究集中体现在 Heine 和 Kuteva 编撰的 *World*

Lexicon of Grammaticalization（《语法化的世界词库》，2002 初版；2019 增订版，增加了洪波、龙海平等作为编撰者）中。该书收集了世界上数百种语言、上千篇研究文献，可谓集大成之作。该项课题的思路是：（1）筛选汉语某一范畴词汇的多功能词项，建设相关的数据库。（2）汇集相关研究文献，并结合调查辨析，编纂"汉语词汇多功能汇纂语料库"。（3）在编纂过程中，开展汉语词汇多功能模式的类型学研究，并概括出若干模式。（4）开展跟该范畴词汇多功能模式相关的类型学研究。

参考文献

[1] 贝罗贝，李明. 语义演变理论与语义演变和句法演变研究. // 沈阳，冯胜利主编. 当代语言学理论和汉语研究. 北京：商务印书馆，2008：1-25.

[2] 董秀芳. 词汇化：汉语双音词的衍生和发展. 北京：商务印书馆 / 成都：四川民族出版社，2002/2011.

[3] 胡敕瑞. 汉译佛典所反映的汉魏时期的文言与白话——兼论中古汉语口语语料的鉴定. // 冯胜利主编. 汉语书面语的历史与现状. 北京：北京大学出版社，2013.

[4] 贾燕子. 上位化：概念域的历时演变与强势上位词的产生. 北京：社会科学文献出版社，2018.

[5] 贾燕子，吴福祥. 词汇类型学视角的汉语"吃""喝"类动词研究. 世界汉语教学，2017（3）：361-381.

[6] 蒋绍愚. 古汉语词汇纲要. 北京：北京大学出版社 / 商务印书馆，1989/2005.

[7] 蒋绍愚. 汉语词义和词汇系统的历史演变初探——以"投"为例. 北京大学学报，2007a（4）：84-105.

[8] 蒋绍愚. 打击义动词的词义分析. 中国语文，2007b（5）：387-401.

[9] 蒋绍愚. 王力先生的汉语历史词汇学研究. 北京大学学报，2010（5）：125-131.

[10] 蒋绍愚. 汉语历史词汇学概要. 北京：商务印书馆，2015.

[11] 李宗江. 汉语常用词演变研究. 上海：汉语大词典出版社 / 上海教育出版社，1999/2016.

[12] 吕叔湘. 近代汉语读本·序. // 刘坚. 近代汉语读本. 上海：上海教育出版社，1985.

[13] 潘允中. 汉语词汇史概要. 上海：上海古籍出版社，1989.

[14] 墙峻峰. 义素外现——上古汉语单音词向复音形式演变的一种途径. 南京大学博士学位论文，2007.

[15] 墙斯. 词汇类型学视角下汉语水中运动动词的历史演变. // 北京大学中国语言学研究中心《语言学论丛》编委会编. 语言学论丛（第五十九辑）. 北京：商务印书馆，2019：24-57.

[16] 史存直. 汉语词汇史纲要. 上海：华东师范大学出版社，1989.

[17] 史文磊. 汉语运动事件词化类型的历时考察. 北京：商务印书馆，2014.

［18］史文磊."从综合到分析"相关概念辨正——以《左传》《战国策》"派遣"义"使"的用法差异为例. 浙江大学学报，2021（2）：185-204.

［19］史文磊、谷雨. 说汉语介词的一种从句现象. 浙江大学学报，2020（2）：178-195.

［20］孙玉文. 汉语变调构词研究. 北京：北京大学出版社/商务印书馆（增订本），2000/2007.

［21］孙玉文. 汉语变调构词考辨. 北京：商务印书馆，2015.

［22］太田辰夫. 中国语历史文法. 蒋绍愚，徐昌华译. 北京：北京大学出版社，2003.

［23］汪维辉. 东汉—隋常用词演变研究. 北京：商务印书馆/南京：南京大学出版社，2000/2017.

［24］汪维辉. 汉语"说类词"的历时演变与共时分布. 中国语文，2003（4）：329-342.

［25］汪维辉. 汉语常用词演变研究的若干问题. 南开语言学刊，2007a（1）：88-94.

［26］汪维辉. 汉语词汇史新探. 上海：上海人民出版社，2007b.

［27］汪维辉. 六世纪汉语词汇的南北差异——以《齐民要术》与《周氏冥通记》为例. 中国语文，2007c（2）：175-184.

［28］汪维辉. 论词的时代性和地域性. 语言研究，2006（2）：85-90；又载汪维辉. 汉语词汇史新探. 上海：上海人民出版社，2007b.

［29］汪维辉. 著名中年语言学家自选集·汪维辉卷. 上海：上海教育出版社，2011a.

［30］汪维辉.《百喻经》与《世说新语》词汇比较研究（下）.//浙江大学汉语史研究中心编. 汉语史学报（第十一辑）. 上海：上海教育出版社，2011b.

［31］汪维辉. 现代汉语"语体词汇"刍论. 长江学术，2014（1）.

［32］汪维辉. 关于基本词汇的稳固性及其演变原因的几点思考. 厦大中文学报（第二辑），2015：27-36.

［33］汪维辉. 汉语词汇史新探续集. 杭州：浙江大学出版社，2018a.

［34］汪维辉. 汉语核心词的历史与现状研究（2017年度国家哲学社会科学成果文库）. 北京：商务印书馆，2018b.

［35］汪维辉. 汉语史研究要重视语体差异. 南京师范大学文学院学报，2020a（1）.

［36］汪维辉. "抓"的字词关系补说. 中国语文，2020b（4）：14-19.

［37］汪维辉. 汉语词汇史. 上海：中西书局，2021.

［38］汪维辉. 词汇的语体差异及其分析——以一篇五代公文为例.//浙江大学汉语史研究中心编. 汉语史学报（第二十六辑）. 上海：上海教育出版社，2022.

［39］汪维辉、顾军. 论词的"误解误用义". 语言研究，2012（4）：1-8.

［40］汪维辉，胡波. 汉语史研究中的语料使用问题——兼论系词"是"发展成熟的时代. 中国语文，2013（4）：359-370；又载汪维辉. 汉语词汇史新探续集. 杭州：浙江大学出版社，2018a.

［41］汪维辉，秋谷裕幸. 汉语"站立"义词的现状与历史. 中国语文，2010（4）：299-310.

［42］汪维辉，秋谷裕幸. 汉语"闻/嗅"义词的现状与历史. *Language and Linguistics*，2014，15（5）：699-732.

［43］王凤阳. 古辞辨. 长春：吉林文史出版社 / 北京：中华书局（增订本），1993/2011.

［44］王力. 新训诂学. // 王力. 王力文集（第十九卷）. 济南：山东教育出版社，1947/1980：166-181.

［45］王力. 汉语史稿. 北京：科学出版社 / 中华书局，1958/1980.

［46］王力主编. 古代汉语. 北京：中华书局（1999 年修订本），1962/1999.

［47］王力. 中国语言学史. 太原：山西人民出版社，1981；又载王力. 王力文集（第十二卷），济南：山东教育出版社，1990.

［48］王力. 汉语词汇史. // 王力. 王力文集（第十一卷）. 济南：山东教育出版社 / 北京：商务印书馆，1990/1993.

［49］王云路. 中古汉语词汇史. 北京：商务印书馆，2010.

［50］吴福祥. 试谈语义演变的规律. 古汉语研究，2017（1）：2-20.

［51］吴福祥. 语义演变与词汇演变. 古汉语研究，2019（4）：2-10.

［52］向熹. 简明汉语史. 北京：高等教育出版社 / 商务印书馆（修订本），1998/2010.

［53］徐朝华. 上古汉语词汇史. 北京：商务印书馆，2003.

［54］张定. "追逐" 动词语义图. 当代语言学，2016（1）：51-71.

［55］张世禄. 汉语史讲义. 上海：复旦大学出版社，2020.

［56］张永言，汪维辉. 关于汉语词汇史研究的一点思考. 中国语文，1995（6）：401-413.

［57］真大成. 谈当前汉语常用词演变研究的四个问题. 中国语文，2018（5）：606-620.

［58］Cinque G. *Adverbs and Functional Heads: A Cross-linguistic Perspective*. Oxford: Oxford University Press, 1999.

［59］Kaltenböck G, Heine B, Kuteva T. On Thetical Grammar. *Studies in Language,* 2011, 35（4）：852-897.

［60］Heine B, Kuteva T. *World Lexicon of Grammaticalization*. Cambridge: Cambridge University Press, 2002/2019（revised version）.

［61］Hopper P J. On Some Principles of Grammaticalization. // Traugott E C, Heine B.（eds.）*Approaches to Grammaticalization*. Amsterdam/Philadelphia: John Benjamins Publishing Company, 1991.

［62］Pagel M, Quentin D A, Meade A. Frequency of Word-use Predicts Rates of Lexical Evolution Throughout Indo-European History. *Nature*, 2007（449）：717-720.

［63］Pagel M, Meade A. The Deep History of the Number Words. *Phil. Trans. R. Soc. B* 373: 20160517. http://dx.doi.org/10.1098/rstb.2016.0517, 2018.

［64］Rácz P, Passmore S, Sheard C, Jordan F M. Usage Frequency and Lexical Class Determine the Evolution of Kinship Terms in Indo-European. *R. Soc. open sci.* 6: 191385. http://dx.doi.org/10.1098/rsos.191385, 2019.

［65］Simmons R V.（史皓元），石汝杰，顾黔. 江淮官话与吴语边界的方言地理学研究. 上海：上海教育出版社，2006.

［66］Swadesh M. Lexico-statistic Dating of Prehistoric Ethnic Contacts: with Special Reference to North American Indians and Eskimos. *Proceedings of the American Philosophical Society*. 1952, 96（4）: 452-463.

［67］Swadesh M. Towards Greater Accuracy in Lexicostatistic Dating. *International Journal of American Linguistics*, 1955, 21（2）: 121-137.

南方语言中接触引发的语言演变

吴福祥　黄　阳

摘要：文章基于"语言接触"的理论和方法对中国南方语言中若干语言接触事实进行了系统介绍。文章首先关注汉语对南方民族语言的影响，其次重点列举了某些南方民族语言受汉语影响而发生的语法变化。文章最后对区域语言学及中国南方的若干语法化区域等问题进行了介绍。

关键词：南方语言　语言接触　语言演变

一、中国境内语言的接触

语言演变常常是无法预测和无法避免的。(Campbell 2013)[3]。在确定语言演变的动因时，历史语言学家通常只关注亲属语言间的内部联系，并采用 Schleicher（1853）的"谱系树模型"（Stammbaumtheorie）或 Schmidt（1872）[27] 的"波浪模型"（Wellentheorie）等理论加以解释；而接触语言学家则聚焦于干扰（interference）、借用（borrowing）、施加（imposition）等语言演变的外部因素。(Weinreich 1953；Ross 1999；Thomason 2001；Winford 2005)Weinreich（1953）开创性的成果奠定了西方接触语言学研究领域的基础，书中相关论述为接触语言学后来的研究指明了方向。(参见 Weinreich *et al.* 1968；Heath 1978；Thomason & Kaufman 1988；Aikhenvald 2002；Heine & Kuteva 2005；Matras 2009）西方学者在研究语言接触的若干问题时，都会借鉴理论语言学、二语习得、语言类型学、语法化、社会语言学等多种方法，甚而从语言进化和生物进化等跨学科视角观察语言接触的动因、机制、过程和结果（Mufwene 2001）。

　　语言接触一直以来都是国内学界较为关注的问题。梁启超早在 20 世纪 20 年代初就提出了佛经文献中所出现的十多种不同用法的语言现象。(梁启超 1936)此后,王静如、吕叔湘等在各自的研究中都强调了语言接触对中古汉语词汇的影响,相关研究对中国境内的语言接触问题产生了重大影响。(遇笑容,曹广顺,祖生利 2010)朱庆之(1992)、朱庆之和朱冠明(2006)对汉译佛经中的混合语成分进行了深入研究。作为一种典型的混合语,汉译佛经中的混合成分不仅存在于词汇中,而且还存在于语法结构中,汉译佛经的语言受梵语影响较深。佛教汉语的研究对考察中国古代以文本为中心的语言接触问题产生了重要影响。

　　直至二十世纪六七十年代,西方一些语言接触理论才引起中国语言学家的关注。王士元(Wang 1969,1979)有关"词汇扩散理论"的研究提出语言的内部演变需要经历较长的时间跨度,最终才能以扩散的方式发生突变。余霭芹(Yue-Hashimoto 1976)观察到中国南方方言跟侗台语之间的密切接触。她认为,粤语和闽语中送气跟声调之间的关联性可能源于壮语早期的语音格局,主要是不送气的塞音和塞擦音一般都出现在阳声类字中。

　　邹嘉彦(T'sou 2001)侧重分析了词汇借用的原因。通过分析汉—日借词扩散的情况(如:汉语的"足"→日语的 ashi,"晚"→ ban,"袋子"→ fukuro,"东"→ taba,等等)以及汉越语的对应关系,作者提出了新词输入的两种接触方式:"狭义方式"(narrow approach)和"广义方式"(broad approach)。狭义方式认为词汇接触过程中大多采用借音而非语义借用;广义方式允许借用意义以及文化因素。文章提出了几个比较重要的指标用以判定接触的深度和广度等问题,从量化角度考察了语言接触的程度和性质。

　　遇笑容(2004)系统讨论了中古汉语中的接触问题。文章重点介绍了魏晋南北朝以来汉语中一些有趣的接触现象,同时辨析了"存古"跟"接触"之间的差异,并重点分析了中古汉语中混合式语法结构所产生的机制。遇笑容等(2010)对中古汉语中若干混合语问题进行了更为系统的考察,其中某些研究具有开拓性,例如:太田辰夫有关汉儿言语及白话发展史的研究(第 1-23 页),许理和有关佛经译文中东汉口语成分的研究(第 24-48 页),桥本万太郎有关北方方言语结构发展的研究(第 66-81 页),以及辛嶋静志有关汉译佛典语言现象的研究(第 133-164 页),等等。该书还介绍了汉语史中一些较为特殊的语言接触现象,例如:江蓝生《从语言渗透看汉语比拟式的发展》(第 165-176 页),祖生利《元代白话碑文中助词的特殊用法》（第 256-278 页），等等。

21 世纪初，中国境内语言接触研究取得了进一步发展。一些学者将讨论重点放在汉语方言和少数民族语言之间由接触引发的语言演变问题上。在整个华夏大地上，从遥远的北方到南方，再到整个西南一带，语言接触现象都极为常见。[LaPolla（罗仁地）2001；2010]。通常的语言接触会导致不同语言中语言成分的会聚（convergence），而深层次的接触会加快混合的语音结构以及语法结构的形成过程，例如：南部羌语在四川方言的影响下失去音节重音，发展出四个声调，这属于典型的深层次接触的产物。尽管 Sims（2020）质疑这一接触引发创新的演变结果，但毋庸置疑的是，南部羌语声调的形成归根结底源于语言接触；在接触的诱发下，旧的重音模式被重新分析为声调。（孙宏开 1981）[7]

与此同时，在语言接触过程中，某些语言也会失去固有的类型特征。由于跟周围汉语方言的深度接触，回辉话从屈折型语言转变为孤立型语言，最终增加了单音节的数量。（郑贻青 1997）[13] 据陈乃雄（1982）和 Li（1983）的报道，青海黄南藏族自治州所使用的五屯话中，语言结构的各个方面都表现出当地藏语跟汉语的深度融合。五屯话是动词后置型语言，缺乏助动词，致使结构采用致使后缀标记 kə 而不使用表结果的动补复合词。五屯话的音系兼具汉语和藏语的特征，包括一个主元音（V）和四个可选的非音节音段：一个首音声母（C）、一个介音（M）、一个首音前的冠音声母（H）和一个韵母（F）。五屯话的音节在汉语词汇中采用 CMVF 形式，在藏语词汇中采用 HCVF 形式。（Janhunen *et al.* 2008）[25-26]。

另一广为学界所熟知的混合语是通行于四川甘孜州雅江县的倒话。据阿错（2004）的研究，倒话的基本词汇几乎都来自汉语，而文化词大多是从藏语中借的。从语法结构看，倒话的语序和形态句法特征跟藏语高度相似。作为一种典型的 SOV 语言，倒话具有一大批跟动词和名词成分相关的形态句法标记。倒话的语言特征表现出典型的混合语特色，这种混合语源于"汉—藏"两种语言之间的深刻接触。

正如黄行（2005）所言，如果不考虑语言谱系关系，在描写语言结构特征的地理分布时，中国语言的结构类型表现出明显的区域性会聚倾向。分布在同一地区的语言，不管是否具有发生学关系，往往都具有某些相似的结构特征。这种语言类型的区域性会聚现象可以从语言接触的相互影响得到部分解释。

二、南方语言的接触与演变

近年来，中国境内语言接触的研究不但重点关注南方语言之间接触的诸多事实，而且还通过对混合语言材料的深入分析，进一步加深了对南方方言跟南方民族语之间接触过程的认识。中国南方地区风景壮美，迷人的自然风光和多样的民族风俗造就了丰富的语言资源环境。早在先秦时期，中国南方就居住着大量的百越部落。春秋时期（前770—476）和战国时期（前476—221），南方的原住民与来自中原的汉族移民接触日益频繁。

虽然李方桂（Li 1977）早已系统地描述了中国南方一带的语言概况，但直至20世纪70年代学界才陆续出现对南方语言接触进行全面讨论的文献。邢公畹（1979）将现代台语的助词 -lɛ:u4 和 -ju5 与现代汉语（及汉语方言）助词"了"和"着"进行了比较，认为现代台语和现代汉语都存在助词"了"和"着"这一特列的平行现象，但相关研究还无法论证台语中的"了"和"着"是从唐宋时期的古代汉语中借来的，因为这种平行现象也可能是平行发展的结果。

欧阳觉亚（1995）和李锦芳（2000）举例说明了广西境内壮语和粤语方言中几个相似的语音、词汇和语法特征。他们认为随着珠江三角洲粤语的传播，珠江三角洲的粤语跟华南一带的民族语言自清代以来就有了密切的接触。

曾晓渝（2003）对中国西南地区水语中近、现代汉语借词的来源及语音特点进行了讨论，并对水族聚居的黔南桂北地区的近、现代西南官话特点做了描述和解释。文中根据作者在贵州和广西的实地调查资料，确定了水语中汉语借词的四个历史层次：（a）上古汉语借词，仅限于少数基本词汇和语素；（b）中古汉语借词，其音韵特征与《切韵》音系对应，并有大量入声字；（c）近代汉语借词，大多借用平话或西南官话；（d）现代汉语借词，分别借用荔波方言和贵阳方言。

洪波（2004）[104-120]基于历史文献、人口统计和移民情况，提出南方语言中的两种接触类型——地理邻接和文化互动（教育、婚姻、贸易，等等），相关接触类型能更全面地解释壮语和汉语之间由接触引起的演变。作者认为，源于中原一带的频繁移民对广西境内语言文化的接触造成了深远的影响：广西境内壮语跟粤语以及平话的接触属于地理邻接型接触，因为操这三种语言的群体所居住的区域在地理上相邻；壮语与西南官话的接触则属于文化互动型接触，因为大多数壮族人主要是通过学校教育或技能培训学会西南官话的。

蓝庆元（2005）比较了壮—汉同源词和借词。他首先将壮语中的汉借词分为两类：古代借词，保留了较为明显的 -p、-t、-k、-m 等韵尾；现代借词，跟西南官话的语音特征相似。其次，作者有效区分了壮语里面中古以后的汉借词和上古汉借词，认为壮语中凡是与汉越语、平话有对应语音形式的均属中古借词。最后，作者通过对 23 种壮语汉语借词的统计，强有力地证明了汉语和壮语的语言接触始于先秦。

覃远雄（2007）比较了"给"义语素在粤语、平话和壮语中的语音形式和语法特征以及"给"义动词的来源，认为平话、粤语中多功能的"给"来自壮语，是语言接触的结果。壮语中多种用法的"给"渗入到周边语言，从而影响了广西境内其他语言中"给"义动词的语法表现。源于壮语中的"给"分布地域极其广泛，以致桂北两江、四塘、永福趋堡等多地表"给与"义的 haŋ35、xaŋ33、hoŋ35 等动词都受到壮语的影响。

除了某一语素语法功能的借用外，南方方言还时常从周边民族语中借入某些语法结构。覃凤余、吴福祥（2009）重点讨论了短差比结构"X-A- 过"在广西语言中的借用形式。该区域内的南宁粤语和百色粤语都无例外地从周围壮语方言中复制了"X-A- 过"的差比结构。

在过去半个多世纪的研究中，学界普遍关注语音形式和借词的借用等问题，并试图从接触引发的语音演变或词汇扩散等方面审视中国境内接触引发的语言演变。但以往的研究往往忽略了语言接触过程中有关语法形式借用和语法结构复制等问题的讨论。尽管同一时期西方语言学界的相关研究早已取得比较成熟的发展，但大多西方学者在研究中国境内语言接触问题时仍缺乏对相关语言接触现象的深入讨论，且无法多角度全方位地分析中国境内语言接触的事实。我们认为，以往有关中国境内语言接触的研究似乎未能全面地回答以下几个问题：

（ⅰ）如何有效判定语言接触已经发生？如何预测接触引发演变的程度和种类？语言因素和社会历史因素如何影响或制约整个接触过程？

（ⅱ）为何在某些语言社团之间出现了语言结构的创新，而在某些地域上相邻的语言之间却并未出现某一特征的创新？

（ⅲ）怎样识别和判定接触引发的语言演变现象？接触引发的语言演变是通过何种机制影响相关语言的句法、语义和语用演变的？

三、接触引发的语法化

接触引发的语法化是指一个语言受另一个语言的影响而发生的语法化过程。（Heine & Kuteva 2003）[533]。在传统的历史语言学框架里，语法化被视为"语言内部演变"（language-internal change）的一个子集。语法化与接触引发的语法演变历来被视为两种完全不同甚至互相排斥的语言演变现象。但近年来的研究表明，这两种演变现象其实并不互相对立，更非毫不相关；相反，很多语言里的语法化过程很可能是由语言接触促动或加速的（参看 Heine & Kuteva 2003，2005；Aikhenvald 2002；Enfield 2003；等等）。在 Heine 和 Kuteva（2003，2005）的框架里，接触引发的语法化是"语法复制"的下位概念。"语法复制"（grammatical replication）是指一个语言仿照另一个语言的某种语法模式，产生出一种新的语法结构或语法概念。"语法复制"包括"接触引发的语法化"和"语法结构复制"两个方面，前者是指一个语言对另一个语言的语法概念或语法概念演变过程的复制，后者指的是一个语言对另一个语言的语法结构的复制。（吴福祥 2008a）[15]

吴福祥（2009f）基于 Heine 和 Kuteva（2003，2005）对接触引发的语法化的性质、特点及类型做了比较系统的介绍和讨论。吴福祥（2009d）详细讨论了中国南方民族语言里三个接触引发的语法化过程，即"'获得'义动词>补语标记""'拿'义动词>处置式标记"以及"'完毕'义动词>完成体/完整体标记"，认为这三种语法化过程均属接触引发的"复制性语法化"。这些民族语言里补语标记、处置式结构和体（完整体和完成体）标记的出现分别导源于对汉语"'获得'义动词>补语标记""'执持'义动词>处置式标记"和"'完毕'义动词>完成体/完整体标记"三种语法化过程的复制。

"接触引发的语法化"理论一经推介到国内，就产生了重大的影响。潘秋平（2009）、黄阳和郭必之（2013）、郭必之（2019）、Huang（2023）等学者受这一理论的启发，在其论文、专著和会议论文中都详细讨论了中国南方语言之间接触引发的语法化问题。

四、接触引发的语法演变

除了接触引发的语法化，语法复制还包括"语法结构复制"。在这一节里我们把二者合称为"接触引发的语法演变"。在这类语法演变过程中，特征迁移的方向既可以是"汉语＞民族语言"，可以是"民族语言＞汉语"。以下分别从"汉语对南方民族语言的影响"以及"南方民族语语言对汉语的影响"两个方面介绍"语法复制"理论在南方语言接触引发的语言演变研究的实际应用。

（一）汉语对南方民族语言的影响

吴福祥（2007，2009a，2010）从接触语言学和语法化角度论证了东南亚语言中"获得"义语素和"居住"义语素多功能模式的平行性是接触引发语法化的产物。作者认为在这一系列的语法复制过程中汉语是模式语，其他东南亚语言是复制语。相关东南亚语言的"获得"义语素多功能模式分别源于对汉语"'得'义动词＞补语标记"以及"'居住'义动词＞处所/存在动词＞处所介词＞持续体标记"语法化模式的复制。

吴福祥（2008a，2012）主要分析了南方民族语言处所介词短语位置的演变，侗台语差比式的语序结构演变。作者借助接触语言学的理论认为南方民族语言（侗台、苗瑶、南亚及南岛语）中处所介词短语和主要动词的固有语序是 V-PP；部分语言出现的 PP-V 模式则是与汉语接触而造成 V-PP＞PP-V 演变的产物。同时，S-A-St 是侗台语差比式的固有层次。基准前置型和基准后置型是源自汉语的外来层次，前者是对汉语标准语"S- 比 -St-A"模式的复制，后者源于粤语和平话差比式"S-A- 过 -St"的区域扩散。

吴福祥（2014）结合多年研究，借助中国境内语言接触事实，对 Heine 和 Kuteva 等人的接触语言学理论进行了修订和完善。作者通过考察中国境内语言的语言接触实例，介绍了汉语和东南亚语言中有关"语序重组"和"构式拷贝"两种语法结构复制的机制。作者认为，"语序重组"（reordering）或"结构重组"（restructuring）主要指一个语言（复制语）的使用者依照另一个语言（模式语）的句法和形态模式来重排（rearrange）或择定（narrowing）自己语言里意义单位的语序，比如：南方许多民族语言的领属结构式按照汉语的模式由"核心语 + 领属语"重排为"领属语 + 核心语"。（参看吴福祥 2007，2009e）。"构式拷贝"指一个语言的使用者依据另一个语言的模式，用自己语言的材料构建出与模式语对等的（形态/句法/话语）结构式，比如：国内很多侗台、苗瑶语的使用者利用本族语言的材料复制了汉语 A-not-A 正反问句、"V 不 C"能性述补结构以及"V（一）V"动词重叠式。（吴福祥 2007，2008a）作者最终证明，"构式拷贝"是语法复制的一个重要机制。

以下分别结合南方民族语言（壮侗、苗瑶、南亚及南岛语）对汉语语法结构复制的相关实例来具体说明"语法复制"在南方语言语法接触过程中的表现。

1. 语序重组

（1）重排

1）领属结构式的语序

在中国南方民族语言（侗台、苗瑶、南亚和南岛语）里，领属结构式的语序有 NG、GN 和 NG/GN 三种类型。吴福祥（2009e）证明，这些民族语言里领属结构式固有的语序模式同于法语（NG）而异于汉语，GN 和 NG/GN 则是受汉语影响而发生演变或变异的结果。表 1 显示了南方民族语言受汉语影响后，领属结构语序所发生的变化。[1]

表 1　部分南方民族语言领属结构式语序的演变和变异

语言		演变和变异阶段				
名称	系属	未变（NG）	在变（NG/GN）			已变（GN）
			NG/gn	NG/GN	ng/GN	
傣语	壮傣（侗台）	+				
水语	壮傣（侗台）	+				
普标语	仡央（侗台）	+				
壮语	壮傣（侗台）		+			
布依语	壮傣（侗台）		+			
侗语	侗水（侗台）		+			
莫语	侗水（侗台）		+			
黎语	黎语支（侗台）		+			
佯僙语	侗水（侗台）		+			
布央语	仡央（侗台）		+			
拉基语	仡央（侗台）		+			
毛难语	侗水（侗台）			+		
村语	黎语支（侗台）			+		
临高语	壮傣（侗台）			+		

---

[1] 该小节各表格中所列语言的相关介绍见吴福祥（2009d）的参考文献部分，下同。

（续表）

语言		演变和变异阶段				
名称	系属	未变（NG）	在变（NG/GN）			已变（GN）
			NG/gn	NG/GN	ng/GN	
仡佬语	仡央（侗台）			+		
木佬语	仡央（侗台）			+		
仫佬语	侗水（侗台）				+	
标话	侗水（侗台）					+
拉珈语	侗水（侗台）					+
茶洞语	侗水（侗台）					+
蔡家话	侗水（侗台）					+
苗语	苗语支（苗瑶）					+
布努语	苗语支（苗瑶）					+
炯奈语	苗语支（苗瑶）					+
巴哼语	苗语支（苗瑶）					+
畲语	苗语支（苗瑶）					+
巴那语	苗语支（苗瑶）					+
优诺语	苗语支（苗瑶）					+
勉语	瑶语支（苗瑶）					+
佤语	孟高棉（南亚）	+				
德昂语	孟高棉（南亚）	+				
布朗语	孟高棉（南亚）	+				
克木语	孟高棉（南亚）	+				
克蔑语	孟高棉（南亚）	+				
莽语	孟高棉（南亚）	+				
布兴语	孟高棉（南亚）	+				
布赓语	孟高棉（南亚）	+				
布芒语	孟高棉（南亚）	+				
京语	孟高棉（南亚）		+			
俫语	孟高棉（南亚）		+			
回辉话	占语支（南岛）				+	

由表 1 可知，中国南方大多民族语言跟汉语接触后，原本 NG 型的领属结构语序都发生了重排，最终复制了汉语中 GN 形式的领属结构语序。即：

	语言接触前	语言接触后
汉语	G-N	G-N
部分南方民族语言 （不含藏缅语）	N-G	G-N

2）关系小句结构式的语序

中国南方的民族语言（侗台、苗瑶、南亚和南岛语）里，关系小句和核心名词的语序有 NRel、RelN 和 NRel/RelN 三种类型。吴福祥（2009c）证明，这些民族语言关系小句和核心名词固有的语序模式同于英语而异于汉语，而 RelN 和 NRel/RelN 则是受汉语影响而发生演变或变异的结果。如表 2 所示：

表 2　部分南方民族语言中关系小句结构式的语序演变

语言		演变和变异阶段				
名称	系属	未变 （NRel）	在变（RelN/NRel）			已变 （RelN）
			NRel/rel-n	RelN/NRel	RelN/n-rel	
傣语	壮傣（侗台）	+				
壮语	壮傣（侗台）	+				
布依语	壮傣（侗台）	+				
黎语	黎语支（侗台）	+				
拉基语	仡央（侗台）	+				
侗语	侗水（侗台）		+			
水语	侗水（侗台）		+			
佯僙语	侗水（侗台）		+			
仫佬语	侗水（侗台）			+		
毛难语	侗水（侗台）			+		
临高话	壮傣（侗台）			+		
莫语	侗水（侗台）			+		
拉珈语	侗水（侗台）			+		

（续表）

语言		演变和变异阶段				
名称	系属	未变（NRel）	在变（ReIN/NRel）			已变（ReIN）
			NRel/rel-n	ReIN/NRel	ReIN/n-rel	
普标语	仡央（侗台）			+		
木佬语	仡央（侗台）			+		
布央语	仡央（侗台）			+		
村语	黎语支（侗台）				+	
标话	侗水（侗台）					+
蔡家话	侗水（侗台）					+
仡佬语	仡央（侗台）					+
布努语	苗语支（苗瑶）	+				
苗语	苗语支（苗瑶）		+			
炯奈语	苗语支（苗瑶）					+
巴哼语	苗语支（苗瑶）					+
畲语	畬语支（苗瑶）					+
勉语	瑶语支（苗瑶）					+
优诺语	苗语支（苗瑶）					+
佤语	孟高棉（南亚）	+				
德昂语	孟高棉（南亚）	+				
布朗语	孟高棉（南亚）	+				
克木语	孟高棉（南亚）	+				
克蔑语	孟高棉（南亚）	+				
京语	孟高棉（南亚）	+				
莽语	孟高棉（南亚）	+				
布兴语	孟高棉（南亚）	+				
布赓语	孟高棉（南亚）	+				
布芒语	孟高棉（南亚）	+				
俫语	孟高棉（南亚）			+		
回辉话	占语支（南岛）				+	

后置的关系小句语序在南方民族语言中属于强势型语序，因此南方民族语言的关系小句表现为 NRel、RelN 和 NRel/RelN 三种语序类型。跟汉语接触后，由于受汉语前置关系小句语序的影响，部分南方民族语言的关系小句大多出现在名词核心之前。即：

	语言接触前	语言接触后
汉语	Rel N	Rel N
部分南方民族语言	N Rel	Rel N
（不含藏缅语）		

3）处所介词短语的语序

在某些属于侗台、苗瑶、南亚和南岛语族的南方民族语言里，处所介词短语和主要动词的语序有 V-PP、PP-V、V-PP/PP-V 三种类型。吴福祥（2008b）证明，这些民族语言里固有的语序模式同于英语（即 V-PP）而异于汉语，PP-V 和 V-PP/PP-V 则是受汉语影响而发生演变或变异的结果。如表 3 所示：

表3　部分南方民族语言处所介词短语位置的演变和变异

语言		演变和变异阶段				
名称	系属	未变 V-PP	演变中（V-PP/PP-V）			已变 PP-V
			V-PP/pp-v	V-PP/PP-V	v-pp/PP-V	
傣语（德）	壮傣（侗台）	+				
傣语（西）	壮傣（侗台）		+			
壮语	壮傣（侗台）		+			
侗语	侗水（侗台）		+			
仫佬语	侗水（侗台）		+			
毛难语	侗水（侗台）		+			
黎语	黎语支（侗台）		+			
临高话	壮傣（侗台）			+		
布依语	壮傣（侗台）				+	
村语	黎语支（侗台）				+	
莫语	侗水（侗台）				+	

（续表）

语言		演变和变异阶段			
名称	系属	未变 V-PP	演变中（V-PP/PP-V）		已变 PP-V
			V-PP/pp-v	V-PP/PP-V	v-pp/PP-V	
标话	侗水（侗台）					+
拉珈语	侗水（壮侗）					+
佯僙语	侗水（侗台）					+
蔡家话	侗水（侗台）					+
拉基语	仡央（侗台）					+
普标语	仡央（侗台）					+
仡佬语	仡央（侗台）					+
木佬语	仡央（侗台）					+
布央语	仡央（侗台）					+
苗语	苗语支（苗瑶）					+
布努语	苗语支（苗瑶）					+
巴哼语	苗语支（苗瑶）					+
炯佘语	畲语支（苗瑶）					+
畲语	苗语支（苗瑶）					+
优诺语	苗语支（苗瑶）					+
勉语	瑶语支（苗瑶）					+
佤语	孟高棉（南亚）	+				
布朗语	孟高棉（南亚）	+				
莽语	孟高棉（南亚）		+			
俫语	孟高棉（南亚）		+			
德昂语	孟高棉（南亚）			+		
克蔑语	孟高棉（南亚）			+		
京语	孟高棉（南亚）				+	
布芒语	孟高棉（南亚）				+	
克木语	孟高棉（南亚）					+
布兴语	孟高棉（南亚）					+
布赓语	孟高棉（南亚）					+
回辉话	占语支（南岛）					+

由表 3 可知，南方民族语言中处所介词短语的固有语序是 V-PP；跟汉语接触后，处所短语的语序变成前置型的 PP-V。这种语序演变是个漫长、渐进的过程，以至于目前在许多南方民族语言中还存在处于变化过程中的 V-PP、PP-V 和 V-PP/PP-V 等形式。这也说明受汉语介词短语语序的影响，周边民族语言中发生了语序重排的过程。通过竞争，民族语言最终选取了汉语 PP-V 的语序结构。即：

	语言接触前	语言接触后
汉语	PP-V	PP-V
部分南方民族语言 （不含藏缅语）	V-PP	PP-V

4）动词后宾、补共现的语序

在中国南方的民族语言（侗台、苗瑶、南亚和南岛语）里，动词后宾语和结果补语共现的语序有 VOC、VCO 和 VOC/VCO 三种类型。吴福祥（2009f）证明，VOC 是这些民族语言固有的语序模式，VCO 和 VOC/VCO 则可视为受汉语影响而发生演变或变异的结果。如表 4 所示：

表 4　部分南方民族语言宾补共现语序的演变和变异

语言		演变和变异阶段				
名称	系属	未变 ［VOC］	在变（V-PP/PP-V）			已变 ［VCO］
			VOC/vco	VOC/VCO	voc/VCO	
傣语	壮傣（壮侗）	+				
普标语	仡央（壮侗）	+				
布央语	仡央（壮侗）	+				
壮语	壮傣（壮侗）		+			
布依语	壮傣（壮侗）		+			
侗语	侗水（壮侗）		+			
黎语	黎语支（壮侗）		+			
仫佬语	侗水（壮侗）		+			
毛难语	侗水（壮侗）		+			
拉珈语	侗水（壮侗）		+			

（续表）

语言		演变和变异阶段				
名称	系属	未变 〔VOC〕	在变（V-PP/PP-V）			已变 〔VCO〕
			VOC/vco	VOC/VCO	vco/VCO	
临高语	壮傣（壮侗）		+			
拉基语	仡央（壮侗）		+			
标话	侗水（壮侗）			+		
佯僙语	侗水（壮侗）			+		
村语	黎语支（壮侗）			+		
木佬语	仡央（壮侗）			+		
仡佬语（平）	仡央（壮侗）			+		
莫语	侗水（壮侗）				+	
茶洞语	侗水（壮侗）					+
苗语	苗语支（苗瑶）			+		
布努语	苗语支（苗瑶）			+		
炯奈语	苗语支（苗瑶）			+		
勉语	瑶语支（苗瑶）				+	
优诺语	苗语支（苗瑶）				+	
畲语	苗语支（苗瑶）					+
佤语	孟高棉（南亚）	+				
克木语	孟高棉（南亚）	+				
克蔑语	孟高棉（南亚）	+				
布芒语	孟高棉（南亚）	+				
京语	孟高棉（南亚）		+			
布兴语	孟高棉（南亚）			+		
布赓语	孟高棉（南亚）			+		
倈语	孟高棉（南亚）			+		
德昂语	孟高棉（南亚）					+
回辉话	占语支（南岛）					+

南方民族语言同样也复制了汉语中 VCO 结构的述补结构。在整个接触过程中，出现了多种语序共存和重排的情况。通过深层次的接触，周围的民族语言最终调整了原本的 VOC 结构，从而朝着汉语语序结构的方向演变。即：

	语言接触前	语言接触后
汉语	VCO	VCO
部分南方民族语言 （不含藏缅语）	VOC	VCO

2. 择一

Thomason（2001）[1642]、Heine 和 Kutava（2005）[114] 认为在特定的语言接触过程中，复制语有时候会使用两种或两种以上的结构模式（比如 A、B）来表达同一种语法功能，而模式语只使用一种结构模式表达同样的语法功能（比如 A），于是，复制语的使用者从 A、B 等两种或两种以上的结构模式中选择了模式 A，与模式语建立起一对一的等同关系。这种语法复制的情形即为"择一"。中国南方语言的接触情形中很少发现类似"择一"这样的语法复制方式。但我们发现在中国西南的语言接触中偶尔会使用"择一"的语序重组过程。

在川西甘孜州东南康定以南的沙德木雅语中（羌语支），疑问结构大多可采用［ʔæ=VP］和［VP=ʔæ/ʔa］的语序，且两类疑问结构大致功能相似。但在木雅语周围的藏语康方言（或嘉戎语组语言）中，疑问词一般需置于疑问 VP 之前。由于沙德木雅语和藏语康方言接触较深，不管在音系结构、词汇，还是语法结构上都受到藏语的影响。因此，否定词的语序发生了"择一"重组，由之前的［ʔæ=VP］、［VP=ʔæ/ʔa］两种语序变成当前广泛使用的［ʔæ=VP］语序。事实上，通过对接近两个小时长篇语料的调查，我们发现在 121 个疑问句中，采用［ʔæ=VP］语序的句子占 81%，而采用［VP=ʔæ/ʔa］语序的疑问句只占 19%。这说明"择一"的语序重组过程在木雅语中业已完成。以下例子大致显示了该语序重组的过程。

（i）沙德木雅语中可使用两种语序的疑问结构（田野调查语料）

① ɲ̃ãtɕø　　　　khə-ɕɐ=ʔæ=pi?

　　元宵节　　　　趋向－到达＝疑问标记＝非完整体.三人称

　　元宵节就要到了吗？

② *sɐde   mtɕɔ́   ɣi-gé=ʔæ=pi?*

沙德　　水　　趋向－涨水＝疑问标记＝非完整体.三人称

沙德要涨水了吗？

③ *vɐndæɐ   ɣi   nɐ-ré=pi   ʔǽ=ndə?*

老人　　　睡觉　趋向－过来＝非完整体.三人称　　疑问标记＝具有

老人已经过来睡觉了吗？

④ *ta=ji   ndzɔ́   ɣo-ndzi=si   ʔǽ=ŋɐ=tí?*

老虎＝作格　狐狸　趋向－吃＝完整体.三人称　　疑问标记＝是＝新知示证

老虎吃了狐狸了吗？

（ii）沙德周边藏语康方言中疑问词采用前置语序（格桑居冕，格桑央京 2002）[161]

⑤ *tɕhø?   lɛ   zeʔpa   e   jĩ?*

你　　　与格　干部　　疑问标记　是

你是个干部吗？

⑥ *khø   sama   lɛ   si   e   ŋge?*

他　　　饭　　与格　助词　疑问标记　做饭

他要做饭了吗？

（iii）木绒扎坝语（羌语支，同为该区域的亲属语）中疑问词采用前置语序 （田野调查语料）

⑦ *ŋa   tɕhéto   jɪ=khɔ̃   a-zi-htʂɔ̂=ra?*

我们　何时　　家＝方位格　趋向－回去了－非完整体＝疑问标记.过去时

我们何时才会回家去呢？

⑧ *pəhdzɔ́   tɕhéto   a-mné-htʂɔ̂=a?*

孩子　　何时　　趋向－放学－非完整体＝疑问标记.非过去

孩子啥时候放学呢？

由此可见，沙德木雅语周围某些语言都使用了否定词前置的语序。木雅语群体大多都是会讲康巴藏语的双语人，因受到康巴藏语中否定词前置结构的影响，沙德木雅语中原本的［ʔæ＝VP］、［VP＝ʔæ/ʔa］语序结构最终择一重组为［ʔæ＝VP］结构。

2. 构式拷贝

构式拷贝跟语序重组最大的差别是，前者没有相关的结构作为基础或依凭，完全是"无中生有"，而后者一定有一个相关的结构存在。据初步观察，南方民族语言中某些跟汉语一致的结构式，实则源于这些语言对汉语相关结构式的拷贝。

（1）"A-not-A"型极性问句

中国南方很多民族语言（藏缅、侗台、苗瑶、南亚及南岛语）跟汉语一样也拥有 A-not-A 型极性问句。吴福祥（2008b）证明，这些民族语言的 A-not-A 疑问构式是在汉语影响下产生的，具体说，是拷贝了汉语的"VP 不 VP"型极性问句。如表 5 所示：

表 5　中国南方具有 A-not-A 极性问句的民族语言

语言		A-not-A 极性问构式及其变式			
名称	系属	V-not-V	VV-not	V-S-neg-V	V-V
壮语	壮傣（侗台）	+			
布依语	壮傣（侗台）	+			
傣语	壮傣（侗台）	+			
临高话	壮傣（侗台）	+			
侗语	侗水（侗台）	+			
仫佬语	侗水（侗台）	+			
毛难语	侗水（侗台）	+			
莫语	侗水（侗台）	+			
佯僙语	侗水（侗台）	+			
拉珈语	侗水（侗台）	+			
蔡家话	侗水（侗台）	+			
普标话	仡央（侗台）	+			
木佬语	仡央（侗台）	+			
村语	黎语支（侗台）	+			
苗语	苗语支（苗瑶）	+			
布努语	苗语支（苗瑶）	+			
巴哼语	苗语支（苗瑶）	+			
炯奈语	苗语支（苗瑶）	+			

（续表）

语言		A-not-A 极性问构式及其变式			
名称	系属	V-not-V	VV-not	V-S-neg-V	V-V
畲语	苗语支（苗瑶）	+			
优诺语	苗语支（苗瑶）	+			
勉语	瑶语支（苗瑶）	+			+
布朗语	孟高棉（南亚）	+			
克木语	孟高棉（南亚）	+			
克蔑语	孟高棉（南亚）	+			
京语	孟高棉（南亚）	+			
莽语	孟高棉（南亚）	+			
布兴语	孟高棉（南亚）	+			
布赓语	孟高棉（南亚）	+			
回辉话	占语支（南岛）	+			
布芒语	孟高棉（南亚）		+		
俫语	孟高棉（南亚）		+		
布央语	仡央（侗台）		+		
仡佬语	仡央（侗台）		+		
拉基语	仡央（侗台）		+		
佤语	孟高棉（南亚）			+	
彝语	彝语支（藏缅）	+			+
纳西语	彝语支（藏缅）	+			+
卡卓语	彝语支（藏缅）				+
堂郎语	彝语支（藏缅）				+
柔若语	彝语支（藏缅）	+			
傈僳语	彝语支（藏缅）	+			
怒苏语	彝语支（藏缅）	+（?）			
哈尼语	彝语支（藏缅）	+			
拉祜语	彝语支（藏缅）	+			
桑孔语	彝语支（藏缅）	+（?）			
基诺语	彝语支（藏缅）	+			
土家语	彝语支（藏缅）		+		
苏龙语	景颇语支（藏缅）	+			

（续表）

语言		A-not-A 极性问构式及其变式			
名称	系属	V-not-V	VV-not	V-S-neg-V	V-V
格曼语	景颇语支（藏缅）	+（?）			
独龙语	景颇语支（藏缅）	+			
崩如语	景颇语支（藏缅）	+			
义都语	景颇语支（藏缅）		+		
阿昌语	缅语支（藏缅）	+			
勒期语	缅语支（藏缅）	+（?）			
仙岛语	缅语支（藏缅）	+（?）			
波拉语	缅语支（藏缅）	+（?）			
羌语	羌语支（藏缅）	+			

（2）"V 不 C"式能性述补结构

吴福祥（2012）证明，汉语表达情状可能性的述补结构"V 得 C/V 不 C"在世界语言中比较罕见，极有可能是"华文所独"。值得注意的是，国内的部分少数民族语言跟汉语一样，也拥有"V 得 C/V 不 C"这种表达情状可能性的述补结构。例如：

布依语（喻翠容，罗美珍 1980）[52]

⑨ ko¹   tam⁵   ni⁴   ma³   mi²   sa:ŋ¹.

棵   矮   这   长   不   高

矮的这棵长不高。

仫佬语（王均，郑国乔 1980）[68]

⑩ fɛ⁴   ŋ⁵   ljeu⁴   fɛ⁴   lai³   ljeu⁴

做   不   完   做   得   完

做不完   做得完

畲语（毛宗武，蒙朝吉 1986）[82]

⑪ ka³   khje⁴   kwei⁶   tsha⁴taŋ¹   kwa⁵   ha⁶   ŋŋ1

路   很   窄   车子   过   不   去

路很窄，车子过不去。

有证据显示，这些语言中的"V 得 C/V 不 C"极有可能是对汉语能性述补结构复制的结果。中国南方的布依语、京语、仫佬语、莫语、木佬语、布努语、畲语、勉语、布赓语、回辉话等民族语言中［见吴福祥（2012）所列各语言的参考文献］，都具有"V 不 C"式能性述补结构，它们应该都源于对汉语"V 不 C"式能性述补结构的构式拷贝。

（3）"VV"式动词重叠模式

表示"短时、少量或尝试"的动词重叠形式"VV（V 一 V）"在世界语言中也比较罕见，但部分南方民族语言却跟汉语一样也具有这种语法结构。这些语言的"VV（V 一 V）"形式很可能是复制汉语动词重叠式的结果。目前在中国南方的壮语、临高语、黎语、侗语、仫佬语、毛南语、莫语、木佬语、拉珈语、炯奈语、畲语、勉语、布赓语、布兴语、京语等民族语言中均能见到"VV（V 一 V）"这种表示"短时、少量或尝试"的动词重叠形式。例如：

壮语（韦庆稳，覃国生 1980）[39]

⑫ o:k[7]　　ɣo:k[8]　　pai[1]　　pja:i[3]　　pja:i[3]

　　出　　外　　去　　走　　走

　　到外面去走走。

拉珈语（毛宗武，蒙朝吉、郑宗泽 1982）[117]

⑬ kwa[4]kwa[4]　　　　　　tsen1tsen1

　　摸摸　　　　　　　　吃吃

　　摸一摸　　　　　　　吃一吃

布庚（李云兵 2005）[123]

⑭ ti[55]　　o[44]　　da[31]　　da[31]

　　给　　我　　看　　看

　　给我看看

⑮ tu[44]　　zau[44]　　ŋ̥a[31]ŋ̥a[31]

　　出　　去　　走走

　　出去走走

"VV"这种表达"短时、少量或尝试"的动词重叠式在世界语言中罕见而在中国境内的南方语言中高度密集，吴福祥（2014）从而认为南方民族语言的这种"VV"重叠式应该拷贝自汉语。

从以上的介绍可以看出，Heine 和 Kuteva（2003，2005，2008）的语法复制理论虽然具有较强的解释力，但在分析中国境内语言特别是南方民族语言和汉语的接触问题时，却缺少了某些分析强度和解释力度。基于对中国南方语言接触事实的考察分析，吴福祥（2014）对 Heine 和 Kuteva 的语法复制理论做了比较重要的修正和扩充。主要观点如下：

（i）语法复制并不等于接触引发的语法化，也包括语法结构复制，而后者包含结构重组和构式拷贝两个次类。

（ii）语法复制并不一定以复制语存在相关结构或使用模式作为基础和前提，它也可以无中生有地复制模式语的特定结构。

（iii）"构式拷贝"是语法结构复制的一个重要机制，该类接触机制常见于中国南方民族语言跟汉语的语法接触情形之中。

基于中国南方语言接触的事实，吴福祥（2014）将 Heine 和 Kuteva 的语法复制理论模型修订为图 1（方框部分为修订内容）。

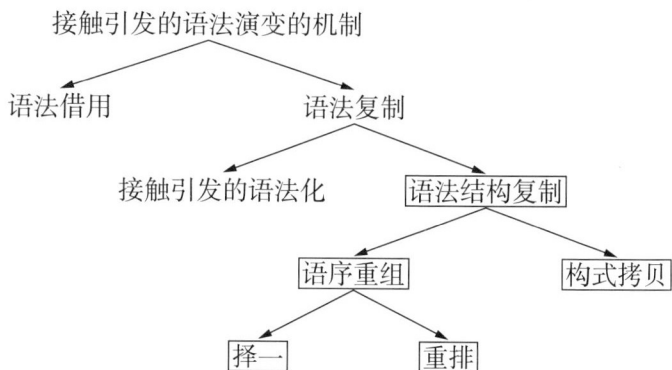

图 1

（二）南方民族语言对汉语的影响

大量证据表明，在汉语与南方民族语言的接触中，接触引发的语言演变也是双向的。除了汉语影响南方民族语言的语法演变之外，南方民族语言同样也能将其语法特征扩散或渗透进与之接触的汉语方言中。这些少数民族群体出于经商、婚嫁或日常交际的需要，总是有意识地跟周边的汉族学习汉语，他们大多都是"民族语—汉语"的双语人。

郭必之、钱志安和邹嘉彦（2011），郭必之（2012），黄阳和郭必之（2013），郭必之（2014）等都曾详细讨论过广西中南部的语言接触情况，深入考察了"获得"动词、"持拿"动词、"去"义动词在广西境内汉语方言和当地民族语中所经历的多功能演变，认为其中由接触引发的语法演变都跟南方民族语言对汉语南方方言的影响密切相关。

不仅如此，在语言接触的推动下，广西境内的民族语言还会影响某些南方方言的语序结构或使某些南方方言增加新的语法特征。郭必之（2012）通过比较广西南宁境内的粤语方言和广西境外的粤方言，发现南宁粤语中补语［V-C-O］>［V-O-C］的语序演变主要源于跟周围南方民族语言的深度接触。此外，通过比较南宁粤语和广州粤语的状貌词后缀（ideophonic suffixes），发现南宁粤语中的某些表状貌的后缀应是与壮族接触而发展起来的，在整个接触过程中，"壮—汉"双语人群体充当了极其重要的角色。不仅如此，郭必之、李宝伦（2015）通过比较南宁粤语和广州粤语，认为广州粤语动词后的助词 saai3 跟南宁粤语中所对应的助词在语法功能上存在较大差异。作者认为南宁粤语 saai3 的功能扩展源于讲南宁粤语的汉族跟当地壮族之间的语言接触。

Huang（2023）系统分析了中国南方语言中接触引起的语法演变。作者细致地描写了广西境内汉语方言和民族语言中"完毕"义语素的多种功能，认为南宁粤语中表示"完毕"意义的语素 -łai^{33}"晒"之所以发展出如此丰富的语法功能，主要源于跟周围壮语的接触。在壮语的不同方言中，表示"完毕"意义的语素可采用 -le:u^4、θo:t^7、-ju:n^2、-ja^5、-le:u^4、-thu:n^3 等词形，但这些"完毕"义语素共同构建起了一个多功能模式，最终扩散到与之接触的南宁粤语、平话、扶绥官话等汉语方言。某些汉语方言（如：平话、扶绥官话）只是部分复制了这一多功能语法模式，而南宁粤语却是全盘复制了壮语这一语法模式。

作者认为壮语"完毕"义语素的多功能模式可归纳为表6的情况（Huang 2023）[118]：

表6 壮语方言中"完毕"义语素的多功能形式

功能 形式	全称 量化词	最高级 标记	结果体 标记	完整体 标记	链接功能 动词	连词	
						"所以"	"但是"
柳江壮语 -θo:t7	–	–	+	–	–		
-ju:n2	+	–	(+)	–	+		
-le:u4	–	+	+	–	+	+	+
-le（6）	–	–	–	+	–	–	

（续表）

形式 ＼ 功能		全称量化词	最高级标记	结果体标记	完整体标记	链接功能动词	连词	
							"所以"	"但是"
巴马壮语	-li:u4	+	+	+	−	+	+	+
	-le	−	−	−	+	−	−	−
马山壮语	-θa:t7	−	−	（+）				
	-le:u4	+	+	+	−	−	−	−
	-lo/le	−	−	−	+			
靖西壮语	-ja5	−	−	−	+	+	+	+
	-le:u4	+	+	+	−	+	+	+
龙州壮语	-ja5				+	+	+	
	-thu:n3	+	+	+				

壮语这一多功能模式在语言接触过程中完整地扩散到南宁粤语中（Huang 2023）[51-94]，例如：

全称量化词

⑯ 洞　　里边　　　有　　老虎，　村民　　　　怕　　晒　　老虎。

tu²²　li²⁴piŋ⁵⁵　jɐu²⁴　lu²⁴fu³⁵　tʃʰyn⁵⁵mɐn²¹　pʰa³³　łai³³　lu²⁴fu³⁵

洞里面有老虎，村民们全都害怕那些老虎。

最高级标记

⑰ 一　　　箩　　　果　　烂　　晒。

a⁵⁵　　lɔ²¹　　kɔ³⁵　lan²²　łai³³

ⅰ.篮子里的水果特别烂。

ⅱ.篮子里的水果全都烂了。

结果体标记

⑱ 大佬　　　啱啱　　　　洗　　晒　　三　　件　　衫。

tai²²lu³⁵　ŋam⁵⁵ŋam⁵⁵　łei³⁵　łai³³　łam⁵⁵　kin²²　ʃam⁵⁵

ⅰ.哥哥把三件衣服都洗了。

ⅱ.哥哥洗完了三件衣服。

完整体标记

⑲ 学校　　　　修　　晒　　栋　　楼。

hɔk²¹hau³³   ɬɐu⁵⁵   ɬai³³   tuŋ²²   lɐu²¹

学校修建了一栋楼房。

连接功能的动词

⑳ 佢   先   食   苹果，   晒，   再   食   沙梨。

kʰy³⁵   ɬin⁵⁵   ʃek²   pʰeŋ²¹kɔ³⁵   ɬai³³ nɛ³³   tʃɔi³³   ʃek²   ɬa⁵⁵li²¹

他先吃苹果，然后再吃梨子。

南宁粤语多功能语素 -ɬai33 晒的功能演变是接触引发语法演变的典型案例。讲"壮语—南宁粤语"的壮族双语人将壮语这一多种用法的"完毕"义语素扩散到广西境内的南方方言，因此这一多功能形式的"完毕"义语素只见于广西境内使用的粤语、官话方言，而广西境外的粤语和官话却几乎无法看到该多功能性的"完毕"义语素。

与此同时，部分广西本土学者在郭必之和黄阳前期研究的基础上对广西境内语言中由接触引发语法演变的过程和扩散机制等问题进行了更为深入的探讨。覃东生、覃凤余（2018）考察了广西汉、壮语方言的方式助词和取舍助词，认为壮语和境内外台语的 au¹ 方式和 au¹ 取舍遵循"抓取_{动词}＞摸取_{动词/方式}＞煎取_{方式}＞用炒锅煎取_{取舍}"的语法化过程。汉语的"取_{方式/取舍}、擢_{方式}、要_{方式}"是对壮语的 au¹ 方式和 au¹ 取舍及其演变模式进行复制的结果。作者最后提出了判断语言接触中扩散源或模式语的新方法，即类型特征判定法。$V_{t1}+V_{t2}+O$ 是壮语连动式的类型特点，汉语不具备。而 au¹ 方式最初在 V 获取 +au¹ 动词 +O 的句法槽中发生语法化，此结构正是 $V_{t1}+V_{t2}+O$。故 au¹ 方式只能在壮语中发生语法化，壮语是模式语。

吕嵩崧（2019）将讨论重点放在壮语"完毕"义语素对广西汉语方言的影响问题上。文章通过对广西境内多种壮语方言、粤语和官话的考察发现各处壮语一般拥有两个"完毕"义语素，固有词体现［＋时间］特征，汉语借词体现［＋数量］特征，二者各自发生语法化，具有功能区别。二者具有个别受汉语共同语影响产生的十分晚近的功能。受壮语影响，自南宁往西的部分汉语方言的"完毕"义语素产生与壮语颇为一致的功能。其中，南宁、田东、右江区、崇左粤语两个"完毕"义语素功能分工与壮语大致平行；多处官话的"完毕"义语素因仅一个，故无分工。右江区粤语的"晒"，受壮语影响产生了连词功能，又被百色地方普通话复制到"了"上，使"了"也具有了连词的功能。这是同一功能 x 在不同的语言间线性推广的现象，即：A 语言→B 语言→C 语言。

五、区域语言学及语法化区域

"区域语言学"（Linguistic Area）的概念最早由博厄斯（Boas 1920）[211] 在 19 世纪 20 年代提出。该理论一经提出就成为研究不同发生学关系的语言所共享相似语言特征的有效方法。早在 20 世纪 90 年代初，中国国内有些语言学研究者的著作就已采用区域语言学的研究方法去分析、解释某些语言接触现象。陈保亚（1996）《论语言接触与语言联盟》从傣语中的汉语西南官话的角度入手，分析了语言接触的机制和过程，同时进一步论证了语言接触的互协过程。作者提出傣语和汉语接触的两个重要过程：母语干扰、借贷；并采用区域性语言演变视角系统观察了云南傣语中汉语借词的借入类型、借入过程以语言接触的后果。作者的研究结论为新时代有关中国境内语言接触的研究开辟了新的道路，使读者认识到"匹配""回归"的语言干扰手段对整个语言接触过程产生的深远影响。但陈保亚的研究主要建立在相关语言的词汇和音系成分借用问题上，并未系统关注语法结构借用或语法概念复制等问题。

以往研究中国境内某一特定区域的语言接触问题大多仅仅关注词汇借用，很少有文献重点讨论某些新兴语言区域内不同语言之间的语法结构借用、语义复制或区域语法化等问题。Huang 和 Wu（2018）、Wu 和 Huang（2021）系统梳理了判断典型语法化区域的方法，并主张将"广西中南部"看成中国南方较为特殊的一个语法化区域。作者首先讨论了广西地区的生态和语言背景，然后举例说明"广西中南部"这一特定的语法化区域所具有的多功能"完毕"义语素、"去"义语素、"给"义语素、"拿"义语素等区域性语法化特征。这些多功能语素源于壮语中相应动词的语法化；壮语中不同的语法化过程分别扩散到广西中南部区域的南方汉语方言中。作者通过详细论证认为从跨语言角度看，"广西中南部"这一区域内平行的语法化过程在世界其他语言中比较罕见，应该属于该语言区域的显著特征。

Szeto 和 Yurayong（2022）近期的研究成果也强有力地支持了中国南方方言（特别是岭南一带汉语方言）跟南方民族语言之间的语言接触古已有之，并认为南方汉语跟民族语之间一直以来都是相互影响的（mutualist approach）。作者从区域类型角度系统考察了中国岭南一带所使用的 280 种方言土语，详细考察了约 23 种出现在岭南汉语和民族语之间的汇聚现象，最后将岭南的西部一带定义为一个较为典型的语言区域。这一区域内所使用的上百种汉语方言（土语）以及 60 多种侗台语相互影响的程度已经达到作者所定义的最高等级。作者最终认为该区域内语言之间的相互影响是极其频繁的。该文从量化角度考察了中国岭南语言区域的区域特征以及不同语言间的接触过程，是研究中国境内区域语言学和区域类型学的一项比较重要的成果。

六、中国南方语言接触的其他问题

本文并未全面分析中国境内语言接触的诸多问题，仅简单介绍了以往有关中国南方语言中由接触引发语言演变的部分研究成果。同历史语言学领域其他分支学科相比，国内学界对语言接触并不陌生。以往有关中国境内语言接触的成果虽比较丰硕，但相关研究却往往忽略了以下几个问题：

（ⅰ）在分析某些语言中相似的语言特征时，"语言接触"是否可作为一种"放之四海而皆准"的理论方法？

我们的回答是否定的。以往许多语言学家将语言接触视为一种能普遍解释历史比较语言学理论所无法解释的语言现象，最终忽略了"存古"跟"接触"之间的必然联系和重要差别。Aikhenvald 和 Dixon（2001）[1-3] 认为在分析两种或两种以上语言之间所体现的相似特征时，可能存在多种解释：语言共性特征、偶然相似、借用或扩散、存古、平行演变。每当发现两种语言中表现出的相似语言特征时，学者们更加倾向于采用语言接触的视角去解释相关问题，并未全面考察上述其他因素。该研究视角势必会使语言接触理论成为"放之四海而皆准"的研究方法，而忽略了某些"形似而神不似"的语言现象。从跨语言角度看，造成不同语言间相似性的因素纷繁复杂。虽然语言接触是需要重点考虑的因素，但语言共性特征、偶合、存古等因素也应考虑在内。

（ⅱ）中国南方语言中接触引发的语言演变类型是否跟中国西南地区语言间的语言接触类型完全相同？

我们认为两者存在较大差异。本文在前几节已详细介绍了中国南方语言中的语法接触类型大多属于接触引发的语法化或语法结构的复制。通行于中国西南的大多数民族语言属于藏缅语族语言，在类型上，它们都是 AOV 语序的语言，并非像南方民族语言那样属于典型的 AVO 语序的语言。我们发现，在中国西南语言的接触过程中，语法结构复制的情况远远多于由接触引发语法化的情况。同时在西南某些语言的语法接触过程中，语法借用不但涉及语法形式的迁移过程，而且还跟母语者在接触过程中的协商（negotiation）以及不同语言成分的竞争（competition）过程密切相关。根据 Wu 和 Huang（2021）的考察，通行于四川西部雅江县境内的扎坝语（羌语支）从周围的藏语康方言中借入系词 -ji（藏语 ཡིན jin）和 -rɛ（藏语 རེད red），但两者的功能发生了竞争：-ji 只能使用在否定句中，而 -rɛ 在肯定和否定句中都可出现。当 -rɛ 跟 -ji 一起出现在否定结构［NEG-ji-rɛ］中时，-rɛ 已语法化为句末的叙实示证标记（gnomic）。事实上，在模式语（康巴藏语）中，系词 ཡིན jin 并不强制出现在否定句里。扎坝语中 -ji 和 -rɛ 使用的语境反映了两个被借入系词的相互竞争关系，通过母语者的协商以及系词功能的竞争过程，最终确立了扎坝语系词 -ji 和 -rɛ 的使用环境。

（ⅲ）接触引发的演变究竟是单向性的还是双向性的演变过程？移民史的证据是否足以解释所有的语言接触过程？

迁移史的证据固然重要，但并不适用于广西境内发生的所有语言接触过程。洪波（2004）[115-117] 调查了南方地区大量的移民史文献后认为宋代的战争加速了中原向南方地区移民的浪潮。唐末宋初，壮族先民就一直跟城镇以及农村居民有着较为频繁的接触，当时的汉族人口分别由汉族的士兵和战争的移民构成，宋代后期，平话跟广西当地壮语的接触日趋频繁。相反，壮语跟南宁粤语在历史上的接触仅限于赶墟过程。因此，洪波（2004）提出了一个单向性的接触模型，即：说壮语的壮族群体首先跟说平话的汉人接触，然后某些"壮语—平话"双语人再转用（shift）说南宁粤语，这个接触过程大致跨越了两个多世纪。

但郭必之（2012，2014）和 Huang（2023）基于大量语言接触事实的考察证明，广西区内的语言接触应是多维度的。不同语言之间可能存在不同的接触方向和接触历史，这会最终形成不同的接触层次。因此，在解释由接触引发的语法功能演变时，语言学上的证据会比移民史的证据更具说服力。然而，单一依靠移民史佐证来分析语言接触问题并不全面。（Campbell 2013）[430] 换句话说，尽管移民史的证据可以为研究者提供语言接触过程的来龙去脉，但它并不适用于所有的语言接触情况。在判定某些语言接触的过程时，移民史的证据并不完全可靠。

本文主要从接触引发语言演变的动因、机制、过程、结果等几个方面对以往有关中国南方（特别是广西区内）语言接触的事实进行了讨论，对部分有关中国境内语言接触研究的重要文献进行了综述。语言接触是历史语言学和社会语言学共同关注的研究领域。决定语言接触及其引发语言演变的因素不但有社会层面的，而且还有语言结构内部的因素。语言接触跟不同接触群体的行为习惯以及民族认知机制和文化内涵的差异息息相关（参见 LaPolla 2009），它涉及语言学、社会学、民俗学、历史学、心理学等多学科的知识。语言接触会影响到某些汉语方言未来发展的走向，它不仅存在于日常交际的口语中，某些书面语言也会发生接触。（de Sousa 2021）任何语言接触过程都是由语言结构内部制约和外部制约共同发挥作用而造成的，它们一起决定了语言接触的结果。

参考文献

［1］阿错. 倒话研究. 北京：民族出版社，2004.

［2］陈保亚. 论语言接触与语言联盟. 北京：语文出版社，1996.

［3］陈乃雄. 五屯话初探. 民族语文，1982（1）.

［4］格桑居冕，格桑央京. 藏语方言概论. 北京：民族出版社，2002.

［5］洪波. 壮语与汉语的接触史及接触类型. //石锋，沈钟伟编. 乐在其中——王士元教授七十华诞庆祝文集. 天津：南开大学出版社，2004.

［6］黄行. 语言接触与语言区域性特征. 民族语文，2005（3）.

［7］黄阳，郭必之. 方式助词在广西汉语方言和壮侗语中的扩散：源头、过程及启示. //石锋，彭刚编. 大江东去：王士元教授八十岁贺寿论文集. 香港：香港城市大学出版社，2013.

［8］郭必之. 从南宁粤语的状貌词看汉语方言与民族语的接触. 民族语文，2012（3）.

［9］郭必之，李宝伦. 粤语方言三个全称量化词的来源和语法化. //吴福祥，汪国胜编. 语法化与语法研究（七）. 北京：商务印书馆，2015.

［10］郭必之. 南宁地区语言"去"义语素的语法化与接触引发的"复制". //台湾"中央研究院"历史语言研究所编. 语言暨语言学. 台北：台湾"中央研究院"历史语言研究所，2014（5）.

［11］郭必之. 语言接触视角下的南宁粤语的语法. 北京：中华书局，2019.

［12］蓝庆元. 壮汉同源词借词研究. 北京：中央民族大学出版社，2005.

［13］李锦芳. 粤语西渐及与壮侗语接触的过程. //单周尧，陆镜光编. 第七届国际粤方言研讨会论文集. 北京：商务印书馆，2000.

［14］李云兵. 布努语研究. 北京：民族出版社，2005.

［15］梁启超. 翻译文学与佛典. //梁启超编. 佛学研究十八篇. 北京：中华书局，1936.

［16］吕嵩崧. 壮语"完毕"义语素的语法化及对广西汉语方言的影响. 方言，2019（4）.

［17］毛宗武，蒙朝吉，郑宗泽. 瑶族语言简志. 北京：民族出版社，1986.

［18］毛宗武，蒙朝吉. 畲语简志. 北京：民族出版社，1981.

［19］欧阳觉亚. 两广粤方言与壮语的种种关系. 民族语文，1995（6）.

［20］潘秋平. 从方言接触和语法化看新加坡汉语里的"跟". //吴福祥，崔希亮编. 语法化与语法研究（四）. 北京：商务印书馆，2009.

［21］覃东生，覃凤余. 广西汉、壮方言的方式助词和取舍助词. 中国语文，2018（5）.

［22］覃凤余，吴福祥. 南宁白话"过"的两种特殊用法. 民族语文，2009（3）.

［23］覃远雄. 平话、粤语与壮语"给"义的词. 民族语文，2007（5）.

［24］孙宏开. 羌语简志. 北京：民族出版社，1981.

［25］王均，郑国乔. 仫佬语简志. 北京：民族出版社，1980.

［26］韦庆稳，覃国生. 壮语简志. 北京：民族出版社，1980.

［27］吴福祥. 关于语言接触引发的演变. 民族语文，2007（2）.

［28］吴福祥. 南方民族语言处所介词短语位置的演变和变异. 民族语文，2008a（6）.

［29］吴福祥. 南方语言正反问句的来源. 民族语文，2008b（1）.

［30］吴福祥. 从"得"义动词到补语标记——东南亚语言的一种语法化区域. 中国语文，2009a（3）.

［31］吴福祥. 南方民族语言动宾补语序的演变和变异. 南开语言学刊，2009b（2）.

［32］吴福祥. 南方民族语言关系小句结构式语序的演变和变异——基于接触语言学和语言类型学的分析. 语言研究，2009c（3）.

［33］吴福祥. 南方民族语言里若干接触引发的语法化过程. //吴福祥，崔希亮编. 语法化与语法研究（四）. 北京：商务印书馆，2009d.

［34］吴福祥. 南方民族语言领属结构式语序的演变和变异. //潘悟云编. 东方语言学（第六辑）. 上海：上海教育出版社，2009e.

［35］吴福祥. 语法化的新视野——接触引发的语法化. 当代语言学，2009f（3）.

［36］吴福祥. 东南亚语言"居住"义语素的多功能模式及语法化路径. 民族语文，2010（6）.

［37］吴福祥. 侗台语差比式的语序类型和历史层次. 民族语文，2012（1）.

［38］吴福祥. 结构重组与构式拷贝——语法结构复制的两种机制. 中国语文，2014（2）.

［39］邢公畹. 现代汉语和台语里的助词"了"和"着"（上）. 民族语文，1979（2）.

［40］喻翠容，罗美珍. 傣语简志. 北京：民族出版社，1980.

［41］遇笑容. 汉语语法史中的语言接触与语法变化. //浙江大学汉语史研究中心编. 汉语史学报（第四辑）. 上海：上海教育出版社，2004.

［42］遇笑容，曹广顺，祖生利. 汉语史中的语言接触问题研究，北京：语文出版社，2010.

［43］曾晓渝. 论水语里的近、现代汉语借词. 语言研究，2003（2）.

［44］郑贻青. 回辉话研究. 上海：上海远东出版社，1997.

［45］朱庆之. 佛典与中古汉语词汇研究. 台湾：台湾文津出版社，1992.

［46］朱庆之，朱冠明. 佛典与汉语语法研究——20 世纪国内佛教汉语研究回顾之二. //四川大学汉语史研究所编. 汉语史研究集刊（第九辑）. 成都：巴蜀书社，2006.

［47］Aikhenvald A Y, Dixon R M W. Introduction. //AikhenvaldA Y. DixonRMW.（eds.）*Areal Diffusion and Genetic Inheritance: Problems in Comparative Linguistics*. Oxford: Oxford University Press, 2001: 1-26.

［48］Aikhenvald A Y. *Language Contact in Amazonia*. New York: Oxford University Press，2002.

［49］Boas F. The Classification of American Languages. *American Anthropologist,* 1920（4）: 367-376.

［50］Campbell L. *Historical Linguistics: An Introduction*（3rd）. Edinburgh: Edinburgh University Press, 2013.

［51］de S, Hilário. The Expansion of Cantonese over the Last Two Centuries. // Ye Z. (ed.) *The Palgrave Handbook of Chinese Language Studies*. Singapore: Palgrave Macmillan, 2021: 409-440.

［52］Enfield N J. *Linguistic Epidemiology—Semantic and Grammar of Language Contact in Mainland Southeast Asia*. London & New York: Routledge, 2003.

［53］Heath J. *Linguistic Diffusion in Arnhem Land*. Canberra: Australian Institute of Aboriginal Studies, 1978.

［54］Heine B, Tania K. On Contact-induced Grammaticalizaion. *Studies in Language*. 2003（3）: 529-572.

［55］Heine B, Tania K. *Language Contact and Grammatical Change*. Cambridge: Cambridge University Press, 2005.

［56］Heine B, Tania K. Constrains on Contact-induced Linguistic Change. *Journal of Language Contact (THEMA),* 2008（2）: 57-90.

［57］Huang Yang（黄阳）. *The Changing Languages of Guangxi, Southern China: A Contact-Induced Grammaticalization Approach*. New York & London: Lexington Books, 2023.

［58］Huang Yang, Wu Fuxiang（吴福祥）. Central Southern Guangxi as A Grammaticalization Area. // Sylvie H, Tine B, Jose V L. (eds.) *New Trends on Grammaticalization and Language Change*. Amsterdam / Philadelphia: John Benjamins, 2018：105-134.

［59］Janhunen J, Marja P, Erika S, *et al. Wutun*. Muenchen: Lincom Europa, 2008.

［60］Kwok Bit-Chee（郭必之）, Andy Chin（钱志安）, T'sou B K（邹嘉彦）. Poly-functionality of the Preverbal 'acquire' in the Nanning Yue Dialect of Chinese: An Real Perspective. *Bulletin of the School of Oriental and African Studies (SOAS),* 2011（1）: 119-137.

［61］LaPolla R J. The Role of Migration and Language Contact in the Development of the Sino-Tibetan Language Family. // Aikhenvald A, Dixon R M W. (eds.) *Areal Diffusion and Genetic Inheritance: Problems in Comparative Linguistics*. Oxford: Oxford University Press, 2001: 225-254.

［62］LaPolla R J. Causes and Effects of Substratum, Superstratum and Adstratum Influence, with Reference to Tibeto-Burman Languages. // Nagano Yasuhiko. (eds.) *Issues in Tibeto-Burman Historical Linguistics*. Senro Ethnological Studies. Osaka: National Museum of Ethnology, 2009（75）: 227-237.

［63］LaPolla R J. Language Contact and Language Change in the History of the Sinitic Languages. Selected Papers of Beijing Forum 2007. *Procedia Social and Behavioral Sciences,* 2010（2）: 6858-6868.

［64］Li C N. Languages in Contact in Western China. *Papers in East Asian Languages,* 1983（1）: 31-51.

［65］Li, Fang-Kuei（李方桂）. *A Handbook of Comparative Tai*. Hawaii: The University Press of

Hawaii, 1977.

[66] Matras Y. *Language Contact*. Cambridge: Cambridge University Press, 2009.

[67] Mufwene S S. *The Ecology of Language Evolution*. Cambridge: Cambridge University Press, 2001.

[68] Ross M D. *Exploring Metatypy: How Does Contact-induced Typological Change Come About?*. Conference Talk notes, Australian Linguistic Society's Annual Meeting, Perth, 1999.

[69] Schleicher A. Die Ersten Spaltungen des Indogermanischen Urvolkes（The First Splits of the Indo-European People）. *Allgemeine Monatsschrift für Wissenschaft und Literatur*, 1853（3）: 786-787.

[70] Schmidt J. *Die Verwantschaftsverhältnisse der Indogermanischen Sprachen*（On the Genetic Relations among the Indo-European Languages）. Hermann Böhlau, 1872.

[71] Sims N A. Reconsidering the Diachrony of Tone in Rma. *Journal of the Southeast Asian Linguistics Society*, 2020（1）:53-85.

[72] Szeto P Y, Chingduang Y.Establishing a Sprachbund in the Western Lingnan Region: Conceptual and Methodological Issues. *Folia Linguistica*, 2022（1）: 25-55.

[73] Thomason S G, Terrence K.*Language Contact, Creolization, and Genetic Linguistics*. California: University of California Press, 1988.

[74] Thomason S G. *Language Contact*. Edinburgh: Edinburgh University Press, 2001.

[75] T'sou B K. Language Contact and Lexical Innovation: Problems Concerning the Study of Loanwords, Lexical Importation and Cultural Diffusion. //Michael Lackner *et al*.（eds.）*New Terms for New Ideas. Western Knowledge and Lexical Change in Late Imperial China.* Netherlands: Brill, 2001: 35-56.

[76] Wang W S-Y（王士元）. Competing Changes as A Cause of Residue. *Language.* 1969（1）: 9-25.

[77] Wang W S-Y. Language Change: A Lexical Perspective. *Annual Review of Anthropology,* 1979（8）: 353-371.

[78] Weinreich U. *Language in Contact: Findings and Problems.* New York: Linguistic Circle of New York, 1953.

[79] Weinreich U, William L, Marvin IH. *Empirical Foundations for A Theory of Language Change.* Texas: University of Texas Press, 1968.

[80] Winford D. Contact-induced Changes, Classification and Processes. *Diachronica*, 2005（2）: 373-427.

[81] Wu Fuxiang, Huang Yang. Contact-induced Change in the Languages of Southern China. //Ye Z.（ed.）*The Palgrave Handbook of Chinese Language Studies.* Singapore:Palgrave Macmillan, 2022: 303-331.

[82] Yue-HashimotoAnne（余霭芹）.Southern Chinese Dialects: the Tai Connection. *Computational Analysis of Asian and African Languages,* 1976（6）: 1-9.

汉语方言演变史观与历史层次分析法 *

陈忠敏

一、概说

语言是人类交际的最为重要的工具，所以研究语言的演变必须跟人类的活动、人类的社会、历史等紧密结合。十九世纪的历史语言学在研究语言演变的时候并不是没有认识到这一点，但是当人们看到语音演变如此有规则、音变公式如此漂亮利索，在具体的研究中有意无意地忘记了语言具有社会属性的那一面。这方面最为典型的例子就是施莱赫尔（August Schleicher）语言演变的观点，他把语言的演变等同于物种的机械分化："达尔文在生物、植物上所作的分类，至少在大体上，也同样适合语言的分类。"（Schleicher 1873）语言演变的模式必须以说这种语言人的活动为主导，必须加入人的社会、历史参数以及该语言演变发展的历史人文背景这些因素。世界各地分布着7000多种语言，使用这些语言的人，他们的社会、历史、文化等并不是相同的，这些因素直接影响着语言演变的类型，所以语言演变的模式也不可能仅仅只有一种。参考语言演变的历史、人文背景，可以将语言的演变分为三大类型：谱系树分化类型、多中心混合类型、一中心多层次类型。东亚及东南亚语言，包括汉语方言属于一中心多层次类型（陈忠敏 2008，2013d[67-92]）。

本文将从下列几个方面来阐述"一中心多层次"发展史观以及对应的历史层次分析法。

* 本文的写作承蒙国家社科基金重大项目"上海城市方言现状与历史研究及数据库建设"（项目编号19ZDA303）资助，特此鸣谢！

1. 一中心多层次模式及其形成的历史人文背景；

2. 一中心多层次语言演变特点；

3. 历史比较法的缺陷；

4. 历史层次分析法；

5. 历史层次分析的几个重大问题；

6. 汉语方言层次演变与方言的层次分类；

7. 结语。

二、一中心多层次模式及其形成的历史人文背景

一中心多层次的定义是：多种语言分布在一定的区域，其中某一地区的语言由于政治、文化、经济强大而成为强势的权威语言（prestige language），这种语言通过文化的输出、领土扩张和移民等对周边地区的语言产生渗透，如果此语言长时间保持强势语言地位，这一地区的语言就会形成以此语言为中心的多层次向外扩张和渗透的情形。图 1 就是以权威语言一层层向外渗透的示意图：

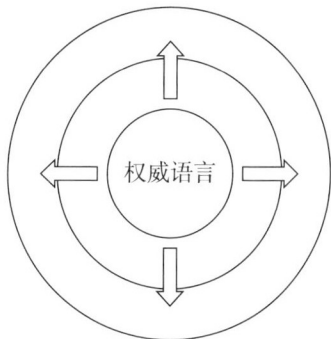

图 1　权威语言层层向外渗透图

在东亚和东南亚地区，中原汉语是权威语言，长期以来多层次不断渗透周边语言（方言）。在这一地区形成一个以中原汉语为中心的多层次向外扩散的语言演变类型。关于这一类型的语言演变特性将在下文作详细的分析。

具体语言的演变跟上述的关系并不完全是一对一的关系。英语的演变模式以谱系树演变为主，但也有多中心混合的情形。澳洲和巴布亚新几内亚众多语言从不同的谱系分化后再经过多中心混合，Dixon（1997）指出可分如谱系分化的语言突裂（linguistic punctuation）和多中心混合的语言稳态聚合（linguistic equilibrium）两个阶段。中原汉语也是在谱系分化以后逐渐形成权威语言，以后再对周边语言（方言）产生渗透和影响。

一中心多层次中语言（方言）中心的定义是指语言（方言）中心的语言特点向周边语言（方言）传播开去，其结果是周边的语言（方言）的语音、词汇、句法特点，甚至于语言类型，不管是否有亲属关系，会越来越像这个语言（方言）中心，向这个语言（方言）中心靠拢。形成语言（方言）中心的条件有：

第一，语言（方言）中心地区有政治、文化、技术等方面的优势。

第二，一定批量的移民从这个语言（方言）中心向周边地区迁徙。

第三，上述一、二两个条件不是短时间的，而是长期存在的。

汉语的谱系关系目前仍然众说纷纭，但是它跟藏缅语有发生学上的关系一般已为学术界所接受。如果说早期的汉语通行范围在黄河上中游，那么到了商代汉语的通行区域已经延伸到黄河的中下游，可以说先秦时期汉语的范围大致限于黄河与长江之间的中原地带。这时候中原地区的文化经过了长期的积累已经远远高出周边地区，从而为汉语向周边地区输出提供了决定性的条件。先秦时期中原地区的汉语已经有共同语的概念，这个共同语又称为"雅言"，可能以王畿成周（今洛阳附近）一带方言为基础。《论语》中记载："子所雅言，诗书执礼，皆雅言也。"战国时期的纵横家们在各国之间周旋，必定要用当时的"雅言"来说服各国的霸主。秦统一中国后"书同文"的文字统一政策进一步推动了共同语的发展。东汉杨雄所作《輶轩使者绝代语释别国方言》中所说的"绝代语""通语""凡语"等明显是指当时的共同语，这个共同语可能也是以当时的国都洛阳话为基础的方言。隋陆发言《切韵》序中纵论古今通塞，南北是非，指责"吴楚则时伤轻浅，燕赵则多伤轻重，秦陇则去声为入，梁益则平声似去"，唯独没有评论中原音，显然他（应该代表当时陆法言、颜之推等八人的意见）认为中原音（洛阳）是标准音。一般认为《切韵》这本在中国语音史研究上有着特殊地位的韵书也是以当时金陵（南京）、邺下（洛阳）的雅言为标准的。（周祖谟 1966）隋唐以降的科举制度使得中原雅言的地位通过文教习传得以空前的巩固和发展。唐宋元明清以来绝大多数通俗文学都是以各时期的中原或北方官话为基础写成的，所以汉语以中原地区的雅言作为标准的历史是长久的，时间长达两三千年而延绵不断。

汉语方言的格局是南方，特别是东南方言纷繁复杂，跟中原地区的官话差距大，而西南、西北、东北等中国边陲地区的方言相互间差异小，跟中原地区的官话接近程度高。汉语方言的这种格局跟历代汉民族的移民特点有紧密的关系。中原地区汉人成规模地向南方移民的历史非常久远，从秦汉至明末由黄河流域向长江流域、珠江流域的自北而南的移民是汉民族移民的大趋势。中原地区向北方、西北、东北成规模地移民则是很晚近的事情。所以这种移民的状况就形成了汉语南方方言，特别是东南沿海方言纷繁复杂，而西北、东北方言则跟中原地区的标准语同化程度高的局面。

秦统一中国后，以汉族为中心的中原王朝疆域第一次大规模向南方移民。据史书记载，当时秦始皇派五十万大军去岭南，留下十五万屯住当地，可以说是中原地区的汉语向长江以南地区大规模渗透的开端，但是这十五万中原屯兵在广袤的长江以南地区所起的语言渗透作用是十分有限的，所以在西汉刘向《说苑》越人歌里所记载的当时江淮一带人民所唱的歌词所反映的语言仍是非汉语。可见当时长江以南地区还是以非汉族占多数。从中原地区向长江以南地区的大规模移民运动有三，这三次的移民对汉语向长江以南拓展起了非常重要的作用。

第一次大规模的移民是西晋末年的永嘉之乱。晋室南移，中原移民一时充实湖南、安徽、江西、江浙一带。据谭其骧（1987）研究，从公元四世纪初的永嘉之乱到刘宋元嘉年间（307—453），南渡的人口约有 90 万，占当时刘宋全境人口的 1/6，也就是说南方 6 人中有 1 人为北来的侨民。颜之推《颜氏家训·音辞篇》里所说的"易服而与之谈，南方士庶，数言可辨，隔桓而听其语，北方朝野终日难分"就是北人充实江南的情景。第二次大规模的移民是在唐中叶一直到五代，安史之乱骚扰了整个北部中国，再度迫使中原地区的人民南迁。《旧唐史·地理志》记载："自至德后，中原多故，襄、邓百姓，两京衣冠，尽投江、湘，故荆南井邑，十倍其初，乃置荆南节度使。"唐末黄巢农民军起义席卷大半中国，五代十国，又战事纷起，中原地区人民为避战乱，纷纷向四处移民。唐后期五代的北方移民遍布南方各地。今江苏、安徽、上海、浙江、江西、四川等省市吸收了大量的移民。《新五代史·南汉世家》说：是时天下大乱，中朝士人以岭外最远，可以避地，多游焉。"整个江西也在唐下半叶人口大增，这种情景一直向南延伸到两广、云南。《岭外代答》卷三说："钦民有五种……二曰北人，语言平易而杂以南音，本西北流民，自五代之乱，占籍于钦者也。"第三次大规模的移民发生在两宋之间。北宋末年中原地区出现我国历史上又一次大规模的北方人口南迁。北宋靖康二年（1127）汴京沦陷，于是大批士族南迁，1161 年金主亮毁约南侵，南宋政府用优待政策招徕北人，于是大批人口渡淮、渡江到达江苏、浙江、福建、江西、甚至到达两广。今天杭州半官话方言岛就是当时移民的直接结果。这种移民的历史背景，使得长江以南，特别是东南沿海汉语方言叠架着一层层由北方带来的汉语语言层次。

汉民族的向南的移民运动并不是整个民族的迁徙，南迁以后中国的北方汉族仍然是最主要的民族，人口也最多。异族入侵中原，虽然在军事上取得了胜利，赢得了政权，但是由于汉族的文化、经济、技术等领域远远高于异族，再加上广大的平民百姓仍说汉语，异族统治者最终也不得不改操汉语，融入汉语和汉文化的海洋中。所以中原地区始终是汉语通行的区域。

西南边陲的云南、贵州等地长期居住着各少数民族，明朝开始以军屯为先导的大规模汉民族移民到达那里，并逐渐压缩当地民族的居住区和土司的辖境。清朝的"改土归流"的政策得以实现主要是因为汉族居民在当地已经占有优势。在汉人的全面推进下，到了清朝后期，西南边陲的非汉族都已经退缩到了山区。（葛剑雄主编 1997）整个西北、东北的大规模汉民族移民是从清朝才开始的。清代东北长白山区为满族"龙兴之地"，定为封禁区，任何人不得入内定居、垦田、采伐。1878 年清政府采取消封禁禁令，从此以后中原汉人向东北移民形成规模和高潮。大规模进入银川平原、新疆等西北地区的汉人也都是在清朝末年，陇东农民多入银川平原，陕甘人则进入新疆。光绪年间平定阿古柏政权时进入新疆的湘军，就在新疆的哈密、巴里坤等地屯田。（邹逸麟 2005）所以移民带去的汉语自然就更接近中原地区官话的近代面貌，而很少会残留早期汉语的痕迹。移民的特点使得汉语方言的总体格局是南方方言，特别是东南沿海方言跟中原地区官话的差异度大，叠架着复杂的语言层次；西南、西北、东北等边陲汉语方言跟中原地区官话的差异度小，语言层次也相对较少。

三、一中心多层次语言演变特点

一批批移民潮带来的是历代中原地区的口语，这些口语跟当地的土语（方言）杂交融合，形成各地的方言。隋朝开创科举取士之风，以后各朝各地大兴文教，以中原地区官话为标准的汉字读书音又得以向全国乃至整个东亚、东南亚推广开去，形成各地文读音。普通老百姓则通过民间说唱、戏曲等了解和习得文读音。无论是读书人习得文读音，还是普通老百姓通过民间说唱、戏曲习得文读音，这些文读音跟口语音都是有差异的。文读音传播、扩散的方式和途径可统称为"文教习传"。一中心多层次中的"一中心"是指各时期的中原权威官话，中原权威官话是一个统称，它有时间上和地理上的变迁。秦汉时期可能是长安地区的官话；隋唐及宋时期则是洛阳、开封地区的官话。中古及以后因为有了科举考试，文读音通过文教习传的方式向各地传播和扩散力度更大，速度更快。从今天各方言的文读音也可以看出这一特点，各地汉字文读音大多跟中古时期《切韵》一系的韵书有较为严整的对应。如果说《切韵》一系的韵书是以当时中原权威官话为基础的，那么在和平时期，这种以中原权威官话为基础的文读音体系层层向全国推广开去可能跟中国历代行政层级平行，即通过下辖的省城—府治—县三级行政系统有关。正如高敬亭在《正音撮要》（1810）所说"一县之中，以县城为则；一府之中，以府城为则；一省之中，以省城为则；而天下之内，又以皇都为则。故凡搢绅之家及官常出色者，无不趋仰京话，则京话为官话之道岸。"每个小方言受地区权威话影响，比如粤语广府地区各方面受广州话影响；闽南方言受泉州、厦门话影响；温州地区各乡村方言受温州方言影响；浙江省内各地方方言受省府杭州话的影响也很大，地区权威话则受中原权威官话影响。所以最终的影响源还是中心源头——历代中原权威官话。随着这种权威话渗透程度加深，文读音在日常交际中使用频率高，就会慢慢融入口语音，从而变为口语音，再跟新来的文读音构成新一轮的文白异读，这样文白杂糅，层层叠架，使得汉语方言，特别是东南沿海方言层次纷繁复杂。所以在汉语方言的发展史里既有从原始汉语分化后自身演变的面相，还有分化以后历代中原权威官话不断渗透影响的面相。长期以来以历代中原权威官话为中心的影响源对周边语言由近及远不断渗透和影响，形成汉语方言官话化、民族语言汉语化的局面。

一中心多层次的语言演变类型有下列的特点：

第一，权威话地区，即辐射中心的人们一般只能操一种语言（方言），而周边地区的人们一般可操两种或两种以上语言，其中一种就是权威话，或跟权威话接近的变体。今天全中国的权威话是北京官话，权威官话地区的人在没有特殊的情况下无需另学一方言或语言作为交际的工具，所以在这一中心地区的普通百姓一般只能熟练操这种权威方言。而周边地区的人，不管他的母语是汉语方言，或是民族语言，由于交际的需要，都会去学权威话官话，起码会听懂权威官话。在汉语区里，以非官话方言为母语的人，年纪轻的，由于从小所受的教育语言、大众媒体语言都是权威官话，所以他们会流利说这种权威官话；年纪大的也由于受媒体语言的影响至少能听懂权威官话。在周边民族语地区，越来越多的人会双语，一种是他的母语，另一种则是权威性的汉语官话。在这种状况下，语言的主要影响方向呈单向性，即汉语权威官话渗透和影响汉语方言和周面其他语言，汉语方言官话化，周边语言汉语化的进程一直延续。汉语方言官话化的一个主要特征就是除官话以外的汉语方言里普遍存在着文白异读现象，其中文读接近权威官话。语音特点主要体现在一个音节之中，这也是汉语和整个东南亚共同的特点，例如声调的高低升降变化发生在一个音节中；音节的起首辅音的发音方法会影响声调的调层（tonal register）以及声调的分化；音节末尾辅音会影响声调的种类等，这些虽然不能说是汉语的直接渗透，但是汉语的影响促使这些周边语言向一致的方向演变则是肯定的。

第二，以权威话为辐射源，向四周辐射，所以理论上离辐射中心近的语言（方言）更接近权威话的现在状况，离辐射中心远的语言（方言）则接近于权威话的早期面貌。图2是以权威语言为中心层层扩散开去的音变示意图：

时间 1 　　　　　　　时间 2 　　　　　　　时间 3

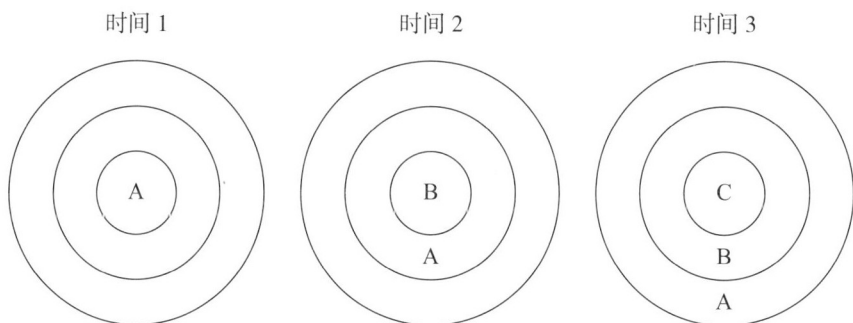

图 2　音变以权威语言为中心层层扩散图

在时间 1 的时候音变 A 只发生在权威语言中；在时间 2 的时候权威语言产生了音变 B，而先前的音变 A 则扩散到权威语言的四周语言中；在时间 3 的时候权威语言发生了音变 C，而先前的音变 B 则扩散到离权威语言较近的语言中，先前在离权威语言较近的语言中的音变 A 则进一步扩散到更远的外围与语言中。所以在时间 3 这个阶段，音变 A 在离中心最远的区域，恰好对应权威语言时间 1 时发生的音变，而在时间 3 种的音变 B，此时是离权威语言较近的地区，恰好是代表时间 2 时权威语言的音变。

罗杰瑞（Jerry Norman）曾用十个官话方言的语言特征来划分汉语方言的大类，这十个特征是（Norman 1988）：

（1）第三人称单数是"他"或是"他"的同源词形式；

（2）偏正结构助词是"的"或是"的"的同源词形式；

（3）一般的否定词是"不"或是"不"的同源词形式；

（4）动物的雌雄性别修饰词在中心词前，如"母鸡"；

（5）调类的阴阳只出现在平声；

（6）舌根音声母在高元音 -i 前腭化；

（7）"站"或"站"的同源词形式可作为"站立"义解释；

（8）"走"或"走"的同源词形式可作为"行走"义解释；

（9）"儿子"或"儿子"的同源词形式可作为"儿子"义解释；

（10）"房子"或"房子"的同源词形式可作为"房子"义解释。

他发现根据这十个特征的有无可将汉语方言划为三大组，全部有的是北方官话方言，都没有的是远离官话方言的闽、粤、客家方言，而地理上跟官话方言比较近的吴、赣、湘等方言则是有的特征有，有的则无，正好显示中间态。（Norman 1988）[182] 相较于粤、闽、客家等远离北方官话，中间态的吴、赣、湘方言则受北方官话的渗透更为明显。罗杰瑞三大组的划分多少反映了以官话为中心向外一层层辐射的汉语方言演变的特点。如果以入声韵尾保留和入声调有无做指标，大致能看出这三层语言圈的不同发展阶段和以官话为中心的辐射圈。见表1。

表1　方言入声韵尾、入声种类

	北京	太原	扬州	苏州	长沙	南昌	福州	厦门	梅县	广州
入声韵尾	—	-ʔ	-ʔ	-ʔ	—	-t -k	-ʔ	-p -t -k -ʔ	-p -t -k	-p -t -k
入声种类	—	阴阳入	入声	阴阳入	入声	阴阳入	阴阳入	阴阳入	阴阳入	阴阳入

北京官话和其他中原官话既没有入声韵尾；厦门、梅县、广州等有阴、阳入声调类，入声韵尾也齐全，有 -p、-t、-k 三套；而其他地区则是介于两者之间，入声韵尾大多只有一套：-ʔ，有的地方入声调不分阴阳，只有一种调。这种地域的差异其实是反映了北京和中原官话入声韵和入声调的演变历史：

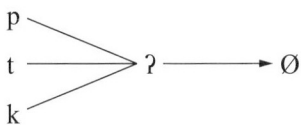

离中原权威官话远的广州、梅县、厦门等地方言其实反映了中原权威官话早期的状况，离中原权威官话近的太原、扬州、苏州、长沙、南昌等则反映中原权威官话近期的状况，这种情形正好印证图2。

第三，由于权威语言对周边语言长时间地不断挤压，土族语言会越来越退居到权威语言辐射圈的边缘地带，以致于在辐射圈的边界产生语言的折叠。如果一个语言区域里语言的势力强弱均等，各语言的流通区域应该相差无几。当其中的一种语言处于强势，形成区域权威，它就会对周围语言（方言）渗透和影响，权威语言的地盘就会向外扩张，它就会对周围弱势语言（方言）的地盘造成挤压作用。如果这种情形长时间延续，权威语言的地盘越来越大，弱势语言（方言）只能退居到辐射圈的最边缘地区而形成叠架。翻开中国语言地图，就会发现中国的语言的地理分布极为不均衡。一方面，我国的语言总数很多，包括汉语在内的语言总数有 120 种左右，但是汉语的使用地区和使用的人口都远远超过少数民族语言，14 亿人口中只有 6000 万人口使用少数民族语言，其余的都使用汉语。另一方面，在汉语通行区内，官话区的通行范围和使用人口也是非常庞大的。官话通行区包括长江以北地区；长江以南包括西南的四川、云贵、湖北，镇江至九江的沿长江地区；河西走廊及新疆。从东北的黑龙江到西南的澜沧江，从东部的黄海之滨到西部的新疆边陲，直线距离都在 3000 公里以上。使用人口达 7 亿，占说汉语总人口的 70% 左右。而其他 9 个方言区使用的人口只有说汉语总人口的30%。这种不均衡的语言分布正是以中原官话为中心对周边语言多层次渗透的结果。两千多年来，汉语跨过长江，地盘越来越大，周边的少数民族语言挤压在中国的西南边陲，中国最南省份，云南、广西、贵州等地聚集着最多的少数民族语言，光云南一省就有 26 种少数民族语言。最复杂的汉语方言在中国的东南沿海，这也是官话方言的挤压的后果。六朝时期的金陵（南京）本来说的是吴语（鲍明炜 1988），随着官话势力的不断渗透，今天这一带已转为江淮官话。"江淮方言区总的倾向是北退南进。北界向南后撤，不断让位于中原官话。在紧邻中原的安徽西部，江淮方言区的北界已在淮河以南数百公里处；在江苏北部，近数十年中就有一些原属江淮话的方言演变为中原官话。南界向南前移，持续蚕食着吴语区，这一蚕食至今仍在皖南的一些地方继续"。（刘丹青 1997）湘方言中"大量的北方移民带来北方方言的巨大冲击，今常德地区的官话基础可以说是唐中期就已奠定了。……后来的历史政区的演变一方面使常德地区的方言进一步与湖北方言趋于一致，另一方面又使北方方言的影响溯沅水而上，直至整个沅水流域被同化为官话区"。（周振鹤，游汝杰 1986）总之，整个历史的长河中，官话的地盘始终在不断地扩大，非官话的地盘则在不断受挤压而缩小。

第四，不管是否是亲属语言，权威话跟周边语言可找到不止一层的语音对应关系。层次早的对应于权威话的早期面貌，层次晚的则对应于权威话的晚近面貌。一中心多层次语言演变模式中的权威语言对周边语言的渗透是长时间、多层次的，周边语言一次一次接受来自权威语言的渗透，语言的渗透层面就会一层一层沉积下来，晚来的层次覆盖早期的层次，而最新的层次又覆盖上来。早期的层次由于来得早，早已经跟当地的土著语言融为一体，所以较难从土著语言中分离开来。整个东南亚语言长期受中原权威官话的渗透，比如，越南语中汉语渗透层大的就有古汉越语、汉越语，汉越语是中古时期借入到越南的，而古汉越语则是反映了中古以前汉语对越南语的影响，在越南语中要梳理出汉越语层次并不十分困难，因为它跟中古汉语有系统的语音对应，但是要整理出古汉越语层次并非容易，因为渗透的时间早，所以很多借词的读音早就融入越南语固有的读音中去了。在我国境内的壮侗、苗瑶等语，受汉语的渗透自然更多，一般可以分析出四层借词层：上古、中古、近代、现代。其中上古借词层和本民族的词汇不易区分，这也是这些语言跟汉语有没有发生学关系的症结所在，如果是借词，借词的读音跟汉语对应，这些借词就不能算同源词（cognate），两种语言间找不到同源词，就没有发生学关系；如果这些词不是借词，而是本地语言的固有词，那么它们跟汉语的对应词有系统的语音对应关系，就是同源词，找到了同源词，语言间发生学关系就能确定。所以关键的问题是早期的借词层跟本地语言固有词汇不易区分。

在汉语南方方言里同一方言点叠架着不同时期的读音层次是十分常见的现象。笔者曾经研究过南部吴语和一些闽语虞韵的读音层次，发现在这些方言里，虞韵的读音可分为三个读音层，这三个读音层跟三个时期的中原官话对应，（陈忠敏 2002）请看图3：

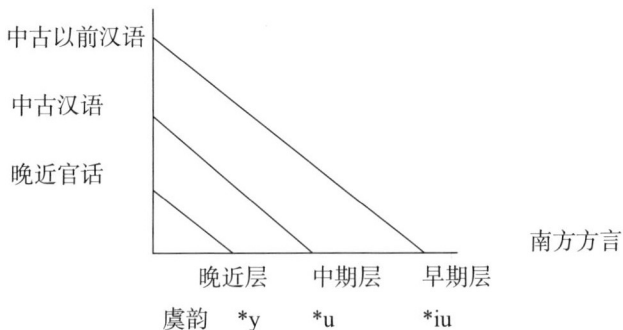

图3 中原权威官话发展史与南方方言虞韵读音层次的对应中原权威官话

在这些南方方言里，虞韵的读音叠架着三个层次：*y，*u，*iu，它们分别跟中原权威官话的三个阶段：晚近官话层、中古汉语、中古以前汉语读音相对应，所以可以反过来通过南方方言叠架的读音层次来推导出中原权威官话的语音演变历史。

四、历史比较法的缺陷

历史比较法是通过比较亲属语言的相对晚近的形式来构拟它们共同的早期形式，并由此来解释从共同的早期形式到各语言晚近形式的各种变化的一种语言比较方法。比较法的运作首先要考虑的项目是可比性，只有亲属语言才有可比性。亲属语言的鉴定标准有两个，一个是基本词汇里面的语音形式有成系统的反复的对应（systematic recurrent correspondences）；另一个是共享不寻常的构词形态（shared morphological aberrancies）。在印欧语里这两种鉴定标准有一致的效果，例如我们要鉴定英语、法语、德语三种语言的亲疏程度，可以比较它们的基本词汇的语音形式，如英语、法语、德语的 too/trop/zu 好像存在着 t-t-z 的对应，但是所比较的基本词多了的话，就会发现英语的 t 跟德语的 z 存在对应关系，跟法语的 t 不存在这种对应关系：

英语	法语	德语
too	trop	zu
to	aÝ	zu
two	deux	zwei
twenty	vingt	zwanzig
eat	manger	essen
bite	mordre	beissen
frost	freezer	Frost
chest	box	Kiste

英语和德语上述词是同源词，它们之间有语音对应。我们以英语的 t 为例来说明两者之间的语音对应规律：

英语　　　德语

$$t \quad z[ts] \left(/ \left\{ \begin{array}{l} C(\text{-}s) \\ \# \end{array} \right\} \underline{\quad} \right)$$

t   ss[s]（/V__V）

t   t（/s__）

上述英德两种语言的词的语音有系统的、可重复的对应，而法语跟英、德语没有这种语音对应规律。同样地，英语、德语也共享特殊的构词形态，与法语不同。请比较三种语言形容词级别的形态：

英语	德语	法语
good	gut	bon
better	besser	meilleur
best	best-	le meilleur

很显然，英语跟德语的构词形态也是对应的，它们都不跟法语对应，所以英语和德语同属日耳曼语族。

但是在多中心混合型语言发展的模式里，比较法会遇到困难。第一，无法建立严格的语音对应关系，Grace（1996）在几十年的 New Caledonia 语言的研究经验告诉我们在多中心混合型语言里无法在语言间找到严格意义的语音对应关系并建立音变规则。第二，同源词语音对应跟构词形态的一致会打乱。Maisin 语是南太平洋巴布亚新几内亚岛上的一个语言，根据基本词汇中语音的对应关系，它跟 Melanesian 语有对应，但是它的构词形态和语言类型却不同于 Melanesian 语族中的任何语言，而跟邻近的 Papuan 语接近。所以在确定 Maisin 语言的谱系关系时就会遇到左右为难的窘境。（Ross 1996）第三，无法根据共享特征作下位分类。按照历史比较法，语言的发生学关系确定以后，谱系的下位分类必须以共享创新特征来做分类。在多中心混合型语言里，由于跟相同或相似的语言发生接触，从而各语言的类型和音变都有趋同的倾向。例如属 Melanesian 语族的 Maisin 语言跟属 Bel 语系 North New Guinea 语族的 Takia 语言由于都在 Papuan 语言的包围中，它们的语言类型、音变及构词形态都有平行和相同的发展，如果根据共享创新特征来分类，它们很可能被归为一组。（Ross 1996）

历史比较法在多中心混合型语言研究里失效的一个原因是它不能梳理出混合语言中的语音对应关系。这种语言异常是因为言语社团的每个人都能熟练操两种或多种语言，从而使得两种或多种语言的语音特征深层次地杂糅在一起，以至于用现存的方法无法来分离出哪些是此语言的，哪些是彼语言的。同时，两个本来没有发生学关系，或有发生学关系但分属不同语族的语言，如果长时间受同一类型的语言渗透，它们的语言结构类型、构词形态、音变方式就会趋同，从而无法用共享创新特征为语言做下位分类。

历史比较法中语音比较的项目是各亲属语言中同源词的语音形式，据此来建立彼此间的语音对应规律，再进一步构拟早期读音和解释各子语言（方言）的语音演变。亲属语言中的同源词都有语音上的系统对应关系，凡是对应的语音都是一个历史的连续体（historical continuity）；所以只要是同源词就可以拿来进行比较。但是这种方法在一中心多层次类型的语言里会碰到麻烦。在汉语里，以中原权威官话为中心多层次渗透周边语言（方言）这一现象是长期存在的，周边语言（方言）里叠架着来自中原权威官话的多个层次，每个方言叠架着的层次多寡不一，所以同样的一个同源词，或同源语素，在许多南方方言里会有不止一种语音形式。表2是汉字"底"不同方言里的读音（北京大学中文系 2003）：

表 2　"底"字各方言读音

	北京	成都	苏州	南昌	梅县	广州	厦门	潮州	福州	建瓯
底	ti³	ti³	ti³	ti³ tɯt⁷	tai³	tɐi³	ti³ tue³ te³	ti³ toi³	ti³ tɛ³	ti³ tai³

"底"在北京、成都、苏州、梅县、广州等地只有一种读音，在南昌、潮州、福州、建瓯等地都有两种读音，在厦门话则有三种读音。如果简单照搬比较法，我们不知道北京等地的一种读音，对应于南昌等地两个读音中的哪一个，更不知道对应于厦门三个读音中的哪一个，这样就会造成层次错乱的比较。

高本汉在20世纪初把谱系分类及历史比较法移植过来研究汉语的历史。他提出《切韵》的语音系统反映了中古时期（隋唐）长安话音系，也是现在汉语方言的母语（高本汉 1915—1926/1940）。他以《切韵》音系为枢纽，上推以《诗经》《楚辞》等韵文及谐声字为代表的上古音，下连各现代方言。这一研究模式及汉语史观影响深远，一直是汉语史研究的主流。高本汉模式的流行及研究的成功有两大因素，第一是移植既已成熟的历史比较法和语言谱系分类理论，第二是紧紧抓住汉字读音材料。汉字读音既指文献中的汉字读音，也指方言中的汉字文读音。换句话说就是根据语言谱系分类的模式用历史比较法来研究汉字读音。不过，这两大因素既是高本汉模式成功的原因，也是高本汉模式需要改进的原因。

高本汉（1915—1926/1940）在他所著的《中国音韵学研究》第四卷"方言字汇"里排列了 26 个方言点（其中 4 个为域外对音）的 3000 多个汉字读音，碰到一字多音时他的处理方式是只选其中一种"合乎规律"的读音做比较，其他"不规则"的异读则列在正式的表格下面。他在第四卷"方言字汇"的绪论里说的很明白：

> ……若有"不规则"的读音，就是说古音虽同而某处今音不跟被选的代表字（如这个例中的"歌"字）同音者，就在注里标出（如"哥"字大同 ku）。
>
> 在表的正文里头所记下的音就非得限于照规则变化的字不可。要知道怎么样读法才算照规则的读法是这么样求的：在某方言读音中，把古音的某韵母在某系的声母的字全部查一道，如果多数是一种读法，这就是这个方言对于这韵在这系的规则的读法。

高本汉的这种做法显然和 19 世纪历史语言学家的做法是一致的：排列规则的音变，同时把认为不合规则的例子作为注解罗列出来。格里姆（Grimm 1893，据 Lehmann 1967[57] 英译本翻译）在解释这些不合规则的例外时说是借词或者是纯偶然的巧合："有些字停留在古老阶段，而音变的洪流越过它们，滚滚向前"。格里姆的那些例外经过格拉斯门（Hermann Grassmann）、维尔纳（Karl Verner）的研究得到圆满解释，可是高本汉所列的那些例外长期以来却没有得到解释。不好解释的原因显然是解释的难度大，因为例外的情况远比高本汉所列的和想象的复杂。比如高氏所列的汉语方言点只有 22 个，其中大多还是北方的，方言现象复杂的南方方言反而只有广州、客家、汕头、福州、温州、上海等 6 个；即使这样，有些字音的例外异读也没有全部列举，例如"平"字在福州有三种读音：piŋ^2/paŋ^2/pʰaŋ^2，高氏只列举第一种。晋中地区的太原、太谷、文水三点，全浊平字有成系统的不送气白读（如"婆、爬、盘"等）《中国音韵学研究》全部漏收，只收送气一读。（王洪君 2006）即使是有意或无意的漏收，这些"不规则"的异读在高本汉的书里也是有一定规模的。高本汉并不是全然不知这些"例外"读音的原因。他在《中国音韵学研究》第四卷绪论第 540 页说：

> 常常有一个方言对于古某字音有两种或几种读音：有时候古同音字中这几个字读甲那几个字读乙，有时候在同字上有甲乙两种读法。这种不同的读法最多的是文言白话的不同，但也常有在同一体当中有两种读法的，那就只

好拿方言的混合（因迁移等等原因）来解释了。

在高本汉写作《中国音韵学研究》的那个年代，谱系树理论是语言演变的唯一模式。在这一模式的影响下，高本汉也只能有如此的解释。

二十世纪六七十年代，美国普林斯顿聚集了一批研究中国语言学的学者，他们不满高本汉的研究方法，认为要用经典的历史比较法来研究汉语的方言历史，其中最为重要的思想就是汉语的历史不能完全按照韵书既定的音类框架填空音值，而必须从各方言的比较做起，构拟出原始官话、原始吴语、原始闽语、原始粤语、原始客赣等，然后再比较这些原始方言，重建原始汉语，进而用重建的原始汉语再跟原始藏语、原始缅语等与汉语有亲属关系的语言比较，重建原始汉藏母语。见图4：

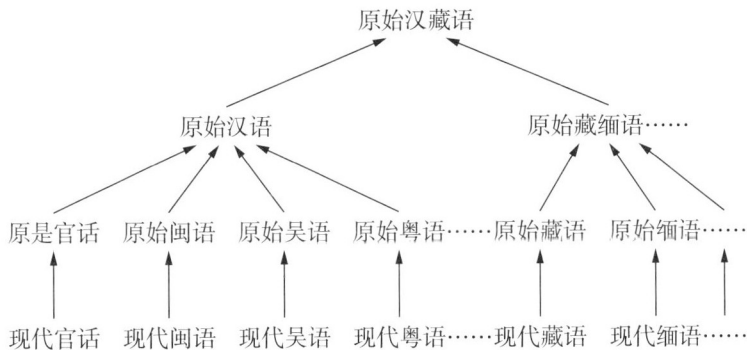

图4　普林斯顿学派的汉语发展史模式和研究方法

其实普林斯顿学派关于汉语演化的模式跟高本汉的并无二致，都是把印欧语语言不断分化的谱系树说模式移植于东方语言，所不同的是取材不同。高本汉模式取材注重文献，高本汉也调查方言，收集活语言读音，不过这种活语言读音只是为了说明既定的《切韵》音类拟音值，向来作为注脚。而普林斯顿学派则注重活的语言，不认为《切韵》音系是代表一时一地的读音，所以上古汉语，乃至中古汉语的构拟必须推倒重来，从现代方言比较做起，如图4所示，一级一级地逐级往上构拟，最终重建原始汉藏语。

汉语方言的历史研究中是否可以直接套用谱系树说和历史比较法？我们必须重新检讨一下谱系树说的理论基础。语言分化的谱系树模式是建立在三个既有的前提上的：

第一，原始母语是一个单一的、不含方言差异的同质系统。

第二，分化以后的语言（方言）基本上是渐变的，不出现突然的分裂（abrupt splits）现象。

第三，分化以后的语言（方言）不发生由于深度接触而趋同的现象。

我们以此三个前提来观察汉语方言的演变。原始母语是一个假设的理想化的语言系统，是各子语言特征的抽象汇集，也是各子语言演变的起点。所以假设原始母语是单一的，无方言差异的同质系统是无可厚非的，也是语言演变研究所需要的，正如力学研究中必须先假设在真空环境中重力加速度的恒值，才能推导出其他环境中的变值一样。谱系分类的第二个前提跟汉语方言演变的实际情形是不符的。一般来讲，从原始母语分化以后的语言（方言）如果没有大规模的战争、饥荒等因素引起的移民，各语言（方言）间的接触不会很深，所以语言演变的速率大概比较均衡。但是像汉语各方言间、汉语跟周边语言间并不是这样的演变模式。周边语言由于受汉语的深度接触，语言演变的轴线会突然断裂，变为汉语的一种方言。比如长江以南的广大地区以前说的是一种非汉语的百越语，受汉语的深度渗透，自身语言演变中断而转化为汉语方言。秦汉时期的"楚语"跟当时中原地区通行的汉语也大不相同，今湖北、江西等地的方言并非是古代"楚语"的发展，我们很难从今天的湖北话、江西话里找出当时"楚语"的蛛丝马迹，可以说历代中原地区的汉语方言完全覆盖了这一地区的"楚语"。即我们无法通过比较江西赣语、湖北的官话来构拟当时的"楚语"。同理，我们比较今天的山东话也无法构拟出以前的"齐语"；比较今天的四川话无法构拟出以前的"蜀语"。谱系分类的第三个前提更是与汉语方言演变相悖。汉语方言在分化的过程中也始终伴随着紧密的深度接触，从而造成向历代中原官话趋同的一面。南方方言自身不断分化演变，与此同时，中原地区的权威官话始终对南方方言、周边语言渗透，产生强有力的影响，使得区域语言趋同，造成汉语方言官话化，民族语言汉语化。由于语言（方言）深度接触造成语言（方言）趋同，如果不梳理层次而把这些语言（方言）做直接比较，就会得出似是而非的结论。因为在每个不同的阶段上既有方言自身的演变，也有受权威官话影响而产生的成分。这些外来的成分随着渗透的强弱既可能完全取代方言中的固有成分，也可能受固有成分的改造而融入土语里。所以不能简单套用历史比较法来进行方言间的比较。

普林斯顿学派中罗杰瑞的原始闽语研究的成绩最为显著，他对原始闽语有声调、声母、韵母等的构拟。罗杰瑞（Norman 1981）[35-74]认为表3所列的齐韵字的韵母在各地闽语里存在着对应，它们的原始闽语的韵母形式应该是 *ie。

表 3　罗杰瑞原始闽语 *ie 在各闽语方言里的对应

	福安	福州	厦门	揭阳	建瓯	建阳	永安	将乐
鸡	ki¹	kie¹	kue¹	koi¹	kai¹	kai¹	ke¹	ke¹
啼	tʰi²	tʰie²	tʰi²	tʰi²	tʰi²	hie²	tʰe²	(tʰi⁹)
弟	ti⁶	tie⁶	ti⁶	ti⁴	ti⁶	tie⁵	te⁴	tʰie⁹
剃	tʰi⁵	tʰie⁵	tʰi⁵	tʰi⁵	tʰi⁵	hie⁵	tʰe⁵	tʰie⁵

但是他又把同属齐韵的"细、犁"跟"街、卖"放在一起比较，并认为都是从原始闽语的 *e 演变而来，详见表4：

表 4　罗杰瑞原始闽语 *e 在各闽语方言里的对应

	福安	福州	厦门	揭阳	建瓯	建阳	永安	将乐
街	ke¹	ke¹	kue¹	koi¹	kai¹	kai¹	ke¹	kai¹
细	sɛ⁵	sa⁵	sue⁵	soi⁵	sai⁵	sai⁵	se⁵	sai⁵
犁	lɛ²	le²	lue²	loi²	lai²	lai²	ne²	lai²
卖	mɛ⁶	ma⁶	bue⁶	boi⁶	mai⁶	mai⁶	me⁵	mai⁶

表4的"细、犁"也是齐韵字，在厦门、揭阳、建瓯、建阳、永安等地的韵母读音跟表3同属齐韵的"鸡"同样五个地点的读音是一样的，分别是 -ue、-oi、-ai、-ai、-e。为什么一个来源于 *-ie，另一个来源于 *-e？要回答这些问题首先得梳理各地闽语的读音层次。历史比较是同一层次上的语音比较，所以在做历史比较以前，就必须把不同的语音层次区分开来，这样才能反映真实的语音演变历史。

五、历史层次分析法

历史层次分析法是一中心多层次语言演变类型里用来区分语言层次的一种方法。在讨论历史层次法之前，首先要对语言层次做一个定义。目前对层次，特别是语音层次的理解还有分歧，其实层次这个术语移植于考古学。在考古学里层次与层次之间的区别是时代和考古形态，不同的考古层次它们的系统也是不一样的。所以笔者认为语言学里的层次也应该是不同语言（方言）系统的叠置，是语言接触的产物。不过语言学的层次和考古学的层次有不同的表现：后者的层次是一个层次压着一个层次，也就是说多重层次处于不同的平面上。从时间上来看，离地表越近的层次距今的时间越近，反之则越远。语言的多重层次却是同时暴露在现代活的语言里，即表现在同一个语言的共时平面上。所以运用历史层次分析法的目的就是要把杂糅在共时平面上的众多层次按历史的时间先后象剥离蚕茧一样把它们分开。（陈忠敏 2005a）

美国学者罗杰瑞（Jerry Norman 1979）在《闽语词汇的时代层次》一文中，较早提出了"层次"概念。此后，徐通锵、王洪君、王福堂、郑张尚芳、潘悟云、陈忠敏等学者通过对山西方言、吴语、闽语的研究，把文白异读和方言历史层次在理论和实践上进一步深化。我国台湾、香港和国外学者如丁邦新、梅祖麟、何大安、杨秀芳、万波等对文白异读和历史层次分析也做过很好的研究。尽管这些学者对语音层次的定义、概念以及研究方法有不同观点，但是都认识到汉语方言，特别是汉语东南沿海方言语言接触频繁，层次特点明显，在汉语史研究中要引入层次概念和研究方法。

下面的历史层次分析方法和步骤是根据陈忠敏（2013a，2013b，2013c，2013d）总结。

一般地说，语音的历史层次分析大致可包括以下几个不同的阶段：

第一，必须先在单个方言点梳理出所研究项目的语音层次。单个方言点的选择必须具备：（1）选择的点必须具有同片方言的代表性；（2）必须具备相当丰富的语音材料、词汇材料，以及从中整理出来的各种异读的材料，做过一定的本字考释工作。

第二，研究语音层次的突破口是异读，不过孤立的字音异读并不等于语音层次。从孤立的字音异读到语音层次研究必须具备两个先决的条件：（1）必须从字音（音节）异读中寻找出造成这种异读的某个音类，音类的单位是一个音节中的声母、韵母或声调。（2）找出异读的音类仍然还是一个"点"，要以这个"点"为线索进而能找出这个方言里同一音类相同性质的变异，从而将这种音类变异分析为不同的层次（面）。语音层次的变异是反映该方言音类系统的变异，要系统化才能跟语音层次连上关系。从一个字的异读引出整个类的异读，从而构成成系统的读音层次对立。

第三，在一个方言里分析出不同的读音层次。寻找语音层次的切入点是变异，但不是所有的语音变异都反映语音层次。反映语音层次的语音变异不是一个字一个字孤立的字音变异，而是具有音类变异的系统性，所以必须从系统变异的角度来寻找语音层次。（陈忠敏 2007b）

第四，确定一个方言里各层次的时间先后。层次的时间先后是指某一层次在该语言（方言）存在的时间早晚。存在早的就是该语言（方言）的早期层次，存在晚的就是该语言（方言）晚期层次。我们这里所说的时间先后着重于该语言（方言）的层次的早晚，这种层次的早晚跟标准官话的发展史上的时间先后没有必然的对应联系。（陈忠敏 2005b）层次的时间先后有绝对时间和相对时间两种概念。绝对时间是指某一语音层次产生于什么年代，相对时间概念是指甲层次早于乙层次，乙层次晚于甲层次。

第五，建立方言间的层次对应。寻找方言间语音层次对应必须由近及远，从邻近方言逐步向外扩展。建立方言语音层次对应必须首先考虑音类的分合，而不是执着于语音的相同或相似。（陈忠敏 2006）

第六，根据历史比较法为每一个层次构拟最早的读音形式。

第六步骤其实是历史比较法的任务，不过作为一个完整的层次分析，也应该包括各层次的古音构拟。上述的每一个分析步骤并非都是独立完成的，在具体分析的时候各步骤之间可能会互相穿插。比如第一步要确定一个方言中某种语音变异是否反映读音层次差异有时得看同类方言或邻近方言是否有相当的语音层次跟它们对应，这是确定层次与否的关键因素；要确定层次的时间先后有时也可借助同类或邻近方言既有层次的时间来对应；而第三步要建立方言间的层次对应就一定得首先知道了该语音项目有多少层次。

六、历史层次分析的几个重大问题

语音层次分析有几项重大议题得首先解决或提出自己的解决方案。下面具体分析层次分析中的几大重要问题。

（一）滞后音变、扩散式音变与语音层次的区别

语音层次和滞后音变、扩散音变的区别是语音层次研究中既棘手又绕不过去的问题。滞后音变是指本语言（方言）内部一个音变链中由于非语音因素，比如封闭类词、高频词、特殊的地名等因素，造成音变速度滞后于主流音变，形成跟主流音变不同的形式。扩散音变专指本语言（方言）内部正在进行中的音变，它的特征是有异读。语音层次根据语音层次的定义是由语言接触造成的读音变异。

滞后音变跟扩散音变都属于一个音变链中的语音变异现象，前者与后者的区

别是滞后音变无异读，这种异读是指无语音、语义、句法环境不同的异读。而扩散音变由于处在音变的过程中，存在着无语音、语义、句法不同的自由变读。

语音层次虽然存在变异，但是这种变异是由于语言接触激发的，此点不同于滞后音变和扩散音变，而且语音层次的变异往往受非语音条件的制约。比如文白异读往往受语词的语体风格等因素制约。

造成两者的原因虽然截然不同，但是两种变异的结果有时很难区分，特别是扩散式音变造成的语音变异与语音层次变异最难区分。语音层次、滞后音变、扩散音变的研究属于历史语言学范畴，历史语言学关于音变的理论和方法仍是我们讨论三者区别的基础。历史语言学关于音变模式主要有下面三类：

（1）新语法学派的规则音变（regularity of sound change）：在一个言语社团里，语音的演变是逐渐而有规则的；音变只受语音条件的制约。所以音变是渐变的，而在词汇中则是突变，符合相同音变条件的词，要变一起变。破坏音变规则的是语言接触和类推。

（2）跟规则音变不同的一种音变模式叫词汇扩散式音变（Lexicon diffusion）。词汇扩散音变认为：语音的变化是突变的、离散的，但是这种突变在词汇中的扩散却是逐渐的、连续的，呈现变异。（王士元 1983）根据词汇扩散理论学者的研究，呈词汇扩散音变的类型可以再分为两类：a. 滞后音变；b. 正在进行中的扩散式音变。

（3）由语言接触所造成的语音层次变异。（1）和（2）类如果是语言系统内部自身引起的音变，那么（3）是语言接触造成的。由语言接触造成的语音变异不受语音条件的制约，语音变异也不呈连续性。

词汇扩散研究者有时也把由语言接触造成的变异算为扩散音变，如潮州话次浊阳上呈双向扩散（bidirectional diffusion）的变异。（Wang & Lien 1993）我们认为这种"扩散音变"只是语言接触造成一种现象，而非语言内部的音变模式。所以本文仍然把这种由语言接触造成的扩散变异放入第三类。

层次是一个面，或者说是一个系统，而不是一个孤立的字音异读。换句话说，要从孤立的字音异读找到所属的音类的系统异读，才能进一步在同类的邻近方言里找到对应的语音层次。根据上述要求，我们认为属语音层次的变异必须具备三个属性：第一，在一个语言（方言）内部，一个语音层次所具有的语音特征在相同语音条件下或来源于相同的音类条件下应该会重复出现。第二，在同类或邻近方言里可以找到对应的语音层次。第三，语音层次变异属纯语音范畴，所以语音层次变异跟一切非语音因素无涉。换句话说衡量和鉴别语音层次变异始终必须以语音因素为标准。

按照音变规律性的原则，同一层次中的音变受语音条件的支配，如果在相同的语音条件下有不同的音变，就应该考虑是不同的层次或者是其他原因造成的滞后音变现象。所以有人认为层次应该包含两个来源，一是语言接触造成的语音层次，称为异源层次；一是由滞后音变、扩散音变造成的层次，可称为同源层次。（郑张尚芳 2002；王福堂 2003）我们认为两者应该分开。第一，两者产生的途径不同。语音层次是由于语言接触而产生的，滞后音变、扩散音变是单一语言内部由于音变速度的不均衡所造成的。所以因层次而造成的变异属不同层次的变异，而由滞后音变、扩散音变所造成的变异是属同一层次里的变异。从这个意义来讲，滞后音变、扩散音变不应该算作语音层次。第二，由于语音层次属不同层次间的变异，而滞后音变、扩散音变属同一层次中的变异，所以后者可以用条件音变和词汇扩散理论来解释，前者就不能用条件音变和词汇扩散理论来解释，而必须用历史层次分析法来解释。第三，那些由于音变速度不均衡而滞后的读音往往受非语音因素的制约，比如封闭型词类，如指代词、否定词、只有语法功能的虚词等等往往有滞后音变现象。这些变异是受特定词类因素的制约，而不是受语音因素的制约，所以不是语音层次。第四，由于受制约的因素不是语音条件，所以一般不能在相同的语音条件下或相同音类来源的条件下重复出现。第五，滞后音变、扩散音变一般只发生在某个方言点里，邻近或同类的方言往往没有类似现象，也就是说它不具备层次能覆盖、影响一个面的特性。第六，由音变速度不均衡而造成的滞后音变、扩散音变跟同一层次的主体音变具有音变的前后继承关系，即它们的变异是音变的不同阶段，也可以从它们的变异中看出音变的规则。由语言接触造成的语音层次差异则没有继承关系，即从它们的差异中无法看出它们的音变关系。第七，滞后音变跟对应的主体音变不构成同语素（字）的异读现象，而语音层次则会构成同语素异读。

下面用北京话的"我"、吴语开化方言的"树"来说明两种"层次"的不同。

"我"中古歌韵（以平声韵赅上去韵，下同。）疑母上声字，北京话读 uo³。歌韵在今北京话里一般是两种读音：-uo 和 -ɤ。这两种韵母读音出现在不同的声母后，呈互补分布：

非见系声母后：-uo　　　　多拖驮挪罗左搓

见系声母后：-ɤ　　　　　歌可鹅饿河阿（阿胶）

"我"是疑母，属见系声母后，按规则应该跟"鹅、饿"同声同韵不同调，但现在的读音是不同韵不同调，那么"我"的韵母读音 -uo 跟"鹅、饿"的韵母 -ɤ 属滞后音变还是不同层次？我们认为北京话的"我"跟同为歌韵的另一种读音 -ɤ 是一种滞后音变现象而非层次的差异。理由如下：

（1）歌韵中 -uo 和 -ɤ 不构成同语素异读。

（2）没有在相同的语音条件下或相同音类来源的条件下（见系声母后）重复出现。即歌韵见系字读 -uo 只有"我"字，不符合层次具有系统性的特点。

（3）"我"是很常用的人称代词，属封闭类词，滞后音变往往常见于这些词类里。所以"我"读音异常可以用封闭类词或高频词的特殊读音来解释。不必用语言接触来解释。

（4）-uo 和 -ɤ 是音变链中前后两个阶段：-uo → -ɤ。北京话里，前一阶段歌韵都读 -uo，以后见系声母后发生音变：-uo → -ɤ，"我"字是代词，属封闭类词，作为强式滞留前一阶段的读音。

"树"虞韵禅母字，吴语开化方言"树"读 dziɯ^6，韵母读音是 -iɯ。同为章组虞韵字的韵母还有 -u:ə/-y 异读，如"朱"可读 tsu:ə^1、"输"可读 ɕy^1。-iɯ/-u:ə/-y 异读是滞后音变关系还是语音层次关系。我们认为三者是层次关系，理由是：

（1）虞韵中 -iɯ/-u:ə/-y 三种读法构成同语素异读，如"拄"有三种读法 tɕiɯ^3/tu:ə^3/tɕy^3，"珠"有三种读法 iɯ^1/tsu:ə^1/tɕy^1，"树"也有两种读法 dziɯ^6/zy^6，"株"也有两种读音 tiɯ^1/tɕy^1，"朱"也有两种读音 tsu:ə^1/tɕy^1，"输"也有两种读音 su:ə^1/ɕy^1。

（2）在相同的语音条件下或相同音类来源的条件下（知照系声母后）这三种韵母读音会重复出现，比如同为知照系声母后的虞韵字"株、珠、拄、树"都有 -iɯ 的读法，符合层次读音系统性的特点。

（3）读 -iɯ 的字并非封闭类词，换句话说是否读 -iɯ 不受非语音因素的制约。

（4）虞韵里这三种读音 -iɯ/-u:ə/-y 在开化方言里不是一个音变链中的不同阶段，三者无法搭建前后的音变关系。

根据上述的论证，北京话"我"读 -uo 跟同为见系歌韵的"鹅饿"-ɤ 不构成层次关系；吴语开化话"树"读 -iɯ 跟同为知照系虞韵的"注殊"读 -u:ə/-y 构成层次关系［吴语开化方言虞韵读音层次的分析见陈忠敏（2002）］。

根据上述滞后音变与语音层次的区别方法，我们再来对比讨论北京话、上海话歌韵的读音，看看哪些属于滞后音变，哪些属于语音层次。表5是北京话与上海话歌韵的读音。

表 5　北京话与上海话歌韵的读音

	北京话	上海话
端系声母后	-uo 多拖驼驮舵挪罗锣箩搓左佐 -a 他大哪那	-u 多拖驼驮舵挪罗锣箩搓左佐大 -a 多拖大那哪
见系声母后	-ɤ 歌哥可个蛾鹅俄饿河何荷贺阿（阿胶） -uo 我 -a 阿（阿哥）	-u 歌哥可个蛾鹅俄饿河何荷贺阿（阿胶） -aʔ 阿（阿哥）

北京话里端系声母后的两种韵母读音 -uo/- 是滞后音变，因为：（1）两组不显现同语素异读；（2）除读 -a 的"大"是十分常见的高频词外，其余三个都是高频封闭类指代词，符合滞后音变的条件；（3）符合北京话音变链：

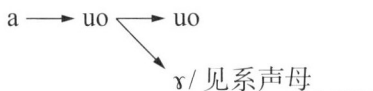

$$a \longrightarrow uo \longrightarrow uo$$
$$\searrow$$
$$ɤ/ \text{见系声母} \underline{\qquad}$$

中的两个阶段。见系声母后的 -ɤ、-uo（我）已经证明是滞后音变关系；"阿哥"中的"阿"读 -a 是封闭类词缀，读音滞后，跟"他哪那"等处同一音变阶段；"阿胶"中的"阿"读 -ɤ 则是外地（山东东阿县一带）特殊商品带来的特殊词汇读音，属于个别借词读音。所以北京话歌韵的几种读音都是一个音链上的各个阶段读音，属于滞后音变造成的变异而非层次造成的变异。

上海话歌韵端系声母后有三种读音：-u，-a，-i，其中"左"俗读 tɕi[5]，读音乖谬，又是孤证，我们对此读音的本字存疑，在这里不做讨论。剩下的 -u 和 -a，这两个读音存在多重交叉文白异读现象：

白读	文读	例字
-a	-u	多拖
-u	-a	大

根据相同语素文白异读的双重身份关系，我们可以确定 -a 和 -u 是读音层次关系，其中从层次的时间先后来看，读音层 -a 跨越两个时间层：

白读层	文读层	
-a	-u	
	白读层	文读层
	-u	-a

换句话说，上海话歌韵端系声母后面的韵母读音层有三个层次：

早期曾次　　　　-a

次早层次　　　　-u

晚近层次　　　　-a

见系声母后的"阿"读入声韵是词缀读音 -a 的促声化音变：-a>-aʔ，属早期层次的读音，

邻近的苏州话也有对应的层次，据王福堂（2003）分析苏州话歌韵有四个读音层次。如果我们把"左"字读 -i 这个不确定本字的读音去掉的话，那么苏州话歌韵的层次和上海话是一致的，详见表6：

表6　上海、苏州歌韵读音层次对应

	上海	苏州
早期层	-a	-ɒ
次早层	-u	-əu
晚期层	-a	-ɔ

邻近同类方言有对应的层次，这也是语音层次的一个特性。（陈忠敏 2007b）从读音来看，苏州话、上海话歌韵的早期层、晚期层读音各自都是相同的，换句话说这两个邻近的同类方言具有这一音类相同的层次特点。

可见，判断滞后音变还是语音层次还是要依据语音层次和滞后音变的性质和特点。判断因素有：

（1）有没有同语素的异读。

（2）这些异读有没有相同语音条件下或者相同音类来源条件下重复出现。

（3）是不是处在一个方言内部音变链的不同阶段。

（4）还要考虑是不是封闭类或者高频词类。封闭类或者高频词类往往会有滞后音变。

其中（1）、（2）两点，即有没有音类的异读（同语素、相同语音条件或相同来源条件下的异读）是判断语音层次和滞后音变的关键。不过词汇扩散式音变也具有（1）、（2）两个特点。所以甄别音类异读是不是词汇扩散式音变是最终确定语音层次的关键。

　　词汇扩散理论（Lexical Diffusion Theory）是美籍华裔语言学家王士元等人于二十世纪六十年代末提出的关于语音演变理论。词汇扩散理论认为音变并不像新语法学派所说的语音规则无例外，语音的变化是突变的、离散的，但是这种突变在词汇中的扩散却是逐渐的、连续的，比如总有一些词具有两个或两个以上的念法，这种共时变异正是词汇扩散经常经过的途径，如表7所示：

表7　词汇扩散三阶段

	未变	变化中	已变
w1			w̄1
w2		w2~w̄2	
w3	w3		
…			

w1、w2、w3、等代表一个个词项，w̄ 表示此词已经完成了音变，w~w̄ 则表示新旧两种读音形式同时存在。在表7中可以看出，有些词已经完成了音变，如 w̄1；有此词处在变化中，如 w2~w̄2；有些词尚未变化，如 w4。所以通过观察词 w1、w3 的读音是无法观察正在变化中的音变，只有把这三个阶段结合起来，特别是观察 w2~w̄2 的变异，才可以观察到正在变化中的音变，而变化中阶段是存在 w2~w̄2 异读的。

　　关于词汇扩散式音变所举的变异，有必要区分语言接触型的和语言内部型两种扩散。词汇扩散学派所举的两个典型例子正好代表这两种类型。以英语的 /uː/（大多由双字母 -oo- 表示）为例，读［ʊ］的大体以收 -k 为多，是已变阶段，如 book、took、look 等；以 -s、-d、-l 结尾的词大体上尚未发生音变，仍读［uː］，如 whose、zoos、shoes、mooed、wooed、cooed、choose、lose、loose、goose、noose、tool、pool、spool、drool 等；以 -t 结尾的词，变化的三个阶段都有，如 boot、loot 的读音没变，元音仍是［uː］，soot、root、room、coop 等处于变化中，两种读音都可以（room［ruːm~rʊm］、coop［kʰuːp/kʰʊp]）；而 foot 则已经读［ʊ］，完成了音变。这是一种语言内部型的扩散音变。潮州方言中古阳去调今有的读阳去 11，有的读阳上 35，还有的字有阳去、阳上异读，郑锦泉、王士元（Cheng & Wang 1972）认为这是潮州方言阳去调向阳上调演变的表现。现在看来是由语言接触引发的不同层次间的音变竞争（Wang and Lien 1993），其他方言也存在类似的层次音变现象（陈忠敏 2007b）。王士元（Wang 1969）早就指出一种音变如果受另外一种音变的冲击，这种音变会中止，中止的表现就是产生音变的残余，不过当时并没有考虑到这种情况是由语言接触而引发的。由语言接触所引发的变异其实是替代，也就是新形式逐词（语素）替代老形式，替代的过程中会有中间阶段，也就是所谓的 w2~w̄2 现象，这些现象属于由语言接触引起的语音层次范畴。真正跟上述语音层次第一、第二两特点相混淆的是由语言内部扩散音变引起的异读，比如上述例举的［u/ʊ］变异，在汉语里内部型扩散音变的报导并不多见，王士元、沈钟伟（1991）及沈钟伟（Shen 1997）提及的上海话两个低元音鼻化 ã、ɑ̃ 合并音变是一种内部型扩散音变的例子，王福堂（2008）提及的绍兴话两个低元音 ɒ、a 合并也是一种内部型扩散音变的例子。以上海话为例，读 ã 的主要是梗摄开口二等的白读，读 ɑ̃ 的主要是宕摄及江摄的白读。不过宕摄开口三等知组声母后与庄、章组声母后有 ã、ɑ̃ 对立，如：

张 tsã¹ ≠ 庄 = 章 tsɑ̃¹

但是个别非口语常用字的读音则会呈 ã/ɑ̃ 异读，如"畅" tsʰã⁵/tsʰɑ̃⁵。内部扩散式音变变异一般处在自然音变链中的前后两个阶段，音变的渐变性就使得音变链前后的两个阶段必定音色相近，如上海话 ã、ɑ̃，绍兴话 ɒ、a，而且处在读音异读阶段的语素（字）一般是没有意义、用途和功能等方面的差异，属纯语音变异行为。而属于语音层次的变异并不是属于音变链中的前后两个阶段，所以异读的音色可以相差很远，如潮州话许多阳上字具有 11/35 的变异，调值差异大。语音层次的异读往往也伴随意义、用途、功能等方面的差异，比如相同语素的文白异读具有语义场范围不同、语体色彩差异等。

扩散式音变的变异是一种共时的语音异读现象，只受共时语音条件的制约，只要符合共时的变异条件，都有可能产生异读。如英语中字母为 oo 的词，有可能有［uː/ʊ］变异；上海话凡是韵母为［ã］或［ɑ̃］的字都有可能［ã/ɑ̃］异读。由语音层次造成的异读并不是受共时语音条件的制约，而是以输出语言（主要是权威话）的音类为条件而产生的异读，如上海话有些 y 韵母的字有 ue 韵母的异读，如"鬼龟围贵跪亏喂"，但是并不是所有读 y 韵母的字都有 ue 韵母的异读，如"举取巨雨迂"等没有 ue 的异读，有没有 ue 韵母异读完全根据输出语言（如北京话）有无读 uei 韵母而定，"鬼龟围贵跪亏喂"北京话读 uei 韵母，所以权威语言渗透上海话，使得它产生本方言音系可容纳的较为接近的读音 ue 异读；"举取巨雨迁"北京话不读 uei 韵母，所以上海话就不产生 ue 韵母异读。换句话说，如果有无异读不受本方言的共时语音条件的限制，只受外来输出语言的音类分合限制，那这种异读就是语音层次的差异。

综上所述，我们根据两项语音标准来判断一个方言里异读是扩散式音变还是语音层次变异：（1）异读的条件是否按方言的共时语音条件？如果不是，不可能是扩散式音变，而是反映语音层次的变异；（2）如果是扩散式音变的异读，是反映音变链中从甲到乙两个正在起变化阶段，语音形式必定非常接近。所以如果异读差距大，又不符合自然音变，那这些异读肯定不是扩散式音变的反映。根据上述两条规则，我们来判断苏州话哈韵某些字有 E/ɑ 异读到底是扩散式音变还是反映语音层次变异。

苏州话"拜败带戴太泰"等字韵母有 E/ɑ 异读，丁邦新先生（2003）[29] 根据陆基 100 年前苏州话的记录指出这是文白异读现象，读 ɑ 韵母的是白读，读 E 韵母的是对应的文读音。详见表 8：

表 8　苏州话"拜败带戴太泰"等字韵母 E/ɑ 异读

	拜	败	带戴	太泰
文言	pE^5	bE^6	tE^5	t^hE^5
白话	$pɑ^5$	$bɑ^6$	$tɑ^5$	$t^hɑ^5$

这些异读现象不仅发生在苏州话，北部吴语中也有。这些有异读的字都是来自于中古蟹摄开口一二等的哈泰皆佳四韵。王洪君（2010）和王福堂（2009）根据异读所体现的词汇色彩、异读数在整个韵摄的比例等因素认为这些字 E~ɑ 异读是反映的是扩散式音变，而非语音层次，他们认为这一扩散式音变的方向是哈韵类的 E 读音向泰皆韵类的 ɑ 读音合并。那些有异读的反映的是音变 E → ɑ 扩散中的中断阶段。我们根据上述区别扩散式音变和语音层次变异的两项标准，认为苏州话"拜败带戴太泰"等字韵母 E/ɑ 异读是反映语音层次的差异而不是扩散式音变。第一，在苏州话里 E 和 ɑ 不是相近的韵母，E 跟 æ 更近，为什么苏州话的前中元音 E 不向更接近的 æ 方向扩散，而要跳过 æ，向后低元音 ɑ 扩散呢？第二，更为重要的是韵母 E/ɑ 异读的发生不受苏州话共时语音条件限制，苏州话里读 E 韵或读 ɑ 韵的字非常多，只有属中古蟹摄开口一二等哈泰皆佳四韵的某些字才有 E/ɑ 异读：

苏州	北京	例字
-ᴇ	-ai	拜败带戴太泰
	-ei	背内雷梅
	-uei	推碎赘队
	-an	班蛋喊凡
	-ian	减闲眼晏

苏州话上述例字都可以读 -ᴇ，但是只有对应为北京话的 -ai 的字才可以有 ᴇ/ɑ 异读。

苏州	北京	例字
-ɑ	-a	怕骂啥洒
	-ia	家假牙芽
	-ai	拜败带戴太泰
	-ie	街解鞋界

苏州话上述例字都可以读 -ɑ，但是只有对应为北京话的 -ai 的字才有 ᴇ/ɑ 异读。显然在苏州话里是否有 ᴇ/ɑ 异读不是根据苏州共时语音条件，而是根据权威官话（北京话）的语音条件的。如果是苏州话发生 ᴇ 向 ɑ 的扩散音变，这种扩散不会只发生在读 ᴇ 的某一类字里，而应该有比较广泛的分布，换句话说如果是扩散式音变，苏州话读 ᴇ 的字都有可能有 ᴇ/ɑ 异读，现在的情形并不是这样，苏州话 ᴇ/ɑ 异读的有无是根据北京话的语音条件而定。

根据以上两点我们认为苏州话哈泰皆佳四韵某些字 ᴇ/ɑ 异读是反映语音层次的异读，而不是 ᴇ 向 ɑ 的扩散式音变。

（二）文白异读与语音层次

用历史比较法来比较亲属语言同源词的语音形式首先得剔除外来借词层，剔除借词层的常见方法是通过同源词在亲属语里的比较，看是否有两套或多套规则，符合常规语音对应（systematical correspondences）规律的词是土语层，符合非常规语音对应（asymmetrical correspondences）规律的词是外来的借词层。鉴别常规语音对应和非常规语音对应的方法是看基本词汇中两者的比率，一般来说在基本词汇中常规对应的比率比非常规对应的大得多。由于比较语言学家所关心的是建立语系、构拟原始语言，所以他们对这种非常规的语音对应通常作为例外而排除在历时比较之外。层次研究关心的是要离析层次，而不是去追溯最早的原始形式，所以我们不妨借用这套方法来分层。对语音层次分析来说，常规语音对应和非常规语音对应应该是一视同仁，因为它们都是层次差异的体现。

文白异读是一个方言里相同来源的语素音类读音，由于文言和口语的区别而造成的系统的层次又音。（陈忠敏 2003b）系统的层次又音就是我们上面所说的两套语音对应规律。不过利用文白异读区分语音层次要注意几点：

（1）要区分文读音／文读层，白读音／白读层。文言与土白读音差异是本地知识分子凭借同一语素在不同的语汇、风格、语用等方面的差异得出的土人感。语言学家要以这种土人感为线索找出这种读音差异的对立音类，即一个音节里声韵调中哪一项或哪几项。

（2）文读层／白读层的判断标准是语音因素。文白异读是系统的层次又音现象，所以判断文读层／白读层的标准只能是语音层面上的，不能是词义或者其他非语音层面上的因素。因为文读层／白读层本身就是针对语音层次说的，就必须用语音的标准。其他非语音因素具有主观性，同一方言里，不同的人对哪些词"文言"一点，哪些词"口语"一点难免会有分歧；即使是相同的人，对不同环境里的词语也很难对某些词语的"文言"和"口语"有一致的把握。最后词汇的"文言"和"口语"差异的最小语音单位是音节（相当于一个语素），而文读层／白读层差异的语音单位是一个音节中的声韵调音类，由于单位不同，用两种标准划分出来的"文言"／"白读"有时会有矛盾。

文白异读属系统的层次又音现象，所以要运用音韵学知识，从声韵调三方面整理出与文白异读对应的文读层、白读层对立的系统规则，使孤立的字音异读上升为系统的音类对立层面，这样才符合语音层次研究的要求。

根据以上文白异读的性质和定义，可以通过以下的一些步骤来确定和整理出一个方言的文读层、白读层。

（1）从有异读的字（语素）入手，整理出同一语素在不同的语汇、风格、语用上的读音变异。

（2）尊重本地人的土人感，初步知道这些字（语素）差异哪些是比较"文言"一点的，哪些是比较"土白"一点的。

（3）从已知的那些一对对"文言""土白"中找出这种对立是一个音节中的声母、韵母或声调中哪一项或哪几项。

（4）运用音韵学知识，从声韵调音类整理出"文言""土白"对立的系统规律，这样就使得字音又读现象从一个孤立的"点"上升到一个系统的"面"。也就是说从"文读音""白读音"转化为相对应的"文读层""白读层"。

（5）根据文读层、白读层在声韵调三方面的系统规律，类推出那些只有一读的语素声韵调文读层或白读层的归属。

（6）根据同类方言必定有相同文读层、白读层，来界定同类或邻近方言那些只有一读的音类的文读层、白读层的属性。

（7）根据文读层、白读层的系统对立归类，考证口语本字，从而找出更多的同一语音层次的例子。

文白异读是反映语音层次的，是系统的层次又音现象。一般来讲在方言里文读层的读音要晚于白读层，所以我们可以借助文白异读的信息来推测方言里语音层次的时间先后。

利用文白异读来推断读音层次的时间先后首先必须把"文读音""白读音"转换成"文读层""白读层"。通常我们所说的文读音、白读音指的是一个字音，也就是说文读音、白读音的对立单位是音节，而语音层次对立的单位是一个音节中的音类，即一个音节中的声母、韵母或声调。由于单位的不一致，有时利用文白异读来确定语音层次的时间先后会碰到麻烦。例如福建漳平话中的"陈"文读音是 tin^2，白读音是 $tsan^2$（漳平话材料来自张振兴 1992，下同）。文读音与白读音对比，声调一致，都是阳平调，但声母韵母都不同，现在的问题是我们如何把这种文白音的差异转换成语音层次的差异，换句话说文白音的差异是反映在声母 t—ts 上，还是反映在韵母 in—an 上，或者是既反映在声母上也反映在韵母上？如果是第一种情况，那么 t- 读音层要晚于 ts- 读音层，而韵母的差异与文白读无涉；如果是第二种情况，那么 -in 读音层要晚于 -an 读音层，声母的差异与文白读无涉；如果是第三种情况 t- 读音层要晚于 ts- 读音层，-in 读音层也要晚于 -an 读音层。问题的关键是我们用什么标准来找出文白音与文读层、白读层的转换和对应机制。文白异读是反映语音层次的，所以我们可以从语音层次的特点来制定标准，从而找出文白读与文读层、白读层的转换和对应规则。陈忠敏（2007a）中指出：在一般的情况下，一个语言（方言）内部，一个语音层次所具有的语音特征在相同语音条件下或来源于相同的音类条件下会重复出现。在同类或邻近方言里可以找到对应的语音层次。以这两个特点来看福建漳平话中的"陈"文读音 tin^2、白读音 $tsan^2$ 到底跟声母的差异相对应还是跟韵母的差异相对应。先看声母，假设文读音 tin², 白读音 tsan² 的差异反映在声母上, 那么在漳平话里澄母 t-、ts- 两读的, 读 t- 的都应是文读层, 读 ts- 的都应是白读层, 可是事实恰恰相反, 在漳平方言里, 澄母读塞音 t- 或 tʰ- 的都是属白读层, 读塞擦音 ts- 或 tsʰ- 的都属文读层, 如 "持" 文读音是 tsʰi², 白读音是 ti²。所以 "陈" 文读音 tin², 白读音 tsan² 跟声母的差异无涉。再来看韵母, "陈" 是真韵字, 在漳平话里真韵读 -in 是文读音, 读 -an 对应于白读音。详见表 9:

表 9　漳平话真韵文白异读

	进	陈	趁	闽	鳞
文读音	tsin⁵	tin²	tin⁵	bin²	—
白读音	tsan⁵	tsan²	tan⁵	ban²	lan¹

同属闽南的厦门方言也有相对应的现象, 即真韵读 -in 是文读音, 读 -an 对应于白读音(北京大学中国语言文字系语言学教研室 2003, 周长楫, 欧阳忆耘 1998)。详见表 10:

表 10　厦门话真韵文白异读

	进	陈	趁	闽	鳞
文读音	tsin⁵	tin²	tin⁵	bin²	lin¹
白读音	—	tsan²	tan⁵	ban²	lan¹

显然漳平话中的 "陈" 文读音 tin², 白读音 tsan² 是跟韵母的差异相关, 与声母的差异无涉。由此我们可以推断: 在漳平话里真韵 -an 读音层早于 -in 读音层。有的字的文白异读转化为文读层、白读层却跟声母差异相关, 跟韵母差异无涉。比如闽东地区 "枝支" 二字有文白异读, 当地人认为读 ki¹ 是白读, 读 tsie¹ 是文读。这两个音声调相同, 声母、韵母都不同, 如何找到文白异读所对应的音类层次呢?闽东方言里章组声母至少可分为两个层次: 一个层次为精、庄、章三组合流, 读音为 ts、tsʰ, 另一层次为章组跟精庄组分流, 前者为 k、kʰ, 后者为 ts、tsʰ。如闽东柘荣话(据袁碧霞 2007)

	精、庄、章组合流	章组跟精、庄组分流
层次一	ts、tsʰ	
层次二		k、kʰ ≠ ts、tsʰ

显然，章组声母读 k、kʰ 与精、庄组声母分流的时间要早于精、庄、章组合流读 ts、tsʰ 的时间。再来看它们的韵母读音，支韵读 -i 和读 -ie 应分属两个不同的读音层次的，因为如上所举的例子"枝支"，它们的韵母都有 -i 和 -ie 两读，无法用条件音变来解释。而且柘荣话里支韵读 -i 和 -ie 韵的不是少数，而是成系统的，常用的有：

-ie：

披 pʰie¹，避 pie⁶，离 lie²、lie⁶，紫 tsie³，刺 tshie⁵，池 tie²，支枝 ki¹/tsie¹，施 sie¹，匙 sie²，翅 sie⁶，宜 ŋie²/ŋi²，义议谊 ŋie²，移 ie²，椅 ie³/i³

-i：

卑 pi¹，脾 pi²，知 ti¹，驰 ti²，智 ti⁵，是 si⁶，倚 i³，易 i⁶

闽东话支韵的这两个韵母层次已经有多人证明 -ie 层次是支跟之脂有别的层次，早于 -i 支之脂合韵的层次（罗杰瑞 1988，梅祖麟 2001）。表 11 是柘荣话声母层次与韵母层次分层的情况：

表 11　柘荣话声母层次与韵母层次分层情况

	声母层次		韵母层次	
	早期层次	晚期层次	早期层次	晚期层次
"支枝" ki¹/tsie¹	k-	ts-	-ie	-i

所以"支枝"读 ki¹ 为白读音，与白读音有关联的音类是它的声母，而不是它的韵母；"支枝"读 tsie¹ 为文读音，与文读音有关联的音类也是它的声母，不是它的韵母。由此可见利用文白异读来确定语音层次先后首先必须把文读音 / 白读音分析为音类的文读层 / 白读层，而确定音类的文读层 / 白读层必须根据音类的系统分合特点来判断。

同一来源的音类今读音相同但具有文读和白读的双重身份，这是我们断定层次时间先后的一个重要线索。例如福州话虞韵的韵母读音层有三层：-ieu、-uɔ、-y，其中 -uɔ 读音层既可以做白读层也可以做文读层（例子取自北京大学中国语言文学系语言学教研室 2003）。详见表 12：

表 12　福州话虞韵的韵母读音层

	文读音	白读音
珠	tsuɔ^1	tsieu^1
主	tsy^3	tsuɔ^3

当 -uɔ 做文读层时它对应的白读层是 -ieu；当 -uɔ 做白读层时它对应的文读层是 -y。它们之间的关系如下所示：

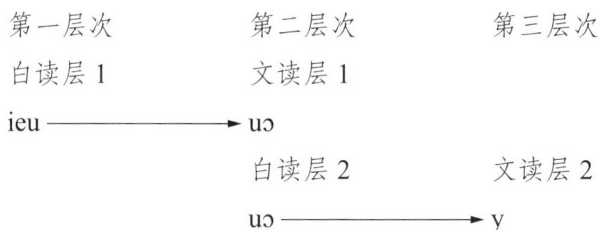

第一层次　　　　　第二层次　　　　　第三层次

白读层 1　　　　　文读层 1

ieu ──────────→ uɔ

　　　　　　　　　白读层 2　　　　　文读层 2

　　　　　　　　　uɔ ──────────→ y

很明显，通过 -uɔ 文白异读的双重身份我们可以将福州话虞韵的三个层次按时间的先后顺序排列为：

第一层　　　　ieu
第二层　　　　uɔ
第三层　　　　y

其中第一层最早，第二层其次，第三层最晚。

　　为什么我们可以根据"珠、主"这两个字的文白异读就能理清福州话虞韵三个读音层次的时间先后呢？原因是：第一，文白异读是一种系统的层次又音现象。"珠"有 -ieu/-uɔ，"主"有 -uɔ/-y 文白异读，虞韵的其他一些字必定也有相同的文白异读的情形，所以 -ieu/-uɔ，-uɔ/-y 都不是孤立的读音变异，而是成系统的读音层次差异；第二，关键是 -uɔ 这个音类在虞韵里既是文读层里的音类，又是白读层里的音类。根据 -uɔ 的双重身份可以断定 -ieu、-uɔ 和 -y 三个读音层次的时间先后。

　　文白异读可以帮助我们区别不同的语音层次。泉州话豪韵字的今韵母读音相当复杂。表 13 是根据李如龙（1995）、林连通（1993）排列出的豪韵常用字的文白异读分布情况。

表 13　泉州话豪韵字今韵母读音

文读	白读	例字
ɔ	o	暴（风~）/（~头），桃（~园）/（阳~），告（报~）/（~状），高（提~）/（姓~）
ɔ̃	au	老（~弱）/（~侬），耗（损~）/（消~）
o	au	草（甘~）/（~索），老（陈~）/（~侬）
au	ɔ	袍（旗~）/（龙~）
au	o	抱（怀~）/（单音动词），扫（~帚）/（粪~），牢（~记）/（监~），好（~~先生）/（~侬）
au		操灶奥袄糟
ɔ̃		考浩好（~事）傲冒
ɔ		毫曹靠劳道岛盗到犒躁掏
o		宝枣号稿篙膏造蒌讨倒套刀报糕嫂

古阴声韵今读鼻化韵 -ɔ̃ 我们是 -ɔ 的特殊变体，因为这些读鼻化韵的，声母要么是鼻音，要么是喉牙音。即使是这样，豪韵今韵母的读音也有 -o、-au、-ɔ 三种。泉州话豪韵读 -au 韵的分两部分，一部分读 -au 韵的字是最新的文读，不见于《汇音妙悟》，可称它为 -au（晚）；另一部分读 -au 韵的字是白读，属第一层，跟《汇音妙悟》里的"效韵"对当，可称它为 -au（早）。根据上表的文白异读分布图，-au（晚）可以作 -o 韵和 -ɔ 韵的文读；-ɔ（ɔ̃）韵可以作 -o 韵和 -au（早）的文读；-o 韵则可以作 -au（早）韵的文读；而 -au（早）只能作白读，不能作任何别的韵的文读。它们的文白异读递进关系可以简单表述为：

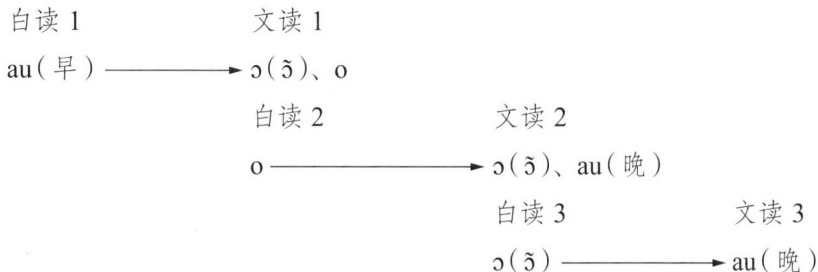

白读 1　　　　　　　　文读 1
au（早）————→ ɔ（ɔ̃）、o

　　　　　　白读 2　　　　　　　　文读 2
　　　　　　o ————→ ɔ（ɔ̃）、au（晚）

　　　　　　　　　　白读 3　　　　　　　　文读 3
　　　　　　　　　　ɔ（ɔ̃）————→ au（晚）

左边的韵可以作右边韵的文读；反之，右边的韵也可以作左边韵的白读。根据四个韵文白异读的多重关系，可以得出泉州豪韵四个层次之间的时间先后（陈忠敏 2003）：

第一层　　　au（早）

第二层　　　o

第三层　　　ɔ（ɔ̃）

第四层　　　au（晚）

这四个层次的划分及时间先后跟《汇音妙悟》的记载也是非常一致的。豪韵在《汇音妙悟》分属"效韵""刀韵"和"高韵"三韵，它们分别与第一层、第二层和第三层对应。对应于第一、第二层的"效韵"和"刀韵"有"俗""土"或"此一音俱从土解"等字样，说明这两韵都是白读层，而对应于第三层的"高韵"则是文读层。请看表14"草"这个字的三个读音和它们出现的语汇。

表14　泉州话"草"字韵母读音

"效韵"（第一层）	"刀韵"（第二层）	"高韵"（第三层）
草 tsʰau³（草仔）	草 tsʰo³（草草）	草 tsʰɔ³（草木、草创）

显然"高韵"（第三层）是当时的文读层读音。新的文读层读音（第四层）并没有出现在《汇音妙悟》里，也就是说它是比"高韵"还要晚的一个层次。从文白异读的观点来看，第四层是新文读层，第三层是老文读层，第一、第二层都属于白读层。换句话说，如果没有文白异读的信息，就无法做出上述层次的判断。

通常来说方言中文读层要晚于白读层，但是在特殊的情形下文读层可能早于白读层，吴语中的杭州话就是这种特例。文读层、白读层是语音层次的概念，所以我们在语音层次的鉴定与分析章节中就说明文读层、白读层的寻求和命名要有邻近同类方言对应文读层、白读层作佐证。参照邻近同类方言的文读层、白读层的命名，老派杭州话只有相当于周围吴语文读层的一种读音，比如见系二等字韵母读音都是细音（齐齿呼或撮口呼）。详见表15：

表15　杭州话见系二等字韵母读音

茄	戒	蟹	眼	苋	瞎	夹	掐	咸	狭	监	嵌
dzia²	tɕiɛ⁵	ɕiɛ³	iɛ³	ɕiɛ⁵	ɕiəʔ⁷	tɕiəʔ⁷	tɕhiəʔ⁷	ɦiɛ²	ɦiaʔ⁸	tɕiɛ¹	tɕihɛ⁵
交	跤	觉	敲	咬	间	江	豇	项	觉	角	鸭
tɕiɔ¹	tɕiɔ¹	tɕiɔ⁵	tɕhiɔ¹	iɔ³	tɕiɛ¹	tɕiaŋ¹	tɕiaŋ¹	ziaŋ⁶	tɕyəʔ⁷	tɕiɔʔ⁷	iəʔ⁷

近年来中青年又出现一种跟周围吴语白读层对应的读法，见系二等字韵母读洪音（开口呼）。详见表 16：

表 16　见系二等字韵母异读

茄	戒	蟹	眼	苋	瞎	夹	掐	咸	狭	监	嵌
dzia²	tɕiɛ⁵	ɕiɛ³	iɛ³	ɕiɛ⁵	ɕiəʔ⁷	tɕiəʔ⁷	tɕhiəʔ⁷	ɦiɛ²	ɦiəʔ⁸	tɕiɛ¹	tɕihɛ⁵
ga²	ka⁵	ha³	ŋɛ³	hɛ⁵	həʔ⁷	kəʔ⁷	khəʔ⁷	ɦɛ²	ɦəʔ⁸	kɛ¹	khɛ⁵
交	跤	觉	敲	咬	间	江	豇	项	觉	角	鸭
tɕiɔ¹	tɕiɔ¹	tɕiɔ⁵	tɕhiɔ¹	iɔ³	tɕiɛ¹	tɕiaŋ¹	tɕiaŋ¹	ziaŋ⁶	tɕyəʔ⁷	tɕiəʔ⁷	iəʔ⁷
kɔ¹	kɔ¹	kɔ⁵	khɔ¹	ɔ³	kɛ¹	kaŋ¹	kaŋ¹	ɦaŋ⁶	kɔʔ⁷	kɔʔ⁷	əʔ⁷

显然这是周围吴语对杭州话的渗透。宋室南迁定都临安时间长达 140 多年，大量的中原汉人移居杭州，人口数量压倒本地人，所以早期的杭州话深受中原官话的影响，见系开口二等字韵母只有类似中原官话细音的一种读法。由于当时的临安是政治、文化、经济中心，所以这种读法以杭州为中心向周围的吴语传播开去，从而在周围的吴语里产生了见系开口二等字韵母读细音的文读层。南宋灭亡以后，政治、文化、经济中心北移，杭州话对周围的吴语就失去了影响力，反而周围的吴语对它产生反渗透，吴语中见系开口二等字韵母白读层是读洪音的，这种白读层近年来进入杭州话，所以在杭州话里跟周边吴语对应的白读层读音反而是晚进来的，跟周围吴语对应的文读层读音却是早先就有的。

（三）离析语音层次的其他方法

文白异读转化为文读层和白读层是离析语音层次的一个最为直接和明了的方法。除了文白异读以外，还有其他方法也可以离析出一个方言语音的层次。

1. 相同古音来源多套语音对应可能是语音层次的表现

相同的古音来源，却有两套不同的对应，而这两套对应出现的语音环境又不是互补的，这两套对应就应该是层次的不同。厦门话下列两组字的韵母不同，A 组读 -ai，B 组读 -ue。从来源来看它们是相同的，这些字的韵母上古属脂部，中古属齐韵；从今天的读音来看它们可以出现在相同的环境后，都可以在 ts-、s- 声母后出现，形成对立；从古音的分布上来看它们也可以出现在相同的古声母后，如"脐"和"齐"都是古从母字。所以无论是今读音还是古读音，A 组和 B 组字的韵母都是对立的：

A 组 -ai：脐（肚脐）tsai²；西 sai¹；犀 sai¹

B 组 -ue：妻 tsʰue¹；齐 tsʰue²；洗 sue³；栖（米～）tsʰue⁵；细 sue⁵

尽管这两种音并不是文读与白读的关系，但是将它们跟古音比较，可以发现 A、B 两组存在着两套对应：{（脂部、齐韵），ai}，{（脂部、齐韵），ue}，而且出现的环境相同，形成对立，所以上述 A 组、B 组韵母读音的不同是代表两个不同的层次。（陈忠敏 2006b）

相同古音来源，两套不同的对应并不是判断层次的充分条件，分布上同与不同除了要考虑到共时音系的环境外，更重要的是还要考虑到历史音韵的环境。比如厦门话鱼韵的文读韵母有两种读音：-u 和 -ɔ：

A 组 -u：蛆 tsʰu¹、絮 su⁵、除 tu²、储 tʰu³、书 su¹、煮 tsu³、鼠 su³、如 lu²

B 组 -ɔ：初 tsʰɔ¹、楚 tsʰɔ³、础 tsʰɔ³、疏 sɔ¹、梳 sɔ¹、蔬 sɔ¹

这两组的字韵母的古音来源一致，都是来源于上古的鱼部和中古的鱼韵，从共时音系来看，它们出现的环境是对立的，都可以出现在 tsʰ- 和 s- 声母的后面。但是我们仍然认为他们不是层次的不同，而是同一层次里的不同音变。因为它们出现的古音环境是互补的。详见表 17：

表 17 厦门话鱼韵文读韵母读音

泥来组	女 lu³、吕 lu⁶
精组	蛆 tsʰu¹、絮 su⁵
知组	除 tu²、储 tʰu³
庄组	初 tsʰɔ¹、楚 tsʰɔ³、础 tsʰɔ³、疏 sɔ¹、梳 sɔ¹、蔬 sɔ¹
章组、日母	书 su¹、煮 tsu³、鼠 su³、如 lu²
见组	居 ku¹、鱼 gu²
晓组	虚 hu¹、许 hu³
影组	淤 u¹、余 u²

A 组的 -u 韵母出现在除庄组以外的其他各组声母后，而 B 组的 -ɔ 韵母只出现在庄组声母后，呈互补分布，我们认为这两组的读音是属于一个层次里的变异，可以用下列公式表示：

$$u \begin{cases} \rightarrow \mathfrak{o} / \, \text{庄组声母} \underline{\hspace{2cm}} \\ \searrow u / \, \text{其他声母} \underline{\hspace{2cm}} \end{cases}$$

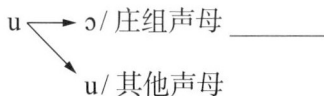

能用条件音变解释的变异不属不同层次的变异，所以 A 组韵母和 B 组韵母的不同不是反映层次的差异，而是同一层次中的条件音变现象。

2. 同源同形多音字所反映层次的差异

同源同形多音字就是多音字。多音字其实是反映同一来源有不同的语音对应关系，所以应该也是反应层次差异。罗杰瑞曾指出厦门话的"席""石"两个字有三个不同的读音，分别代表了三个不同的历史层次，（Norman 1979，读音据周长辑，欧阳忆耘 1998）详见表 18：

表 18　厦门话"席""石"三种不同读音

	第一层	第二层	第三层
石	$tsio?^8$	sia^6	sik^8
席	$ts^hio?^8$	sia^6	sik^8

浙江常山方言"去"也有三种不同的韵母读音（曹志耘等 2000）：

$k^h\mathfrak{o}^5 / k^he^5 / t\mathfrak{c}^hy^5$

这三种不同的读音也是代表三个不同的时间层次。（陈忠敏 2003a）

不过，这种反应层次变异的一字多音必须排除形态、训读、误读、避讳等非层次变异的可能。根据前述语音层次的特性，排除非层次变异的方法就是看在同一方言里或者邻近方言里相同语音条件下，或相同来源的条件下这些变异是否会重复出现。上面所说的闽语厦门话"石""席"都是中古昔韵字，"石"有三个不同的韵母，"席"也有三个与之相平行的韵母，所以是三个层次读音的重复出现。在邻近的同类方言里我们也可以找到"石"三个对应的层次。（读音据周长楫，欧阳忆耘 1998）详见表 19：

表 19　闽南话"石"字的三个不同读音

	第一层	第二层	第三层
厦门"石"	$tsio?^8$	sia^6	sik^8
台北"石"	$tsio?^8$	sia^6	sik^8
漳州"石"	$tsio?^8$	sia^6	sik^8
泉州"石"	$tsio?^8$	sia^6	$siak^8$

在同一方言里有重复出现的平行例子，在邻近方言里又有相同的平行对应层次，这些特点完全符合我们上文所说的层次变异特性，所以厦门话"石""席"的三种不同读音是反映语音层次的差异。

（四）确定语音层次的时间先后

层次的时间先后是指某一层次在该语言（方言）存在的时间早晚。存在早的就是该语言（方言）的早期层次，存在晚的就是该语言（方言）晚期层次。这里所说的时间先后着重于进入该语言（方言）层次的早晚。时间的先后中的时间有相对的，如无法考稽层次产生的最早时代，只知道甲层次早于乙层次；也有绝对的，也就是说可以考稽层次产生的时间，如甲层次产生于南北朝，乙层次产生于两宋间，所以甲层次早于乙层次。

1. 利用文读层 / 白读层的双重角色来判断层次的先后

以前文所讨论的福州话虞韵、泉州话豪韵读音层次的时间先后为例。福州话虞韵的韵母读音层有三层：-ieu、-uɔ、-y，其中 uɔ 读音层既可以做白读层也可以做文读层。当 -uɔ 做文读层时它对应的白读层是 -ieu；当 -uɔ 做白读层时它对应的文读层是 -y。根据 -uɔ 的双重身份可以搭建虞韵 -ieu、-uɔ、-y 三个语音层次的时间先后：

第一层　　　ieu
第二层　　　uɔ
第三层　　　y

其中第一层最早，第二层其次，第三层最晚。

泉州话豪韵今韵母的读音也有 -o、-au、-ɔ 三种。它们的文白异读递进关系为：

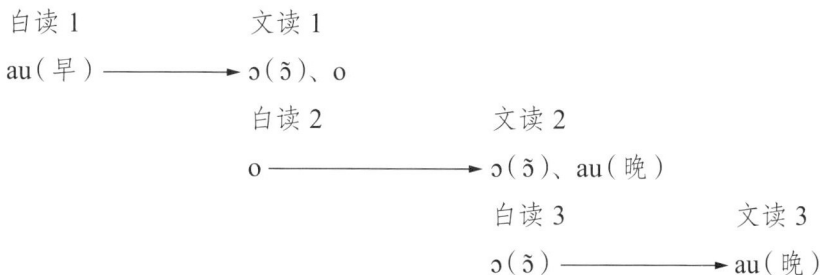

白读 1　　　　　　　　文读 1
au（早）——————→ ɔ（ɔ̃）、o

　　　　　　　白读 2　　　　　　　　文读 2
　　　　　　　o ——————————→ ɔ（ɔ̃）、au（晚）

　　　　　　　　　　　　　白读 3　　　　　　　　文读 3
　　　　　　　　　　　　　ɔ（ɔ̃）——————————→ au（晚）

左边的韵可以作右边韵的文读；反之，右边的韵也可以作左边韵的白读。根据四个韵文白异读的多重关系，可以得出泉州豪韵四个层次之间的时间先后：

第一层　　au（早）
第二层　　o
第三层　　ɔ（ɔ̃）
第四层　　au（晚）

2. 利用音韵特征来判断层次的时间先后

根据方言中音韵的特点来推断层次的时间先后，前文所列罗杰瑞（Norman 1979）所说的厦门话"石""席"有三种读音，罗氏根据这些读音跟中古音的相似度把它们分为汉代层次、南朝层次及晚唐文读层次。他认为"石""席"读 -iaʔ 最像中古《切韵》昔韵的拟音 -iäk，所以代表南朝时期的读音层次，而 -ik 是文读层，所以代表晚唐时期进入闽地的文读标准语层次，那么 -ioʔ 读音则是比 -iaʔ 读音更早的汉代层次了。按照声韵调音类分层的观念，我们认为塞音 -ʔ 在闽南话是白读的标志，而梗摄入声韵收 -k，则跟中古音对应。所以第一、二层早于第三层；入声韵声母邪母、禅母读塞擦音比读擦音更早。所以第一层早于第三层。从音类层次的特点来给"石""席"二字的声母、韵母读音层分时间的前后，详见表20：

表20　"石""席"读音层次分析

	声母		韵母	
	早	晚	早	晚
"石""席"	ts-	s-	-iaʔ、-ioʔ	-ik

3. 利用对应层次判断层次的时间先后

根据同类方言有对应层的关系来推断读音层次的时间先后。我们说层次覆盖应该是一个面，换句话说，邻近的同类方言也应该有相对应的层次。如果邻近同类方言对应层次的时间先后关系已经确定，我们就可以根据层次对应的关系来推断本方言层次的时间先后。

在厦门话里齐韵 i 读音层与 ue 读音层都是白读层的读音，它们对应的文读都是 e，所以在厦门话里我们无法通过文白异读来判断 i 读音层和 ue 读音层孰先孰后。必须从方言比较来考察它们的时间前后。同属闽南方言的南安话齐韵的读音层次跟厦门话一样有五个层次，其中的 ue 读音层、i 读音层、e 读音层所辖的字和读音跟厦门话 ue 读音层、i 读音层、e 读音层完全一致，可以判断是对应层次。但是在文白异读的相互关系上南安话为我们提供了更多的信息：南安话齐韵 ue 读音层、i 读音层、e 读音层存在多重文白异读，在这三个读音层中 ue 读音层只能做白读层，e 读音层只能做文读层，而 i 读音层有双重身份，它可做 ue 读音层的文读，也可做 e 读音层的白读。详见表 21：

表 21　"底批弟啼"文白异读

	白读	文牍
底	tue^3（底头）	ti^3（到底）
批	p^hue^1（批书）	p^hi^3（横批）
弟	ti^4（弟子）	te^4（弟：小子）
啼	t^hi^2（啼血）	t^he^2（鸡啼）

这种多重的文白异读关系可以表述为：

白读层　　　　　文读层

ue ——————→ i

　　　　　白读层　　　　　文读层

　　　　　i ——————→ e

所以这三个读音层的时间先后在南安话里就是 ue 读音层早于 i 读音层；i 读音层早于 e 读音层。根据南安话齐韵读音层与厦门话齐韵读音层有层次对应关系，我们也可以推断厦门话齐韵读音层里也是 ue 读音层早于 i 读音层；i 读音层早于 e 读音层：

	南安方言	厦门方言
早	ue	ue
次早	i	i
晚	e	e

借助邻近方言对应层次来推断另一方言层次的时间先后的前提是要找到邻近方言真正的对应层次。

在判断语音层次的时间先后有几个方面需要注意。一个音节中不同音类的层次年代不能类推。由于语音层次的最小对立元是音节中的音类——声母、韵母或声调，而不是音节，也就是说一个音节中的声母、韵母或声调可以处在不同层次。澄迈话"状"有三种读音（何大安 1981）：tsuaŋ^4，tuaŋ^4，to^4。三个音节中的声调相同，声母有 t-/ts- 之别，韵母也有 -o/-uaŋ 的不同。根据语音层次的系统性，我们知道照二声母组读塞音 t- 读音层要早于读塞擦音 ts- 读音层，阳韵读 -o 读音层要早于读 -uaŋ 读音层。澄迈话"状"的三种音节的读音形成层次交叉现象：

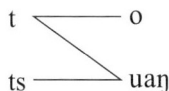

```
t ————————— o
      ╲    ╱
ts ———————— uaŋ
```

早期层次的 t- 可以配早期层次的 -o，也可以配晚期层次的 -uaŋ，反之亦然，晚期层次的 -uaŋ，既可以配早期层次的 t-，也可配晚期层次的 ts-。换言之，不同层次的音类可以捆绑在一起组成一个音节。所以我们不能用某一音节的声母层次来推导韵母、声调的层次，也不能用韵母或声调的层次来推导同一音节声母的层次。也即：一个音节里的声母、韵母、声调层次的时间先后必须分开来考察，它们没有必然的对应关系。

判断语音层次的时间先后必须以语音标准为优先，其他非语音条件，比如基本词汇／一般词汇，词所指的事物出现的时间早晚等因素都只能作确定语音层次时间参考，不能起决定作用，特别是当这些参考因素跟语音标准相冲突时，必须让位于语音标准。

梅祖麟先生排列闽语鱼韵韵母的两种读音（梅祖麟 2002），详见表 22：

表 22　闽语鱼韵韵母的两种读音

	梳	疏	初	苎	箸	猪	书	鼠
福安	sœ^1	sœ^1	tsʰœ^1	tœ^6	tøi^6	tøi^1	tsøi^1	tsʰøi^3
福州	sø^1	sø^1	tsø^1	tø^6	tøi^6	ty^1	tsy^1	tsʰy^3
厦门	sue^1	sue^1	tsʰue^1	tue^6	ti^6	ti^1	tsu^1	tsʰu^3
揭阳	--	so^1	tsʰo^1	--	tu^6	tu^1	tsu^1	tsʰu^3
建瓯	su^1	su^1	tsʰu^1	ty^4	ty^6	--	sy^1	tsʰy^3
建阳	so^1	so^1	tʰo^1	--	ty^6	--	sy^1	tsʰy^3
永安	sau^1	sau^1	tsʰau^1	tau^4	ty^5	--	ɕy^1	tɕʰy^3
将乐	ɕu^1	ɕu^1	tɕʰu^1	ty^9	tʰy^6	--	ɕy^1	tɕʰy^3

他认为有三个理由可以说明"梳疏初苎"所代表的时间层次较晚，绝对年代在南朝；"书鼠猪箸"所代表的层次较早，在秦汉时代已经传入闽地。现简述于下：

第一，"书"等字是最常用的基本词汇，"梳"等字不都是基本词，一般的情况前者比较早。

第二，《切韵》和非闽语方言用擦音的地方，闽语往往用塞擦音，这是闽语特征之一，产生的年代在《切韵》前。"鼠书"都是书母，这两个字的塞擦音说明"鼠书"进入闽语的年代在秦汉，早于"梳"等字。

第三，南朝浙东盛产麻布、葛布，而苎麻和葛是制造麻布和葛布的原料，南朝的浙东移民给福建带来苎麻，也带来了"苎"字，而秦汉时代的移民带来了"箸"字。

梅氏上述三个理由中的第二个是用声母的层次时间类推韵母的层次时间，我们已经说明了声母层次跟韵母层次的配搭可以混乱，因此不能类推。梅氏第一、第三个理由明显是非语音标准。这些非语音标准跟语音标准正好矛盾。

福州话、厦门话"鼠""书"等字韵母读 -y 和 -u，是晚近的鱼虞相混层，比"梳、疏、初、苎"等字韵母读 - 和 -ue 要晚得多。表 23 是福州、福安两地一些鱼、虞韵字的读音，请比较它们的韵母的读音 [福州话据北京大学中国语言文学系语言学教研室（2003）和李如龙等编《福州方言词典》，福建人民出版社，1994年；福安话据李如龙（1996）"吴闽 - 方言比较研究"项目的调查]。

表 23　福州、福安两地鱼、虞韵字韵母读音

	猪_鱼	株_虞	初_鱼	煮_鱼	主_虞	舒_鱼	输_虞	锯_鱼	具_虞	举_鱼	矩_虞
福州	ty^1	t^hy^1	ts^hu^1	tsy^3		sy^1		$køy^5$	$køy^6$	ky^6	
福安	$tøy^1$	$tsøy^1$	ts^hu^1	tsi^3		$søy^1$		$køy^5$	$køy^6$	ki^3	

表中福州、福安话的 -øy 就是梅氏的 -øi。福州方言里文读层，也是鱼虞相混层的韵母是读 -øy 或 -y，在庄组声母后则读 -u。福州话鱼韵文读音 -øy 和 -y 是以声调为条件的互补变异。声调是阴平、阳平、上声的，其韵母读 -y；声调是阴去、阳去的，其韵母读 -øy。所以我们认为它们是同一层次上的变异：

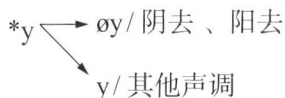

$$*y \longrightarrow øy / 阴去、阳去$$
$$\searrow y / 其他声调$$

在福安话里鱼虞相混层有两种读音，-øy 和 -i。读 i 的除"滤"外只出现在上

声字里，读 øi 的不出现在上声字，根据这种互补分布笔者同意戴黎刚（2008）的观点，即 i 和 øy 是同一层次的不同变体。i（øy）读音层是鱼虞相混层的读音：

诸 = 朱 tsøy^1、煮 = 主 tsi^3、鱼 = 愚 ŋøy^2、举 = 矩举 ki^3、

所以这是鱼韵晚近的文读层次，福安方言没有单独的 y 韵母，文读 *y 进入，逢上声折合成较为近似的 i，其他声调的则裂化为 øi（øy）：

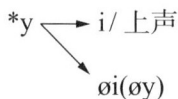

*y ——→ i/ 上声

　　　　→ øi(øy)

厦门话里"书"读 tsu^1，"鼠"读 ts^{h}u^3，其韵母更是晚近鱼虞相混的文读层。请比较表24：

表 24　厦门话鱼虞相混层读音

猪鱼	诛虞	书鱼	朱虞	鼠鱼	取虞	居鱼	驹虞	鱼鱼	虞虞
tu^1		tsu^1		ts^{h}u^3		ku^1		gu^2	

在福州、福安、厦门话里"梳、疏、初、苎"等字韵母的读 -ø/-œ/-ue 是鱼韵中的鱼虞有别层，所以要早于上述的任何鱼虞相混层的读音。笔者曾撰文论述闽语鱼韵的层次（陈忠敏 2012），闽东（福州、福安）和闽南（厦门）鱼韵的读音层次如表25：

表 25　闽东、闽南鱼韵读音层次

		闽东	闽南
鱼韵有别层	第一层	-ø（œ）	-ue
	第二层		-ɯ/i
鱼虞相混层	第三层	-i/-y（øy）	-u

根据语音层次分析"鼠""书"等韵母的读音层次在闽东属鱼虞相混层，在闽南有的属第二层，有的属第三层，都晚于"梳""苎"等字的韵母层次。

方言里虚词、封闭类词、特殊词汇的音变有可能滞后，跟一般的主流音变不同，也有可能读音是反应较古老的层次，但是也有不少情况是词汇和语音并不属于相同的层次。也即：词的读音形式及所处的层次跟在某某方言出现的年代未必是同步的。吴、闽（闽北）、赣等方言第三人称单数代词都是"渠"，此字最早见于六朝南方的文献中，闽北的第三人称"渠"最有可能是吴或赣地区的移民带过

去，按理说三地的方言读音应该处于同一层次，可是吴、赣两地"渠"的读音是属于鱼虞有别的层次，而闽北的"渠"却是鱼虞相混层次的读音。

4. 语音层次的时间先后跟权威官话语音史的关系

语音层次的时间先后是指进入方言的时间早晚，跟权威官话语音史演变的先后次序也是没有必然的联系的。汉语方言，特别是汉语南方方言受中原标准官话的渗透和影响是长时间的、广泛的。这种渗透和影响既有来自移民的口语，如魏晋南北朝和两宋时期北方移民所带来的口语；也有隋唐以降通过文教习传所带来的各时期书面语。这些来自中原官话的读音一层一层覆盖在南方的土语上面，各层之间互相杂揉、交融，最终形成了今南方的各种方言。所以我们在判断方言语音的层次时间自然会把中原官话的语音发展史作为一个重要的参照系。例如在闽语、部分吴语知组声母有两种读音，读塞音跟端组声母合流，读塞擦音与精组声母相同。表26是潮州话的例子（北京大学中国语言文学系语言学教研室 2003）：

表26　潮州话"张住长"文白读音

张	住	长
$tsian^1$	tsu^4	ts^hian^2
tie^1	tiu^6	tun^2

在中原官话的语音史里，知组读塞音跟端组合流是反映中古以前的状况，知组读塞擦音则是反映中古或中古以后的情况，所以参照官话语音史可以判断潮州话里知组声母两个读音层的时间先后：读塞音的早于读塞擦音的。我们可以用一个历时和共时的映射图来表述两者的关系：

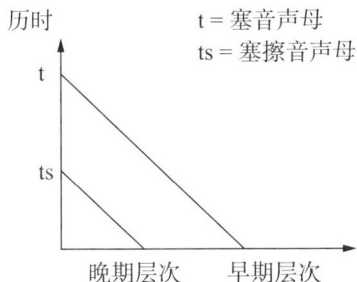

图5　官话语音史与潮州话知组声母读音层次

由于汉语方言的独特历史背景，故运用这种历时—共时互为参照的方法（在这里我们命名为"参照法"）来断定方言语音层次的时间先后总体上是有效的，但是这种参照法并不是十全十美的，也有它的不足之处。主要原因是：（1）这种参照法过度强调了中原权威官话对周边方言的影响和作用，而把周边方言看作是被动接受的一方，换句话说它忽略了方言土语对中原权威官话渗透层的反作用。方言土语对权威管话的反作用有时会模糊语音演变的轨迹，使得上述参照法失效。（2）把中原权威官话看作是唯一的渗透源也与语言事实不尽相同。移民不尽全部来自中原，文言读音有时更来自于当地的县城、地区中心城市、省会的读音。（3）我们在本文的一开始就说了方言的层次时间先后是指某一层次在该语言（方言）存在的时间早晚，层次时间先后着重于该语言（方言）的层次的早晚。从逻辑上来说这种层次的早晚跟标准官话的发展史上的时间先后没有必然的对应联系。下面列举两种形式的反例。

其一，从中原权威官话的语音史来看，古入声韵的韵尾大致有如下的演变：

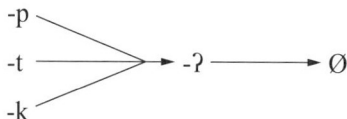

$$
\begin{matrix}
\text{-p} \\
\text{-t} \\
\text{-k}
\end{matrix}
\searrow \rightarrow \text{-ʔ} \longrightarrow \varnothing
$$

从三种塞音韵尾演变为只有一种喉塞音韵尾，最后是喉塞音韵尾消失，完成入声韵跟阴声韵合并的过程。闽南话（以厦门话为例）古入声韵的韵尾今有四种：-p，-t，-k，-ʔ，另有一部分古入声韵今并入阴声韵。譬如表27：

表27　闽南话古入声韵今韵尾读音

答	阔	落	尺	滴
-aʔ/-ap	-uaʔ/-uat	-au/-auʔ/-ɔk	-e/-ik	-iʔ/-ik

上述字中收喉塞音韵尾 -ʔ 或读阴声韵的是白读层，收 -p，-t，-k 韵尾的是文读层。如果按本地方言的文读层白读层来判断这两个层次的时间，收喉塞音韵尾 -ʔ 或读阴声韵所代表的读音层次要早于收 -p，-t，-k 韵尾所代表的读音层次。我们把按本地音韵特征归纳出来的时间分层法叫做"本地法"。在这里显然"本地法"跟"参照法"发生了矛盾。在"本地法"与"参照法"发生矛盾的时候，我们认为，"参照法"必须服从"本地法"，因为层次的时间先后是指某一层次在该语言（方言）存在的时间早晚，所以层次的时间先后最终应该根据本方言的音韵特征来决定而不是其他外部因素。

其二，浙江义乌话的声调格局跟一般吴语的不同，调类有十个（据方松熹 2002，下同），详见表 28：

表 28　吴语义乌话声调格局

	平声	上声	去声	入声	
阴调类	33	53	55	/5	22
阳调类	213	31	13	/12	311

跟其他吴语相比义乌话这十个调类的特别之处是入声阴阳调还各分两套，一套是短促的，调值是 ?5 和 ?12；另一套是非短促的，调值是 22 和 311。跟这两套入声相配的韵母也分成带喉塞音 -? 和不带 -? 的：

尺 $ts^h\partial?^5$/ts^hai^{22}；白 $b\partial?^{12}$/$b\varepsilon^{311}$；六 $lo?^{12}$/lau^{311}

根据中原官话语音发展史，读短促调的，韵母带喉塞音韵尾的层次一定早于不读短促调的，韵母不带喉塞音韵尾的那个层次。但是从义乌话文白异读的对立来看，读短促调韵母带喉塞音韵尾的是文读层，不读短促调韵母不带喉塞音韵尾的则是白读层，显然"本地法"跟"参照法"在这里也发生了矛盾。我们认为义乌话土语层应该是读非短促调韵母也不带喉塞音，后来受周围其他强势吴语的渗透，产生了新的短促的入声调，韵母也带喉塞音。所以在义乌话的声调层次里入声 22 和 311 层次要早于 ?5 和 ?12 层次。

早先的外来语音层融入方言后会跟方言的同类语音一起演变，而方言的自身演变会偏离权威方言的演变轨道。用权威方言演变的眼光看，这些演变可能很超前，但是再超前，它仍然属于早期层次，属"年龄小辈分高"的形态。

（五）语音层次的对应

在历史语言学里，如果语言的亲属关系已经确定，各层级上的语言尽管离共同的原始母语有远近之分，但是这些语言中的同源词都有语音上的系统对应关系。凡是对应的语音都是一个历史的连续体（historical continuity）。只要建立起这种系统对应关系，就可以进行语音比较并追寻语音的演变。这种做法的前提是已经剔出了假借成分。现在各种语音变异处在不同的层次，就无法按照比较法做直接的比较。首先应该做的是析层，然后寻找对应的语音层次。只有对应的层次，才可以做方言间的语音比较。

1. 特征词或俗传词语音对应法

寻找对应层次有一种方法是"特征词语音对应法"。所谓"特征词"是指常用而具有构词能力的，区内一致，区外特殊的方言词（李如龙 2001）[107-137]）方言里的特征词由于是常用的口语词，往往读音比较特殊，在通行区域内又具有稳定性，所以有人利用特征词的这一语音特点来做语音层次对应的依据。罗杰瑞的闽语语音比较注重方言口语中的单音节常用词读音，也即罗氏自己所说的"俗传词"（popular words）（罗杰瑞 2007），而不是字典或韵书中的汉字音。"俗传词"要比特征词的范围更广一些，大概相当于方言中单音节常用词或语素。比如罗杰瑞（Norman 1981）[37-38] 在 *The Proto-Min finals* 一文里有两处的表格跟鱼韵有关，一处是"1.2 原始闽语 *y"，另一处是"2.16 原始闽语 *uə"。1.2 小节中所举的例字是四个鱼韵字："书（book）、鼠（rat）、锯（saw）、箸（chopsticks）"，我们根据原文做如下的重新排列，见表29：

表29　各地闽语"书鼠锯箸"读音对比

	福安	福州	厦门	揭阳	建瓯	建阳	永安	将乐
书	$tsøi^1$	tsy^1	ts^hu^1	$tsɯ^1$	sy^1	sy^1	$ʃy^1$	$ʃy^1$
鼠	ts^hi^3	ts^hy^3	ts^hu^3	$ts^hɯ^3$	ts^hy^3	ts^hy^3	$tʃ^hy^3$	$tʃ^hy^3$
锯	$køi^5$	$køi^5$	ku^5	$kɯ^5$	ky^5	ky^5	ky^5	ky^5
箸	$tøi^6$	$tøi^6$	ti^6	tu^6	ty^6	ty^6	ty^5	ty^6

罗杰瑞原文第37页福州"锯"标为 koi^5，跟"箸"记为 $tøi^6$ 不同韵，可能是印刷错误。今查《汉语方音字汇》（北京大学中国语言文字系语言教研室 2003）及陈泽平（1998）《福州方言研究》的记音，"锯、箸"同韵，所以更正为同韵。闽东片有变韵现象，条件是声调不同，比如福安话 i 韵只出现在上声字，øi 韵则出现在其他舒声调里，所以 i 和 øi 是同一个韵的不同变体。（戴黎刚 2008）福州话 y 和 øi（也有记为 øy，如北京大学中国语言文字系语言教研室 2003；陈泽平 1998）也是变韵关系，声调是阴平、阳平、上声的韵母是 y（紧韵），是阴去、阳去的是 øi（松韵），所以也是同一个韵母以声调为条件的不同变体。见表30：

表30　各地闽语"书鼠锯箸"韵母读音层次

	福安	福州	厦门	揭阳	建瓯	建阳	永安	将乐
晚近层	øi/i	øi/y	u		y	y	y	y
早期层			i	ɯ				

2.16 小节所举的四个鱼韵字是："梳（comb）、疏（sparse）、初（beginning）、苧（flax）"，重新排列如表 31。

表 31　各地闽语"梳疏初苧"读音对比

	福安	福州	厦门	揭阳	建瓯	建阳	永安	将乐
梳	sœ¹	sø¹	sue¹	—	su¹	so¹	sau¹	ʃu¹
疏	sœ¹	sø¹	sue¹	so¹	su¹	so¹	sau¹	ʃu¹
初	tsʰœ¹	tsʰø¹	tsʰue¹	tsʰo¹	tsʰu¹	tʰo¹	tsʰau¹	tʃʰu¹
苧	tœ⁶	tø⁶	tue⁶	—	ty⁴	—	tau⁴	tʰy⁹

这些字的韵母读音也是不同层次的读音。福安、福州、厦门、揭阳四地"梳疏初苧"的韵母都属于鱼虞有别层读音，建瓯、建阳、将乐三地的韵母则都是鱼虞相混层的读音。永安方言上述四字韵母读音有点特殊。鱼韵庄组的"梳疏初"韵母读 au，与知组的"苧"韵读 au 性质不同，前者是鱼虞相混层读音，后者是鱼虞有别层读音。如表 32 所示：

表 32　各地闽语"梳疏初苧"韵母读音层次

	福安	福州	厦门	揭阳	建瓯	建阳	永安	将乐
晚近层					y(u)	o	au	u
早期层	œ	œ	ue	o			au	

可见这些字的韵母读音无法直接进行比较。所以用"特征词、俗传词"对应法来寻找方言间对应的层次其实是很不可靠的。特征词、俗传词虽然都是方言中的较为常见的口语词，但是方言中常用口语词无法保证其读音都是处在相同的读音层次上的，尤其是在读音层次复杂的方言，如闽语，进行远距离方言比较，仅凭常见的口语词就进行语音比较很有可能是层次错乱的比较。常见 / 非常见、口语 / 非口语本身并没有十分明确的标准和界限，它们跟语音层次并没有必然的联系，语音层次的分析最终是用语音标准来判别，而非其他。

2. 文白异读对应法

不能用文白异读来寻找方言间对应的层次。理由如下：

第一，文白异读只有文和白两层，而一个方言的层次可能会不止两个层次。

第二，方言间的文白异读层次可能会交叉。表 33 列举了同属闽南方言的泉州话、厦门话和永春话（林连通，陈章太 1989；林连通 1993）鱼韵字今文白异读的例子。

表 33　闽南话"贮"字的文白异读

	贮	
	文读	白读
泉州	$t^hɯ^3$	t^hue^3
厦门	t^hi^3	t^hue^3
永春	t^hu^3	$t^hɯ^3$

如果按照文白异读的情形来寻找方言间的层次对应，那么，泉州、厦门的 -ue 韵母对应于永春的 -ɯ 韵母，因为它们都是白读层；泉州、厦门的 -ɯ(i) 韵母对应于永春的 -u 韵母，因为它们都是文读层。但其实这种对应是有问题的。因为泉州话、厦门话的 -ue 韵母读音层和 -ɯ(i) 韵母读音层都是鱼韵里鱼虞有别层次的读音；永春话里 -ɯ 是鱼虞有别层次上的读音，-u 则是鱼虞相混层次上的读音。尽管都是文读层，但是泉州、厦门文读层 -ɯ(i) 韵母跟永春的文读层 -u 韵母的音类分合不一样，所以不能算作对应层次。按照上述文白异读的交叉，可以把闽南话鱼韵的"贮"字韵母分析为三个对应层次，见表 34：

表 34　闽南话鱼韵韵母读音层次

	白读音	文读音
第一层次	-ue（泉州、厦门）	
第二层次	-ɯ（永春）	-ɯ(i)（泉州、厦门）
第三层次		-u（永春）

泉州、厦门的"贮"缺第三层的读音，而永春话的"贮"缺第一层的读音。永春的 -ɯ 虽然是白读层，但是它却对应泉州和厦门"贮"的文读层 -ɯ(i)。所以我们不能凭借文白异读的对应来确定方言间相对应的层次。

　　表 35 是江淮官话四个点泰州、泰兴（属江淮官话泰如片）、扬州、南京（属江淮官话洪巢片）"穗、随"的读音比较。

表 35　江淮官话"穗随"的读音

	泰州	泰兴	扬州	南京
穗	$tɕ^hy^1/ɕy^1$文1, $ɕy^5$文2	$tɕ^hy^1$白1, $ɕy^5$白2/$suəi^5$	$suɯi^5$	$suəi^5$
随	$ts^huəi^2/suəi^2$	$tɕ^hy^2/ts^huəi^2$文1, $suəi^2$文2	$ts^huɯi^2/suɯi^2$	$suəi^2$

表中"/"左是白读,"/"右是文读。"/"左如有两种白读,分别在音标右下角标注"白1""白2","/"右如有两种文读,也分别在音标右下角标注"文1""文2"。"白1""白2"以及"文1""文2"表示不同层次,其中"白1"比"白2"更老一些,"文1"也比"文2"更老一些,(顾黔 2015)根据这些线索先分析泰州、泰兴"穗、随"二字的文白异读以及对应的文读层白读层。

"穗、随"二字是止摄合口三等邪母字,声调一个是去声一个是平声。泰州、泰兴在早期都发生阳去归阴平的音变,所以在两个方言里白读都是阴平调。邪母在泰如片早期层次是读送气塞擦音的,所以在这两个方言里,它们最早的一层白读都是送气塞擦音。不过读音 ey^1 在泰州是"文1",在泰兴相同的音是"白2"。因为泰兴有更新的一种读音 "$suei^5$" 进入,而泰州则没有,这样与泰兴"穗"的文白异读所反映的层次就不对应了。"穗"文白异读在泰州对应的文读层和白读层是声母 "te^h/e" 的对立,在泰兴则是韵母 "y/uei" 和声调"阴平 / 阴去"的对立。用同样的方法分析"随"。"随"文白异读在泰州是声母 "ts/s" 的对立,在泰兴则是韵母 "y/uei" 的对立。比较泰州和泰兴两地,就可以发现,泰州"随"因为没有读"y"韵母层,所以将对应于泰兴的一种老文读 "ts^huei^2" 作为了它的白读,与 "$suei^2$" 形成文白异读差异。这样文读层和白读层的对立就变为声母 "ts^h/s" 的对立了。可见,即使是邻近方言,具体字的文白异读根据不同的情形也会不同,但是作为具有系统性的音类层次,两地声母和韵母的读音层次是非常一致的。如表36:

表36　泰州、泰兴"穗、随"声母韵母层次分析

	文读层	白读层
邪母层次	s-(ɕ-,细音前)	ts-(tɕ-,细音前)
止摄合口三等韵层次	-uei	-y

以表36所分析的读音层次再来看扬州、南京(都属江淮官话洪巢片),扬州还有邪母读塞擦音的白读,至于止摄合口三等的韵母这两个字已经看不出有"y"的白读层了。南京无论是声母还是韵母都没有泰州、泰兴对应的白读层,只有与之对应的文读层。比较江淮官话泰如片与洪巢片这两个字的层次就可以发现泰如片有更多的读音层次,而洪巢片演变则比较"先进",几乎与权威官话一致。

文白异读是本地人的语感,是本地人根据本方言的语言感觉的判断,不同的方言会有不同的感觉,表面看,似乎有些乱,不同方言土人感识别文白异读的标志似乎不同,所以即使是邻近方言的文白异读也可能不是对应的。土人感的文白

异读是孤立的字音，语音层次分析要根据层次的系统性、规律性特点把它们转换为对应的音类对立，然后建立起系统的文读层、白读层语音层次，才能搭建不同方言的层次对应。

3. 严整对应规律法

"严整对应规律法"的称呼来自秋谷裕幸（2003）[1-4]的说法。意思是：相同的字在一组方言里有严整的语音对应，就可以把它们连起来进行比较，然后给这种对应拟定一个原始音值。如罗杰瑞（Norman 1981）[35-74]认为下列字的韵母在各地闽语里存在着对应，它们的原始形式应该是 *ie。见表 37：

表 37　原始闽语 *ie 在各地闽语中的对应

	福安	福州	厦门	揭阳	建瓯	建阳	永安	将乐
鸡	ki^1	kie^1	kue^1	koi^1	kai^1	kai^1	ke^1	ke^1
啼	t^{h}i^2	t^{h}ie^2	t^{h}i^2	t^{h}i^2	t^{h}i^2	hie^2	t^{h}e^2	(t^{h}i^9)
弟	ti^6	tie^6	ti^6	ti^4	ti^6	tie^5	te^4	t^{h}ie^9
剃	t^{h}i^5	t^{h}ie^5	t^{h}i^5	t^{h}i^5	t^{h}i^5	hie^5	t^{h}e^5	t^{h}ie^5

他认为在福安、福州以外的方言里，*ie 在舌根音后失去介音 -i-，然后跟另一个原始形式 *e 合并。

我们现在来检查这些字的上述读音是否存在语音对应。尽管罗氏在他的古闽语研究中刻意回避《切韵》框架，但是我们一看就知道上述四个字之所以可以放在一起比较就是因为它们在《切韵》里同属于齐韵。福安、福州、永安三地上述四个齐韵字韵母相同，分别是 i，ie 和 e，其他五地的韵母读音并不一致。厦门有 ue/i 差异，揭阳有 oi/i 差异，建瓯有 ai/i 差异，建阳有 ai/ie 差异，将乐有 e/ie 差异。我们发现在这些有差异的方言里，差异的分布并不像罗氏所说的呈互补分布。在厦门话里齐韵字今读 ue 韵也可以出现在 t、t^h 声母后。如（厦门话读音据 Douglas 1873；北京大学中国语言文字系语言教研室 2003；周长辑，欧阳忆耘 1998 总结，下同）：

底 tue^3；递 tue^6；题 tue^2；蹄 tue^2；体 t^{h}ue^3；替 t^{h}ue^5

而且 ue/i 可以构成一字多音的对立：

底 tue^3/ti^3；替 t^{h}ue^5/t^{h}i^5

揭阳话齐韵今韵母读 oi/i 的可以构成同一个字的文白异读对立，其中读 oi 的是白读，读 i 的是文读（林伦伦，陈小枫 1996）[31]：

底 toi³/ti³；替 tʰoi⁵/tʰi⁵；犁 loi²/li²

建瓯话齐韵今韵母读 ai/i 差异也是可以构成同一个字的文白异读对立。其中读 ai 的是白读，读 i 的是文读（北京大学中国语言文字系语言教研室 2003）：

底 tai³/ti³；泥 nai⁵/ni⁵；犁 lai²/li⁵；挤 tsai⁸/tsi³；齐 tsai³/tsi³；西 sai¹/si¹；契 kʰai¹/kʰi⁵；

显然在厦门话、揭阳话、建瓯话里，齐韵中的 ue/i、oi/i 和 ai/i 差异并不适合用条件音变来解释，它们不是音变的关系，应该是读音层次的关系。我们再来看罗杰瑞所构拟的原始闽语 *e。见表 38：

表 38　原始闽语 *e 在各地闽语里的对应

	福安	福州	厦门	揭阳	建瓯	建阳	永安	将乐
街	kɜ¹	ke¹	kue¹	koi¹	kai¹	kai¹	ke¹	kai¹
细	sɜ⁵	sa⁵	sue⁵	soi⁵	sai⁵	sai⁵	se⁵	sai⁵
犁	lɜ²	le²	lue²	loi²	lai²	lai²	ne²	lai²
卖	mɜ⁶	ma⁶	bue⁶	boi⁶	mai⁶	mai⁶	me⁶	mai⁶

"细犁"跟表 37 中的"鸡"同属蟹摄四等开口齐韵字，它们的韵母读音在厦门、揭阳、建瓯、建阳是分别一致的。例如在厦门话里同属蟹摄四等开口齐韵的这三个字"细犁鸡"韵母有相同的文白异读表现，见表 39：

表 39　厦门话"细犁鸡"文白异读

		细	犁	鸡
厦门	白读	sue⁵	lue²	kue¹
	文读	se⁵	le²	ke¹

现在为了要照顾到跟其他方言的"对应"，把厦门话这三个具有同样特点韵母分属两个来源 *ie 和 *e 实在是得不偿失。"严整对应规律法"有三个明显的缺陷：第一，刻意回避《切韵》音类对应，使得原本规律性的对应支离破碎。如上述把厦门话"细犁鸡"的韵母对应一分为二。第二，在没有明了各方言读音层次的情况下去做长距离的语音对应极有可能是层次错乱的语音对应。如建阳、建瓯的"鸡"韵母读音 -ai 跟福安"鸡"的韵母读音 -i 不在一个层次上，前者是跟同摄三等祭韵不同韵，后者则是祭齐同韵。第三，构拟出来的原始音类仍然是一个层次杂处的形式。如上述 *ie 对应的两个厦门话的韵母读音 ue 和 i 应该是两个层次，否则就不会有"底"tue³/ti³；"替"tʰue⁵/tʰi⁵ 等一字两读。

4. 层次对应法

汉语方言里，特别是语音层次复杂的东南沿海方言里，语音比较必须符合三个条件：（1）相同的语素（字）；（2）相同的古音来源；（3）相同的语音层次。相同的语素保证了所研究的项目的可比性；相同的古音来源可以排除由非本字所造成的训读等其他特殊异读的对应；相同层次则保证各类变异是音变关系而非层次关系。具体可采取下列步骤。

第一，必须先在单个方言点梳理出所研究项目的语音层次。单个方言点的选择必须具备：（1）选择的点必须具有同片方言的代表性；（2）必须具备相当丰富的语音材料、词汇材料，以及从中整理出来的各种异读的材料，做过一定的本字考释工作。

第二，研究语音层次的突破口是异读，不过孤立的字音异读并不等于语音层次。从孤立的字音异读到语音层次研究必须具备两个先决的条件：（1）必须从字音（音节）异读中寻找出造成这种异读的某个音类，音类的单位是一个音节中的声母、韵母或声调。（2）找出异读的音类仍然还是一个"点"，要以这个"点"为线索进而能找出这个方言里同一音类相同性质的变异，从而将这种音类变异分析为不同的层次（面）。语音层次的变异是反映该方言音类系统的变异，要系统化才能跟语音层次连上关系。从一个字的异读引出整个类的异读，从而构成成系统的读音层次对立。

第三，确定语音层次的时间先后和每个层次的音韵特点。比如鱼韵的韵母读音里可以按照跟虞韵的同韵与否分立鱼虞有别层和鱼虞相混层，按照中原权威官话的语音发展史确定鱼虞有别层要早于鱼虞相混曾。

第四，依据语音层次的音韵特点和时间先后，必须由近及远寻找方言间的语音层次的对应。

下面我们演示如何构拟一个字的早期形式。表 40 是"罪"在江淮官话南通、如皋、泰州、泰兴读音（据顾黔 2015《泰兴方言研究》第四章"同音字汇"[108-141]，下同。），扬州、南京，北京作为参照点方言也列入。

表 40　"罪"在江淮官话里的读音

	南通	如皋	泰州	泰兴	扬州	南京	北京
罪	$tɕʰye^6$	$tɕʰy^1$/$tsʰuei^1$	$tɕʰy^1$/$tsuəi^5$	$tɕʰy^1$/$tsʰuəi^1$/$tsuəi^5$	$tsuəi^5$	$tsuəi^5$	$tsuei^5$

表 40 所列的南通、如皋、泰州、泰兴都是江淮官话泰如片，扬州、南京属江淮

官话洪巢片。从声母来看，扬州、南京、北京三地浊声母清化以后遵循"平送仄不送"规则，所以"罪"声母读不送气清音。泰如片南通、如皋、泰州、泰兴浊声母清化以后不管平仄一律送气。不过，泰州、泰兴还有不送气的另读，说明晚近的北方官话的"平送仄不送"音变已经渗透到这两个方言点。如皋、南通并不是说不受"平送仄不送"的影响，从表40的例字读音已经看出这种渗透是存在的，只不过没有波及"罪"字的读音，这也很好的说明了层次影响是逐字替代，而不是像规则音变那样，符合条件的要变统统变。总结"罪"的声母在这些方言里的对应和音变：

白读层（泰如片）tsʰ ——→ tɕʰ／__细音前

——→ tsʰ 其他情况下

文读层（泰如片、洪巢片）ts

"罪"的韵母对应破费思忖，如皋、泰州、泰兴各两类，y 和 uəi（uei），其中后者 uəi（uei）是文读，对应于扬州、南京、北京的 uəi（uei），前者读 y 只存在于泰如片，不过泰如片中的南通只有 ye 一读，它对应于如皋、泰州、泰兴的白读 y 还是文读的 uəi（uei）？确定对应层次必须根据所处方言的音韵分合特点。先来看南通话里 ye 韵的分合。见表41：

表41　南通、如皋、泰州、泰兴"罪醉岁"读音

	南通	如皋	泰州	泰兴
罪	tɕʰye⁶	tɕʰy¹/tsʰuei¹	tɕʰy¹/tsuəi⁵	tɕʰy¹/tsʰuəi¹/tsuəi⁵
醉	tɕy⁵/tɕye⁵	tɕy⁵/tsuei⁵	tɕy⁵/tsuəi⁵	tɕy⁵/tsuəi⁵
岁	ɕy⁵/ɕye⁵	ɕy⁵/suei⁵	ɕy⁵/suəi⁵	ɕy⁵/suəi⁵

南通"罪"只有一读，韵母是 ye，如皋、泰州、泰兴等地"罪"都有异读：y 和 uəi（uei），前者是白读，后者是文读。平行的例子"醉岁"也有相同的文白对立。恰好，"醉岁"在南通是有文白异读的，韵母 y 是白读，ye 是文读，这样就可以推断南通的"罪"韵母读 ye 是文读层韵母，它跟如皋、泰州、泰兴的 uəi（uei）是同一个层次的读音。如果说南通话 ye 是"罪"的文读韵母的话，它丢失了白读的 y，而这个 y 韵在同类的邻近方言里还能找到。"罪"的声调根据层次分析也能梳理清晰。南通去声分阴阳，"罪"古浊声母上声字，与古浊声母去声字声调合并，所以读阳去。如皋"罪"读阴平，泰州、泰兴"罪"有读阴平的，也有读去声的。扬州、南京、北京都是去声。如皋、泰州、泰兴古浊声母上声、去声白读变读为

阴平，文读则为去声，所以读阴平的符合白读规律，读去声的则是文读，对应于扬州、南京、北京的去声。

把江淮官话"罪"字做声韵调层次剖析，可以得到表42：

表 42　江淮官话"罪"字做声韵调层次分析

"罪"	声母		韵母		声调	
	tɕʰ/tsʰ	tɕ/ts	y	ye/uəi（uei）	阴平	去声
南通	+			+		+
如皋	+		+		+	
泰州	+	+	+		+	+
泰兴	+	+	+		+	+
扬州		+		+		+
南京		+		+		+

表42声母栏里舌面前 tɕ(tɕʰ) 和舌尖音 ts(tsʰ) 呈互补分布，前者拼细音，后者拼洪音。表中声母、韵母、声调各有两个层次，相同层次可做历史比较，利用比较法追述它们的早期形式；不同的层次则是替代关系，不是音变关系，所以无法在不同层次里用比较法构拟早期形式。如南通话"罪"韵母中少了 y 读音层，这是给文读层替换掉了。不过声调不读阴平仍读去声可能是去声变阴平的音变没有发生在南通，只发生在如皋、泰州、泰兴等地。

（六）权威官话在历史层次分析中的作用

权威官话史在语音层次研究中有相当重要的作用。第一，对非官话方言来说权威官话是最主要的输出语（donor language），覆盖面大的层次都可以在权威官话里找到它们的来源。第二，权威官话有大量的文献，汉语绝大多数的文献是用"通语""雅言"一类的历代权威官话写的，上古汉语中可做语音研究的最为重要的文献是《诗经》的押韵体系，而《诗经》的用语是中原的雅言；中古汉语语音研究的最为重要的依据《切韵》也是当时洛阳—金陵一带的读书音。第三，权威官话史的研究也是最为深入的。到目前为止，官话语音史从上古到中古到现代已经有一个相当清晰的轮廓，这是方言语音层次分析不可或缺的条件。具体的来说权威官话研究成果对方言语音层次分析有下列说明：

第一，各方言的主体层次应该来自于中古或中古以后中原权威官话，所以权威官话的中古音分类（一般来说指《切韵》的音系分类）可作为方言语音层次分类的参照系，并以此为基点来看层次的音韵分合。

第二，中原权威官话已经有一个相当清晰的语音发展面貌，理论上来说，由于方言的层次大多来自权威官话，或跟权威官话有密切的联系，所以确定方言语音层次的先后可以参照权威官话的语音发展史。一般来讲，反映权威官话早期的语音特点的层次应该早于反映权威官话晚期语音特点的层次。

第三，方言中的文白异读是语音层次的反应，文白异读是相同的语素在音类方面呈现系统的差异，其中跟权威官话相同或相近的是文读层，跟权威官话相异的则是白读层，所以鉴别文读层和白读层出了要靠本地人的语感外，还要借助于官话的语音发展史。

方言语音的层次研究反过来对权威官话史的研究也有很大的价值。根据方言层次与权威官话的对应关系，方言早期层次的语音形式和特点对应于权威官话的早期历史阶段，晚期层次对应于权威官话的晚期历史阶段，我们就可以利用方言的层次来检验权威话的历史研究。如果发现方言的早期层次特点对应于权威官话的晚期构拟，而方言的晚期层次特点对应于权威官话的早期构拟，那么权威官话的这些构拟必须做重新的检讨和调整。

（七）《切韵》音系在历史层次分析法中的作用以及闽语的性质

《切韵》在汉语语音史研究中有着特殊的地位。它以当时邺下（洛阳）和金陵（南京）的雅言为基础而制定的标准读书音，具有综合性质，语音的分类多而细，现代汉语方言的语音分类大多可以在《切韵》音系框架里得以解释，所以汉语语音史研究往往以《切韵》音系为参照来看语音演变。有人认为这是受高本汉汉语发展史观的影响，"高氏对汉语方言发展史的这一观点对层次分析法也起到了关键性的重要作用。""高本汉的音韵史研究和层次分析法之间存在着两方面的继承关系：（1）以《切韵》音类为单位研究方言音韵史；（2）十分重视北方通语音系对各地方言的辐射"。（秋谷裕幸，韩哲夫 2012）。其实层次分析法学派在对《切韵》的性质认识方面与高本汉有重大的差异。对《切韵》的认识直接影响到两者的研究方法。高本汉在他的《中上古汉语音韵纲要》（高本汉 1954，1987）[2, 8-9] 说：

"现代汉语方言的声韵分类都是显示出他们全是（闽方言除外）从《切

韵》语言派生出来，而《切韵》语言在唐朝曾作为一种共通语传遍了中国国土上的所有重要的城镇。"

"我们用'中古汉语'（Ancient Chinese）指代《切韵》纂集的公元六〇〇年左右的语言，这实质上就是陕西长安方言，这一方言在唐朝成为一种共同语（Koine），除沿海的福建省以外，全国各州县的知识界人士都说这种语言。"

我们可以把高本汉对《切韵》的认识总结如下三点：

第一，《切韵》代表公元 600 年左右的陕西长安方言一时一地的音系。

第二，这种权威方言在唐代曾作为全国通用语。

第三，它是除闽语以外的所有汉语方言的母语。

高本汉的这些认识在今天看来是不正确的，至少是有失偏颇。《切韵》的性质可以在陆法言《切韵》序中看出端倪。陆法言纵论古今通塞，南北是非，指责"吴楚则时伤轻浅，燕赵则多伤轻重，秦陇则去声为入，梁益则平声似去"，唯独没有评论中原音，显然他（应该代表当时陆法言、颜之推等八人的意见）认为中原音（洛阳）是标准音。一般认为《切韵》这本在中国语音史研究上有着特殊地位的韵书也是以当时邺下（洛阳）和金陵（南京）的雅言为基础而制定的标准读书音，并非是一时一地的方言记录。（周祖谟 1966）张琨、张谢蓓蒂（1972）指出《切韵》的音类分合照顾到古今通塞、南北是非，人为地根据当时的方言情况按能分则分的原则并参考当时能考虑到的古音而确定。丁邦新先生（1995）则认为《切韵》是南北两大主要方言（金陵与邺下）的融合。

一般认为各地汉语方言的文读跟《切韵》一系的韵书、字典的注音，即各时代的权威官话读音，都有较严整的对应关系。其实各地方言的白读音跟《切韵》一系的韵书、字典的注音也有一定的渊源关系，理由如下：

第一，《切韵》的撰写的目的是为了制定文人做诗押韵的标准，韵书里的字音肯定是汉字的读书音，不过这些读书音一定是有方言的依据。如果说《切韵》依据的基础方言是当时中原地区的权威话邺下（洛阳）话和金陵（南京）话，那么当时的读书音与白话音的距离还不是太远，因为大量的文白之异应该是随着科举盛行（公元 609 年开始科举，即《切韵》成书后八年）才产生的现象。（丁邦新 2003）历史上由北向南三次大的移民潮奠定了现代汉语方言的基本格局。第一次移民潮的末尾（公元 6 世纪前后）相去《切韵》成书不远，由那波移民潮带到南方来的中原口语音相信跟《切韵》音类是较吻合的。

第二，汉语的权威官话始终在中原地区，而《切韵》一系的韵书、字典中的各种形式的音注很大程度上要依据各时期的中原地区权威方言的语音，所以由北向南的各层次移民所带来的口语不能不说也跟《切韵》一系的韵书、字典里的读音有关系。

第三，跟韵书、字典注音有严密对应关系的读书音在方言里随着权威官话的势力增强，会进入口语层，取代原有的白读音，从而跟新来的文读音组成新一轮的文白异读关系。这种文白读之间相互取代的进程会一轮一轮重复。这样也使得方言里白读音的音类跟《切韵》一系的韵书、字典中的音类关系密切。

《切韵》与现代汉语方言语音有密切关系，并不等同于高本汉所认为的单层次直线条的对应关系，同时我们更关注以《切韵》一系韵书为代表的历代权威方言对方言的多次渗透而造成的层次叠架现象。闽语确实有《切韵》前的语音层次，不过这只是这些方言中的某一个层次而已，并不是这些方言的全部。并且，即使如此，也必须跟《切韵》语音特点比较以后才能知道哪些是前《切韵》层次的特点，哪些是后《切韵》层次的特点。所以《切韵》音系分类及中原权威官话语音演变历史可作为方言语音层次分类的参照系，并以此为基点来看层次的音韵分合。

高本汉（1915—1926/1940）《中国音韵学研究》第四卷"方言字汇"有二十六个方言点的字音读音表，高本汉方音比较目的是给既定的切韵音类注音。如前所述，高本汉的拟音方法是，一遇到方言里有一字多音，文白异读只选其中一种"合乎规律"的读音作比较，其他读音则认为是方言混用造成的例外，可参见前面3.1的两段引文。

层次分析虽然也做构拟，比如为每一个层次构拟最早的读音形式（陈忠敏2002，2003，2006），但《切韵》的音类构拟并不是层次分析法的目标。在方法上也跟高本汉的迥然不同。层次分析法不仅关注方言与《切韵》"合乎规律""多数"的"规则"读音，更关注各种"不规则"读音。因为各种"不规则"的读音变异才能真正反映语音层次的差异。

闽语的性质及原始闽语的构拟问题既跟语音的历史层次分析有关，也跟高本汉的相关观点有关。高氏（1954/1987）在他的《中上古汉语音韵纲要》里说："（现代汉语方言的）各自的声韵分类都是显示出它们全是（闽方言除外）从《切韵》语言派生出来。"意思是只有闽语是超越《切韵》系统，不是从《切韵》系统衍生的。所以有的研究闽语的历史的学者认为可以完全撇开《切韵》，只根据现代闽语方言做层级比较就能构拟出原始闽语。其实闽语的形成是多层次的，它固然有一些前《切韵》的成分，但更多的是中古及中古以后中原移民带来的语言特征。这些语言特点整合在一起形成今天的闽语。所以研究闽语及闽语的发展历史应该比较《切韵》的音类分合来看出哪些特点是前《切韵》的，哪些是《切韵》以后的变化。闽语语音的层次分析与原始闽语研究的任务是不同的，前者是要研究闽语语音的各个时期的面貌以及它们的演变，也即闽语语音的整体面貌。后者则是以构拟闽语最早期的语音形式为目的，并不考虑闽语后期由于语言接触形成的读音层次。不过虽然原始闽语研究只关心原始闽语的语音构拟，并不在乎以后由于方言接触形成的语音层次，但闽语的共时平面里杂糅着不同时期由于语言接触的成分，只有首先离析出不同的语音层次才能知道哪些材料可以用作构拟原始闽语，哪些不可以。

七、汉语方言层次演变与方言的层次分类

语言或方言分类（分区）一般可以从两个不同的角度进行：一种是反映语言类型的分类或分区（以下简称"类型分类"）。一组语言或方言在地理上是连续的，同时又具有相同的语言特征，就组成相同的语言类型，我们就可以把它们划分一个语言或方言区。比如江浙沪一带塞音、塞擦音三分的方言我们就叫它们吴方言。分类或分区的特征注重于区别性，即所选的语言特征对内有同一性，对外有排他性，只有这样才能在地理上跟邻近的语言或方言分割清楚。至于这些特征是创新（innovation）还是留存（retention），类型分类并不考虑。另一种是反映语言演变分类或分区（以下简称"演变分类"）。也即语言或方言的分类、分区能反映语言演变的脉络。比如在印欧语里，根据是否经历格里姆定律分化出原始日耳曼语族与其他印欧语族语；在原始日耳曼语族里看是否经历过 i-umlaut 音变再分化出原始西日耳曼语支与原始东日耳曼语支（哥德语）；在原始西日耳曼语支里再按是否经历过高地德语辅音演变再一次分化出古高地德语与古英语等。

演变分类的好处就在于能看清语言的逐层演变的轨迹以及各语言间的亲疏关系，所以选择分类或分区的特征强调要用创新特征，而不是留存特征。两种分类或分区的优劣十分明显，类型分类只提供此语言（方言）与彼语言（方言）不同的语言特征信息，目的只是为了分类；而演变分类提供的信息更多，它不仅能为语言（方言）分类或分区、提供此语言（方言）与彼语言（方言）不同的语言特征信息，更重要的是提供了原始语言分化为不同语族、语支、语言、方言的层级过

程和语言间亲疏关系等信息，这些都是类型分类无法做到的，显然演变分类要优于类型分类。

演变分类是历史语言学的志趣，早在 150 年前德国语言学家 Schleicher 就提出印欧语的谱系分类图和分类的理论基础。在印欧语研究中，语系确定以后用来反映语言演变的分类或分区叫做语言的下位分类（subgrouping），语言的下位分类是历史比较法的一部分内容，它的理论背景是语言的谱系树分化理论。谱系树分化理论的基本假设是：有发生学关系的亲属语言从一个同质的原始母语分化而来，分化以后的后代语言相互间没有较大规模的语言接触。虽然现实的语言中不可能不存在语言接触，但是印欧语演变和分化的基本框架可以用谱系树模式得以解释。Szemerényi 在他的印欧语研究著作中就认为在印欧语的历史研究中，语言接触所引起的不规则音变只发生在个别语言（方言）与语言（方言）的交界处（transitional zone），而不会发生在绝大多数的语言（方言）的中心地带（nuclear zone）。他认为作历史比较的材料可以直接取自中心地带，不必考虑个别交界处的例外（Szemerényi 1990）[22-23]，所以这种谱系分类在印欧语里相当成功，下位分类也非常清晰。

在我国，尤其是汉语方言的分类或分区大多是类型分类，类型分类无法体现方言的逐层演变关系和亲疏关系，比如塞音、塞擦音三分的特征大致上可以把吴方言跟与它接壤的江淮官话、徽方言、赣方言、闽方言分开，但是这种分类或分区更多地着眼于类型学分类，因为塞音、塞擦音三分是留存特征，并不是创新特征，无法凭这条留存特征能说清方言闲的亲疏关系，也即无法断言吴方言是早于还是晚于江淮官话、徽方言、赣方言、闽方言等从原始汉语分离出去。类型分类至多只能将此方言与彼方言分类，无法提供更多的语言（方言）发展史方面的信息。次浊上声调归阴平倒是一种创新特征，有学者认为次浊上声调的不同归并是区分赣方言与客家方言的标准。（Hashimoto 1973）这一标准现在看来是有问题的。第一，客家方言次浊上声归不归阴平是有口语与书面的层次区别的，大多数客家话的古次浊上口语字声调归阴上，书面语字则跟随全浊上声走，归阴平。（辛世彪 2004）[44] 第二，客家方言与赣方言在次浊上声归不归阴平这一点上没有本质上的区别，只是数量上的多寡而已。（王福堂 1998）显然，这条创新特征也无法将客家话与赣语干净利落地切分开来。本文分析古从邪崇船禅诸声母在今江淮官话、吴语、闽语的读音层次，提出另一种汉语方言分类法，即"方言层次分类"。希望层次分析法能克服类型分类和上述创新特征分类的困境，也即，我们运用层次分析法尝试在江淮官话、吴语、闽语等方言里做方言的演变分类，从中看清这些方言的亲疏关系和逐层演变的脉络。

进行语言演变分类必须充分考虑语言形成、分化的历史背景。汉语各方言从原始汉语分化以后，语言接触十分频繁，而且这种接触是长时间的、深层次的，所以汉语方言形成和演变无法套用语言谱系树分化的模式，也就无法用一条或几条创新音变来给方言分类。汉语方言形成和演变的模式大致上是"一中心多层次"模式（陈忠敏 2008，2013[67-92]）。这里的中心是指强势权威语言，也是渗透源。虽然总的渗透源是历代的中原地区的官话，但是随着政权的更迭，政治、经济、文化中心的转移，语言渗透源也会随之移动。汉语方言形成和演变的总趋势是以历代的权威官话为中心（渗透源），不断同化周边方言（语言），在周边方言里形成来自历代官话的层次叠架现象。所以我们可以通过层次分析法把方言中的层次梳理清楚，再从层次迭架的多寡、性质来看方言的演变的脉络，以及方言间的亲疏程度，进而为方言做演变的层次分类。以下依据古从邪崇船禅诸声母的读音层次来给江淮官话、吴语、闽语等方言做演变分类（陈忠敏 2018）。

吴语有四个层次，最新的一层（第四层）与北京官话同，邪船禅母北京话读擦音的也读擦音，在北部吴语的一些点尤为如此。第三层是次新层，从邪崇船禅母都读塞擦音，这是以杭州话为中心向整个江南地区方言扩散的层次，在吴语里是文读层。第三层是从邪崇船禅母都读擦音，这是吴语从邪崇船禅母主体层的读音，除杭州话外都是这样。第四层是最早的层次，也是吴语早期的残留读音层，船禅母读塞擦音，这一读音层只发生在南部吴语的处衢片和婺州片。如表43：

表 43　吴语从邪崇船禅读音层次

层次	层次属性	读音	古音来源	方言片
第四层	第三层的文读或新读	擦音	邪船禅	北部吴语一些点
第三层	第二层的文读	塞擦音	从邪崇船禅	杭州话为主体读音，其他吴语为文读层
第二层	主体层读音，第一层的文读	擦音	从邪崇船禅	除杭州话以外的吴语
第一层	残留读音	塞擦音	船禅母	处衢片、婺州片，与闽语同

同是擦音，第四层与第二层性质完全不同，如吴语海门话邪母、船母、禅母旧读是读塞擦音的，但是新读都是擦音，新读来自晚近的北京官话：

寻旬巡循 dzin[6]/ 寻（新读）旬（新读）巡（新读）循（新读）ɕin[6]

术述 dzəʔ[8]/ 术（新读）述（新读）szəʔ[8]

涉 dzəʔ[8]/ 涉（新读）szəʔ[8]

邪母、崇母、船母、禅母另有一些字有擦音/塞擦音异读，这些异读构成了文白异读对立，读擦音是白读层读音，读塞擦音是文读层读音。如：随 szei[2]/dzei[2]、袖 ɕziɐu[6]/dziɐu[6]、馋 szæ[2]/dzæ[2]、唇 szən[2]/dzən[2]、城 szən[2]/dzən[2]。其中白读层擦音层是吴语主体音读层。根据这种文白读和新旧读的叠加关系，我们分出第四层擦音层，第三层塞擦音层，第二层擦音层，第四层和第二层都是擦音层，但是它们的性质不同。

南部吴语的婺州片、处州、衢州片等方言船、禅母有另外一种白读，读塞擦音。如庆元：舌 tɕieʔ[8]、绳 tɕieŋ[2]、上（动词）tɕiɑ[4]、常山：尚（和尚）dziã[0]、薯（番薯）dzie[0]、广丰：舓 dzie[4]。（曹志耘等 2000）[29] 禅船母本来字不多，表 44 选择这些方言常读塞擦音的"是树上（动词）舌石熟"六字作为比较，衢州片选开化（据笔者调查）、江山（据陶寰调查）；处州片选丽水（据陶寰调查）、庆元（据曹志耘等 2000）；婺州片选汤溪（据曹志耘等 2016）、武义（据曹志耘等 2016）。

表 44　处衢片"是树上（动词）舌石熟"声母读音

	是	树	上（动词）	舌	石	熟
开化	dzieʔ[8]/zɿ[6]	dziɯ[6]/zy[6]	dziaŋ[4]	dziaʔ[8]	dzieʔ[8]/zieʔ[8]	dzyoʔ[8]/zyoʔ[8]
江山	dzi[4]/zɿ[2]	dziɯ[6]/zyɛ[6]	ziã[4]	dziɛʔ[8]	ziaʔ[8]	dzyɔʔ[8]/zioʔ[8]
丽水	dz[2]/zɿ[2]	zʮ[6]	dziã[6]	dzieʔ[8]	ziʔ[8]	ziuʔ[8]
庆元	ɕie[4]	tɕiɯ[6]/ɕye[6]	tɕiɑ[6]	tɕieʔ[8]	ɕiʔ[8]	ɕiuʔ[8]

南部吴语船、禅母有些字读塞擦音有三个特点：第一，读塞擦音的字是相当常用的口语词（语素），而且就是这么几个固定的词，如"是、树、上（动词）、舌、石、熟、绳、舓、尚（和尚）"，我们可以称之为"层次特字"。第二，这批读塞擦音的"层次特字"与闽语中的读音层次是相同的。第三，如果有文白异读，它们对应的文读就是别处吴语的擦音（主体层读音）。

根据上述分析我们把吴语从邪崇船禅诸声母的读音分为表四个层次。第一层最早，读塞擦音，只在南部吴语处衢片和婺州片里有残存的读音；第二层是吴语次早层，也是吴语的主体层读音，读擦音。除杭州话以外的吴语都有；第三层是第二层的文读音，读塞擦音。在杭州话里是主体层读音，别处吴语则是第二层的文读；第四层是晚近的新读音层，读擦音。在北部吴语的某些方言点里有此种读音层。

江淮方言分为两类，一类是江淮官话泰如片，另一类是江淮官话其他片。它们与吴语四个层次的对应如表45：

表45　江淮官话泰如片、其他片邪崇船禅母读音层次

层次	江淮官话泰如片	江淮官话其他片
第四层	邪船禅母读擦音，如南通话"寻" $tɕ^hiəŋ^2$/$ɕyəŋ^2$，文读层	邪船禅母读擦音，如扬州话"随" $suɛi^2$，主体层
第三层	从邪母读塞擦音，如南通话"寻" $tɕ^hiəŋ^2$，主体层	从邪母读塞擦音，如合肥话"寻" $tɕ^hin^2$，残留层
第二层	某些崇船禅母字读擦音，如泰兴话"柴" $sɛ^2$，残留层	无
第一层	无	无

整个江淮官话没有第一层，对应于吴语的第二层（主体层）只有在江淮官话泰如片里还有残留，不见于江淮官话其他片。对应于吴语第三层是江淮官话泰如片主体读音，而其他片的主体读音则是对应于吴语的第四层。第四层读音也是泰如片的文读层。

根据从邪崇船禅母的读音层次可以把江淮官话泰如片、江淮官话其他片、吴语处衢/婺州片、吴语其他片放在一起比较，就可以看出它们读音层次的差异。见表46：

表46　吴语、江淮官话从邪崇船禅母读音层次及层次分类

层次	吴语处衢、婺州片	吴语其他片	江淮官话通泰片	江淮官话其他片
第四层	无	邪船禅母读擦音，如海门话"习" $dziɁ^8$/习（新读）$ɕziə^8$，新读层	邪船禅母读擦音，如南通话"寻" $tɕ^hiəŋ^2$/$ɕyəŋ^2$，文读层	邪船禅母读擦音，如扬州话"随" $suəi^2$，主体层
第三层	从邪崇船禅母读塞擦音，如金华话"寻" $dzəŋ^2$，文读层	从邪崇船禅母读塞擦音，如海门话"馋" $dzæ^2$，文读层	从邪母读塞擦音，如南通话"寻" $tɕ^hiəŋ^2$，主体层	从邪母读塞擦音，如合肥话"寻" $tɕ^hin^2$，残留层
第二层	从邪崇船禅母读擦音，如金华话"坐" $suɣ3$，主体层	从邪崇船禅母读擦音，如桐庐话"船" $zyɛ^2$，主体层	某些从邪崇船禅母字读擦音，如泰兴话"柴" $sɛ^2$，残留层	无
第一层	某些船禅母字读塞擦音，如开化话"树" $dziu^6$，残留层	无	无	无

从层次的时间先后看，第一层早于第二层，第二层早于第三层，第三层早于第四层。吴语处衢、婺州片有第一层、第二层和第三层，缺最新的第四层。吴语其他片则有第二层、第三层、第四层，但是整个吴语第二层都是主体层次读音，也即从邪崇船禅母都以读擦音为主，这是吴语的一个共同点。江淮官话可分通泰片和其他片，通泰片有第二层、第三层、第四层。不过第二层只是残留读音，主体层是落在第三层，也即从邪崇船禅母以读塞擦音为主，读擦音则是对应的文读。江淮官话其他片的层次最少，只有两个层次，其中第三层是残留层，第四层，也即最晚近的那一读音则是主体层读音，主体层的读音与今普通话读音一致。从层次累积的特点来看，吴语处衢、婺州片是一类，吴语其他片又是一类，江淮方言可分通泰片与其他片，因为它们的层次累积的特点不同。衡量层次累积的特点一要看层次数，二要看层次的深度，三还要看主体层次所处的位置。吴语处衢、婺州片与吴语其他片层次数都是三层，主体层也都坐落在第二层，但是，处衢、婺州片是第一、二、三层，其他吴语片是二、三、四层，所以其他片吴语的层次底蕴没有吴语处衢、婺州片深。吴语处衢、婺州片、吴语其他片、江淮官话通泰片、江淮官话其他片依次毗邻，但是从主体层所处的位置及最低层次的有无可以看出它们层次累积的特点和层次累积程度的深浅。越往南，层次累积越深，保留早期层次越多，越往北层次累积则越浅，早期层次则荡然无存。

八、结语

方言演变的层次分类是基于汉语方言"一中心多层次"演变史观而提出的方言分类法，具体的研究方法是历史层次分析法与历史比较法。也即先按照历史层次分析法分析各种异读，离析出音韵层次；根据文白异读和各种文献线索确定各层次的时间先后；寻找同类方言对应层次，并根据历史比较法拟测早期形式；在此基础上比较不同方言的层次累积特点，最终做出方言的层次分类。方言演变的层次分类图虽然不能像印欧语谱系下位分类那么好看、那么截然；不同的语言特征不是有和无之分别，而是多少（主体层／非主体层）的不同，以及所处的层次不同区别。但是这种分类更符合汉语历史演变的事实，比传统的类型学分类提供的信息也更多。

印欧语各语言从原始语分化以后，各语言间、子语言与原始祖语间的距离会越来越远。如原始印欧语与现在各子语言、作为日耳曼语族的英语与德语，随着分化的年代越久远，它们之间的相似度越降低。中国境内的语言，包括汉语，2000 多年来在始终存在着中原权威官话的强力影响。除了语言（方言）各自分化的一面，还有不断趋同的一面。各语言（方言）与历代中原权威官话分化与趋同的具体表现就是语言（方言）的层次性特点，也即最初分化后的汉语各子方言随着分化年代的久远，有各自独立发展的一面，各方言间的距离因之拉大。与此同时，以后从中原权威官话来的层次一次又一次覆盖各子方言，传来的是更接近各时期中原权威官话的面相。随着中原权威官话影响力的增强，由权威官话而来的新层次逐渐取代以前的老层次，于是方言中老层次的成分越来越少，最终被淘汰。如此一轮一轮层次替换和更迭，造成了汉语方言还有与中原权威官话逐渐趋同的一面。根据汉语方言"一中心多层次"演变的特点，我们提出汉语方言层次分类的概念和方法，层次分类不同于类型分类，它能反映汉语方言演变的面貌，也更符合汉语方言形成的历史人文背景。

历史层次分析法并不是要取代历史比较法，而是根据东亚及东南亚语言的一中心多层次演变的特点总结出来的一种补充历史比较法的方法。历史比较法和历史层次分析法都是研究语言历史的方法，都是用晚期语言材料来探寻早期的语言面貌。不过它们也有差异。第一，它们追求的具体目标不同，历史比较法通常有两个具体目标：确定语言的发生学关系；比较亲属语言晚期的语言面貌来重建它们的原始形式，构拟出来的原始形式能合理解释各子语言的演变。由于它只关注发生学关系，所以在运用比较法之前得先剔除任何的语言接触成分，以保证所比较的项目都出自同源。由语言接触所造成的语言层次现象并不是比较法所要关注的对象。层次分析法刚好相反，运用层次分析法并不是为了确定语言发生学关系，也不是为了重建亲属语言的原始形式，它的具体目标是离析由于语言接触所造成的语言层次、排列层次的时间先后及建立不同方言间的层次对应。第二，它们处理的语言材料也是有差异的，由于比较法的目标是确定语言的发生学关系和重建原始语言，所以用比较法比较的语言项目必须来自于亲属语言或所比较语言自身。层次分析法处理的层次是语言接触的产物，语言接触既包括亲属语（含方言）之间的接触，也包括非亲属语之间的接触。所以层次的来源也可能是来自于非亲属语。例如研究越南语中的汉语借词层的语音层次需要比较越南语和汉语，而这两种语言并非亲属语言。

可见，历史比较法和历史层次分析法并不是对立的，而是互为补充的。通过层次分析可以剔出语言借用成分，从而确保所比较的项目都是来自语言自身，然后用历史比较法来构拟出单一的原始形式;就语音层次分析而言,无论是语音层次的鉴定、层次的时间先后及方言间层次的对应都需要借助历史比较法。如离析语音层次惯用的一种方法就是看同一方言中是否有系统的一字两读或多读现象,反映到方言比较则是方言之间的一组同源字是否存在成系统的多套对应。而寻找方言(语言)间同源字(语素)音类的对应关系也就是历史比较法中的最为重要的一环;在确定语音层次先后的研究中,历史音变的轨迹也是非常重要的参照系。

在语言接触不是很显著的语言里,比如印欧语,可以比较容易剔出语言借用,用比较法来构拟原始形式,来解释各子语言的演变。在语言接触十分频繁和有深度的语言里,比如多中心混合型语言发展模式里运用比较法研究语言的历史会遇到不可逾越的困难。第一,无法建立严格的语音对应关系,Grace(1996)在几十年的 New Caledonia 语言的研究经验告诉我们在多中心混合型语言里无法在语言间找到严格意义的语音对应关系和建立音变规则。第二,同源词语音对应跟构词形态的一致会打乱。Maisin 语是南太平洋巴布亚新几内亚岛上的一个语言,根据基本词汇中语音的对应关系,它跟 Melanesian 语有一些对应,但是它的构词形态和语言类型却不同于 Melanesian 语族中的任何语言,而跟邻近的 Papuan语接近。所以在确定 Maisin 语言的谱系关系时就会遇到左右为难的窘境。(Ross 1996)第三,无法根据共享特征作下位分类。按照历史比较法,语言的发生学关系确定以后,谱系的下位分类必须以共享创新特征来做分类。在多中心混合型语言里,由于跟相同或相似的语言发生接触,各语言的类型和音变都有趋同的倾向。例如属 Melanesian 语族的 Maisin 语言跟属 Bel 语系 North New Guinea 语族的 Takia 语言由于都在 Papuan 语言的包围中,它们的语言类型、音变及构词形态都有平行和相同的发展,如果根据共享创新特征来分类,它们很可能被归为一组。(Ross 1996)

汉语各方言间语言接触也是十分频繁且具有深度的,但是它们跟多中心混合型语言不同,即只有一个中心。各地虽然有地区权威话,如粤语各乡村方言受省城广府(广州)话影响,闽南地区方言受府城泉州话和以后的厦门话影响,浙江吴语受省城杭州话影响。但是这些地区权威话历史上也长期受中原权威官话的影响,所以总影响源仍然是中原权威官话。汉语方言的演变是以中原权威官话为中心,多层次向周围语言(方言)渗透的演变模式,所以应该将历史比较法和历史层次分析法结合起来研究汉语方言史。用历史层次分析法结合历史比较法来分析汉语以及东南亚语言将能更好地揭示这一地区的语言演变历史，这种方法的创立更是对历史语言学的贡献。

参考文献

［1］鲍明炜，王均主编. 南通地区方言研究. 南京：江苏教育出版社，2002.

［2］北京大学中国语言文学系语言学教研室编. 汉语方音字汇（第二版重排本）. 北京：语文出版社，2003.

［3］曹志耘，秋谷裕幸，太田斋，等. 吴语处衢方言研究. 东京：好文出版，2000.

［4］曹志耘，秋谷裕幸主编. 吴语婺州方言研究. 北京：商务印书馆，2016.

［5］陈泽平. 福州方言研究. 福州：福建人民出版社，1998.

［6］陈忠敏. 方言间的层次对应——以吴闽语虞韵读音为例. // 丁邦新，张双庆编. 闽语研究及其与周边方言的关系. 香港：香港中文大学出版社，2002.

［7］陈忠敏. 重论文白异读与语音层次. 语言研究，2003（3）.

［8］陈忠敏. 有关历史层次分析法的几个问题. // 浙江大学汉语史研究中心编. 汉语史学报（第五辑）. 上海：上海教育出版社，2005a.

［9］陈忠敏. 论语音层次的时间先后. // 复旦大学汉语言文字学科《语言研究集刊》编委会编. 语言研究集刊（第二辑）. 上海：上海辞书出版社，2005b.

［10］陈忠敏. 论方言的语音对应——以闽语齐韵读音的对应为例. // 北京大学中国语言学研究中心《语言学论丛》编委会. 语言学论丛（第三十四辑）. 北京：商务印书馆，2006a.

［11］陈忠敏. 论闽南话齐韵的读音层次. // 台湾"中央研究院"历史语言研究所编. 语言暨语言学（专刊外编之六）. 台北：台湾"中央研究院"历史语言研究所，2006b.

［12］陈忠敏. 跨级比较与汉燕语研究. // 台湾"中央研究院"历史语言研究所编. 语言暨语言学. 台北：台湾"中央研究院"历史语言研究所，2007a（8）.

［13］陈忠敏. 语音层次的定义及其鉴定的方法. // 丁邦新主编. 历史层次与方言研究. 上海：上海教育出版社，2007b.

［14］陈忠敏. 汉语演变的一中心多层次说及其历史层次比较法. // 浙江大学汉语史研究中心编. 汉语史学报（第七辑）. 上海：上海教育出版社，2008：48-62.

［15］陈忠敏. 论闽语鱼韵的读音层次——兼论层次分析与层次比较的方法. // 复旦大学汉语言文字学科《语言研究集刊》编委会编. 语言研究集刊（第九辑）. 上海：上海辞书出版社，2012：6-26.

［16］陈忠敏. 也谈历史比较法与历史层次分析法——回应秋谷裕幸、韩哲夫《历史比较法和层次分析法》. // 北京大学中国语言学研究中心《语言学论丛》编委会编. 语言学论丛（第四十七辑）. 北京：商务印书馆，2013a：33-69.

［17］陈忠敏. 历史层次分析法. // 石锋，彭刚主编. 大江东去——王士元教授八十岁贺寿文集. 香港：香港城市大学出版社，2013b：617-632.

[18] 陈忠敏. 历史比较法与汉语方言语音比较. 语言科学，2013c（5）：520-535.

[19] 陈忠敏. 汉语方言语音史研究与历史层次分析法. 北京：中华书局，2013d.

[20] 陈忠敏. 语音层次与滞后音变、扩散音变的区别. //丁邦新，张洪年，邓思颖，等编. 汉语研究的新貌：方言、语法与文献——献给余霭芹教授（New Horizons in the Study of Chinese: Dialectology, Grammar, and Philology—Studies in Honor of Professor Anne Yue）. 香港：香港中文大学中国文化研究所吴多泰中国语文研究中心，2016：1-14.

[21] 陈忠敏. 汉语史观和汉语史研究方法论——纪念高本汉《中国音韵学研究》出版 100 周年. //复旦大学汉语言文字学科《语言研究集刊》编委会编. 语言研究集刊（第十七辑）. 上海：上海辞书出版社，2017：1-21.

[22] 陈忠敏. 语言演变与层次替换——以江淮官话、吴语为例看汉语方言演变模式. //复旦大学汉语言文字学科《语言研究集刊》编委会编. 语言研究集刊（第二十一辑）. 上海：上海辞书出版社，2018：326-345.

[23] 陈忠敏. 从邪床禅母读音与古江东方言. //台湾"中央研究院"历史语言研究所编. 语言暨语言学. 台北：台湾"中央研究院"历史语言研究所，2019（3）：309-335.

[24] 陈忠敏. 再论吴语从邪澄崇船禅母今读塞擦音/擦音现象. 中国语文，2020（2）：131-139.

[25] 戴黎刚. 闽东福安话的变韵. 中国语文，2008（3）：216-227.

[26] 丁邦新. 汉语方言区分的条件. 清华学报，1982（14）.

[27] 丁邦新. 重建汉语中古音系的一些想法. 中国语文，1995（6）：414-419.

[28] 丁邦新. 汉语音韵史上有待解决的问题. //何大安编. 古今通塞：汉语的历史与发展. 台北：台湾"中央研究院"历史语言研究所，2003：1-21.

[29] 丁邦新. 汉语方言层次的特点. //何大安，曾志朗主编. 永远的 POLA：王士元先生七秩寿庆论文集. 台北：台湾"中央研究院"语言学研究所，2005：141-148.

[30] 方松熹. 义乌方言. 北京：中国文联出版社，2002.

[31] 高本汉（1915—1926）. 中国音韵学研究（中译本）. 长沙：商务印书馆，1940.

[32] 高本汉. 中上古汉语音韵纲要. 聂洪音译. 济南：齐鲁书社，1954/1987.

[33] 葛剑雄主编. 中国移民史（第一卷）. 福州：福建人民出版社，1997.

[34] 顾黔. 泰兴方言研究. 北京：中华书局，2015.

[35] 何大安. 澄迈方言的文白异读. //台湾"中央研究院"历史语言研究所编. 台湾"中央研究院"历史语言研究所集刊（第五十二本）. 台北：台湾"中央研究院"历史语言研究所，1981.

[36] 梅祖麟. 现代吴语和"支脂鱼虞，共为不韵". 中国语文，2001（1）.

[37] 梅祖麟. 几个闽语虚词在文献上和方言中出现的年代. //何大安主编. 第三届国际汉学会议论文集——南北是非：汉语方言的差异与变化. 台北：台湾"中央研究院语"历史言学研究所，2002.

[38] 李如龙. 福州方言词典. 福州：福建人民出版社，1994.

[39] 李如龙. 论汉语方言特征词. //李如龙. 汉语方言的比较研究. 北京：商务印书馆，2001：

107-137.

[40] 林连通主编. 泉州市方言志. 北京：社会科学文献出版社，1993.

[41] 林连通，陈章太. 永春方言志. 北京：语文出版社，1989.

[42] 林伦伦，陈小枫. 广东闽方言语音研究. 汕头：汕头大学出版社，1996.

[43] 刘丹青著，侯精一编. 南京话音档. 上海：上海教育出版社，1997.

[44] 罗杰瑞. 福建政和话的支脂之三韵. 中国语文，1988（1）：40-43.

[45] 潘悟云. 汉语方言的历史层次及其类型. //石锋，沈钟伟主编. 乐在其中：王士元教授七十华诞庆祝文集. 天津：南开大学出版社，2004：59-67.

[46] 潘悟云. 历史层次分析的目标与内容. //丁邦新主编. 历史层次与方言研究. 上海：上海教育出版社，2007：22-35.

[47] 潘悟云. 吴语形成的历史背景——兼论汉语南部方言的形成模式. 方言，2009（3）：193-203.

[48] 桥本万太郎. 语言地理类型学. 余志鸿译. 北京：北京大学出版社，1985.

[49] 秋谷裕幸. 闽北区三县市方言研究. //台湾"中央研究院"历史语言研究所编. 语言暨语言学（专刊甲种十二之二）. 台北：台湾"中央研究院"历史语言研究所，2008.

[50] 秋谷裕幸，韩哲夫. 历史比较法和层次分析法. //北京大学中国语言学研究中心《语言学论丛》编委会编. 语言学论丛（第四十五辑）. 北京：商务印书馆，2012.

[51] 谭其骧. 晋永喜丧乱后之民族迁徙. //谭其骧. 长水集（上）. 北京：人民出版社.

[52] 王福堂. 汉语方言语音中的层次. //北京大学中国语言学研究中心《语言学论丛》编委会编. 语言学论丛（第二十七辑）. 北京：商务印书馆，2003：1-10.

[53] 王洪君. 文白异读与叠置式音变. //北京大学中国语言学研究中心《语言学论丛》编委会编. 语言学论丛（第十七辑）. 北京：商务印书馆，1992：122-154.

[54] 王洪君. 文白杂配与析层拟测. //台湾"中央研究院"历史语言研究所编. 语言暨语言学（专刊外编之六）：山高水长，丁邦新先生七秩寿庆论文集. 台北：台湾"中央研究院"历史语言研究所，2006.

[55] 王洪君. 兼顾演变、推平和层次的汉语方言历史关系模型. 方言，2009（3）：204-218.

[56] 王士元，沈钟伟. 词汇扩散的动态描写. 语言研究，1991（1）15-33.

[57] 杨秀芳. 闽南语文白异读系统的研究. 台湾大学中文研究所博士论文，1982.

[58] 杨秀芳. 论文白异读. //王叔岷先生八十寿庆论文集编辑委员会. 王叔岷先生八十寿庆论文集. 台北：大安出版社，1993：823-849.

[59] 袁碧霞. 柘荣方言的语音特点及其内部差异分析. 浙江大学硕士论文，2007.

[60] 张振兴. 漳平方言研究. 北京：中国社会科学出版社，1992.

[61] 郑张尚芳. 汉语方言异常音读的分层及滞古层次分析. //何大安主编. 第三届国际汉学会议论文集——南北是非：汉语方言的差异与变化. 台北：台湾"中央研究院"历史语言研究所筹备处，2002：97-128.

[62] 周长楫. 厦门话文白异读的类型（上）. 中国语文，1983（5）：330-336.

［63］周长楫. 厦门话文白异读的类型（下）. 中国语文，1983（6）：430-439.

［64］周长楫. 厦门方言同音字汇. 方言，1991（2）：99-118.

［65］周长楫. 厦门方言词典. 南京：江苏教育出版社，1993.

［66］周长楫，欧阳忆耘. 厦门方言研究. 福州：福建人民出版社，1998.

［67］周振鹤，游汝杰. 方言与中国文化. 上海：上海人民出版社，1986.

［68］周祖谟.《切韵》的性质和它的音系基础. // 周祖谟. 问学集. 北京：中华书局，1966：434-473.

［69］邹逸麟. 中国历史地理概述. 上海：上海教育出版社，2005.

［70］Campball L. *Historical Linguistics: An Introduction(2nd edition)*. Cambridge: MIT Press, 2004.

［71］Cheng Chin-Chuan, Wang W S-Y. Tone Change in Chaozhou Chinese: A Study of Lexical Diffusion. //Kachru B B *et al.*(eds) *Papers in Linguistics in Honor of Henry and Renee Kahane*. Urbana: University of Illinois, 1972: 99-113.

［72］Dixon R M W. *The Rise and Fall of Languages*. Cambridge: Cambridge University Press, 1997.

［73］Fox Anthony. *Linguistic Reconstruction: An Introduction to Theory and Method*. New York: Oxford University Press, 1995.

［74］Grimm J. Germanic Grammar. //Lehmann W P.*A Reader in 19th Century Historical Indo-European Linguistics*. Indiana: Indiana University Press, 1967.

［75］Grace G W. Regularity of Change in What? //Durie M, Ross M.(ed.) *The Comparative Method Reviewed*. New York: Oxford University Press, 1996

［76］Norman J（罗杰瑞）. Chronological Strata in Min Dialects. 方言，1979: 268-273.

［77］Norman J. The Proto-Min Finals. //台湾"中央研究院"历史语言研究所编. 国际汉学会议论文集. 台北：台湾"中央研究院"历史语言研究所，1981.

［78］Norman J. 闽北方言的第三套清塞音和清擦塞音. 中国语文，1986（1）：38-41.

［79］Norman J. *Chinese*. Cambridge: Cambridge University Press, 1988.

［80］Norman J. The Mǐn Dialects in Historical Perspective, Languages and Dialects of China. //Wang W S-Y. *Journal of Chinese Linguistics Monograph(Series3)*. HongKong: The Chinese University Press, 1991: 325-360.

［81］Norman J. 汉语方言田野调查与音韵学. 北京大学学报，2007（2）：91-94.

［82］Ross M. Contact-induced Change and the Comparative Method: Cases from Papua New Guinea. //Durie M, Ross M.(ed.) *The Comparative Method Reviewed*. New York: Oxford University Press, 1996.

［83］Schleicher A.*Compendium der vergleichenden Grammatik der indogermanischen Sprachen*. Weimar: Böhlau, 1861.

［84］Schleicher A. Introduction to A Compendium of the Comparative Grammar of The Indo-European, Sanskrit, Greek and Latin Languages. //Lehmann W P. *A Reader in 19th Century Historical Indo-European Linguistics*. Indiana: Indiana University Press, 1967.

［85］Schleicher A. *Die Darwinsche Theorie und die Sprachwissenschaft(2nd edition)*. Weimar: Böhlau, 1873.

［86］Shen Zhongwei. Exploring the Dynamic Aspect of Sound Change.*JCL Monograph Series*, 1997(11).

［87］Thomason S G, Terrence K. *Language Contact, Creolization and Genetic Linguistics*. Berkeley: University of California Press, 1988.

［88］Wang W S-Y, Cheng Chin-Chuan. Implementation of Phonological Change: the Shuang-feng Case. P*apers from the 6*th *Regional Meeting, Chicago Linguistic Society*, 1970: 552-559.

［89］Wang W S.-Y, Lien C. Bidirectional Diffusion in Sound Change. //Charles J.(eds.) *Historical Linguistics: Problems and Perspectives*. London & New York: Longman Croup UK Ltd., 1993:345-400.

语音学的发展

朱晓农

一、引言

语音学是个综合性的大学科，旗下很多交叉性学科，没有不实验的。本文主要谈其核心分支"语言语音学"的发展过程。语言语音学本来就是语音学，反过来说也一样，早期语音学就是语言语音学。不过，现在语音科学扩展出众多交叉学科，语言语音学也就缩成一个实验语音学和语言学的交叉学科，既属于语音科学，又属于语言学。

语音学按照认识论可分为四大期。此外还有两条分期或划分小阶段的辅助标准：自身发展规模和跟语言学的关系。这三条标准不是完全独立的，自身发展会引起与语言学关系的变化，进而引发语音学对认识论的反省。只是这里有个时间差，所以期与期之间会稍有交叉。

第一期，1880 年代至 1930 年代，现代语音学诞生，实验语音学草创。19 世纪初历史比较语言学即现代语言学诞生时，语音学还在古典期。现代语音学的诞生以国际语音协会的成立（1886）和国际音标的颁布（1888）为标志。当时语音学主要为语音教学和调查记音服务，整个学科发展稳定而缓慢，直到 20 世纪三四十年代迎来突破的契机。

第二期，1940 年代至 1990 年代前期。1940 年代出现语图仪，开拓了言语声学研究，稍早音位学理论趋于成熟（Trubetzkoy 1939/1969）。这两件事标志着语音学进入第二期：实验语音学正式登场。语音学因发现区别特征而经历了最初的激动，但很快就开始冷却。在半个世纪中，语音学在语言学外大发展，但在语言学内被边缘化，主流观点认为语音学对音系学研究无用或与之无关。有鉴于此，出现了弥合语音学和音系学的"语言语音学"观念，以及整合共时语音和历时语音研究的"泛时"观念。

表 1　语音学四阶段及与音系学的关系

	Phonetics 语音学	数据		Phonology 音韵/系/法学	历共
1880s-1920s	共振管/IPA/声调研究	1 重视	历时音韵学	历史比较语言学	未分
1930s			共时音系学	音位学/五度制	分
1940s-50s	声谱仪/《实验语音学》	2 排斥		区别特征/Hocket 发声观	
1960s-70s	元音理论/VOT/量子论			形式音系学	
1970s-90s	交叉学科/辅音/生理发声态			Henderson 声调观	
1990s-2000s	语言语音学/实验音法学/变异语言学	3 依赖	泛时音法学	分域四度制/音节学/元音定义/OT	合
近十年	音法学/音法类型学/演化音法学	4 辅助		音法发声态系统/声调大发现	

第二期可以分为两个阶段，从最初到 1970 年代为第一阶段。在此阶段语音学尽管也取得了一系列成就：发现区别特征和 VOT，但总体而言进展缓慢。从 1979—1980 年开始为第二阶段，实验语音学突然加速，各种交叉语音学科喷薄而出，成长为一门综合性的"语音科学"（phonetic sciences）。语言语音学辨识了很多新辅音，盘点了音素库藏，提出了声调的综合体概念，发声态的生理和声学研究趋于成熟。

第三期：1990 年代中期至 2000 年代。认识论反弹：开始注重以至于依赖语音数据，优选论 OT 的出现改善了与语音学的关系，元音以音节成分协助定义，提出分域四度制。

近十年来认识论再次反弹：语音数据只是辅助手段，用以帮助确定音法范畴。这可以看成是第四期的开始。以开拓音法类型学和演化音法学等新领域为标志，泛时音法学成型。声调大发现：声调类型库、分域四度制成熟、声调演化律、声调起因论等。

二、现代语音学 1880s—1930s

（一）听感调查和实验数据：认识之一

19 世纪后期出现了亥姆霍兹的共振管和声调感知研究，以及斯威特《语音手册》，现代语音学由此孕育。现代语音学的诞生可以从 1886 年国际语音学会成立（IPA/International Phonetic Association）及 1888 年国际音标发布（IPA/International phonetic Alphabet）算起。现代语音学一开始主要做两件事，语音教学和语音描写。这是从发音器官的角度来研究语音的发音语音学（articulatory phonetics），我还曾为世界上最大的一部人文社科大百科写过同名的词条（Zhu 2015）。现代语音学一直是个应用学科，至今仍是如此，可应用于词典编撰、言语矫治、声乐表演、翻译、拼音和文字改革等。主要工作是对音素（元音、辅音）进行描写和分类，附带着也涉及重音和长短。声调研究在此期间开始出现。

语音学不像句法学、语义学那样流派众多、学说林立。语音学从一开始起就像常规科学，只有一种范式，一个学派，一个师承。今天的语音学家基本上都是从保尔·帕西（巴黎）和丹尼尔·琼斯（伦敦）那儿师承而来，而琼斯又曾从帕西游。

国内的语音学也是从这一条线上发展来的。比如国内第一个语音实验室在北大，奠基人刘半农二十年代先是在琼斯处学习，后在帕西处获得实验语音学博士学位。王力先生三十年代是在巴黎大学拿的实验语音学博士，袁家骅先生是四十年代在伦敦大学跟琼斯学的语音学。

语音学从最早起，有几件事值得提一下。

首先是方法，方法是科学的灵魂。语音学从一开始起就有了两种研究取向或路向（approaches），一直传到今天。

第一个是实地调查和听感记音，也就是后来的田野语音学。琼斯记录过很多对欧洲人来说非常"异国腔调"的语音。他的学生艾伯克龙比（David Abercrombie）回忆起第一次去见琼斯时，琼斯开门三句话，"进来""坐下""请发一个双唇内爆音"——内爆音是琼斯在印地语里发现的"怪声"，不是音素，是发声的声素，内爆音属于张声。英语文献中没有张声这个概念及相应术语，姑且译为"Fortis Voice"。

琼斯最重要的成就是他那本再版十多次的英语发音词典。他对一般语音学也有开创性的贡献，那就是对罕见语音的探究。今天西方语音学家认为粤语有 6 个声调而不是 9 个，就是琼斯定的（当然更一般的源头来自为越南语创制拉丁文字的罗历山，他只认六个舒声长调，而把两个入声短调看作是高音相似的长调的变体）。后来赵元任在教美国人学粤语的实用教材《粤语入门》（Chao 1947）中也采用此分类法。这种以欧洲长短元音知识出发来帮助西方人理解、学习汉语舒入声的应用语言学的教学实用策略无可厚非，可惜误导了境外研究，很多理论研究者（不是作为教学者）也张口闭口粤语六个调类，显得食洋不化。西方学者从他们的已知出发，把他们没见过的入声短调类推比附为短元音，看作音高相似的舒声长调的短变体。这种看法不仅仅是音位处理的不同，而是错的（朱晓农，阮廷贤 2014）。要不我们把 key/kin 看成舒声，把 kit/kid 看成入声试试，看他们会惊悚、反对到什么程度——无非都是以己之语度人之音。普适理论应该从音节成分音素和声素角度来统一处理全球语音（朱晓农 2018）。

　　第二个方法是语音实验。实验语音学的雏形可以说在 20 世纪初已经出现，图 1 左是 Bradley 测量的泰语长调的基频曲线图。泰语还有两个入声短调，被西方学者误认为长调的短元音变体。泰语声调像壮侗语、粤语一样，有长央短长度三分倾向（朱晓农，林晴，趴差桠 2015）。

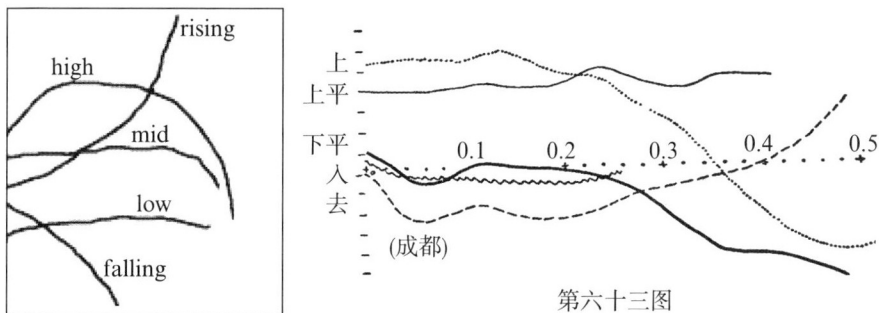

图 1　泰语五个长调的基频（左，Bradley 1911）；成都五个声调的基频（右，刘复 1926）

　　刘复 1925 年在巴黎完成的博士论文也是声调测量，他用自制的仪器——乙一和乙二声调推断尺，测量分析了 12 个汉语方言的声调。图 1 右是他博士论文中文版《四声实验录》（1926）中成都阴阳上去入五个声调的基频曲线。

（二）中国语音学的领先地位

　　值得一提的是，咱们那时候的水平一点儿也不差，从一开始就不差，甚至还常有领先的研究。刘半农的博士论文得了大奖，他第一次系统地从实验语音学角度揭示了声调的奥秘。

接下来赵元任（1928，1929/2002）的田野调查记录到很多当时国际语音学界罕见少闻的语音，如内爆音（赵元任当时叫它"阴调浊音"，后李方桂叫它"前喉塞"）、嘎裂声（当时叫"中喉塞"）等。他对十类爆发音的发现（赵元任 1935）更是树立了语音研究的典范，演示了诸如田野语言学、实验音法学、音法类型学等应该怎么做。遗憾的是他的两个元音符号（前中元音 ɛ 和央低元音 ᴀ）的提议，没被国际语音学会接受，他后来也没再参与学会事务。

下面来看一个赵元任超时代洞察的例子（详朱晓农 2003）。赵氏（1935）发现，内爆音 ɓ、ɗ、ɠ 的分布如果有空缺，缺的总是软颚 ɠ。他对此作出空气动力学解释："这里的理由不难找，从舌根与软腭相接的地方到声门那里一共就没有多大的空间可以像口腔较宽绰的［b］或［d］音那么弄出些特别的把戏；声带稍微一颤动，那一点的空间马上就充满了气成正压力了。所以也没有空间也没有时间可以造成第九类那种悬挂的印象或是第十类那种望里'爆发'的印象。本来舌根的爆发音不加上那些特别的把戏已经够难成浊音了。"

这段精彩的解释被实验音法学的倡导者奥哈拉（Ohala 1983）视为实验音法学的先驱，他从发音生理和空气动力学角度为共时音系学和历时音韵学解决了两个问题。第一，他解释了带声爆音在人类语言中 b d/ɓ ɗ 多于 g/ɠ 的共时分布模式。第二是解决了汉语音韵史上一个音变现象：洪音群母 *g 在西晋末至北朝初变入匣母 *ɣ，原因仍是"本来舌根的爆发音……已经够难成浊音了"。但在细音字中群母仍保留 g，道理还是可以从那段话里引申出来：g 后有 i 介音，成阻点同化往前，可以玩把戏的空间增大，带声就容易维持了。由此可以作出预测：带声爆音消失是从成阻点在后的小舌音开始的，然后软腭硬腭音，最后齿音唇音。

奇怪而有趣的是：一方面赵元任被认为是实验音法学的先驱，另一方面他本人又不把实验语音学当回事儿（见 §3.3）。赵元任当年没想到他的洞察力、他的真知灼见会对今天的泛时音法研究产生什么影响。我想这主要是因为关心的问题不一样，结构派的基本取向是注重描写个别语言中的特定情况。照马丁裴斯的说法，就是天下没有两片叶子是相同的。要单单描写一个独一无二的音系，耳朵听清楚也就够了。但是，一旦跨出本音系进行跨语言比较，做共相研究，就免不了要作音理上的解释，实验语音学就少不了。还有就是基础研究和技术操作之间有个时间差，实验语音学的成果并不是马上直接就能应用到语言学中，需要有人去开发。

三、实验语音学 1940s—1980s

（一）语音学的进展

实验语音学的诞生可以从"声谱仪"（spectrograph）投入使用算起。声谱仪俗称"语图仪"，是在"二战"中发明的，最初作为军用，战后转为民用，实验语音学也应运而生，马丁·裘斯《实验语音学》的出版（Joos 1948）是个标志。此后两三代中，实验语音学在区别特征（Jakobson *et al.* 1952）、元音（Fant 1960）、辅音（Lisker & Abramson 1964；Stevens 1972，1989）、发声态（Catford 1964，1977；Laver 1980，1994；Ladefoged 1964；Ladefoged & Maddieson 1996）、音高时长音强等超音段（Lehiste 1970）、声调（Rose 1974，1981）等诸多方面取得进展。

1. 区别特征

实验语音学的第一项大成就是区别特征（DF，distinctive features），由雅各布森、方特和哈莱在 1952 年提出。这是日后风靡学界的生成音系学的基础理论，至今影响力不减。DF 理论发现发音—声学—听感特征并不都是一一对应的，在很多场合是多对一。

2. VOT：带声性与送气性

一项曾引起轰动的研究是 VOT 的发现（Lisker & Abramson 1964），当时以为找到了一个普遍适用于全世界辅音分类的统一的参数，但后来发现只能划分两类常态发声清声和带声，以及清声内的送气与否，而对其他四类非常态发声（包括浊送气）的辅音不适用（朱晓农 2010c）。

3. 声调成果

声调研究在西方语音学传统中是旁枝末节，但有几项突破性的醒目成果值得一提。

（1）第一项不太为人注意，但这项研究很能显出发现者的敏锐和后续的意义，那就是金守拙（Kenndey 1953）的吴语两种根据词法条件的连调模式的发现。赵元任和刘半农都说吴语，都是声调研究的先驱，但都没发现这两种模式。金守拙的发现后来在多个领域的研究中都可看到影子：如右扩展（Sherard 1972，1980）、自主音段（Toda 1990）、音句界面（Selkirk & Shen 1988）。

（2）奥德利古（Haudricourt 1954a/b）的声调起源于声母和韵尾的假说，

经实验语音学证实（Hombert et al. 1979）被广泛接受。他也是"泛时音法学" phonologie panchronique（1972）这一现在显得无比重要的学科的早期实践者。

（3）王士元（1967）的声调类型观和声调的 DF 表达式。他这项研究是日后两项分道扬镳的取向的共同源头：一是声调类型库（朱晓农 2014，2018），二是自主音段取向（Woo 1969；Goldsmith 1976；Yip 1980）。

（4）汉德森（Henderson 1967：171）的声调复合体观点，即声调不是单单由音高构成：

A phonological tone is in ⌈Southeast Asia⌉ very frequently a complex of other features besides pitch – such as intensity, duration, voice quality, final glottal stop and so on. 东南亚的音系学中的声调经常是一个集音高、音强、音长、声质（按即发声态）、喉塞尾（按亦为发声态，即张声）等因素的综合体。

Thurgood（2002）对"声调即音高"这种标准定义批评得非常严厉：

Such configurations are found in tone systems throughout the world, not just Southeast Asia, making the standard definition of tone as the lexical phonemicization of pitch distinctions at best a misleading simplification, at worst a serious impediment to understanding. 声调的这种综合体结构其实不仅在东南亚，而是在全世界声调系统中都可看到。这就使得声调是音高区别在词汇上音位化这种标准理论，最多是个误导性简化，而最坏则严重阻碍到理解。

尽管语音学上已认识到声调的复合性质，但在语言学中仍未能把它们音法化、概念化、范畴化、形式化。Henderson（1978）说：

There is obviously great attraction in the theory of a single feature that could plausibly account for such a diversity of associated phenomena, but in my view, it is too early to think in terms of "phonological features". 音系学理论显然有极大的兴趣想用一个单一的特征来说明这些个纷乱而相关联的现象，但依我看，现在就考虑"音法特征"为时尚早。

对于声调的突破性认识，要到最近十来年语音学发展到第四期才实现。

5）费国华（Phil·Rose）的声调和发声态研究

费国华先生是较早使用窄带语图系统地测量声调基频，并使用 z-score 进行归一化的研究者（Rose 1974，1981），我的博士论文（1995/1999）基本上是沿着他的方法取向完成的。他也是较早注意到吴语发声态作用的语音学家。吴语有弛声（清音浊流），他进一步在宁波一带辨认出一种强烈的气声，称之为"Growling"（吼声）。十几年前我跟他又去了一次浙东，在宁波城里和镇海都没听到这种发声态。直到上了普陀山，才找到一位三四十岁的男性发音人能发吼声，我们都很兴奋。赵元任（1928）近一个世纪前报道过宁波的"浊音浊流"，也许是同一回事。浊音浊流就是浊送气，在我的声素系统中属于气声类下的浊气态（见§6.2，表3）。我听到过赣北都昌、修水、幕府山好几处楚语方言比较强烈的浊音浊流，但都不及普陀山的吼声。

4. 对发声态的认识

相比之下，发声态比声调地位更低。发声态在语言中的作用很早就被人们意识到，但对其性质的认识一直停留在生理、声学上。语言学界很早就注意到发声态，霍克特在他那本经典教材 *A Course in Modern Linguistics*（Hockett 1958：60-61）中指出：

> Further research may show that we are wrong to exclude voice-quality modulation from language. Pending this, as a matter of convenience, we must exclude it from further discussion in this book. 进一步的研究将会表明我们把声质调节（案即发声态）排除出语言是错误的。但在能解决之前，为方便起见，本书的讨论将之排除在外。

系统地从生理和声学角度来研究发声态的可以卡福（Catford 1964，1977）和拉佛（Laver 1980，1994）为代表，他们把生理发声态分为六类20多种。

赖福吉（Ladefoged 1983；Ladefoged & Maddieson 1996）改从语言使用角度来观察描写，把研究推进了一步（详§4.1.4），但用以区分的依然是生理标准（声门开闭的大小和时间），而不是音法学概念。音法发声态系统的建立要到朱晓农《发声态的语言学功能》（2009a），详下文第6小节第（二）部分。

（二）交叉学科大发展

新生的实验语音学经过短暂的热闹很快就退潮了，它被几代形式音系学（音位学—生成派—自主音段论）排斥，语言学内几无立足之地，而另一方面，它在语言学之外大放异彩。

进入 80 年代以后，随着科技的进步和用途的扩展，实验语音学在语言学以外不断地开拓新边疆，各种各样的交叉性学科接连出现，如言语信号处理、司法语音学、心理语音学、社会语音学、儿童语音学、神经语音学、病理语音学、康复语音学等。语音学发展成为一门很大的综合性学科：phonetics sciences，而最初的语言发音研究反倒成了很小一部分，占不了整个学科的十分之一。而这十分之一中又有很多不是所谓的"本体研究"，而是跟语用学的焦点重音音高，跟"辅助语言学"（paralinguistics）的情感情绪表达的音高等有关。所以，要讲到语音学在语言学中的现状，大概还是离赵元任六十年前的评论相距不远。

大批非语言学家在有声有色地进行实验语音学工作，高科技企业中都有自己的语音或言语处理实验室。一开国际性的言语科学技术会议，与会者上千，九成多跟语言学无关。厚厚一大卷《语音科学手册》（Hardcastle & Laver 1997），26 篇文章近 800 页，只有 4 篇一百零几页与语言学有关。最能体现外部扩张的情况是：连语言学界的实验语音学家都普遍地去做语言学以外、具有社会意义和经济效益、还"理论联系实际"的项目。我的老师费国华也分出了精力，他退休前十几年主要在做司法语音学，还出了本这方面的权威性著作（Rose 2002）。

（二）音系学的立场

对于实验语音学的出现，有些结构派音系学家即音位学家积极响应，如上面说的马丁·裘斯。又如布洛克（Bloch），他是布隆菲尔德之后结构派的掌门人、当了 20 年 *Language* 的主编，他（Bloch 1948）也与时俱进地认为"语图仪对音位学意义极其重要，将来可能有更多的语言学家用这仪器来解答语言学问题，那么我们现在的好多假设可能都得因新发现而改写"。

当时的音系学正值结构主义全盛之时，而日后得势的生成派的基本单位"区别特征"借实验语音学东风而闪亮登场（Jakobson *et al.* 1952），这是语音学和音系学的蜜月期，也是音系学对实验语音学充满希冀憧憬的岁月。但这好日子随着生成音系学（Chomsky & Halle 1968）的诞生结束，此是后话。在那几十年中，语音学家有几次都想"改写"音系学假说，但布洛克的预言最终未在形式主义范式中实现，这要到泛时音法学兴起才重燃希望。

并不是所有的音系学家都像裘斯和布洛克那样，实际上持消极态度的是大多数。音系学的出现稍后于语音学，19 世纪末库尔德内提出"音位"的概念，可看作现代音系学的萌芽。然后经过一代人孕育，到 1930 年代音系学以音位学的态势成熟。它跟语音学的关系一直就没和美过，音位学以"功能语音学"（特鲁别茨高依）标榜，要把纯语音学排斥出语言学。赵元任（1959/1980：175）有一段影响了几代人的评论：

> 实验语音学也可以算是比较边缘性的……因为实验语音学从很早起头，一直到最近啊，它能够做的好些事情都比语言学里头所希望做得到的还差得很远。虽然有许多很精密的实验工作，可是研究语言所需要知道的好些方面，是不能够用实验来满足这许多要求，答复这许多问题的。因此有许多语言学家，根本不拿实验语音学认为是语言学的一部分。

这的确是很多早期形式主义的音位学家的看法，他们都是口耳语音学大家，对实验语音学敬而远之，认为仪器纵然分析入微，但要是耳朵辨不清，也就只是声学，跟语言学无关。

后期形式派生成音系学家的看法就更明确而坚决了，如 Foley（1977）完全排斥语音学。Anderson（1981）认为音系学跟语音学没直接关系；音系学建立他的核心原理不用参考语音学。Sommerstein（1977：1）认为"音系学是语言学的一个分支；而语音学通常认为他不属于语言学……语音学定义语音和韵律，而音系学关注那些语音和韵律在语言中是如何实际使用的"。他有一句名言：

> 从某种意义上说，语音学的终点，是音系学的起点。

1980 年代争得激烈时，还出了专辑来讨论。两者的关系那时从百分之百重合，到百分之零无关，持什么样看法的人都有。在百分之零这一端的，照Anderson（1981）的说法，音系学是"自主的"，不麻烦你语音学了。不过这意见到九十年代优选论出来后就很少有人坚持了（朱晓农 2006d）。在百分之百另一极端的，也就是语音学和音系学是"整合在一起的"，就是一门学科，持这看法的我就看到奥哈拉。在他（Ohala 1990）看来，音系学想要独立是不可能的。音系学家批评语音学不管用，那是因为过去的语音学只是排比归纳材料的"分类语音学"（taxonomic phonetics），而不是奥哈拉倡导的"科学的语音学"（scientific phonetics）或实验音法学（experimental phonology），科学的语音学就是要管音系学。当然，绝大部分人是中间派，说语音学和音系学有"交接面"。这么说又引出了问题：交叉了百分之几啊？哪些问题是音系学专有而跟语音学无关的？所以中间派想中庸也难。

有趣的是，音系学尽管折腾了一百年想脱离语音学，但它最终还是独立不了。道理很简单，音系学一直借用语音学的基本单位：先是基于音素的音位，后是区别特征。一个没有自己基本单位的学科就像啃老的儿子，怎么能独立呢？

我早先算是中间偏向奥哈拉，心里觉得不可分，但具体怎么操作又苦于没有门径。奥哈拉提倡的实验音法学像是他单打独斗天才型的前沿突破，而形式音系学训练学生有章有法像模像样，但学出来碰到实战大多花拳绣腿。经过这些年的摸索，我觉得把赖福吉的语言语音学概念和整合观结合起来就能理解问题到底出在哪儿了。一方面该分的是大语音学内的语言语音学要跟其他交叉学科相区分，它有自己语言学中的服务对象和研究目标；另一方面不该分的是语言学内部，怎么能把语音学和音系学分开呢？过去那种要么我统率你要么你踢出我的两极震荡是不对的，语音学和音系学应该加以整合，但两者关系不是过去那种要音系学服从语音学，而是语音学为音系学服务。这个后文还会详谈。

（四）忽视数据：认识之二

语音学和音系学的关系从一开始就不和睦，这种分裂之态一直延续至今。

这个分裂是语音学最初的两个研究取向（§2.1）的矛盾导致的：实地调查的听感取向和实验数据的声学取向的矛盾。

听感取向实际上也是音位论的基础，这一点过去没有专门指出过。音位第一条标准"语音近似"，指的是"土人感"（native feeling）的近似，不是语音学家或方言学家有训练的耳朵，更不是实验数据。举个看似极端其实稀松平常的例子，高平调[55]和高降调[51]不要说有训练的耳朵，大部分人都会觉得差别巨大，但在广州人香港人耳朵里两者差不多，因为他们的阴平有高平和高降两个语音变体，所以他们学普通话时觉得第一声和第四声好难区分。又如清塞音（包括爆音和塞擦音）送气不送气的区别，中国人觉得天经地义，可欧洲人学汉语这一点可费劲了。反过来，他们觉得清浊区别轻而易举，而这对中国人来说是难上加难。有一年我在复旦开语音课，讲到清浊区别很难，一位听众不同意，说那还不容易。她说她是上海人，有清浊区别；她学了十年法语，博士毕业又教法语，而法语也有清浊区别（注意，两个"清浊"不一样）。我请她上台来发音，并当场录音。出乎全体听众意料的是，她的"浊音"是不振动声带的，也就是"清音"。这位上海母语的法语老师几欲厥倒。我解释说：欧洲语言中的"浊音"是声带振动但属于清冽或常态发声的"振声"，而上海话（还有楚语湘语苗瑶侗台以及上古中古汉语）的"浊音"是声带不振动而属于非常态发声的"弛声"（气声小类）。两个"浊音"不一样，咱们的浊音是陆法言颜之推说的听感浑浊（muddy voice）的气声，而 20 世纪以来国内学的"浊音"是西方听感清冽（clear voice）的振声，大家都给西方带有欧美特色的"普遍性"universal 给搅混了。所以前文我都说"清振"不说"清浊"，免得读者被继续误导。

听感和声学的取向矛盾最终引向一个不可避免的严重问题：碰到两者有出入时以谁为准。其实实验语音学早就知道：生理—声学—听感都不是一一对应的，而最终都需落实到听感上。只是这些年声学研究突飞猛进而听感实验蹒跚落后，于是声学数据似乎霸道得要到语言语音学中来做主。对付它当然没别的办法，得让听感研究迎头赶上。

四、语言语音学和实验音法学 1980s—2000s

这一期的语音学在时间上与上一期稍有交叉，发展轨迹上亦非直线而下。

（一）赖福吉的贡献

从 20 世纪 70 年代到新世纪，语言语音学在以下四方面取得了重大进展，都与赖福吉有关。这四项进展是：提出语言语音学、辅音大发现、元音重新定义、从语言语音学角度辨认发声态类别。如果说 20 世纪前半期最重要的语音学家是丹尼尔·琼斯，那么后半期就是赖福吉了。他在语音学多个领域做过工作，很多是开创性的，他取得的成就可代表语言语音学达到的高度。

1. 语音学有了基本理论

语音学中一个显著改观是 Linguistic Phonetics "语言（学的）语音学"的提出（Ladefoged 1971）。赖福吉筚路蓝缕，为语言语音学抽象出一个理论框架，落实一个基础理论（Ladefoged 2006），当然具体操作上还在摸索。这是以往一百年所没有的。在语言学内赖福吉又努力建立音系学框架（多个特征树）以容纳各种语音，成功度超过理论音系学中各色特征刻画的理论。这也部分回答了前问所引的赵元任对实验语音学作用提出的质疑。

语音学一直缺乏一般性理论。传统语音学有一对基本范畴：音段～超音段，假想式地表达在图 2A 中，以音段为主，辅以超音段。模式 A 在处理欧洲、阿尔泰、乌拉尔、阿拉伯这些音素主导型语言来说是够用的，是一种简化的方便做法。这些语言中发声态种类很少，仅有的清声、振声、送气可便宜行事处理为辅音区别，如 p，b。而超发声态的音高和长度的两度区别可处理为元音的轻重音和长短音。

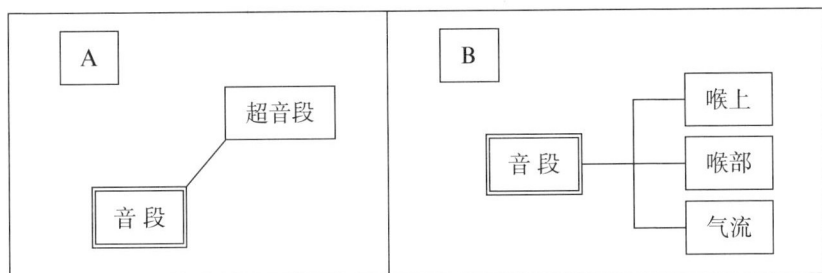

图 2　假定的传统语音学基本框架（左）和赖福吉框架（右）

赖福吉出道后把考察对象扩大到西非和印度语言，便发现了模式 A 的捉襟见肘。非洲语言中有咝（click）音、喷音、内爆音等非肺部气流音，所以得增加一个气流维度。中 / 西部非洲和印度有气声、喷音、内爆音，所以还得增加一个喉部维度。结果赖福吉（Ladefoged 2006）就把语音学的基本框架设定为图 2B。仍以音段为根节，下辖喉上（调音部位和方式）、喉部（七种发声态）、气流（三种非肺部辅音）。模式 B 实际上是把卡福（Catford 1977）所定义的发音二过程（气流启动、喉部发声、喉上调音），图式化后作为刻画音段的三个特征结。

这个框架还有很多改进余地。首先，各个因素之间的逻辑关系不明确。如喉上特征本身就是音段特征，而喉部特征在传统语音学中被认为是附加性特征，跟喉上特征不在一个层次上。模式 B 最大的不足是：喉部即发声特征往往是跨越音段的，而不是附着于某一音段的。赖福吉等（Ladefoged & Maddieson 1996）把喉部特征附着于塞音之下，这明显错了。嘎裂声、弛声、假声主要表现在韵母上，而不在声母上，更不在没有指明音节位置的塞音上，比如韵尾的辅音不显示这些发声特征。再说，声母位置上的响音，甚至振擦音，都比声母塞音更能显示上述发声特征。最极端的例子是零声母字，它们没有声母辅音，却照样有发声态区别。

2. 辅音大发现

从 70 年代末以来的四十年间，是田野语音学迅速发展的时期，发现并认定了很多罕见的辅音，尤其是非肺部气流的辅音。20 世纪前 80 年国际音标图只修改过两次，而从 1979 年以来已经修改了六次（1979，1989，1993，1996，2005，2015），主要是辅音。这方面赖福吉功劳最大。他延续了琼斯以来的田野调查的语音学传统（咱们从刘半农、赵元任开始也是这个好传统），田野足迹遍及亚非拉澳，很多录音材料至今还是有关语言唯一的音响资料。他辨认过大约 900 种辅音和 200 种元音，如非洲南部的咝音，印度 Toda 语六种舌尖颤音等。所有这些研究支撑起了他那本《世界语音》（Ladefoged & Maddieson 1996）的大书。

3. 元音重新定义

元音的属性得到重新认识。元音原来用两条生理标准来定义：（a）外部标准是与辅音相对：口腔通道比辅音宽，气流外出时不产生明显噪音；（b）内部分类使用三个生理参数：高低、前后、圆唇性；由此构成一个生理四边形 / 三角形空间。

现在已被两条新标准取代（Ladefoged 2001：26；IPA 1999）：第一，元音定义引进一条音法标准，具体来说是音节学标准：用作音节的核心——韵腹（朱晓农 2010b）。第二，元音空间由头两个共振峰来定义。因此现在是用音法标准协助生理标准为元音定性，用声学参数定量描写元音。

4. 辨认语言中的发声态

赖福吉（1964/1983）很早起就注意到发声态了，《世界语音》（Ladefoged & Maddieson 1996）中罗列了运用于具体语言的附着于塞音的生理发声态，但到底有几种他前后说得不一致，归类时还跟别的范畴如气流机制或参数相混，大致上分六七种或七八种。跟拉佛、卡福不同的是，赖福吉是从实际语言中出现的为例；跟他们相同的是他仍沿用生理标准如声门开闭度和开闭时间，而不是音法学标准如对立、变异、演化。例如他分的气声和弛声，前者声门开闭度大于后者，但两者从不对立，因此两者应属于同一大类（朱晓农 2010c，2018）。

赖氏结论有几处需加改进。一是还有很多空缺，现在发现共有六类 14 种（朱晓农 2018）。二是他把发声态性质归于塞音。其实，发声态是音节的属性，它的声学、生理、听感特征更多表现在声素如声调上，其次是韵母，再其次是表现在声母上。而且在声母位置上，响音擦音都有比塞音更明显的发声表现，甚至没有辅音的零声母音节照样有发声态区别。第三则是系统上的问题，这又可以分两点：（1）发声态本身还未能组织起一个分类系统；（2）还没能把发声态有机地编织进整个语言语音学的理论框架（详见 §6.2）。

（二）赖福吉一脉

赖福吉为语音学的推广作出无人能比的贡献：他把语音学从英国带到美国；写了一本再版多次最为通行的语音学课本 *A Course in Phonetics*（2006）；培养了

20 个博士，包括奥哈拉（John Ohala）、麦迪森（Ian Maddieson）、基廷（Patricia Keating）这样的一流语音学家。赖氏一门的工作代表着语言语音学的三个分支：他本人的田野语音学，奥哈拉首创的实验音法学，麦迪森的音法类型学雏形。

1. 奥哈拉和实验音法学

"实验音法学"（experimental phonology）（Ohala & Jaeger 1986）或"实验室音法学"（laboratory phonology），是用实验语音学的方法来解决语言学问题，回答形式音系学对语音学的质疑的学科。实验音法学是在 1980 年代后期开始兴旺，组织过十多次会议，有语音学家，也有音系学家。参与者不少，但除了总目标一致外，大家研究的问题、方法很杂。

有一次我问奥哈拉，experimental phonology 的诞生是否可以以他编的那本 *Experimental Phonology*（1986）的出版为标志。奥哈拉答道，那个词语是那时出现的，但那门研究应该与赖福吉 70 年代就开始提倡的 linguistic phonetics 类似。可见"实验音法学"和"语言学语音学"是一套班子、两块牌子，两者内涵不同但外延一致。近年来这门学科发展迅速，对汉语的语音研究，包括一般语音学、方言和民族语研究、音位学和音系学、历史音韵学都有不可舍弃的重要意义，甚至对语法语义研究都能作出贡献。说它神通广大，并不为过。

2. 类型学雏形

实验语音学不但解释音变，而且还解释音法共时分布。"今天的分布是昨天演变的结果。"（朱晓农 2006a）如果类型学做得完备的话，演化研究将会走得更远。

麦迪森（Maddieson 1984）根据良莠不齐的 300 多种语言的记音材料做了首次大规模的统计，后扩大到 500 多种语言（Haspelmath *et al.* 2005）。他又协助赖福吉撰写出版了《世界语音》（1996）。这两项瞄准语音类型的研究，还没建立起类似林奈分类系统那样的音法类型学，还没辨认出元音、辅音、声调、发声态的类型。没类型当然还谈不上类型学，所以那还是雏形。

最近几年我们建立了声调类型学，于是声调演化学势如破竹（详§8），这是因为"如果分布有什么规律可言，那就一定服从演变的规律。因而共时的分布模式就为追踪历时演变提供了线索。它的成功大大刺激、推动了对语音现状的历史来源和广义物理原因的探讨，也因此大大推进了我们对语言的理解。"（朱晓农 2006b）

（三）依赖数据：认识之三

1. 科学研究的必要

语音学的第一期除了调查记音，还重视语音实验。到第二期语音数据遭到排斥，让语音学很纠结。不过这种情况到 1990 年代后期有了改观（发展到后来则是矫枉过正了）。道理很简单：只要语言学家想要进行科学的研究，就必须遵循科学研究的范式[1]。科研范式中最一般的要求就是量化。我的博士论文 *Shanghai Phonetics*（Zhu 1995/1999）扉页上引了开尔文勋爵 Lord Kelvin 如下一段话：

> 我常说，如果你能把你所讨论的事物加以测量，并用数字表达，你就对它有所了解了。如果你无法把考察对象量化，那么你对它的知识就很肤浅，实在难以令人满意。

引完这段话，我是一脸严肃加引了统计学家法兰克（Harry Frank），进一步说明以防误解：

> 当然，即使是开尔文勋爵也不会说科学知识直接来自测量。建立并证实科学假说的关键在于把测量值进行比较。

没承想赖福吉晚年收山之作《语音数据分析》（Ladefoged 2003）的题记所引也是开尔文勋爵的同一段话，不过他在引了之后不像我那么惟恐误导而加引法兰克，他则是引了他太太的一撇嘴作为自嘲：

> 数字不过是科学家的防护罩。

赖太太是圈外人，但却一语中的。这一二十年来愈造愈多的语音学家的个人防护罩造成数据至上的趋势，又要变成语音学整个学科的隔离罩，隔离开语言学——矫枉过正了。这才有后文我忧心忡忡的"认识之四"。

2. 有效应用

轶事归轶事，现实研究的确有了转向。让我举一个简单的元音例子。元音一向是表达在一个四边形的生理空间中（见图 3 左）。这些元音还编了号，如 i 是 1

---

[1] 形式音系学家喜欢标榜自己做的是科学，但他们未分清形式科学和经验科学：形科指数学几何逻辑电脑程序等，以自洽为起点要求兼终点目标；经科需要实证。形式语言学模仿形科，不过是一次不成功的尝试（朱晓农 2006b）。

号元音，e 是 2 号元音，u 是 8 号等。后来在 i 和 e 之间添加了英语的 ʊ，俗称"1号半"元音，意思是他的舌位比 i 低而比 e 高。其实元音舌位一直很难确定，哪怕有 X 光片。到了 1999 年版的《国际语音协会手册》（IPA 1999）中，美国英语的元音空间里 ʊ 处于 e 之下（按照生理舌位图来理解，这成了 2 号半），可见这不是生理舌位图，而是声学空间图。参数用的是第一共振峰 F1 和第二共振峰 F2，"ʊ 在 e 下"表示的是前者的 F1 值大于后者。

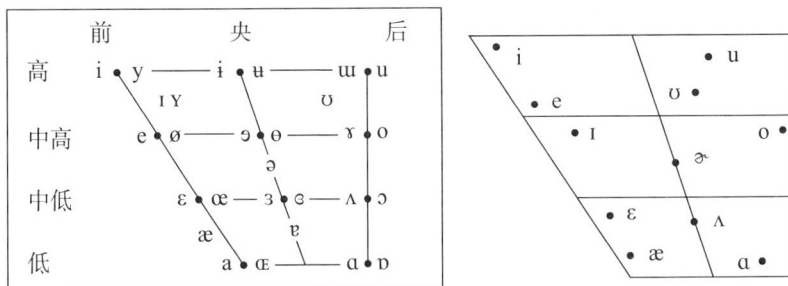

图 3　国际音标元音舌位图（左），美国英语的单元音声学空间图（右，IPA 手册）

同一本《手册》中还有 ʊ 处于 e 之上的（Hindi 语），或 ʊ 和 e 处于同一高度的（德语）。这说明国际音标现在只不过是个表示大致位置的符号，表示 ʊ 和 e 是两个不同的音。至于谁在上谁在下，各自语音性质如何，由声学数据决定。

这就是现在元音的量化表达方式，过去舌位定性都困难，现在一定量，反倒简单了，而且也明确了。元音研究一直是语音学进展的一项重要标志。现代语音学的奠基石之一是 19 世纪下叶亥姆霍茨的共振管理论。此后，琼斯的定位元音（Cardinal Vowels），方特的元音声学理论，赖福吉提议的定量表达，赖福吉，尤其是朱晓农（2010c）[第10章]明确提出元音的音节身份（韵腹）的辅助定义，朱晓农（2010c）[第9章]关于松紧元音的辨识和元音的调音色彩和发声色彩的分类，都标志着语音学理论的进展。

3. 迷信：走向反面

随着语音软件的越来越强大而方便，越来越多的文章用实验数据来增强论证。这又引出另一个问题，有些研究太依赖、甚至迷信实验数据。例如广东话中有没有介音，历来对此看法有分歧。有的研究人员利用实验语音学来证明广东话有 w 介音。这实际上过分依赖了实验语音学，因为音位处理有多种可能性。还有的随意引用些数据图例就认为可以解决音韵学中的问题。因此，有必要懂得有关实验、测量、数据处理等工作中的原则、方法、程序问题。有两点必须强调：

（1）语言实验工作必须做得系统而彻底。如果随意用一些语图，那么想说明什么都是可能的，因为一个语言信号有无穷多种随机变异的物理形式。（2）再进一步，即使数据系统而彻底，它所能起到的只是辅助性旁证作用，而不是本证，见§1.5.4。

五、广义音法学 21 世纪 10 年代

最近十年来的语音学进入一个新时期，认识论上从数据至上退而认定为数据处于不可或缺的辅助地位，学科进展可以"有你我式"的广义音法学的成型为标志，包括音法类型学和演化音法学。

（一）走向"有你我式"

"有你我式"，就是普遍性（universal）。现有的语音学框架还太具有欧美特色，不够有你我式。有你我式的语音学框架指的是如下几项性质：

（1）排除时空限制的泛时音法学，包括：

a）地不分东西：不但能说明西方语言，还能说明亚非美澳语言。

b）时涵盖古今：不但适用于共时研究，还适合历时研究。

（2）语音学以从属于、服从于、服务于音系学的姿态相结合，类似于实验物理学服务于理论物理学，后者不脱离前者。今天来看似多此一说，但二三十年前在我求学成长的时代，音系学家普遍以为理论音系学可以独立于实验语音学之外，他们是真的以为形式语言学像形式逻辑或数学一样，可以脱离物理世界。

（3）实验语音学和田野语音学的结合。调查和实验是语音学一开始就定下的两个方法取向（§2.1），这其实也是所有对象有时空分布差异的研究的常例。比如天文学、地质学、动植物学，首先是观察实例，然后用理论解释实例数据，用实验验证理论。还有观察不及处，那就用理论来拟合，用实验来验证。语音学也一样，首先是调查到底有些什么样的实例。这不是看低理论或实验，而是语音的变异度或奇异性远远超出音系理论家或语音实验工作者的脑力所能想象。这没有什么不可思议的，生活比小说更离奇——我也是调查了 1500 个声调系统后才明白这一点的。

这样的语音学就是充分贯彻第一期语音学运用田调和实验的方法取向，来回答、解答，甚至提出语言学中的问题，实现赵元任时代还不可能的学术理想。

（二）语言语音学：语音科学的分支

语音学和音系学的分合恩怨，吵吵闹闹近一个世纪让人无所适从。我的理解如上所述，分应该是语音学内的分，合应该是语言学内的合。语音科学内需要分出一个语言语音学分科，和工程语音学、心理语音学等同等对待。这是一个语言学与语音学的交叉学科（见图4），是一门用实验手段来提出和解决语言学问题的语音学科。它只占大语音学的很小一角，却是语音科学的核心部门，是其他语音学科的认识基础。

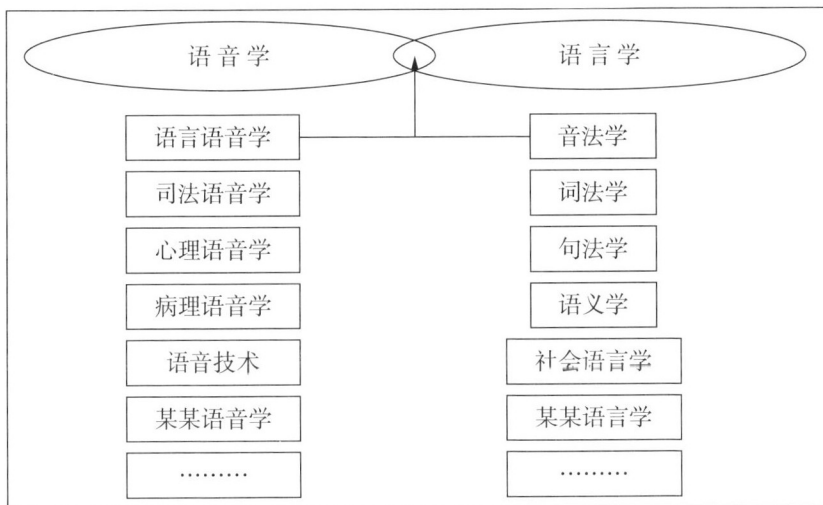

图4 语言语音学和音法学（朱晓农 2011b）

语音学和语言学的交叉学科在语音科学中叫语言语音学（广义），到了语言学里就叫音法学（广义）。广义语言语音学和广义音法学所指为一，只是不同领域中的不同招牌，也可叫泛时音法学（pan-chronic phonology）。三者的外延相同，共包括三大块六个分支。音法学或者说狭义音法学包括后三个分支：音系学、音法类型学和演化音法学（见§5.3）。语言语音学或者说狭义的语言语音学包括前三个分支：发音、声学、听感，这也是传统语音学的范围。不过为了预防再像以前给赶出语言学，语言语音学对这三方面研究就有所约束，因为它毕竟不是生理学、声学、空气动力学本身。它要研究的问题必须照应后三个分支的问题。也就是说，语言语音学研究生理学问题、声学问题等，但要与认识语音的构造、格局、分布、演变有关。它要找出一组生理、声学参数，可以用来对音系格局、音节结构、自然类形成、音法派生过程、跨音系分布、共时变异和历时演化等作出充分描写，甚至充分解释。

总之，有了前三分支语言语音学的研究，才使后三个分支音法学的深入成为可能。而反过来，正是有了音法学目标，才使得语言语音学研究显得必要。

（三）音法学：定义和范围

如前所说，语音学和音系学的合应该是语言学内的合。语音研究和音系研究，以及两者的关系，定义了两对范畴：语音学 vs 音系学，历时音韵学 vs 共时音系学。到语音学的第四期，我们提出的"广义音法学"（泛时音法学），把这四个领域融合为一，以统一的原理、统一的方法来研究语言学中的语音问题（表2）。

表 2 广义音法学分支

广义音法学即广义语言语音学	语言语音学	Ⅰ．基础音法学	1．发音语音学	研究语音的生理属性
			2．声学语音学	研究语音的声学属性
			3．听感语音学	研究语音的感知
	音法学	Ⅱ．共时音法学	4．音系学	研究音系内部构造
			5．音法类型学	研究世界语音的分布共性和变异
		Ⅲ．演化音法学	6．演化音法学	研究语音的自然演化

表 2 中前三个分支上一小节介绍了。后三个分支即音法学（或狭义音法学）所辖。第四个分支，语音在具体语言中的组织结构一向是形式音系学（包括音位学和生成音系学）的研究对象。共时音法学也关心这方面的问题，因为研究语音的性质不能不关心语音的系统和功能。这不但是个"理论联系实际"的问题，也是研究是否能深入，甚至是否能成立的前提条件——否则就不是"语言学的语音学"了。不过音法学中的音系学有两点与形式音系学不同：第一是研究音系构造以实验语音学为必要基础，用实验语音学来检验或辅助定义音系学概念；以往一百年对此是忽略甚至排斥的。第二是以结构单位音节作为基本单位；以往一百年最小的分析性单位（先是音位，后为区别特征）作为基本单位。

随着最初实地调查和语音实验两大方法取向的进展，对全世界语言的语音情况了解日多而益深，又发展出两方面工作：第五、看这些声音在世界上是怎么分布何变异的；第六、看这些声音是怎么演变的。

（四）数据辅助音法：认识之四

实验数据对于音法研究的重要性，实际上是语音学和语言学的关系问题。上面已经看到三次更迭，本节是第四代认识：数据重要，但只起辅助作用，关键在于确立语言学范畴，语音数据对此起到的是不可或缺的辅助作用。让我们来看几个例子。

1. 朝鲜语硬软辅音的音法范畴

朝鲜语的软硬辅音是国际语音学界七十年来的大难题，看上去这是个语音学问题，但实际上是音法学问题。有关软硬音的语音数据多而又多，基于这些数据，国际语音学界得出一连串错误结论：

1）"这是朝鲜语特色"——错 1：不对。吴语、湘语中有类似现象。

2）"这是辅音问题"——错 2：不是光杆辅音问题，是音节结构中的辅音（声母）问题。处于韵尾时没这软硬问题。错 3：不是单个音素问题，是整个音节的问题。错 4：甚至不是音素，而是发声态问题。

3）"这是软硬辅音问题。"——错 5："软 / 硬"是什么概念？语音学中无法定义；音系学内无法找到它们的上位概念。那么它们是基本范畴吗？添设这么一对基本概念显得很奇怪。如果都不是，那不过是无可奈何的标签。错 6：这个标签更明显地表现在标音上：硬音加个星号如 *p，表示 IPA 没法标写，语音学中无所属的无可奈何溢于言表。更要命的是，这个标签还标错了。硬音还不算太特别，软音才是需要标记的少见发声。错 7：更一般地，把硬软当成辅音对立只是一种只见其一的音位处理。此处对立并不限于声母位置上的辅音，在音节层面同时有多种区别存在：辅音硬软，元音紧松，音高高低，发声态不同等。音位学碰到这种情况作用有限，弄不好还会误导。赵元任是音位学先锋，但他在收山之作中谈汉语音系学（Chao 1968:18-54），没有一个 phoneme 字样。跟赵元任走没错。

4）"这是语音学问题"——错 8：不，这是音节音系学问题。

半个多世纪来发表了很多语音学文章（如 Kim 1970；Abberton 1972；Silva 1992，2006；Silverman & Jun 1994；Sohn 1999；Park 1999；Cho，Jun，Ladefoged 2002），对软硬音的语音性质从生理、声学和听感等方面进行过深入研究，硬爆音比起软爆音来：声道壁更紧张，呼吸肌力增长更快，成阻点接触面较大，成阻点后的气压较高，持阻时间较长，爆发能量较大，听感上更清脆，后接元音的基频较高（Hardcastle 1973；Kagaya 1974；Dart 1987；Lavoie 2000）；也有些发音人在硬爆音爆发之前会下降喉头，或用其他办法扩大喉上声腔（Dart 1987）。软爆音的VOT（约30-60 ms）长于硬爆音（小于30 ms），软爆音的听感声学性质主要不是表现声母辅音上，而是在韵母元音上。相比起软辅音，硬辅音后的元音音强较强、基频较高。

语音学是连续的物理量，这方面我们已经了解得很透彻；音法范畴是离散的认知范畴，这方面我们一无所知。这就是为什么这么多年来软硬辅音问题没得到解决的原因。因此，重要的是如何把连续的物理量转换或音法化为语言学概念，也就是用声素系统中的弱送/弱弛/振声给朝语软音节定位，用张声/清不送为硬音节定位。软硬音这个国际性长期难题就可在有你我式的理论框架中得到解释（段海凤，朱晓农 2018），也可与其他语言中的类似发声态进行比较研究了。

打个比方，年龄是连续的生理量，但年纪老年、青年、少年等是认知范畴。为什么17岁11个月29天23小时59分59秒是少年，过了滴答1秒，就是青年了呢？——这靠的是外部标准（章婷，朱晓农 2021）。我们不用"17岁11……59秒"来认识事物、人物，就像我们不用125赫兹来认识声调，不用多少毫秒持阻段来认识软硬辅音一样。我们可以用多少毫秒的VOT来认识软塞音，因为我们在VOT正值轴上定义了不送态（0~30 ms）、弱送态（30~60 ms）、送气态（＞60 ms）。

2. 声调：声学数据，听感范畴，普遍类型

声学数据是离散的，所以要达到音法范畴还有一条鸿沟要跨越。但听感结果都是离散的，包括互补离散和交叉离散范畴（后者即过去说的有点矛盾的"连续感知范畴"），那是不是可以直接作为音法范畴呢？

可以，但有限。

声调范畴感知分先天能力和后天习得。现有研究分两类，一类有非声调语被试参与，考察的是平升降等曲线形状的"调形/拱形类"，这涉及音高感知的先天能力，与声调关系反而不大。另一类只有声调语被试，考察的是后天习得的、属于个别语言的调位类。调位也是音法范畴，但对我们的声调认识作用有限。

理想的音法范畴是类型学中的"种"species。章婷、朱晓农（2021）考察并确定了兴化方言中的三种R调的"感知类"，反向他们与具有跨语言普遍性的声调类型学中的调型（tonotype，高升、前凹、央凹型）相对应。实验结果成功地打通了听感和类型学两个领域，初步证明从类型学角度划分的调型具有听感范畴作为基础，而普遍性的听感范畴对应类型学的"种"。还证明了"外标认知论"及其方法的可行性。

3. 元音：声学数据加音节身份

元音是语音学中的基本概念之一。长期以来被广泛接受的是语音学定义：调

音上舌面与被动器官有足够宽的通道，气流通过声道时没有阻碍，声学上不产生湍流，听感上没有噪音或摩擦感。这样定义引出两个问题：一方面无法包括那些较紧的高位出顶元音如微擦元音i和舌尖元音ʅ。另一方面把没有湍流、具有纯元音性质的 j，w 排除出元音范畴，而归入辅音（近音）。所以，单单用语音数据无法充要地定义元音。

要解决这两个问题，就必须进一步限制定义为：在音节中作为韵腹并且口腔内没有明显阻碍的音（朱晓农 2010c）[第8章]。第一条韵腹条件把不做韵腹的 j，w等音排除掉，第二条"无明显口腔阻碍"把鼻音、边音等排除掉，并且把微擦元音和舌尖元音包括进来。

修正定义引进了韵腹这一音节音系学标准，相对于语音学概念"元音"而言这是外部标准。但问题如果倒过来从音节学角度看，元音是韵腹的语音实现，那么，原来的语音证据就是用来帮助定义音法概念的外部证据。

4. 小结：左一下右一下

有个政治家说，治国就像开飞机，左一下，右一下，就不偏不倚了。科学也差不多，四十年前我（朱晓农 1983）曾说，寻找共性和特点有个交替律，也就是共一阵，特一阵。

语音学历史上也是如此。语音学初起时是重视数据的。到第二期音系学发达，数据给排斥了。到第三期末，实验语音学开始重新抬头，我（还有赖福吉）借用开尔文勋爵的话大声疾呼定量的必要（Zhu 1995/1999；Ladefoged 2003；朱晓农 2005a）："如果你无法把考察对象量化，那么你对它的知识就很肤浅。"一代人过去了，如今语音数据铺天盖地，大有依赖声学数据来划定作为感知范畴的语音概念。所以我掉过头来强调定性的重要性了：

从语音数据到听感范畴，说起来是短短半句话，认知上是高高万仞山！

语音学中这样三番四复的认识，也许有人会问这些不都是谈方法吗，怎么是认识论呢？是方法，但我是从认识论角度来谈哪种方法或哪些材料是可靠知识的来源，而这，恰恰是认识论的中心议题。

总之，目前的认识论结论可以借用一句五十年前常用的话：

要数据，不唯数据，重在音法范畴。

（五）为音法学服务的语音学

最近几年来显露出有一个新时期的降临，因为认识论上又有了转折：数据起的是不可或缺的辅助作用。音法学暨语言语音学趋向成熟，语音学的基本框架和语音单位都重新定义了。这个阶段的语音学重返语言学，但不再是野心勃勃或霸气十足地去主导音系学，而是以发展出音法类型学和演化音法学来自觉、自动服务于音法学。套用一句名言就是：

Of linguistics, by linguistics, and for linguistics.［语有、语治、语享］

这是一种属于语言学、服从语言学、为语言学服务的语音学（Zhu 2015，2017）。它的基本概念（如元音、辅音尤其是近音）也由此可以用音节身份来协同定义，而音系学/音韵学（不管是共时音系内部，还是跨音系，还是历时研究）应该也能够在语音学基础上来开展。

上文讲到，此前的语音学尽管越来越"科学"，却离语言学越来越远，它不关心也没能力解决语言研究中的问题。赖福吉的语言语音学就是为了解决语言学问题，他临终前一篇挂在网上的未竟稿题目就是"How to relate phonetics to phonology?"（如何把语音学关联上音系学）。从他 1971 年提出语言语音学这个概念，几乎整个学术生涯都是围绕着这个目标，沿着这条路向前进的。遗憾的是进展不算很理想，直到赖氏去世，语言语音学还未成型，也显得后继乏人。这当然怪不得语言语音学，也不能否定这一方向，而只说明关联两者的难度，这实际上回到我（朱晓农 1987）30 多年前说的："事物的连续性对分类的离散性，事物的变动性对分类的静止性。"表达得更现代一点：

两对永恒的"连散矛盾"：共时性质的连续性和认知范畴的离散性之间的矛盾，历时演化的连续性和阶段划分的离散性之间的矛盾。

六、音节音系学

（一）音节作为基本单位

上文谈到音系学想脱离语音学而不得，最主要的原因在于没有自己的基本单位。它的基本单位一直跟着语音学走，先是基于音素的音位，后是区别特征。不过还有一种非主流的音节观点，这是汉语音韵学的千年传统，英国语音学家（如Abercrombie 1967）也把音节作为枢纽单位。顺着这条思路，我把音节定为音法学和语言语音学的基本单位，见图5A。跟图2两种语音学框架相比，根节上的不再是音素，而是音节。音节下辖线性成分音列和非线性成分声合。音合下辖声韵母；声合只有一个直属成分声调，所以声合等于声调（图5B）。那么能不能省去音列和声合，音节如音韵学传统模式那样直接三分为声韵调呢（图5C）？不能。音列和声合的种差是线性/非线性成分，直接三分使得声韵调处于同一层级，把［±线性］这个逻辑标准取消后，也就破坏了逻辑分类系统。

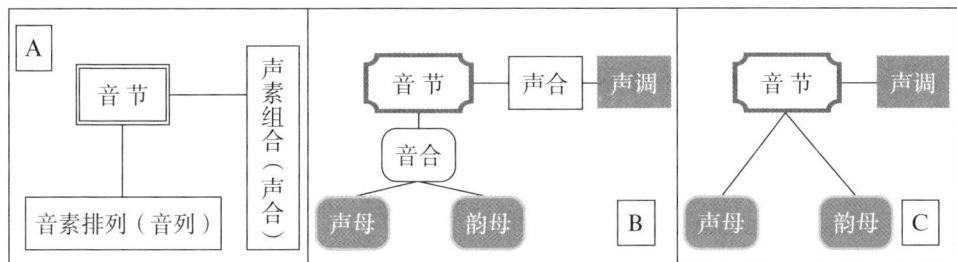

图5 ［A］语言语音学/音法学的基本架构；［B］音节成分；［C］传统三分法

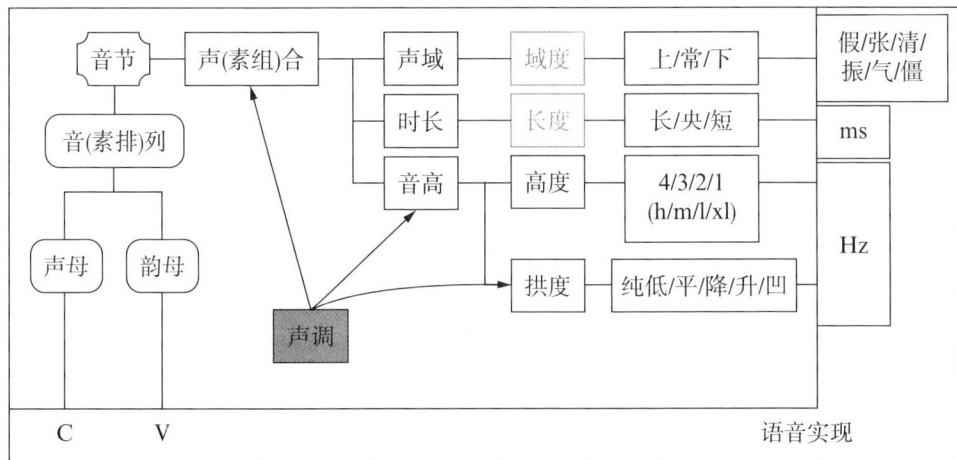

图6 音节结构

为什么要把音系学的基本单位定为一种结构单位，而不是最小的分析性单位呢？这就涉及一种类似物理学还是化学的问题。西方音系学和语音学及其他科学学科一样，把寻找最小的分析性单位作为基本单位和研究目标。音系学里最早是用音位作为基本单位，对应于语音学的基本单位音素，是一组具有同一性的音素的集合。到生成音系学问世，其基本单位又跟着语音学变为更小的单位：区别特征。尽管西方学者从心底里想区分语音学和音系学，但由于无法确立音系学里独立的基本单位，结果还是划不清语音学和音系学的界限。

做个类比，物理学（语音学）尽可以穷究物质的本原，追踪最小单位，从粒子（音素）到夸克（区别特征）。但是，化学（音系学）却不是以此为目的，它考察物质的组织、构造。它的基本单位是分子（音节），例如物理学分析出碳原子，化学考察同样的碳原子由于组织不同而形成石墨或金刚钻。下面是音节的定义：

> 音节及其成分是以结构定义的形式单位。它们与物理、生理、心理现实有对应关系，但不是以后三者来定义的。

建立了音节音系学就能在类型学上更好地说明世界语言中的两类音法结构：音素显赫型（Segment Prominent）和声素活跃型（Phonation Active）。在欧洲语、阿尔泰语等音素显赫语言中往往便宜行事：长度和音高作为元音附加特征，清浊作为辅音特征。但在东/南亚和中/西非的声素活跃型，尤其复合声调语言中，使用图 2B 框架就会像用宏观世界的牛顿力学去看待宏观和微观世界，非扭曲理解不可。因此，语音的基本范畴就不能以音素为中心，而应调整为音素和声素两个范畴，都作为基本单位音节的直属成分。

用音节做基本单位，其下属单位就不是元音辅音，而是声韵调。现在的音系学中谈到音韵组合或音节结构时，用的是 CVCV 的概念。元音和辅音原来是语音学概念，挪用进音系学后仍然是元辅音。这样处理不妥当，因为语音学和音系学是两个系统。语音学中的音高进入音系学后成为重音或者声调，语音学里的元辅音进入音系学后也应该获得音系学身份，就像生理学上的男女进入社会学的单位"家庭"之后便有了新概念：父母兄弟子女等。元音辅音进入音节后，也获得了音节的线性成分身份，这就是声母、韵母、介音、韵体、韵尾。音节还有非线性成分如声域、声调、重音等。

（二）声素系统

声素是音法学的发声单位，包括六类十四种发声态，再加三种超发声态（表 3）。这六类发声态可以定义三个声域，进而为描写所有声调的分域四度制提供经验基础。

表 3　普适声素库

发声类		发声态	符号	超	发声态
Ⅰ. 假声	1	假声	pá	长	长 /L/aː
Ⅱ. 张声	2	张裂声（断裂张声）	pä	度	央 /M/aˑ
	3	喉塞尾 / 喷音	paʔ/k'a		短 /S/ă
	4	前喉塞 / 内爆音	ʔpa，ʔm/ɓa		4/h
Ⅲ. 常声 1（常态发声）（清冽声）	5	不送态（清声）	pa，ma	高	3/m
	6	清送态	pʰa，m̥a	度	2/l
	7	弱送态	p'a		1/xl
Ⅳ. 常声 2	8	振声（带声）	ba，ma		纯低 /Lo
Ⅴ. 气声（浊声）	9	弱弛态	p̤a̤	拱	平 /E
	10	弛声	p̤a̤（pʱa），m̤a		降 /F
	11	浊气态	b̤a̤（bʱa）	度	升 /R
Ⅵ. 僵声	12	喉堵态	a̰		凹 /D
	13	嘎裂声	a̰		
	14	弱僵态	a̰		

　　声素系统在现有的语音学中是空门。现有的语音学只能应付这张表中第 5、6、8 三种发声态，偶然也能勉强扭曲处理 VOT 体制外的浊送气（No.11）。说它是体制外，是因为 VOT 只能处理清送、清不、带声三种最常见的情况，无法应付浊送气。说它勉强也能处理，是因为可以在"带声性""送气性"两个参数下把这四种发声态排成两两平行的关系。但我们现在知道，不存在这样的两两平行格局，这是一种削足适履的扭曲事实（朱晓农 2018）。因为 1）清声 p/pʰ 和常态振声 b 属于清冽嗓音，而浊送气 bʱ 属于浑浊的非清冽嗓音，跟弛声、弱弛同属气声类；2）清声分清送、弱送和不送三小类，振声不分类。

　　发声这个困扰了语言学界半个多世纪的涉及语音学和音法学基本框架的系统性难题，在尝试了二十多年后总算拼出了个完整图案。最早是我在做博士论文时（1990—1994），为处理上海话的阴阳调，提出以发声态（清声 vs 气声）定义的分域概念。之后原地踏步十年。直到"论分域四度标调制"（2006b）尝试性提出了一个发声态系统，那时还有"全紧声"这么个概念（后来分解为假声和张声）。这以后开展了大规模的田野调查，事情突然变得容易了——"一力降十会"，那是我当时的感觉：在泰山压顶的材料碾压下，什么华山理论剑都是花拳绣腿。不过别误会了，以为这就材料称大王了。不是的，一力降了十会后就得有一套更会的理论去驾驭材料。从语音材料到音法概念，在认知上要翻越一座比泰山更高更高的山。

普适声素库的发现引起了连锁反向：改进了辅音分类，产生了新的声调模型，重构了音节，并最终重塑了语音学架构。这些问题近年来我已加以完整论述（朱晓农 2018；Zhu 2015，2017）。

（三）语音单位

进行语音分析先要确定被分析的语音单位或发音单位。发音对应 articulate，有三个意思。广义的发音即语音产生，包括发音所有过程：启动、发声、调音。中义的发音包括发声和调音。狭义的发音等于调音。中文术语现在定义得比英文术语更为精密：发音用作中义，即包括发声和调音。狭义的发音叫调音。

传统语音学以欧洲语言为对象，认为基本单位是音段，包括元音和辅音，不同的音段有不同的音色。元音用三维的元音图表示：高低、前后、圆展。欧洲语言中的辅音一般用 VPM（Voicing-Place-Method，清振、部位、方式）的描写框架来表示。辅音中还有前些年加出来的一个小类"非肺部辅音"，不见于欧洲语言。需要指出的是，在西方音系学中，常用的概念还是元辅音，而不是声韵母。超音段包括音高和音长，音高表现在非声调语言中为轻重音；表现在声调语言中为声调。音长在非声调语言中对应于长短元音，少数场合长短辅音；但在声调语中表现并处理为声调类，即入声或轻声。音强原来以为与重音相关，但后来发现，重音在非声调语言如英语中主要体现为音高不同，在声调语言如汉语中主要体现为音长不同，所以音强未在音法学中范畴化。

音法学中的发音单位不同于传统语音学，它有发声单位声素和调音单位音素。音素即元音、辅音。声素包括十四种发声态，聚成六大发声类，以及超发声（包括音高和音长）。东/南亚洲和中/西非洲的语言是发声活跃型语言，声素种类很多，无法用传统的超音段来概括。而欧洲、阿尔泰、阿拉伯等语言是调音主导型语言，声素种类很少，可简化为超音段 suprasegmental，算作音段的附加色彩。

表 4　发音单位：音素和声素，及其音节身份（最右栏）

调音单位	音素	元音	高元音、低元音等	韵腹
		辅音	响音：鼻 / 边 / 日 / 搭拍 / 近音	非韵腹 / 韵腹
			阻音：爆发 / 塞擦 / 擦音	非韵腹
发声单位	声素	六大发声类	常规发声类：清 / 振声	上域、常域、下域
			非常规发声类：假 / 张 / 僵 / 气声	
		超发声	音高和音长	声调、重音、长度

七、音法类型学和演化音法学

（一）引言

1. 类型学的必要性

为什么需要类型学？一个最简单也最直接的回答就是：音法类型学是语音的科学研究的经验基础。类型学确定一个分类系统，相当于门、纲、目、属生物分类树。没有这么个分类系统，或者出了这个系统，那么不要说什么研究，连个体辨认都成了大问题。

拿越南语来做个例子。越南语声调曾对声调起源、语言的发生和接触、声域和声调的音法类型等多方面研究提供过关键证据，因此一直深受国际上语音学家、音韵学家和音系学家的重视。越南语的声调从十七世纪罗历山（Rhodes 1991/1651）起，积累了海量的听感描述资料：如锐声是"强锐音"（罗历山）；跌声是"提高的胸腔音"（罗历山），是"在音节中间有个喉部断裂的升调"（Nguyen & Jerold 1998），或"高升调常伴有喉塞音"或"掐住嗓门 strangulated 的音色"（Thompson 1965/1987）；重声是降调，调尾有强烈而持续的阻塞以截断声调（Nguyen & Jerold 1998），或"低降调带有紧喉化（glottalization）或紧音（tense）特征"（Thompson 1965/1987）。最近三十年来又攒了很多声学数据，描绘得更为精密了。但由于缺乏一个类型学框架，无法对越南语声调进行理性认识和逻辑归类，也无法与比如泰语、粤语的声调进行跨语言比较（朱晓农，阮廷贤 2014）。

所谓理性认识，就是逻辑归类。把认识对象安置到一个逻辑分类系统中，属加种差，本质全认识清楚了。如果缺乏理论认识框架、缺乏逻辑分类系统，那么，尽管一些具体描写可以很细致，但到底是个什么样的声调，怎么表达，怎么跟其他语言的声调相比较，相区别，仍属未定之天。打个比方，你在神农架看到一个生物，直立行走，两米高，身上有几厘米的长毛，棕黑色，脚有 55 号尺码，手有多长，等等，生理特征描写得很细致，但最终你得告诉我们它是熊，还是猩猩，还是人，还是人和猩猩之间的一种野人，你得在生物分类系统把它定位了，属加种差，才算对它有了认识。否则，尽管能把它描绘得活灵活现，对它的认识却还停留在科学范畴之外。

这几百年来的越南声调描写就处于前类型学和前科学阶段，其他语言的声调研究也一样。

2. 类型研究现状

我们知道，生物学的基础就是林奈建立的动植物门纲目属的逻辑分类树。同样，研究语音最重要的经验基础是有一个语音分类框架，像国际音标图中的元音图就是个分类框架。但这样的框架不能令人满意，因为世界语言中到底有几个元音，高低要分几度，前后呢，圆展度呢，另外还需要什么别的参数，一共需要多少个音标才能充分而必要地描写、表达全世界元音，需要多少音标也就是问世间有多少种元音类型，这些最基本的问题根本就答不上来。辅音也一样，到底用什么标准可以并应该分几类，我们都不清楚。

声调类型学有过几方面的尝试。"声调类型"有三种理解，也引向三种研究：

（1）"类"的理解和研究：从古调类出发，看今天的分合。这种对调类分合的描述古已有之，如中唐"浊上变去"，《中原音韵》"平分阴阳、入派三声"，清儒究上古去入之有无。这也是目前做得最多的工作，但跟现代类型学无关。

（2）"值"的理解和研究：从五度调值的听感描写出发，概括某个大样本中有多少降调，多少平调等（Cheng 1973），以及什么样的拱形最普通（Maddieson 1978）等。进一步的理论工作是把五度值简化为 H/L 这样的标记，以期简约出共性来。这是现在一般认为的类型学研究，但实际上还不够格，因为没辨认出比如降调有多少种类型。用五度制可以有 50 种降调表达（朱晓农 2012a），过去从没人想过这 50 种是不是就是降调的"种"（species）了，50 种是否充分且必要。

（3）"型"的理解和探索（Wang 1967），该文提出了 13 种调型，并用 7 个区别特征（3 个高度，4 个拱度）来刻画。后两种研究的后继作品都不多。

过去的研究不但不够格，可以说还没启动类型学，这从"调形"与"调型"这两个词的任意混用可见一斑，使用者头脑中还没有"类型"（types）或"种类"

（species）的概念，所以把"形状"或者"型的某种 / 某次表现形式"当成了类型或种类。在新的类型学研究中（朱晓农 2014），type 是"调型"，调型的表现形式或例证 token 是"拱形、调拱、拱度"。"调形"因与"调型"同音易混而弃用。

音法类型学无论对于语音的共时理论分析，还是历史演化追踪，都是不可或缺的经验基础。这是一门开展很早，但进展很慢的学科，原因一方面在于缺乏合适的材料，另一方面没找到通用单位。这两个原因可能还互为因果——由于缺乏通用单位，所以以往的材料不合适。

要回答到底有多少音素和声素，最好的办法是制定三张像化学元素周期表那样的元辅音和声调周期表。这样的话，即使我们一下不知道到底有多少元辅音或声调，但至少知道哪些空格中有潜在音 / 声素的可能性。要建立这样的周期表，需要先建立音法类型学，而不是只有生理物理参数的语音类别。

现在我们可以来谈一下类型了，这是因为即使音素条件还不成熟，但声调的类型学已相当完备了，我们已经建立了声调周期表，以及声素分类表。

（二）声调类型学的建立

1. 调型的定义

朱晓农（2014）提出"普适调型库"，确定有多少种实际和可能的以域度、长度、高度、拱度四个参数取值的调型，以及不可能的调型。

调型（tonotype）是类型学、音节学中声调新概念，具有如下三项性质：（1）每个调型有自己的声学 / 听感特征；（2）每个调型都与同拱度的另一个在至少一个语言中有对立；（3）普适调型库中的调型对于所有声调的类型定位以及自然演化来说是充分而必要的（至少冗余度是最小的）。

调型不同于调位（toneme）。调位是具体某个调系中的区别性单位，调型是跨语言的类型学概念。调位一没有具体的声学 / 听感特征，只是一个抽象的对立单位，二对立冗余度很大。

2. 类型学材料如何获取？

对于声调研究来说，材料获取需要满足以下五个步骤：

（1）研究者的听感记音。

（2）录音材料，数据经归一化处理而得到的基频走向，然后用分域四度制表达。

（3）发音人或其同乡的听辨测试以验证同异。

（4）在一个充要的调型分类系统（普适调型库）中得到归位。

（5）进一步在实验室进行听感实验以探求共性。

声调研究从 Bradley（1911）、Jones（1912）、刘复（1926）、赵元任（1922，1928）算起，已有一个世纪。期间所记录的声调系统不下数千，基本上是听感记音。这些材料仅满足五项要求的第一条听感记音。我们都知道听感的不确定性，例如兰州上声被调查者记出九种调值（朱晓农，衣莉 2015）。这样的材料对于共时声调理论、声调类型学、声调演化的作用极其有限（Zhu 2012：附录；朱晓农 2014）。后来有了方便的语音分析软件，第 2 条声学数据的获得轻而易举，这的确增进了材料的可靠性，不过并没有真正解决问题，反而引向唯数据论（§4.3）。我得承认我在这方面（Zhu 1995/1999；朱晓农 2005a）起过过犹不及的引导作用。现在我们明白这其实是本末倒置，听感是第一位的，声学数据起辅助作用（§5.4）。要真正解决问题，关键不在材料本身，而在一个符合实际的理论，一个类型学框架。没有这么个逻辑分类框架，不管听感还是声学调拱都难以归类。例如粤语、河南话、泰语、辽东话中的央降调就无法辨认（朱晓农等 2008；林文芳，洪英，朱晓农 2013；朱晓农，林晴，趴差桠 2015；朱晓农，张瀛月 2016；魏阳，朱晓农，即出）。这个类型学框架就是下节要讨论的调型库。

（三）通用调型库：调型周期表

1. 确定调型的标准

调型（tonotype）是声调类型学和音节学中的新概念，具有如下三项性质：（1）每个调型有自己的声学 / 听感特征；（2）每个调型都与同拱度的另一个在至少一种语言中有对立；（3）普适调型库中的调型对于所有声调的类型定位以及自然演化来说是充分而必要的（至少冗余度是最小的）。

调型不同于调位（toneme）。调位是某个调系中的区别性单位，调型是跨语言的类型学概念。调位是一个抽象的音位，可能没有具体的语音特征规定，因而冗余度可能很大。

2. 现已发现的调型

普适调型库又叫通用调型库（General Tonotype Inventory），见表 5。这张表用四个参数来定义声调，相当于元素周期表。表内数字不是调值，而是调型代码。在声调类型学中，调型是基本单位，代码是调型的代号或直观符号。最右栏灰色数字是语音实现或语音变体，叫调值也无妨。

表 5　通用调型库

拱度	拱型/调型狭	长			央|短				变体 常域长调
		上域	常域	下域	调型	上域	常域	下域	
非拱	纯低		22	**11**	纯低		22	**11**	{22, 32, 323, 23}
平	高平	66	55		高	66	55 55	(44)	{45, 55_4, 54}
	中平		44	**33**	中	44	44	**33**	{44_3, 43}
	低平		33	**22**	低	33	33	22	{33^2, 32}
降	高降	*63*	52	**40**	降	*63*	52	52	{53}
	中降		42	**31**				31	{43}
	高微降		54						
	中微降		43						
	高弯降		$_552$	**341**					{$_553$, 452}
	中弯降		$_342$	**231**	弯降			**231**	{$_442$, $_332$}
升	高升	*46*	35	**24**		*46*			{25}
	中升	*35*	24	**13**	升		24	**13**	
	微升		45	**23**					
	高凸升		35_4						
	中凸升		24_3						{35_3, 24_3}
凹	低凹	*404*	323	**212**	凹		323	**212**	{303, 223, 324, 323}
	高凹		535						{434}
	前凹		324	**203**					{325}
	后凹		523	**412**					{423}
	两折		4242	**3131**					{5232, 3242}
总	58=39+19	5	20	**14**		3	11	**5**	

　　朱晓农、衣莉（2011）表3 最早提出 14 种"构成区别的调型"。回想起来那真是一个异常困难的开端，整个儿一个老虎吃天（无数的材料），无从下口（有几个维度啊）。好在万事开头难，最困难的第一步跨出了！沿着这方向努力，到朱晓农（2014）包括 45 种调型的普适调型库已构建。以后陆陆续续增加到 57 种。这看上去不少，但其中 38 种是有特殊发声或央/短调，基本调型即常域长调只有 19 种，常用的不过十一二种——这真是意想不到的少！

3. 纯低调：声调类型学建立的先决调型

纯低调这个概念的确立是建立类型学的关键一步。

调型有五种拱度——降平升凹低——前四种以拱度相区别，但"低"（纯低调）不是，它是一种不以调拱来做区别的纯粹的低调，语音实现为四种最低拱：最低平拱 {22}、低降拱 {32}、低凹拱 {323} 或低升拱 {23}。象北京上声［214/21］、天津话阴平［11/21］、广州话阳平［11/21］都属纯低调（详朱晓农 2012a；朱晓农，章婷，衣莉 2012）。可以说，没有建立起纯低调这个概念之前，声调类型学就还在孕育中。

需要指出的是，纯低调一般可以由这四个最低拱自由交替，但有时它只实现为某一种低拱，常见的如低凹拱 {323} 或低降拱 {32}。极少数情况下可能 {323} 与 {32} 同现，可把前者归入央凹型 {32}，后者作为纯低型 {22}。此时极可能是在争夺纯低型位置的演化途中。

4. 平调的极限：分四制的范围

平调的极限是设计一个标调系统的首要问题：一个调系中最多有几个平调，标调系统就需要设定几度。当年赵元任假定最多只能有五个平调，由此设计了五度制。我们设计的分域四度制，最多可表达三域六度，而贵州凯里鱼粮村苗语正好有六个平调（朱晓农，石德富，韦名应 2012），见下图左。最高的 T2 是上域张声高平 {66}，最低的两条是下域气声低平和最低平 {22，11}，最低平 {11} 带极强气声，一半多例字没有完整基频曲线。中间三条是常域高中低平 {55，44，33}。右小图是高坝侗语的五个平调（朱晓农，吴和得 2007），下面四个平调在常域，调型代码为 {22，33，44，55}，基频在 120~210 Hz 之间，最高的 T5 是上域假声高平，代码为 $\{^{s}66\}$，基频跳到 330 Hz。

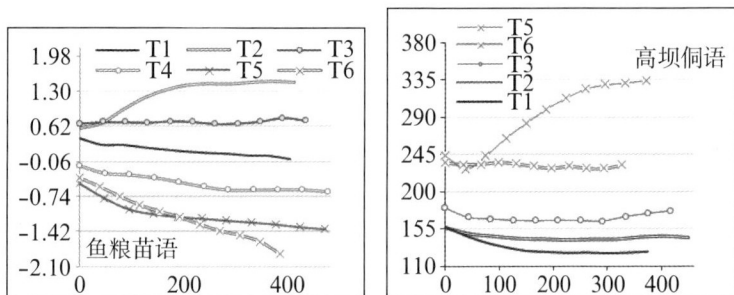

图 7　［左］鱼粮苗语的六个平调、［右］高坝侗语的五个平调的平均基频曲线

由鱼粮苗语可见标调系统至少需要六度，把这六个平调表达在分域四度制

中，再加上高坝侗语 T1' 的常域 {22} 和温州阳去的下域气声 {33}（温州还有三个平调，常域 {44/33}，下域 {11}），就有了图 8 的平调极限图。平调最多到六度，一个语言中最多六个平调（理论上 12 个），上域只有一个（上域无中低平，无法控制调试出两个上域假声平调），常域住满 4 个，下域 3 个（下域无高平，最高的 {44} 显然不适合气声平调）。一共最多八种平型调。

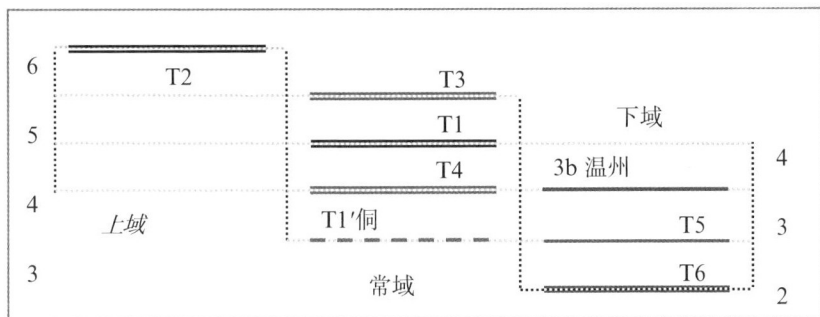

图 8 平调的极限

（四）调型的功用：跨语言比较

没有类型框架就无法进行跨语言比较，甚至引起误导，阻碍埋性进步。比如用五度制表达的降调［51，52…451…］多达五十种，既概括不出降调的区别点，又无法进行跨语言比较，甚至还产生误导：一方面会把［51，52，53］看作不同的声调，另一方面会把比如岳阳的［35］和北京的［35］看作相同的声调，其实北京话的高升调是常域 {35}，而岳阳话是带假声的上域高升调 {46}。又如广州话有四个平调，高坝侗语有五个平调，如果用五度制来比较，就会出现极大的错配，如图 9。

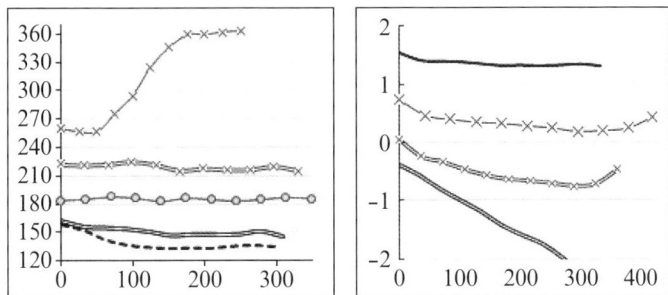

图 9 ［左］高坝侗语五平调，［右］香港粤语四平调

有了调型概念，就可进行跨语言比较了。相同的调型即使在不同的语言中，

也具有类型同一性。图 10 中高坝侗语最高的假声平调在上域，其余四个在中域，与粤语的四个平调相比很协调。

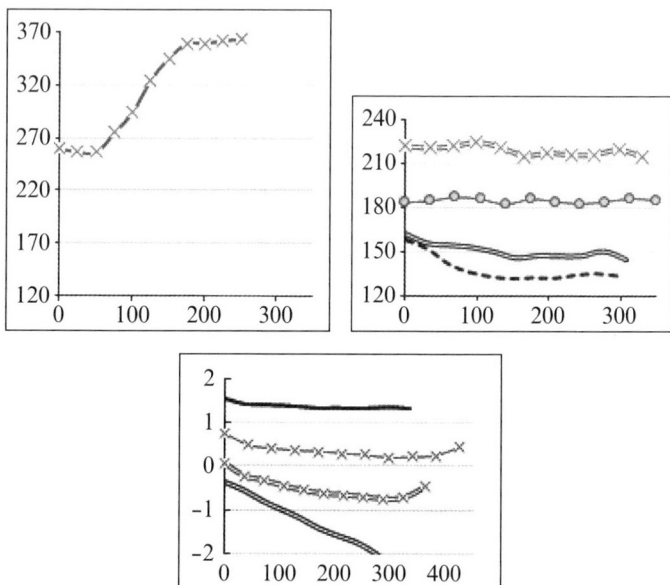

图 10　分域比较 [左] 高坝上域高平调，[中] 高坝常域四平调，[右] 香港常域四平调

有了调型概念，用数字标调的五度制（Chao 1930）和分域四度 / 三域六度制（朱晓农 2006b）都无足轻重了。原先表示调值的数字或可作为调型代码，直观地代表调型。

八、演化音法学

（一）语音学里为什么包括演化音法学？

类型学在语言语音学和音法学中是必不可少的，因为分类是任何一门科学研究的经验基础。但演化学为什么也是语音学的一部分呢？因为确定共时类型除了需要分布和结构作标准，往往还需要演化学，今天的类型是昨天音变的结果。此外，语音的共时变异是历时演变的可能源头，对下一阶段共时类型有预示作用。所以，要建立一个普适类型学，就不能仅仅考虑现在看得见的音型，还要考虑以往可能存在过的音型，以及未来可能出现的音型（甚至不可能的音型）。我们定义的音型不仅以共时结构为标准，还可以而且需要用某个演化阶段来双向定义。

比如前凹调，它在共时音系中的对立地位并不是很显著，通常它只是央凹调或昂调的语音变体，但它却是昂调和凹调这个连续统之间一个必须加以辨识的过渡阶段。有了前凹型，很多共时的分布和变异就变得容易理解了。

演化音法学是从共时变异来研究语音演变的一门新学科，它跟以往研究语音演变的历史比较音韵学和接触语言学的异同见朱晓农（2018）最后两节。

（二）演化音法学的认识论基础

演化音法学运用变异和选择（即物竞天择）作为基本概念，它的认识论基础是：

（1）语音演化有自然之理（语音原理），因而有：

（2）普遍之型（类型共性），

（3）共同的变异形式（潜在的音变之源），

（4）普遍之道（演变规律），

（5）最重要的是：凡自然音变，都会形成演化圈。（朱晓农，李菲 2016）

认识论基础中的第 3 点"共同的变异形式"，某个音的变异形式看似是音系内部的，甚至是个人的，其实因为有普遍音理控制，有相同的统计特征，所以可以普遍观察到。现有的技术可以帮助我们观察到由变异造成的过渡状态，人际、字际的扩散等。更重要的是这些变异形式是音变之源，显示出各种潜在的演化方向。然后我们可以从内部（生理物理或音系结构原因）和外部（本社团因素/跨社团接触）因素推测选择的结果，即变定形式。这就是演化音法学的两个基本概念"变异"和"选择"所起的作用。

认识论基础第五点是：凡自然音变，都会形成演化圈。十多年前我在研究清浊演变的时候百思不得其解，很多语言里浊音清化，那么，浊音不是应该在历史长河中都变完了吗？但现在的统计表明，大约有三分之二的语言中有浊音，这说明总有一条路变回来。

（三）两种演化比较法

研究音法演化所用的演化比较法包括两种方法：内部变异比较法和外部格局比较法。我们从研究较为充分的声调演化，可把音法演化研究的总体操作步骤总结如下：

（1）从小范围的同源语言（如临近各县的同区方言）中选出同源词（同古调类）。

（2）测量基频：a）测量中发现的变异，可运用内部比较法探索潜在演化方向；b）取主流变体进行归一化。

（3）辅以听感，在普适调型库中确定调型，表达在分域四度框架中。

（4）找出系统对应（同一声调的调型对应）并列成表——这是建立区域类型学的重要一步。

（5）历史探源：a）对每一项对应，在祖语中构拟一个能合理地发展成现在各子语中的音（由于年代不远并且调型有限，可以选取现有的某个调型）；b）据此决定现代某个词的古形式（何种调型在先）；c）再确定祖语音系，音韵组合规则（早期调型格局）。

（6）尽可能远地探索演化轨迹，凡自然演化，均有音理可言，都会形成演化链，甚至演化环。

（7）凡不在演化链上的突变，考虑各种选择因素：音系调整、社会因素、语言接触、书面语影响的强制音变，等等。

演化比较法综合了历史比较法、实验语音学、变异理论、音法类型学的方法。基本假设是先假定一个区域内相似的方言具有共同的来源，它们演化到今天有各种变化结果或变定形态。变定的主要原因取决于自然音变原理，同时也有其他原因（音系调整、接触、社会因素、强制因素）。自然演化的大势可以在区域内的共时变定形态中探求。这些共时形态可以看作演化的不同阶段，把这些重建的阶段用箭头连接起来就可以看出自然演化的趋势。如果区域内的演化结果能被所发现的演化大势所解释，那么其他因素可以忽略不计；若演化速率突出，可考察它们所起到的促进或阻碍作用。如果有偏离大势甚至反转的情况出现，这就值得发掘、接触其他因素的影响机制。

1. 外部格局比较法

外部比较法比较的是局部区域内相邻方言变定的结果。其基本出发点与历史比较法相同，不同处在于，历史比较法一般是一个一个音的构拟，但外部格局比较法注重系统的、相关联的、成模式的变化，因此重建的是一个系统。以惠来普宁一带潮汕闽语为例，来看如何操作演化比较法中的外部法（张静芬、朱晓农2017）。

第一步，先是从小范围的同源语言（我们从相邻两个县中选取了十二个点）中选出同源词（同古调类字）。

第二步，测量基频：a）测量中发现的变异，用内部比较法；b）取主流变体进行归一化。惠普一振声调是六/五舒两入。舒声模式可以分为惠东、惠中、惠西、普宁四个主要类型。其基频走向见图11。前两张小图是作为声调链移起点的惠东老派的声调模式。惠东老派阴上为上域张声（第一图），其余五个舒声在常域（第二图）。

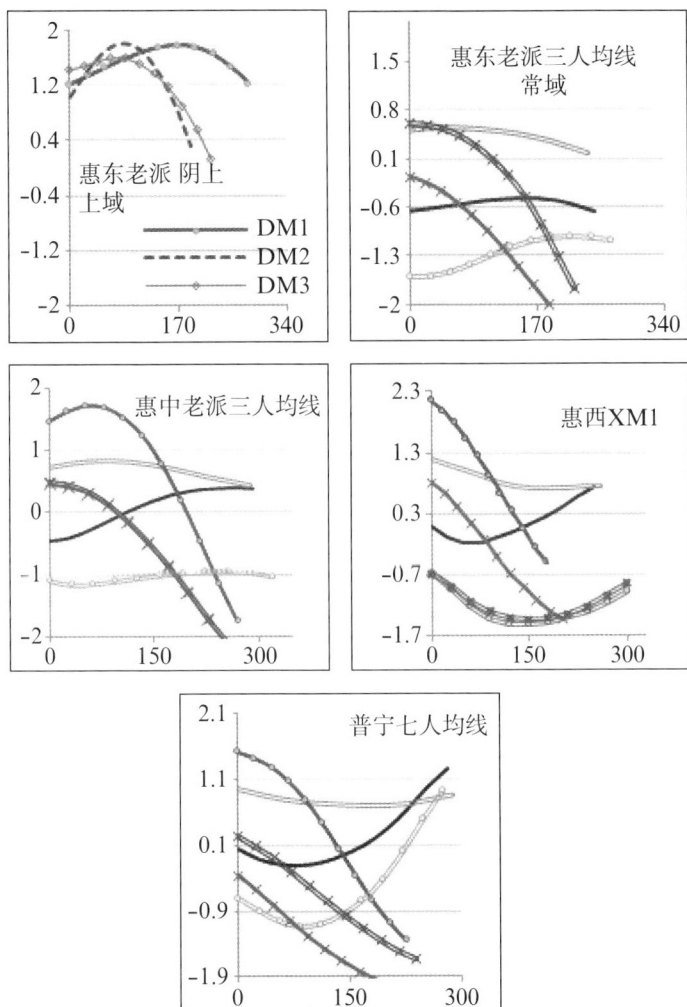

图11 惠东老派、惠中老派、惠西、普宁舒声曲线走向图

图例：　━━ 1a ━━ 1b ━━ 2a ━━ 2b
　　　 ━✕━ 3a ━✕━ 3b ━━ 4a ━━ 4b

第三步，根据听感，结合基频，在普适调型库中确定调型，表达在分域四度框架中。表6中的数字不是绝对调值，而是调型代码。如斜体字 {66} 代表上域

高平调，{32/22/324/23}代表常域纯低调。{52，42，55，44，34，35}分别代表常域高降，中降，高平，中平，微升，高升。

表6 惠普四种调型格局（以分域四度代码表示）

	阴上 2a	阳去 3b	阴去 3a	阳上 2b	阳平 1b	阴平 1a	模式
惠东	*64|66*	52	42	23	55	44	降降降平平低
惠中	52	42=3a	42	22	44	34	降降平低升
惠西	52	42=2b	42	323	44	34	降降平低升
普宁	52	42	32	24	55	35	降降平低升升

第四步，找出系统对应（同一声调的调型对应）并列成表（表6中横表端调类排序按演化先后顺序）。比较横行"惠东""惠中"等四种调型格局可看到同多异少、异同参差的情况：阴上都是降调；阳上前三处是纯低调，普宁是中升，等等。从惠东六舒模式到惠中/西五舒模式，主要是阳去消失：惠中是阳去并入阴去，惠西是阳去并入阳上。其所以这么说，而不是反过来说阴去/阳上并入阳去（尤其是惠西阳上和阳去合流，一般情况下都会说浊上变去），是建立了演化圈以后才容易判断的。

第五步，历史探源：a）对每一项对应，在祖语中构拟一个能合理地发展成现在各子语中的音（由于年代不远并且调型有限，就在表6中选取现有的某个调型作为演化出发点）；b）据此决定现代某个词的古形式（确定何种调型在先，如上域{64/66}分别选为降调和平调链移的出发点）；c）再确定祖语音系，音韵组合规则（重建早期调型格局，把惠东格局看作早期格局）。

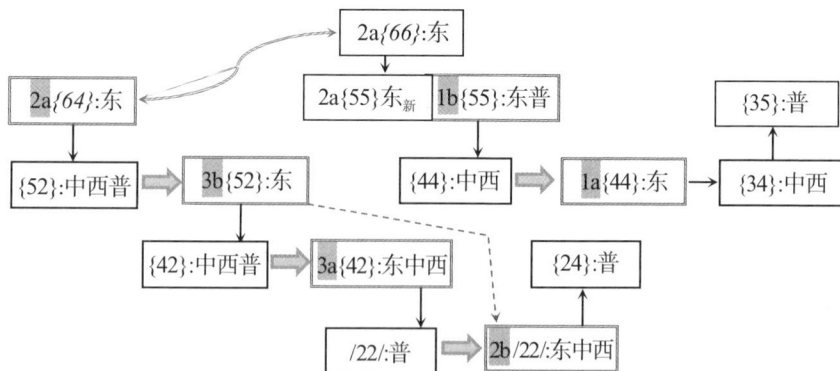

图12 惠普舒声演化图

第六步，尽可能远地探索演化轨迹，凡自然演化，都会形成演化链 / 环。图 12 表明，六个舒声调之间有连动变化，将这连串变化加以抽象，即去掉具体调类，即可得出图 13 逆时针和平调低化两条链移路径，以及一条中平嵌入规则。

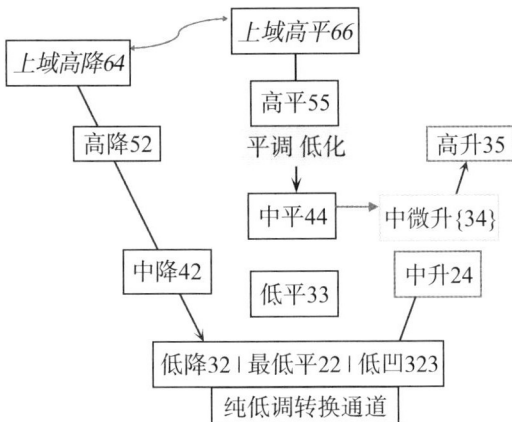

图 13　惠普声调链移路径

第七步，凡不在演化链上的突变，考虑各种选择因素。图 12 中有一条直接从 {52} 跳到 {22}（纯低调，在惠西实现为最低降 {32}）的红虚线暗示有可能是接触引起的突变。链移过程若打断，则会有几种结果：1）原地合并；2）绕道，这两种语音上连续的变化可看作自然演化；3）跳跃，这种突变可能受到外力影响。惠西葵谭镇毗邻汕尾陆丰市，后者阳去与阳上合流（潘家懿，郑守治 2009；徐馥琼 2010）。葵谭方言采取了相同的调类归并方式：阳去 {52} 跃过阴去 {42}，直接跳到 {32/323} 与阳上合并（图 12 中红线）。这个例子说明外部影响作用于自然演化而产生合力：自然演化是低化，外部影响提供了更低的越级低化选择。

2. 内部变异比较法

内部变异比较法是一种新方法，是本语言系统内的比较法，它比较的是具体发音的随机变异。在一个语言内可以看到某个字有不计其数的人际、字际、场合、风格差异。这种共时变异 Ohala（1989）看作是"迷你音变"，是历史音变的来源。这也是 Labov（1975，1994）所说的从变化的语言探测语言的变化。如果共时变异在词汇和人群中扩散开而最终被整个社团接受，音变就由此而完成（Wang 1977），例如海南闽南语的内爆音。如果没有扩散开，那么共时变异就可能长期存在，如潮汕漳泉闽南话的内爆音［潮州例见朱晓农，洪英（2010）；汕头例见朱晓农，刘泽民，徐馥琼（2009）；漳泉例子见朱晓农（2012b）[12-13]］。

再来看一个凹调例子。徐州话上声是个凹型调，有两个作为自由变体的调拱：两折拱和央凹拱，见图 14。这表明其中一个拱形会变为另一个。再使用外部比较法，可以确定这两个变体在演化阶段中的先后顺序。由于周遭一大片区域（江苏北界和山东西部，稍远处还有安徽如寿县）上声普遍为央凹调，所以徐州上声央凹拱变体在先，两折拱在后。

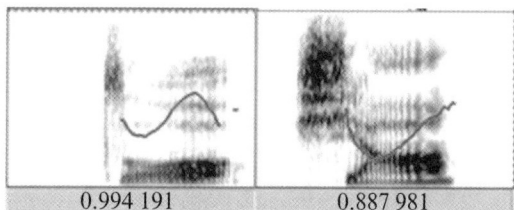

图 14　徐州话上声的两个音位变体：[左]两折调走 tsou^{3242}，[右]央凹调响 ɸiaN^{324}。

把这变异比较扩大到更多的调系中（例见朱晓农，衣莉 2011；朱晓农，章婷，衣莉 2012；朱晓农，阮廷贤 2014；Zhu & Yi 2012；张瀛月，朱晓农 2013 等），我们可以借以构筑一个凹调的演化网如下。

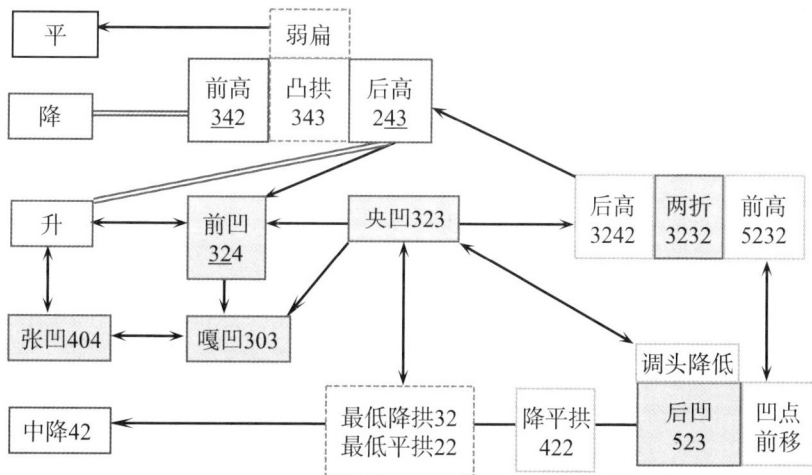

图 15　以央凹型为枢纽的凹调演化网

（张＝张声，嘎＝嘎裂声。灰底的为凹型调，白底框中的调值为其语音变体。）

（四）语音的循环演化

1. 声调是怎么循环演化的？

声调演变的研究一直停留在两句话上：调类稳定，调值多变。运用外部类型比较法，我们得出 8.2 节的惠普闽语的演化路径，加上梅州客方言（朱晓农，李菲 2016）、泰语（朱晓农，林晴，趴差桠 2015）中的情况，可总结出与升降平调相关的四大演化律，前两条是循环的，后两条的变化结果能加入前两个环。

R1：顺时针链移环 {32＞42＞52＞55＞45＞35＞24＞23/323/32}

R2：逆时针链移环 {64＞52＞42＞32/323＞24＞35＞45＞55}

R3：平调低化链 {66＞55＞44＞33＞22/32/323}

R4：中平辐射网 {44＞45/34/24/54/43/42}

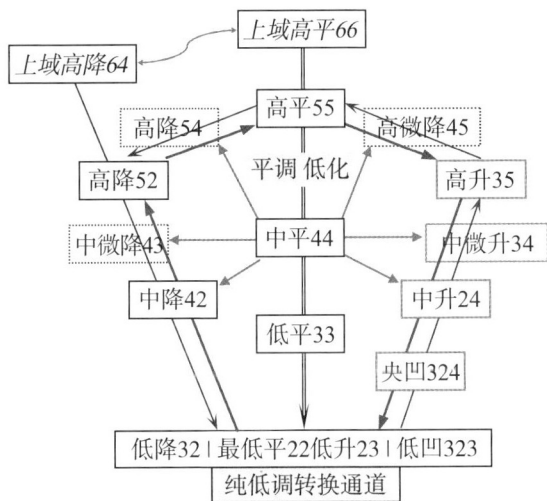

图 16　四大声调链移律

本小节讨论了两条升降调、两条平调演化律，加上凹调演化网，声调共五大演化律。这些演化律可以用来解释语音上和地理上都是连续分布的共时声调差异情况，可以用来推测各方言声调变化所在的阶段，重建常观时间尺度的音法演化，并预测声调的演变趋势，还可以为方言分区分片提供系统标准。

2. 元音是怎么循环演化的？

元音链式演化主要有前圈和后圈两个圈，及包括四种高顶出位在内的元辅通道（元音～近音～响音～振擦音）。这两个演化圈的构建是根据朱晓农（2004a）中的四种汉语元音演变连接而成。前元音演化圈（后圈类似），约定一个假设起点 a，然后 1）链移高化到 i，2）出位裂化为 ij，3）再一路复元音显化到 aj，4）最后听者不足改正变为 a。

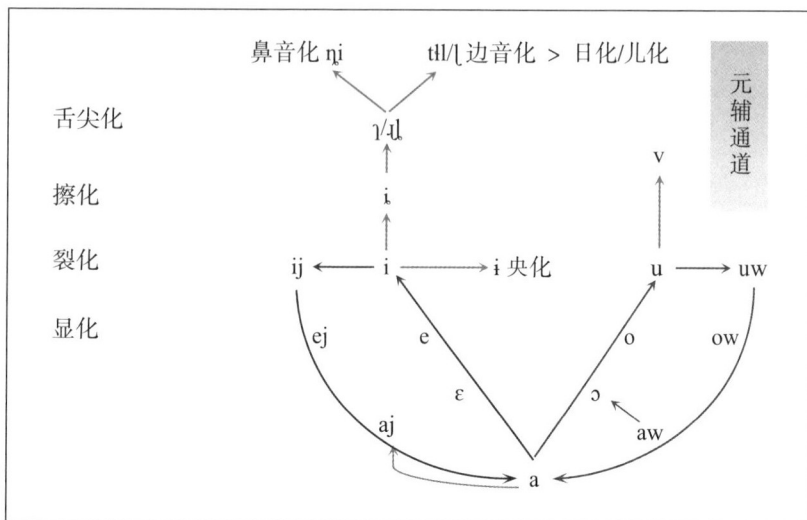

图 17　前 / 后演化圈和高顶出位

元辅通道是个新概念，打通了元辅音的演化，把四种元音高顶出位（朱晓农 2004a）和擦化 / 舌尖化 / 边音化 / 日化过程联接了起来。高顶出位到边擦音 ɬ、边音 l，就跟日化 / 儿音演化连起来了，这涉及元音、响音和个别振声擦音（朱晓农，焦妮娜　2006）。

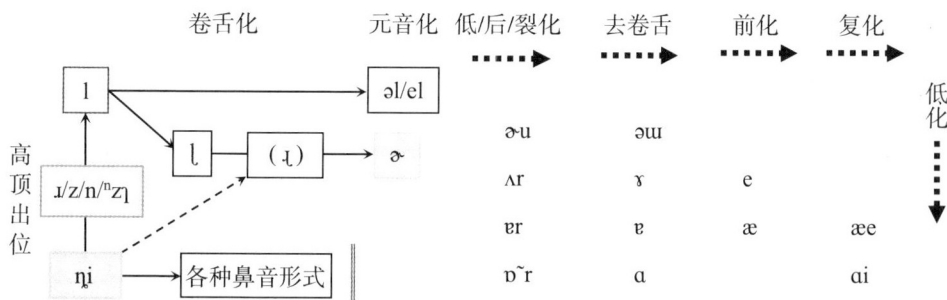

图 18　儿化过程（l ɭ 都自成音节）

3. 辅音是怎么循环演化的？

辅音链式演化主要有清振内爆鼻音圈，以及送气气化来回链，都和发声态相关，不是纯粹的辅音变化。清振演化圈见于吴语、闽语、侗台语（朱晓农，寸熙 2006）。图 19 左显示了长振声 bb/dd（Ohala 1997）或张声 ʔp/ʔt（Kagaya 1974）语音学上都可能变为内爆音 ɓ/ɗ，然后通过鼻 / 边音再变回振声 b/d。

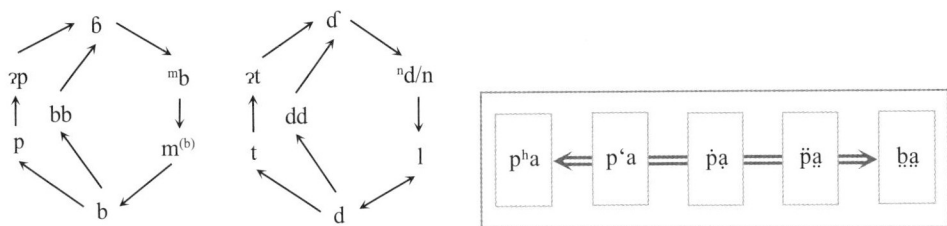

图 19 ［左］清振圈（清振内爆鼻音演化圈）.［右］气气链（送气－气化双向演化链）.

图 19 右是送气气化来回演化链：送气态 p^h ←→ 弱送 p' ←→ 弱弛 $\dot{p}$ ←→ 弛声 $\ddot{p}$ ←→ 浊气态 b^h。图 19 中从右往左的箭头就是历史上发生的真正的"浊音清化"。历史上发生的浊音清化不是振声变为清声 $b > p/p^h$，而是气声变为送气态（若低调）或不送态（若高调）。从左往右的清音浊化见于吴江吴语（朱晓农，徐越 2009），朝鲜语（朱晓农 2011a；段海凤，朱晓农 2018）、北部赣语（王彩豫，朱晓农 2015）和侗语（朱晓农，韦名应，王俊芳 2016）。

顺便说一下，有一种流行但错误的观点，认为清送气引发低调，导致"次清分调"。次清和低调在侗吴赣语中构成历时对应，但送气态不是引发低调的直接原因。从音理上说送气反而会提高基频；事实也是如此（泰语例见 Abramson 1962，朝鲜语例见 Silva 2006）。吴赣侗语中出现的次清声母字的调值低于全清，原因在于时间错配：后接元音提前振动反向侵入送气段，造成气化元音（即清音浊化）；而气化元音会降低音高（详见朱晓农，韦名应，王俊芳 2016）。

图 19 的两个循环音变可以打通，不过这主要是发声态演变，见下节。

4. 发声态是怎么互相演化的？

严格说起来，图 19 的清振圈中只有右侧涉及响音的可以算是辅音演化，其余全是声素（发声态和超发声态时长）演化。图 20 是一张完整的六大类发声态的互通演化网络图：

六类发声态（假张清振气僵）之间的转化，除了上一小节辅音循环演化中谈到的较常见的清振内爆和送气气声演变外，另三类较少成为音位的发声态（假张僵）也参与其内。图中央清振六边形中内爆 ɓ 和前喉塞 ʔp 本身就属于张声，与本类中的喉塞张声 ʔ 和张裂声 ä 之间的交替是很小的内部变化。张声和假声的互为变体在湘语中早就观察到了（彭建国，朱晓农 2010）。喉塞与喉堵、张裂声和嘎裂声之间的交替在闽南话（朱晓农，洪英 2008/2009；张静芬，朱晓农 2018）、客家话（李菲，朱晓农，即出）、拉祜语（朱晓农，刘劲英，洪英 2011）中也是很早

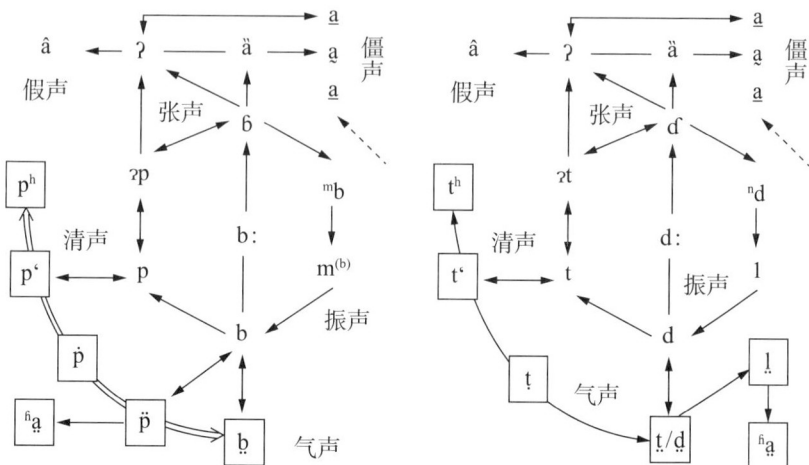

图 20　发声态演化网（据朱晓农 2017）

就观察到的。内爆音、喉塞、张裂声的交替则是刚发现于海南回辉话（寸熙，朱晓农 2017）。僵声区右下有条虚线箭头，表示任何发声态如果音高足够低，都可能变为僵声。

　　清振圈和气气链这两个循环音变可以打通，即清浊声和气声可以交替，它们之间有三条通道，见图 20。一条上通道或"清通道"：p←→p'，不送态和弱送态之间的转化，实例见湘语（朱晓农 2010c）、闽北（田野材料，未发表）。两条下通道或"浊通道"：b←→bʰ/pʰ，振声和浊气态或弛声之间的共时变异，实例见湘语（朱晓农，邹晓玲 2017）、北赣（王彩豫，朱晓农 2015）。

（五）自然音变的原因是什么？

1. 犯错：最大的驱动力

从大部分情况来看，自然音变源于犯错——说错说错说错，最终积非成是。当然，改错归正的更多。

　　所谓"说错"，从演化角度看，就是产生各种变异，条件变异或自由变异。变异本身不能说是犯错。条件变异是协同发音，自由或随机变异是自然现象。但从结果来说，变异最终可能会偏离原先的标准发音，从而引发音变，就像基因传播中的拷贝错误一样，从这个角度来说，算是犯错。

　　导致说错的多种原因中，最常见的一种也许就是"时间错配"（mis-timing），清音化浊即为其例，按说应该送气完了再发元音，但结果是声带提前振动，元音段反向侵入了送气段，造成了气化元音：$p^ha > p̣aa$。由时间错配引发的音变是说者启动的音变。说错的另一个源头是听错：听错了，接着跟着说错。听错的原因当然很多，听力上的，理解上的，环境干扰，等等，还有一个目前在大规模发生的人口流动，接触交流多的地方容易发生听错说错。还有一种"改错"（过分改正、不足改正），主要跟听感启动的音变相关。有关说者 / 听者启动，可看朱晓农（2004a）。

2. 最大区别准则和省力准则

声调三大链移（顺环、逆环、平调链）中有两条一般规则（最大区别度原则和省力原则）在起作用。对于升降调来说，最大区别表现为纯低调通道转换和升降调显化规则：凡到达纯低调 {22} 处的都可能产生低降或低升变体 {32/23}，由"升降调显化规则"（即一度升降显化为二度）向中降 {42} 或中升 {24} 变去。如果调系里原来有中降或中升，则可能引发顺 / 逆音变。

高平 {55} 最容易出现，是因为它的区别度最大，符合最大区别度准则。

但高平调也容易变动，这是因为维持高平要花费较大精力，出于省力准则，{55} 容易低化为 {44} 进入高平低化链，或自然下倾为 {54/53} 等。

3. 辅音突变：特征替换

对连续分布的音如元音、声调，自然音变一般是一个音逐渐过渡到另一个音：A>B。但对于一些不连续的辅音突变，大部分情况下经历的是特征替的换过程：

$$A_B > B_A > B$$

即有一个 A 音，带有一个伴随特征 B。后来这个 B 逐渐壮大，喧宾夺主，反倒成了主要特征，把 A 降为伴随特征。最后 A 逐渐失落。A 变为 B 就是这样很自然地替换过去了。这种喧宾夺主的过程就是一个自然变异中某个共现特征被加强、放大，被选择的过程。而结果就是一个犯错累积：应该 A 强 B 弱啊，却错误地发成和 / 或理解成 B 强 A 弱了。

声调的产生就是这么进行的：先是发声态作为主要特征，音高是伴随特征。后来音高成了主要特征，发声态降为次要特征——声调就此产生。然后发声态成为羡余特征而逐渐消失（朱晓农 2009a）。例如早期中古阳调字是带气声（记为 B）的浊音字（带声是可选项），气声一般是低调（记为 L）：$B_L > L_B > L$。又如入声 -p/t/k 尾的经喉塞尾而消失也是这样进行的，如：$-p^ʔ > -ʔp > ʔ_p > ʔ$。

（六）小结

演化音法学的理论和方法有两个关键词——"变异"和"实证"，体现在下面的信条中：

1）共时内部变异："从变化中的语言研究语言的变化"（Labov 1994）；"音变源自共时变异"（Ohala 1989）。

2）实验和观察证据："实验室重现历史音变"（Ohala 1993）；"语音之奇，远非人脑所能想象"竹子（仿造福尔摩斯 "Life is infinitely stranger than anything which the mind of man could invent"）。

演化音法学以实验语音学为工具来描写音系内部特征及其变异，比较跨语言分布特征，考察类型共性，并以此为出发点，并预测音法演化之道。

演化音法学在国内外还都在草创阶段，各种方法、各种路向都有尝试。本文所讨论的演化音法学从认识论到方法论，都相对比较完整。近年来演化音法学进展神速，发现了如此之多以往闻所未闻的共时语音现象和演化类型，验证并从音理上解释了很多历时对应，揭示出以往被忽视和意想不到的跨语言音法共性，包括类型分布和自然变异，从而大大丰富了一般语音学。可以说，像赖福吉那本原本世界通用的《语音学教程》（2006），现在需要增加一倍篇幅才够通用。演化音法学在历史重建上的成功，演化认识论（§8.2）和演化链环（§8.4）的发现使得预测成为可能，使得类型学有了更充分的存在理由，也使得语音学第一次敢于提出如下哲学性终极问题：

语音是什么？它从哪里来？它往哪里去？

九、结语

十多年前我写过一篇关于实验语音学的综述文（朱晓农 2005b），对照来看，恍若隔世。

本文写到最后，突然意识到并非恍若，的确隔世：那时正是第三期末刚要过渡到目前的第四期，发声态和声调成果正蓄势而发。

语音学经历的四个时期，划分的标准主要是认识论。

语音学在 1880 年代刚出现时就是为语言教学和语言描写服务的，遵循的是实地调查和语音实验两大方法取向。从认识论上说，实验数据被认为是可靠知识的来源。实验语音学在 1940 年代正式登场，这是第二期开始。此后几十年间语音学在语言学外发展出很多交叉学科，但在语言学内大受排挤。从认识论来看，语音数据被认为是无用或无关的。第三期从 1990 年代开始，语言语音学和相关的实验音法学重新强调实验，电脑进步使得实验语音学大普及，认识论上走向依赖语音数据。最近十年来认识论再次转向，认为实验数据有用，但起辅助作用，关键的是认知范畴。（语言）语音学应隶属语言学、服从语言学、服务语言学，为语言学范畴的确立提供证据。

语音学的概念是在研究欧洲语音基础上建立，并为认识欧洲及同类语音服务的。这从国际音标图的编排可以看出端倪。国际音标图中的辅音符号分好几张表，缺乏有你我式的统一考虑，例如：1）同一个格子里挤进欧洲语言常见的清不送和带声，而汉藏语常见的清送气放到附加符号中；2）欧洲语言常见的龈腭 ʃ 在正表中，而汉藏语常见的 ɕ 在"其他符号"中；3）欧洲语言少见而汉藏语常见的塞擦音不见于图表。至于超音段和附加符号部分则章法大乱。这是因为声调对于国外的语音学来说太"异国腔调"，发声态更是遥不可及，至于声调兼有发声态的音系，那是以往语音学的盲区。

所以，要建立一种有你我式的语音学，就得全面了解分布在亚洲东/南部和非洲的中/西部的有平仄声调或/和有发声态的语言。近年来我们在中国大陆的田野语音调查揭示了很多新现象，并由此发展出一个更为一般的语音学基本框架，包括完整的声素系统和声调类型系统。只有这样才能认识处理亚非美洲声调语和发声语。在这些具有复杂喉头发声活动的音系中，元音会跟声调、发声态互动，以产生复杂的元音系统；辅音也会跟喉头发声活动互动，产生像浊送气、内爆音这样的塞音。总之，这个新的理论框架对于语音学和演化音法学来说是不可或缺的。

科学研究要解决两对永恒的矛盾："事物的连续性对分类的离散性，事物的变动性对分类的静止性。"（朱晓农 1987）分类的离散性和静止性体现为认知范畴。第四期的语音学或广义音法学中的类型学是用来解决第一个矛盾的，而演化学是解决第二对矛盾的。

参考文献

[1] 寸熙，朱晓农. 回辉话的内爆音：对音法类型学和演化音法学的意义. 民族语文，2017（5）：27-42.

［2］段海凤，朱晓农. 朝鲜语的软硬辅音：从语音数据到音法范畴. 民族语文，2018（3）：13-25.

［3］李菲，朱晓农. 梅州客方言入声：共时分布和演化途径. 待刊.

［4］林文芳，洪英，朱晓农. 短降也分高低——降调种类的补充. //《东方语言学》编委会，上海市高校比较语言学 E- 研究院. 东方语言学（第13辑）. 上海：上海教育出版社，2013：1-10.

［5］刘复. 四声实验录. 上海：亚东书局，1926.

［6］潘家懿，郑守治. 粤东闽语的内部差异与方言片划分的再认识. 语文研究，2009（3）：55-59.

［7］彭建国，朱晓农. 岳阳话中的假声. 当代语言学，2010（1）：24-32；又载朱晓农. 音法演化. 北京：商务印书馆，2012：169-184.

［8］王彩豫，朱晓农. 湖北监利张先村赣语的三域十声系统. 方言，2015（2）：111-121.

［9］吴宗济，赵新那编，赵元任著. 赵元任语言学论文集. 北京：商务印书馆，2002.

［10］徐馥琼. 粤东闽语语音研究. 中山大学博士学位论文，2010.

［11］张静芬，朱晓农. 潮汕入声：从阴高阳低到阴低阳高. 语言研究，2018（4）：15-27.

［12］张静芬，朱晓农. 声调大链移——从惠来普宁一带的共时差异看声调的系统演化. 中国语文，2017（5）：522-535.

［13］张瀛月，朱晓. 滕州地方普通话声调变异的实验研究. //《中国社会语言学》编辑委员会编. 中国社会语言学（第21期）. 北京：商务印书馆，2014：37-49.

［14］章婷，朱晓农. 听感范畴与调型范畴的互证：江苏兴化方言三种 R 调的感知实验研究. 语文研究，2021（1）：47-56.

［15］赵元任. 中国言语字调底实验研究法. //《科学》编辑部编. 科学（第七卷）. 上海：中国科学社，1922（9）：871-882.

［16］赵元任. 现代吴语的研究. 北京：清华学校研究院，1928.

［17］赵元任. 韶州和湾头村的调查手稿. //余霭芹. 韶关方言的变音初探. 杭州师范学院、香港科技大学人文及社会科学学院，香港中文大学吴多泰中国语文研究中心主办. 中国东南部方言比较研究第九届国际研讨会. 杭州：杭州师范学院，1929/2002.

［18］赵元任. 语言问题. 北京：商务印书馆，1959/1980.

［19］赵元任. 中国方言当中爆发音的种类. //国立中央研究院历史语言研究所编. 中研院历史语言研究所集刊（第五本第四分）. 北平：中央研究院历史语言研究所，1935：515-520.

［20］朱晓农. 读《试论普通话语音的"区别特征"及其相互关系》. 语言研究，1983（2）：249-254.

［21］朱晓农. 音标选用和术语定义的变通性. 语文导报，1987（3）：55-58.

［22］朱晓农. 从群母论浊声和摩擦：实验音韵学在汉语音韵学中的实验. 语言研究，2003（2）：5-18.

［23］朱晓农. 汉语元音的高顶出位. 中国语文，2004a（5）：440-451.

［24］朱晓农. 基频归一化：如何处理声调的随机差异？. 语言科学，2004b（2）：3-19.

［25］朱晓农. 浙江台州方言中的嘎裂声中折调. 方言，2004c（3）：226-230.

［26］朱晓农. 上海声调实验录. 上海：上海教育出版社，2005a.

［27］朱晓农. 实验语音学和汉语语音研究. // 南开大学文学院，汉语言文化学院，南开大学外国语学院编. 南开语言学刊（第5辑）. 天津：南开大学出版社，2005b：1-17.

［28］朱晓农. 元音大转移和元音高化链移. 民族语文，2005c（1）：1-6.

［29］朱晓农. 历史音系学的新视野. 语言研究，2006a（4）：31-42.

［30］朱晓农. 论分域四度标调制. // 朱晓农. 音韵研究. 北京：商务印书馆，2006b：170-187.

［31］朱晓农. 我看流派——语言学的三大潮流. 语言科学，2006c（1）：36-45.

［32］朱晓农. 音韵研究. 北京：商务印书馆，2006d.

［33］朱晓农. 音节和音节学. //《东方语言学》编委会，上海市高校比较语言学E-研究院编. 东方语言学（第4辑）. 上海：上海教育出版社，2008：142-164.

［34］朱晓农. 发声态的语言学功能. 语言研究，2009a（3）：1-19.

［35］朱晓农. 声调起因于发声——兼论汉语四声的发明. // 复旦大学汉语言文字学学科《语言研究集刊》编委会编. 语言研究集刊（第六辑）. 上海：上海辞书出版社，2009b：1-29.

［36］朱晓农. 重塑语音学. // 纪念李方桂先生中国语言学研究学会，香港科技大学中国语言学研究中心编. 中国语言学集刊（第四卷第一期）. 北京：中华书局，2010a：1-22.

［37］朱晓农. 全浊弛声论：兼论全浊清化（消弛）低送高不送. 语言研究，2010b（3）：1-19.

［38］朱晓农. 语音学. 北京：商务印书馆，2010c.

［39］朱晓农. 辅音类型还是别的什么类型？——如何在发声类型框架中安排吴语和韩语的三套塞音. // 纪念李方桂先生中国语言学研究学会，香港科技大学中国语言学研究中心编. 中国语言学集刊（第五卷第二期）. 北京：中华书局，2011a：173-186.

［40］朱晓农. 语言语音学和音法学：理论新框架. 语言研究，2011b（1）：64-85.

［41］朱晓农. 降调的种类. 语言研究，2012a（2）：1-19.

［42］朱晓农. 音法演化——发声活动. 北京：商务印书馆，2012b.

［43］朱晓农. 声调类型学大要——对调型的研究. 方言，2014（3）：193-205.

［44］朱晓农. 基于实验的音法类型和音法演化研究. // 华东师范大学对外汉语学院及应用语言研究所主办. 基于实验分析的汉语方言语音研究研讨会. 上海：华东师范大学，2017.

［45］朱晓农. 语音答问. 上海：学林出版社，2018.

［46］朱晓农，寸熙. 试论清浊音变圈：兼论吴、闽语内爆音不出于侗台底层. 民族语文，2006（3）：3-13.

［47］朱晓农，洪英. 潮州话中来自清爆音的内爆音. // 中国语言学会语音学分会. 第八届中国语音学学术会议暨庆贺吴宗济先生百岁华诞语音科学前沿问题国际研讨会论文集. 北京：中国社会科学院语言所，2008：1185-1189；又载中国语言学会语音学分会主办，鲍怀翘主编. 中国语音学报（第2辑）. 北京：商务印书馆，2009：103-107.

［48］朱晓农，洪英. 潮州话入声的"阴低阳高". // 纪念李方桂先生中国语言学研究学会，香

港科技大学中国语言学研究中心编. 中国语言学集刊 (第四卷第一期). 北京: 中华书局, 2010: 115-128.

[49] 朱晓农, 焦磊, 严至诚, 等. 入声演化三途. 中国语文, 2008 (4): 324-338.

[50] 朱晓农, 焦妮娜. 晋城方言中的卷舌边近音 ɭ——兼论 "儿" 音的变迁. //南开大学文学院, 汉语言文化学院合办. 南开语言学刊 (第7辑). 北京: 商务印书馆, 2006: 33-39.

[51] 朱晓农, 李菲. 梅州客方言的双向声调大链移——以演化比较法重建常观演化史一例. 语文研究, 2016 (4): 1-8.

[52] 朱晓农, 林晴, 趴差桠. 泰语声调的类型和顺时针链移. 民族语文, 2015 (4): 3-18.

[53] 朱晓农, 刘劲荣, 洪英. 拉祜语紧元音: 从嘎裂声到喉塞尾. 民族语文, 2011 (3): 1-9.

[54] 朱晓农, 刘泽民, 徐馥琼. 自发新生内爆音: 来自赣语、闽语、哈尼语、吴语的一手材料. 方言, 2009 (1): 10-17.

[55] 朱晓农, 阮廷贤. 越南语三域八调: 语音性质和音法类型. 民族语文, 2014 (6): 3-17.

[56] 朱晓农, 石德富, 韦名应. 鱼粮苗语六平调和三域六度标调制. 民族语文, 2012 (4): 1-10.

[57] 朱晓农, 韦名应, 王俊芳. 十五调和气调: 侗语榕江县口寨村方言案例. 民族语文, 2016 (5): 12-24.

[58] 朱晓农, 吴和得. 高坝侗语五平调和分域四度标调法. //复旦大学汉语言文字学科《语言研究集刊》编委会编. 语言研究集刊 (第四辑). 上海: 上海辞书出版社, 2007: 306-317.

[59] 朱晓农, 徐越. 弛化: 探索吴江次清分调的原因. 中国语文, 2009 (4): 324-332.

[60] 朱晓农, 衣莉. 两折调的故事. //复旦大学汉语言文字学科《语言研究集刊》编委会编. 语言研究集刊 (第八辑). 上海: 上海辞书出版社, 2011: 129-141.

[61] 朱晓农, 衣莉. 西北地区官话声调的类型. 语文研究, 2015 (3): 1-11.

[62] 朱晓农, 张瀛月. 东部中原官话的声调类型. 语言研究, 2016 (3): 1-15.

[63] 朱晓农, 章婷, 衣莉. 凹调的种类. 中国语文, 2012 (5): 420-436.

[64] 朱晓农, 邹晓玲. 清浊同调还是气声分调?——在音节学和类型学普适理论中安排湘语白仓话的声调事实. //甘于恩主编. 南方语言学 (第12辑). 广州: 世界图书出版有限公司, 2017: 1-11.

[65] Abberton E. Some Laryngographic Data for Korean Stops. *Journal of International Phonetic Association*, 1972 (2): 67-78.

[66] Abercrombie D. *Elements of General Phonetic*. Edinburgh: Edinburgh University Press, 1967.

[67] Abramson A S. *The Vvowels and Tones of Standard Thai: Acoustical Measurements and Experiments*. Indiana University Research Center in Anthropology, Folklore, and Linguistics. Bloomington: Pub. 20. Bloomington, 1962.

[68] Alexandre de Rhodes, *Từ điển Annam- Lusitan- Latinh*. Nxb Khoa học Xã hội. 1991.

[69] Anderson S R. Why Phonology isn't "Natural". *Linguistic Inquiry*, 1981, 12 (4): 493-539.

[70] Bloch B. A Set of Postulates for Phonemic Analysis. *Language*, 1948 (24): 3-46.

［71］Bradley Cornelius Beach. Graphic Analysis of the Tone–accents of the Siamese Language. *Journal of the American Oriental Society*, 1911, 31（3）: 282-289.

［72］Catford J C. Phonation Types. //*In Honor of Danial Jones*. London: Longmans, 1964.

［73］Catford J C. *Fundamental Problems in Phonetics*. Edinburgh: Edinburgh University Press, 1977.

［74］Chao Yuen Ren. ə sɪstəm əv toun lɛtəz. *Le Maître Phonétique* 45, 1930: 24-27.

［75］Chao Yuen Ren. *Cantonese Primer*. Cambridge: Harvard University Press, 1947.

［76］Chao Yuen Ren. A *Grammar of Spoken Chinese.* Berkeley: University of California Press, 1968.

［77］Cheng Chin-chuan. A Quantitative Study of Chinese Tones. *Journal of Chinese Linguistics*, 1973, 2（1）: 222-238.

［78］Cho Taehong, Jun Sun-Ah, Ladefoged P. Acoustic and Aerodynamic Correlates of Korean Stops and Fricatives. *Journal of Phonetics*, 2002（30）: 193-228.

［79］Chomsky N, Halle M. *The Sound Pattern of English*. New York: Harper & Row, 1968.

［80］Dart S. An Aerodynamic Study of Korean Stop Consonants: Measurements and Modeling. *Journal of the Acoustical Society of America*, 1987, 81（1）: 138-147.

［81］Fant G. *Acoustic Theory of Speech Production*. The Hague: Mouton, 1960.

［82］Foley J. *Foundation of Theoretical Phonology*. Cambridge: Cambridge University Press, 1977

［83］Goldsmith J. *Autosegmental Phonology*. PhD dissertation, MIT, 1976.

［84］Hardcastle W. Some Observations on the Tense-lax Distinction in Initial Stops in Korean. *Journal of Phonetics*, 1973（1）: 263-272.

［85］Hardcastle W, Laver L.（eds.）*The Handbook of Phonetic Sciences*. Oxford: Blackwell, 1997.

［86］Haspelmath M. *et al.*（eds.）*The World Atlas of Language Structures*. Oxford: Oxford University Press, 2005.

［87］Haudricourt A. Comment reconstruire le chinois archaïque. *Word*, 1954a（10）: 351-364.

［88］Haudricourt A. De l'origine des tons en viêtnamien. *Journal Asiatique*, 1954b: 242（1）: 68-82.

［89］Henderson E J. A. Grammar and Tone in South-East Asian Languages. *Wissenschaftliche Zeitschrift der Karl-Marx-Uniersität-Leipzig*. Gesellschafts- und Sprachwissen-schaftliche Reihe（Part 1-2）, 1967: 171-178.

［90］Henderson E J. A. The Larynx and Language: A Missing Dimension?. *Phonetica*, 1978（34）: 256-263.

［91］Hockett C F. *A Course in Modern Linguistics*. New York: Macmillan, 1958.

［92］Hombert J-M, Ohala J, Ewan W. Phonetic Explanations for the Development of Tones. *Language,* 1979（55）: 37-58.

［93］IPA. *Handbook of International Phonetic Association*. Cambridge: Cambridge University Press, 1999.

［94］Jakobson R, Fant G, Halle M. *Preliminaries to Speech Analysis*. Cambridge MA: MIT Press, 1952.

［95］Jones D, Kwing Tong Woo. A Cantonese Phonetic Reader. London: London University Press, 1912.

［96］Jones D. Unpublished Manuscript on Thai Phonetics. //Henderson E J A. Thai Phonetics Sixty Years Ago: Gleanings from the Unpublished Notes of Daniel Jones. //Thomas W G, Harris J G, Kullavanijaya P. (eds.) *Tai Linguistics in Honor of Fang-kuei Li.* Bangkok: Chulalongkorn University, 1976: 162-170.

［97］Joos M. *Acoustic Phonetics.* Linguistic Society of America in Baltimore, 1948.

［98］Kagaya R. "A Fiberscopic and Acoustic Study of the Korean Stops, Affricates and Fricatives". *Journal of Phonetics*, 1974(2): 161-180.

［99］Kennedy G. Two Tone Patterns in Tangsic. *Language*, 1953, 29(3): 367-373.

［100］Kim Chin-wu. A Theory of Aspiration. *Phonetica*, 1970(21): 107-116.

［101］Labov W. On the Use of the Present to Explain the Past. //Heilmann L. (ed.) *Proceedings of the 11th International Congress of Linguistics.* Bologna: Il Mulino, 1975: 825-851.

［102］Labov W. *Principals of Linguistic Change*: Internal Factors. Cambridge, MA: Blackwell, 1994.

［103］Ladefoged P. *A Phonetic Study of West African Languages.* Cambridge: Cambridge University, 1964

［104］Ladefoged P. *Preliminaries to Linguistic Phonetics.* Chicago: University of Chicago Press, 1971.

［105］Ladefoged P. The Linguistic Use of Different Phonation Types. //Bless D, Abbs J. (eds.) Vocal fold physiology: Contemporary research clinical issues. San Diego: College Hill Press, 1983: 351-360.

［106］Ladefoged P. *Vowels and Consonants: An Introduction to the Sounds of Languages.* Oxford: Blackwells, 2001.

［107］Ladefoged P. *Phonetic Data Analysis: An Introduction to Instrumental Phonetic Fieldwork.* Oxford: Blackwells, 2003.

［108］Ladefoged P. *A Course in Phonetics* (5th edition). Boston: Thomson/Wadsworth, 2006.

［109］Ladefoged P, Maddieson I. *The Sounds of the World's Languages.* Oxford: Blackwell, 1996.

［110］Laver J. *The Phonetic Description of Voice Quality.* Cambridge: Cambridge University Press, 1980.

［111］Laver J. *Principles of Phonetics.* Cambridge: Cambridge University Press, 1994.

［112］Lavoie L M. *Phonological Patterns and Phonetic Manifestations of Consonant Weakening.* PhD Dissertation. Ithaca: Cornell University, 2000.

［113］Lehiste I. *Suprasegmentals.* Cambridge, MA: MIT Press, 1970.

［114］Lisker L, Abramson A. A Cross-language Study of Voicing in Initial Stops: Acoustical Measurements. *Word*, 1964, 20(3): 384-422.

[115] Maddieson I. Universals of tone. //Greenberg J. (ed.) *Universals of Human Languages*. State of California: Stanford University Press, 1978: 335-365.

[116] Maddieson I. *Patterns of Sounds*. Cambridge: Cambridge University Press, 1984.

[117] Maddieson I. Chapters of "Tone" and "Glottalized Consonants". //Haspelmath M, Dryer M, Gil D, Comrie B. (eds.) *The World Atlas of Language Structures*. Oxford: Oxford University Press, 2005.

[118] Nguyen Van L, Jerold A E. Tones and Voice Quality in Modern Northern Vietnamese: Instrumental Case Studies. *Mon-Khmer Studies*, 1998: 28: 1-18.

[119] Ohala J. The Origin of Sound Patterns in Vocal Tract Constraints. //MacNeilage P E. (ed.) *The Production of Speech*. New York: Springer Verlag, 1983.

[120] Ohala J. Sound Change is Drawn from a Pool of Synchronic Variation. //Breivik L F, Jahr E H. (eds.) *Language Change: Contributions to the Study of its Causes*. Berlin: Mouton de Gruyter, 1989: 173-198.

[121] Ohala J. There is no Interface between Phonology and Phonetics: A Personal View. *Journal of Phonetics*, 1990 (18): 153-171.

[122] Ohala J. The Phonetics of Sound Change. //Charles J. (ed.) *Historical Linguistics: Problems and Perspectives*. London: Longman, 1993: 237-278.

[123] Ohala J. The Relation Between Phonetics and Phonology. //Hardcastle W J, Laver J. (eds.) *The Handbook of Phonetic Sciences*. Oxford: Blackwell, 1997: 674-694.

[124] Ohala J, Jaeger J. (eds.) *Experimental Phonology*. Orlando, Fla.: Academic Press, 1986.

[125] Park H S. *The Phonetic Nature of the Phonological Contrast between the Lenis and Fortis Fricatives in Korean*. Proceedings of the 14th International Congress of Phonetic Science (ICPhs 99) 11, San Francisco, Vol.1, 1999: 424-427.

[126] Rhodes A de. *Từ điển Annam-Lusitan-Latinh*. Nxb Khoa học Xã hội. 河内：科学出版社, 1651/1991.

[127] Rose P. Phonology of the Ningpo Dialect of Chinese (with special reference to the tones). M. A. thesis, University of Manchester, 1974.

[128] Rose P. *An Acoustically Based Phonetic Description of the Syllable in the Zhenhai Dialect*. PhD dissertation, The University of Cambridge, 1981.

[129] Rose P. *Forensic Speaker Identification*. London: Taylor & Francis, 2002.

[130] Selkirk E, Shen T. Prosodic Domain in Shanghai Chinese. //Inkeles S, Zec D. (eds.) *The Phonology-Syntax Connection*. CSLI monograph, 1988.

[131] Sherard M. *Shanghai Phonology*. PhD dissertation, Cornell University, 1972.

[132] Sherard M. *A Synchronic Phonology of Modern Colloquial Shanghai*. //Computational Analyses of Asian and African Languages, 1980 (15).

[133] Silva D J. *Phonetics and Phonology of Korean Stop Lenition*. PhD dissertation, Cornell

University, 1992.

[134] Silva D J. Acoustic Evidence for the Emergence of Tonal Contrast in Contemporary Korean. *Phonology*, 2006, 23（2）: 287-308.

[135] Silverman J, Jun J. Aerodynamic Evidence for Articulatory Overlap in Korean. *Phonetica*, 1994（51）: 210-220.

[136] Sohn H-M. *The Korean Language*. Cambridge: Cambridge University Press, 1999.

[137] Sommerstein A H. *Modern Phonology*. Baltimore: University Park Press. 1977.

[138] Stevens K N. The Quantal Nature of Speech: Evidence from Articulatory-acoustic Data. // David Jr E E, Denes P B.（eds.）*Human Communication: A Unified View*. New York: McGraw-Hill, 1972: 51-66.

[139] Stevens K N. On the Quantal Nature of Speech. *Journal of Phonetics*, 1989（17）: 3-45.

[140] Thompson L C. *A Vietnamese Reference Grammar*. Hawaii: University of Hawaii Press, 1987; *A Vietnamese Grammar*. Washington: University of Washington Press（Seattle）, 1965.

[141] Thurgood G. Vietnamese and Tonogenesis: Revising the Model and the Analysis. *Diachronica*, 2002（19）: 333-363.

[142] Toda Takako. Shanghai Tonal Phonology "rightward Spreading"? Some Arguments Based on Acoustic Evidence. // Seidl R（ed.）1990. *Proceedings of the Third Australian International Conference on Speech Science and Technology*. Melbourne, 1990.

[143] Trubetzkoy N S. *Principles of Phonology*. Trans. Baltaxe C A. Berkeley: University of California Press, 1939/1969.

[144] Wang, William S-Y. Phonological Features of Tone. *International Journal of American Linguistics*, 1967（33）: 93-105.

[145] Wang, William S-Y.（ed.）*Language Change*. Berlin: De Gruyter Mouton, 1977.

[146] Woo N. *Prosodic Phonology*. MIT dissertation, 1969.

[147] Yip M. *The Tonal Phonology of Chinese*. PhD dissertation, MIT, 1980.

[148] Zhu Xiaonong. *Shanghai Tonetics*. Muenchen, Germany: Lincom Europa, 1995/1999.

[149] Zhu Xiaonong. Multi Registers and Four Levels: A New Tonal Model. *Journal of Chinese Linguistics*, 2012, 40（1）: 1-17.

[150] Zhu Xiaonong. Phonetics, Articulatory. // Wright J D.（ed.）*International Encyclopedia of the Social & Behavioral Sciences*（2nd edition, Vol 18）. Oxford: Elsevier, 2015: 65-74.

[151] Zhu Xiaonong. Chinese Phonetics. // Sybesma R.（editor-in-chief）. *Encyclopedia of Chinese Languages and Chinese Linguistics*. Vol.111. Leiden, Bo Ston: Brill, 2017: 399-413.

[152] Zhu Xiaonong, Li Yi. Double Circumflex and Back Dipping: Reports on Two Newly Confirmed Types of Contour Tones. *Cahiers de Linguistique Asie Orientale*. 2012, 41（1）: 81-106.

认知音位学*

孔江平

摘　要：文章主要介绍了认知音位学的理论与方法。主要内容包括：1）传统语音学和音位学的问题；2）音位的认知基础和单位；3）音位系统的认知基础；4）音位认知与音位负担量；5）认知音位学研究的理论与方法。文章首先讨论了结构主义音位学在语言学研究中的问题，这些问题在结构主义的理论框架下为什么无法解决，并讨论了结构主义音位学的理论缺陷。其次，通过对语音意识、音位系统的类型、音位的认知基础和音位负担量与认知关系的讨论，阐述了音位认知研究的重要性。最后，讨论了认知音位学的音位定义、音位原则、研究方法和基本理论框架。

关键词：语音学　音位学　语音意识　音位意识

一、引言

在语言学研究中，音位学是一门基础学科，因为在语言学研究中，首先要把语言记录成文本才能进行相关研究，然而，世界上大部分的语言都没有自然形成的传统文字，因此，要对语言进行田野调查，记录语言的语音、词汇、句法和长篇语料，然后才能进行语言学分析。语言的田野调查主要基于语音学（phonetics）和音位学（phonemics），传统语音学主要是通过听音记音对语音进行描写和分类，

---

*　本项研究得到了社会科学基金重大项目"中华民族语言文字接触交融研究"（项目编号 22&ZD213）的支持。

这种方法通常被称为"口耳之学"。音位学主要是在记录语音的基础上，根据结构主义的原理，对语音的系统进行分析和建构。结构主义音位学在语言的田野调查和研究中起到了非常重要的作用，对世界上很多语言进行了研究，推动了语言学理论的发展。

然而，由于母语音位感知系统的影响，语言学家在进行田野调查时往往会出现听不准的情况，这直接导致了听音记音的错误，从而影响音位系统的正确性。随着现代语音学理论与方法的发展，有许多先进的声学和生理仪器可用于语音定性的描写。另外，语音合成技术的发展，已经可以实现高可懂度和高自然度语音样本的合成，这为音位感知实验奠定了基础。随着语音认知科学研究的进展，人们越来越认识到语音认知单位在语言交际中的重要性，并发现结构主义音位学在音位的处理上存在某些严重的缺陷。（孔江平 2018）随着音位感知和认知研究成果的积累和方法论的发展，我们提出了一个基于音位感知和认知的"认知音位学"理论框架。[1]本文将从：1）传统语音学和音位学的问题；2）音位的认知基础和单位；3）音位系统的认知基础；4）音位认知与音位负担量；5）音位认知研究的理论与方法五个方面对认知音位学的理论基础和研究方法进行阐述，并最终讨论建立认知音位学的必要性和理论意义。

二、传统语音学和音位学问题

传统语音学和音位学是语言田野调查的基础，在语言的田野调查中起到了很大的作用，为语言学研究奠定了基础，取得了很多成果。但随着了现代语言学和语言认知科学的发展，传统语音学和音位学的一些问题也暴露了出来。这一节将着重讨论：1）听音记音的问题；2）音位原则的问题；3）音位系统的唯一性问题。

（一）听音记音的问题

田野调查通常采用传统语音学的方法，对语音进行听音、记音和发音模仿，

---

[1] 目前认知音位学（Cognitive Phonemics）在概念上还没有统一，认知音位学的"认知"目前有两种不同的概念和研究方法。一种是基于传统语言学研究的思路，主要以逻辑推导为基础，并无实证的认知实验和数据支持。另一种是以认知科学实验和数据为基础建立起来的认知音位学。本文是基于认知科学实验和数据的研究方法以及常年结构主义音位学语言田野调查的实践，构建的认知音位学理论框架。

然后，对语音进行描写和分类，最终确定一个语言中语音的性质。传统语音学通常采用发音部位和发音方法来对语音进行定义和分类。发音部位包括：唇、齿、齿龈、舌面前、舌面中、舌面后、硬腭、软腭、舌尖、舌根、喉壁、喉头、声带等；发音方法主要包括塞音、擦音、塞擦音、鼻音、边音等。（罗常培等 2002）两者组合可以对语音进行描写、定义和分类。通常语音的最小单位被定义为音素，但对没有语音学知识的人是否能感知出音素是一个认知的问题。换一个角度讲，在人类的知识体系中是先发现了音位还是先发现了音素？笔者认为很有可能是先有音位而后有音素，这一点还需要进一步的认知科学的研究。因此，当一个人去调查另一种陌生语言时，由于调查者的大脑中没有所调查语言的音位认知系统，调查时听不准该语言的语音是必然的，这会直接影响到语音调查的准确性，这种语音上的误差最终都会反映到音位系统中。

随着语音学的发展，语音声学、生理学和感知的方法被普遍采用，用新的方法和传统语音学方法得到的结果进行比较，会发现过去有很多语音描写是不准确的，这主要是因为调查者受到母语音位系统的干扰，听音记音就会不可避免的出现误差。如在汉藏语系语言中，如果对人们描写的声调系统进行声学分析的话，我们会发现以前描写的声调系统和声学分析的结果有相当大的误差，通过共振峰的分析发现元音的记音误差也相当大，这些语音描写上的误差会对后面的音位系统构建产生很大的误导。究其原因主要是注重了结构上的对立，而忽视了认知基础。虽然语音描写上的错误可以通过同音词校验来进行一些音位上的补偿和矫正，但语音描写上的误差会对音位系统的构建造成严重影响。如，一种语言里面有一套主要元音和一套咽化元音的对立，而通常咽化元音不太容易被系统描写出来。如果这一套咽化元音没有被正确的描写，音位系统中就会缺少主要元音和咽化元音的系统对立。（Chiu *et al.* 2020）在中国民族语言中有许多不同的发声类型，如，喜德彝语开口度和发声类型有互补关系，如果语音上没有进行正确的描写，在建立音位系统时就会出现系统性的错误。（陈士林等 1985）通过这两个例子我们可以看出语音描写的正确性对构建音位系统有多么重要。

（二）音位原则的问题

在语音描写的基础上，可以对一个语言的音位系统进行构建，目前音位学主要是基于结构主义的理论和方法。在音位系统的构建上，主要采用四个基本原则：第一个原则是对立原则；第二个原则是互补原则；第三个原则是相似性原则；第四个原则是经济性原则。（布洛赫等 1965）其中，对立原则最为重要，因为在一个音位系统中，音位通常定义为具有区别意义的最小语音单位，而其他三个原则是辅助性的。在语言的调查和研究中，结构主义音位学的操作性非常强，对于调查一个未知语言非常有效，目前这种方法仍然在使用。然而，由于音位学处理和确立音位系统是在语言的表层结构上操作，因此，所反映出来的系统并不一定是语言的音位认知系统。

随着语音声学分析、语音合成技术和感知研究方法的发展，结构主义音位学在音位处理上的许多缺陷也被不断暴露出来。首先，音位学最重要的原则是对立原则，然而这一原则在很多语言中，实际上并不能很好地贯彻。因为在许多语言的口语中，有些音找不到最小对立对，从而无法确定音位。参看"中国少数民族语言简志丛书"（2009）对于音位的举例，就会发现很多语言找不到最小对立。如果将音位单位扩大到声、韵、调，结果就会好很多，但还会发现有些声、韵、调找不到最小对立，这是一个很大的问题。通过对汉藏语系语言声、韵、调音位负担量的研究（孔江平等 2016），我们发现在汉藏语系语言中，其对立关系主要是三项对立和两项对立，而以最小对立对为基本原则的单项对立是极少数，因此，以特例作为音位原则的理论基础存在系统上的问题。其次，音位学的互补原则在结构主义层面是一项创新，它解决了许多音位确定上的问题，但是从语言认知的角度来看，音位的互补原则有很大的缺陷。如，不同的人调查同一种语言会得出两个不同的音位系统，这主要是由于互补原则中处理的侧重点不同造成的。一个特定人群的语言，如果说他们大脑中存在两种以上的音位系统是不可接受的。这种音位系统上的差异，就是音位互补原则造成的。第三，是相似性原则，它主要是用于弥补互补原则的不足。在音位学中两个语音只有在互补和相似的情况下，才可以被处理成同一个音位。在结构层面，相似只能通过对语音的发音方法和发音部位来进行判断，但这些相似性并没有认知上的基础，认知上的相似要通过语音合成和感知的方法才能确定，因为音位的感知是一个整体，不能用几个相似特征来确定。第四个音位学原则是经济性原则，经济性原则主要是受到了传统文字符号数目的影响，如果说一个语言的音位系统越经济越好，世界上所有语言的音位系统用"0"和"1"两个"符号"就够了，因此，可以看出经济原则缺乏判断的标准，也没有统计的基础。

从以上的分析可以看出，结构主义音位学在结构这个层面处理出来的音位系统是合理和实用的，但从语言认知的角度看，结构主义音位学存在理论上的缺陷。

（三）音位系统的唯一性问题

在语音田野调查过程中，音位确认处理是非常重要的一环，然而，在处理过程中会发现不同的人调查同一种语言或者方言得到的音位系统不同，有时还会有很大的差别。这反映出了一个问题，即同一个语言人群的音位系统是唯一的还是多样的？这是语言学理论研究的一个基本问题，也是一个必须回答的问题。从语言交际的角度看，一个特定人群的语言或者方言，他们的音位系统应该具有唯一性，即在这些人的大脑中有一个共同的音位系统，不然语言的交际就会出现混乱。但为什么不同的调查者会构建出不同的音位系统呢？这是因为目前的音位学主要是基于结构主义的理论，因此，在结构上只要成立就可以进行灵活的处理。比如说，互补分布是音位学中一个重要的原则，但并不是说只要是互补分布就可以合并音位。还要看其相似程度以及整个系统的分布。上一节我们讨论了音位学四个基本原则的一些缺陷，针对这些缺陷赵元任先生（Chao 1934）写了那篇著名的论文 *The Non-uniqu eness of Phonemic Solutions of Phonetic Systems*（音位标音法的多能性）来对音位系统的多样性进行解释。在结构主义的理论框架下，音位学的四项基本原则都有一定的灵活性，对这种灵活性的运用每个人不尽相同，因此会导致音位系统的差异，赵元任先生的解释是基于结构主义的基本理论，因此，认为得到不同的音位系统不是对和错的问题，而是是否适合自己研究的需要，是好与差的问题。

一个语言或者方言，如果它的音位系统是多样的，在语言的交际中是不可想象的。随着认知科学的发展，认知科学的理论和方法被运用在语音学和音位学的研究中，过去结构主义层面不能解决的问题，如对立的问题、互补的问题、相似性的问题，在认知音位学这个层面都可以得到解决，因为现在可以通过感知实验确定音位的感知范畴，而不是根据结构的互补随意进行处理。这些问题的解决使得音位学的基本原则已非常明确，而不是模棱两可。因此，我们可以说基于结构主义将一个语言处理成不同的音位系统理论上是许可的，但在认知音位学的理论框架下，一个语言或方言的音位系统必须只能有一个符合人们语言认知的系统。从这个角度看，我们可以将音位系统分为基于结构的音位系统和基于语言认知的音位系统。基于语言认知的音位系统用于人们日常的口语交际，是唯一的和深层次的，它反映了大脑处理语言音位系统的能力。而基于结构的音位系统，是表层的，根据不同的目的，可以是多样性的。例如，为了历史语言学声调研究的需要，可以将声调和塞尾的互补处理为声调或者塞尾。

三、音位的认知单位

语音是具有认知基础的，它存在于人们的大脑和语言交际中，不管我们是否在理论上能认识到，都可以从语言的材料和文献中找到证据。这一节将重点阐述：1）音位的定义和单位；2）自然语言的语音意识；3）双声、叠韵和押韵；4）自然音位系统与人为音位系统。

（一）音位的定义和单位

结构主义音位学将音位定义为有区别意义的最小语音单位（布洛赫等 1965；布龙菲尔德 1997；霍凯特 1986），通常认为是音素音位。然而，根据现代语音学，音素是由一组声学特征组成的，其中一个或多个是区别性特征，另外一些是羡余性特征。一个区别性特征和多个区别性特征会体现出连续感知和范畴感知范式上的差别。因此，从理论上讲，有区别意义的最小语音单位可以是区别性特征、音素、声母、韵母、声调和音节中的任何一个。

在两个音素音位之间如果只有一个区别性特征的话，那这个区别性特征就是最小的区别意义的单位。如果有两个或以上的区别性特征，就不能说这两个音位之间是靠一个区别性特征来区别意义的，而只能说是由多个区别性特征组成的音位，这样音位就上升到了音素音位的层面。如果两个单音节语素之间只有一个音素音位不同，这样区别意义的最小单位就是音素音位，但是在两个单音节语素之间有两个或以上的音素不同，那就不能说这两个单音节语素之间只有一个音素音位来区别意义，也就是说音素音位不是最小的区别意义的单位，因此，可以用声母、韵母和声调音位来表示。如果在两个单音节语素之间声母和韵母都不同，就不能说这两个单音节语素之间是靠一个声母或者韵母或者声调来作为区别意义的最小单位，而应该用音节作为最小的区别意义的单位。从以上的分析可以看出，区别意义的最小单位在不同的语言结构中是不同的。虽然从结构上可以这样分，但关键问题是：在人大脑的认知中，到底什么样的单位是人类语言认知的自然单位？

（二）自然语言的语音意识

随着认知科学和脑科研究的发展，人们可以通过语音合成技术和语音心理实验的方法，将人们大脑中的语音意识和音位单位通过认知实验的方法确定下来。如，目前已经可以确定的汉语语音意识包括：音节意识、双声意识、叠韵意识、押韵意识等，但没有音素意识。在我们对北京市 600 多名小学生的语言认知调查研究中发现，小学一年级的学生在入校时只有音节意识，而没有音素意识、声母意识、韵母意识和声调意识。这说明对于汉语来说，音节意识是最基本的自然产生的语音认知单位。但在学习了汉语拼音以后，声母意识、韵母意识和声调意识才会慢慢地形成。学习汉语拼音并不是学习汉语语言的本身，而只是一个辅助的工具，因此，这种声母、韵母和声调意识到了高年级（四、五年级）时会慢慢地削弱。（Lin *et al.* 2020）另外，也有研究表明学习汉语拼音对汉语阅读的速度有负面的影响。（Ho *et al.* 1997）随着语音识别技术的不断完善，汉语拼音作为汉语学习和输入的工具将会被淘汰，在这种情况下，声韵调意识对语言本身反而可能是一种障碍。因此，在汉语中无论是儿童还是成年人，音节意识都是基本的语音认知单位。

从中国古代汉语和音韵学的发展轨迹来看，最初汉语使用的是"譬况法"和"读若法"（颜之推，南北朝），这两种方法还不能算是汉语真正的注音方法。直到汉末"直音法"的出现，汉语的标音方法才算形成。可以看出早期的汉语注音都是以音节意识作为基本的语音认知单位。虽然在古汉语中有双声、叠韵和二合音的现象，但通常不认为是将一个音节分开注音的方法。（李葆嘉 1998）由于佛经翻译的需要，从汉末开始人们根据梵文的音理发明了"反切"（许慎，东汉；陆德明，唐代）。从大月氏使者来华到汉末开始使用反切，大约经历了 200 年，反切的出现将汉语音节分为两部分，从语音认知的角度看，双声叠韵和押韵应该是反切的认知基础。通过对汉语语音意识的研究发现，汉语儿童和成年人的自然语音意识是音节。（Lin *et al.* 2020；Read *et al.* 1986）在最近对母语为汉语粤语的成年人的研究中发现，没有学过汉语拼音的被试只具有音节意识、押韵意识和较弱的声母（非汉语拼音的声母）意识，而不具有汉语拼音系统的声母意识、韵母意识和声调意识。但学过汉语拼音的被试不仅具有音节意识，同时具有汉语拼音系统的声母意识、韵母意识和声调意识。（翁毅等 2021）

（三）双声、叠韵和押韵

从语音意识的角度来看，中国古代说汉语的人已经具有"双声""叠韵"和"押韵"的语音意识。这些语音意识和一个音节中的声母和韵母并不能等同，有多少认知上的关系还需要做进一步的研究。但很显然，"双声"和声母不能画等号，"叠韵"和"押韵"也不能和韵母划等号。以押韵为例，韵母和押韵是两个概念。在英语中，押韵是 rhyme，韵母是 final，因此，这两个概念应该进行区分。从语音感知和认知的角度，押韵可以定义为相同或相近的声学特征在某些固定位置的重复出现，而韵母的定义是在一个音节里从结构上划分出来的一个单位，两者有着完全不同的性质。

在中国古代没有反切的时候，人们已经有了双声和叠韵的概念，在诗经中也有系统的押韵。世界上许多语言虽然没有声母、韵母和声调这样的音节结构，但是都会有押韵这样的有声语言的形式。有的押节奏，有的押步长，有的甚至可以押声调。如，在凯里苗语中有五个平调，因此，在苗语古代诗歌或歌曲的作词中，是以声调来进行押韵的，和韵母无关。汉语的押韵主要是用类似韵母的材料来进行押韵，选用"押韵"这个词有一定的道理，和韵母确实有一定的关系。在对母语为汉语的粤语成年人的研究中还发现，人们对押韵字刺激的判定不需要声韵调意识和声韵边界意识，可见押韵是一种自然语言习得过程中形成的语音意识，但这种语音意识和音节意识及声韵调意识不在一个范畴内。因此，押韵的认知基础是非常值得进行研究的一个重要课题。(翁毅等 2021)

（四）自然音位系统与人为音位系统

基于语言学的理论，我们知道人类在学习母语过程中会建立一套母语的音位系统，我们将其称为"母语音位系统"。在人们学习二语时又会建立一套音位系统，我们将其定义为"二语音位系统"。这两种音位系统是有差别的，因为母语音位系统会影响二语音位系统的建立，而且语言使用者年龄越大影响越大。从语言习得的方式看，音位系统又有不同，如果是通过自然交际习得语言建立的音位系统，我们称为语言的"自然音位系统"。如果是通过人为建立的音位系统习得的语言，我们称为"人为音位系统"，或"注音系统"，如，注音符号、汉语拼音等。外国人在学习汉语时通常要先学汉语拼音，因此建立的汉语普通话音位系统都是人为音位系统。在我国少数民族地区，许多人同时使用多种语言，而且都是通过语言自然环境习得的，这些多语音位系统都属于自然音位系统。如果我们将通过习得建立的音位系统定义为"自然音位系统"的话，二语音位系统可以是"自然音位系统"，也可以是"人为音位系统"，它们是两个维度。

众所周知，母语为汉语普通话的人，在有了汉语拼音以后，为了学习文字和电脑输入法，开始学习汉语拼音，而汉语拼音是按照音素音位来构建音位系统的。根据我们的调查，许多母语为汉语方言的人，在学习汉语拼音时会遇到很多困难。如，说西南官话的人将"街"发成 gai^{55}，在学习汉语拼音时，会这样拼读：ji^{55}（击）ye^{55}（耶）jie^{55}（街），jie^{55}（街）dao^{51}（道）de（的）gai^{55}（街）。这种现象说明了这种音位系统并没有感知基础。然而，汉语拼音实际上是一个人为的注音系统，我们知道汉语还有一套注音符号，基本是按照声母、韵母和声调来构建的音位系统，这一套音位系统和汉语拼音是不同的。从古代汉语的直音法和反切法到现代注音符号和汉语拼音可以看出，直音法反映的音位系统最接近汉语的"自然音位系统"，具有语音意识和认知基础，而反切法也有一定的语音认知基础。注音符号和汉语拼音理论上没有认知基础，是"人为音位系统"或者"注音系统"。据此，在自然语言环境中习得的第二语言应该归为"自然音位系统"，而根据人为音位系统习得的第二语言则应归为"人为音位系统"。

　　文字系统通常反映一种语言的自然音位系统，但由于语言的变化要快于文字系统的变化，目前世界上大部分的文字系统和语言的认知系统都有一定的差异。如果是象形的文字，这种差异的影响就会比较小，如，汉语的文字系统和音位系统相互的影响就比较小。但如果是拼音文字系统，这种差异就会比较大，也更容易被察觉。如，英语的文字系统和实际的发音就有一定的差别。藏语是一种拼音文字，但藏语的拼音文字基本上反映的是 7 到 9 世纪藏文形成过程中的古藏语的语音拼写方式。由于语言的发展比较快，而文字系统保持了相对的稳定性，这就导致了藏文和口语之间有非常大的差异。可以说藏文所代表的音位系统和口语自然音位系统或者说自然的音位认知系统已经有了很大的差别。另外，母语为汉语普通话的人，大脑中形成的音位系统是自然认知音位系统，如果母语是汉语方言，通过汉语拼音来学习汉语普通话所形成的音位系统是人为音位系统，并不是自然形成的音位认知系统。通过人为音位系统习得的语言，最后建立的音位系统是什么？或者说能否建立该语言的自然音位系统？这还需要进一步的研究。

　　从以上的分析可以看出，人类的大脑在处理语言的音位系统上有很强的可塑性，除了母语外，还可以建立起母语人为的音位系统。在学习二语时，根据学习和习得方法的不同，学习者建立的音位系统有可能是自然音位系统，如通过自然交际习得的汉语普通话；也可能建立的是人为音位系统，如利用拼音习得的汉语普通话。因此，在认知音位学中，区分"自然音位系统"和"人为音位系统"在语言学理论上具有重要意义。

四、音位系统的认知基础

语音是语言交际的介质和基础，并在此基础上构成了语言交际的编码系统"音位系统"。利用统计的方法，我们可以看到音位系统的基本认知特性。这一节将重点阐述：1）语音和音位系统的基本数据；2）音涯一千；3）人类语言的发音能力和认知能力。

（一）语音和音位系统的基本数据

在语言学研究中，统计是一种非常科学的研究方法，如果音位系统和大脑的认知有关，语言的素材在统计上会体现出内在的关系。众所周知，基于统计，口语中常用词汇在 3000 个左右，这些基本词汇大约能涵盖口语交际 90% 以上的内容，这里要强调的是在口语的交际中。以汉语为例，基本音素大概有几十个，声母有 22 个声母，韵母有 40 个，声调有 4 个，基本单音节有 1000 个左右。如果统计汉藏语系其他的语言或者汉语的方言，情况大同小异。虽然我们在处理音位时会有不同的标准和原则，但是都能体现出它们的基本情况。可见这些基本的数据反映了人类大脑基本的语言能力，也反映出了一些基本问题。

3000 个左右的基本词汇是口语交际的基础，但是音节只有 1000 个左右，这里我们要提出一个问题，为什么人的大脑用 1000 个左右的音节来表示 3000 个基本词汇或语素，而不用 3000 个音节。人类的大脑宁可增加同音词或以组合的方式去表示不同的词汇和语素，也不增加音节数，人的大脑为什么会这样安排？从世界语言的情况来看，人们常用的音素大概在一百以内，这可以从国际音标数量得到证明。常用口语词汇在 3000 个左右，但是在一个语言中，为什么人们会用 1000 个左右的音节来表达几千个语素或词汇，是因为发音能力不够吗？显然不是，这是因为根据人的语音认知能力这样安排可能是最合理的。这种音节数量和语素数量之间的关系或者说比例，是非常值得研究的，它反映了人类大脑的语言认知能力。语素和音节数量的统计还可以告诉我们，有些音节会负担许多语素，而有些音节只用于一个语素。也就是说，音节和语素之间的分布并不是线性的，而是接近于一个指数的函数。即有些音节的负担会非常重，同音词很多，而有些音节的同音词则非常少。众所周知，在语言的统计中，有一条曲线是非常重要的，这就是 Zipf 分布[1]，在语言的许多统计数据中，Zipf 分布是一种非常常见的分布，它反映了人的语言能力。

（二）音涯一千

通过对口语的统计可以发现音节是一个非常稳定的语音单位。在口语中，常用的语素或词汇有 3000 多个，但音节只有 1000 个左右，从这个语言的事实反映出了人类大脑运用语言的能力。因为语音的产生是基于人的发音器官，而语素的产生是基于人对概念的认知能力。我们对汉藏语系 40 种语言进行了初步的研究，发现不同语言音节大概在 800 个到 1200 个。口语中使用的语素和词汇大部分在 3000 个左右。而音节在不同语言中都具有语音意识，也就是说，音节在语言中是一个基本的认知单位。根据研究，音节可分为"实际音节"和"理论音节"，实际音节是一种语言或方言中实际出现的音节数，它构成的空间称为"实际音节空间"。理论音节是一个语言里所有声母、韵母和声调组合出的音节数，其构成的空间称为"理论音节空间"。

在汉藏语系语言中，实际音节和理论音节体现为指数关系，即当实际音节为一个常量时，理论音节体现为指数函数。如果用实际音节比理论音节作为信息熵的话，语言的冗余度体现为对数函数。从这一分析可以看出，音节数是一个非常稳定的数值，它体现了人类语言中的基本音位认知能力，而冗余度有很大的分布范围，为语言的接触和融合留出了较大的运行空间。（Kong 2022）

（三）人类语言的发音能力和认知能力

从人类发音器官演化的角度看，人类的发音能力和认知能力是相辅相成的，人类和类人猿的分化大约在 600 万年前。从黑猩猩到现代人类大约有五个阶段：1）类人猿（黑猩猩）；2）南方古猿，如 Lucy girl；3）匠人；4）直立人；5）智人。从发音形态上看，黑猩猩的口腔很长，而咽腔很短，舌头大部分是平的，这种发音生理形态相对简单，前后腔无法产生很大的变化，因此，只能产生少量元音。从现代人类的发音器官来看，人的喉头已经下垂，因而产生了较大的咽腔，同时整个舌头的形态变成了圆形。人类发音生理形态的变化导致声道可以产生很

---

[1] Zipf 分布是语言学家齐普夫在对语料库进行统计时发现的，也称"齐普夫定律"：在数据库中，一个单词的排序数与出现频数成反比，二者乘积为一个常数。其公式为：$P(r)=C/r^\alpha$，这里 r 表示一个单词出现频率的排名，$P(r)$ 表示排名为 r 的单词的出现频率，单词频率分布中 C 约等于 0.1，α 约等于 1。

多不同的形状，特别是能产生多种不同比例的前后腔，因此，可以产生较多的元音。

我们拿黑猩猩的声道模拟变化到现代人类的声道，在声道模拟演变的过程中，我们发现声道尺寸的变化，或者说声道形态的变化与产生的共振峰并不是一个线性关系，并且从共振峰再到元音的听感也不是一个线性的关系。通过对人类声道模拟和听辨的试验发现，从生理到听觉之间确实存在不同的"量子空间"，也就是说，当声道变化超过一定的阈限时，元音的感知会产生一个突变。同时，我们也发现元音的感知具有"饱和性"，元音感知的饱和性可以定义为当声道无论怎么变化，我们都只能听辨成某个特定的元音。这些基本的声道演化的特性和听觉上的特性，决定了人们语言的感知能力。虽然现在世界上的语言有很多语音，但是从认知的角度来看，由于受到语言认知能力的制约，一种语言不可能出现很多语音，元音主要都集中在标准元音的位置上。在声学上，它们按语音产生的量子空间分布。在感知上，它们又遵循感知饱和度的原则。（Stevens 1972，1989，2008）因此，我们说人类用口腔作为语言的交际工具，使得在某种程度上语言的认知能力受到语言声道演化的限制。也就是说，生理形态会限制人类语言认知能力的发展。就目前人类发音器官形态来看，人类音位的信息传达能力是可以预测的，也可以说是十分有限的。如果人类还始终使用目前的发音器官作为语言交际的工具，人类未来语言认知能力的发展将会十分有限。[1]

五、音位认知与音位负担量

从统计来看，语音的认知能力是一个非常好的研究课题。但统计的材料十分重要，如果材料有问题，统计的结果就会有一定的偏差，目前语言的材料大部分是基于结构主义音位学方法调查的，因此，这些材料在音位的功能上会有一定的误差。这主要是因为不同的人根据自己的偏好和研究目的在处理音位系统时有一定的倾向。为了能更好地反映出语言的音位功能，我们发展出了一种音位负担量的研究方法。通过这种方法可以计算出音位的功能。这一节将从四个方面详细阐述：1）音位负担量的计算方法；2）音位的对立类型；3）音位负担量恒定假说；4）音位的认知能力与演化。

---

[1]这些研究是孔江平、吴西愉、汤姆和王士元几位正在进行的一项研究，研究成果正在发表过程中。

（一）音位负担量的计算方法

20世纪50年代，由于有了计算机和语言的文本数据库，研究人员开始对音位功能进行计算，计算的内容是音位的"功能负担"（functional load）。（Wang 1967）对音位功能负担进行计算需要大量的文本，所以没有传统文字的语言就无法进行研究。音位功能负担计算的原理主要是对大文本的三音子进行统计，这种方法限制了大多数没有传统文字语言的研究。为了能对中国民族语进行音位功能方面研究，我们发展出了一种音位负能量的计算方法。这种方法只需使用少量的语素和词汇就可对语言进行音位负担的描写和研究，称作"音位负担量"（phoneme load）。（孔江平 2020；孔江平等 2016；李永宏等 2020）这种方法主要是计算音位的对立关系，[1]因此即使在音位的处理上有一定的偏差，最后得到的音位负担量也完全相同。

具体的方法是先建立一个单音节语素数据库，将每个单音节分成声母、韵母和声调三个单位。计算将第一个音节的声韵调和库中所有的单音节语素的声韵调进行对比。两个单音节语素之间，如果只有一个不同，如声母不同，韵母和声调相同，就给声母的负担量计 1 分；如果有两个不同，如，韵母和声调不同，声母相同，就给韵母和声调的负担量各计 1/2 分；如果有三个不同，如声母、韵母和声调都不同，就给声母、韵母和声调的负担量各计 1/3 分。将所有单音节语素两两对比完成计算，就得到了音位负担量的计算结果。基于这一基本参数，可以进一步计算出很多参数，如，总负担量、平均负担量、声、韵、调各自的负担量和平均负担量等。

从以上的计算方法可以看出，音位负担量的基本语料是单音节语素，计算的单位是声母、韵母和声调。从以上的讨论可知，在汉语的结构层面，音位的单位也可以采用音节音位和音素音位，显然，目前的这种音位负担量的计算被限制在了一个较小的范围内，只是音位负担量的一种计算方法，因此，它也只能解释音位负担量的一些基本性质，如声韵调之间的关系。

众所周知，世界上语言的语音形式有很大差别，构成基本语素和词汇的方式

---

[1]最早提出计算音位负担量的想法是在 20 世纪 90 年代，当时为了建民族语的数据库，社会科学院民族所建立了一套国际音标系统，有 300 多个国际音标符号。黄行、孔江平和徐昂用这套国际音标系统建立了一个苗语的数据库，他们主要想对苗语进行统计描写和历史比较的研究，笔者当时想做音位对立关系的统计，程序是由徐昂编写的。

也不同，如，构成基本的结构和音节数量就有很大差别。汉藏语系语言单音节语素较多，但音节结构复杂，如，最复杂的音节结构包括：声母（单辅音声母、复辅音声母）、介音、主要元音、元音韵尾、鼻音韵尾和塞尾。[1]如果以音素音位作为单位来计算这样的音节结构，怎么给每个音素音位分配音位的信息量是一个非常复杂问题。由于缺少认知基础，每个音位在音节中的功能无法确定。南岛语双音节和三音节语素比较多，但音节的结构相对简单，在调查台湾地区的布农语和菲律宾语的过程中，我们发现南岛语母语者不但具有音节意识，还具有一定的音素意识，调查过程比汉藏语系语言要容易，[2]信息量的分配也相对容易。但有些语言的基本语素和词汇主要是三音节和多音节的，如，豪萨语、闪米特语、阿拉伯语、希伯来语等，这些语言音位信息量的分配是一个难题。因为这些语言中有些从辅音可以推导出元音音位，这证明有些语言的元音音位负担量已经衰弱和失去了功能，也意味着用辅音或音节就可以计算负担量，[3]元音音位是羡余的，由此可见，语素音节数增加就必然会导致音素音位功能衰减。要确定这些语言音位信息量的分配就需要研究它们的语音意识和音位意识，这也是促使我们研究不同音节语素音位功能和认知能力的主要原因。

（二）音位的对立类型

通过对汉藏语系语言声、韵、调音位负担量的计算，发现语言的对立关系中最小对立对只是特例，占语言对立关系的很小一部分。而大部分的对立关系是两项对立和三项对立。（孔江平等 2016）单项对立是指两个单音节语素之间只有声母不同或者韵母不同或者声调不同；而两项对立是指声母、韵母不同，或者韵母、声调不同，或者声母、声调不同；三项对立是指在两个单音节语素之间声母、韵母和声调都不同。从统计结果可以看出三项对立是汉藏语系语言对立的主体，单项对立、两项对立和三项对立都不在一个数量级上。由此可以看出，单音节语素之间的最小对立对的主体是音节，而不是声母、韵母和声调，更不是音素。

---

[1] 为此我们建立了近百个汉藏语系语言的数据库。

[2] 为了计算音位负担量，我们建立了环南海各国的语言数据库和台湾南岛语的数据库。

[3] 2009年李永宏博士来北大跟我做博士后，他的编程能力很强，所以我们就商量编写一个自动计算音位负担量的程序。在编程过程中，发现困扰我们的问题是怎样定义音位的单位、怎样分配单音节语素、双音节语素和多音节语素音素音位的信息量和用什么样的数据库，这些问题在北大中国语言学研究中心组织的黉门论坛上与各国专家进行过深入论过。整体看语素音节数量越多，音素音位的功能越弱。

（三）位负担量恒定假说

利用音位负担量的方法，可以计算出一种语言中声母、韵母和声调各自的负担量。通过计算我们发现汉藏语系语言中声母、韵母和声调的音位负担量并不完全相同，有的声母负担量比较大，有的韵母负担量比较大，有的声调负担量比较大。将汉藏语的语言音位负担量进行排序，就可以看出它们的分布和不同的性质。从人类语言能力的角度看，音位的负担量是一个常量，如果一个语言的声母负担量比较大，它的声调和韵母的负担量就较小，如果一个语言的声调负担量比较大，其声母和韵母的负担量就会小。在通常情况下，声母和韵母的负担量比较接近，声调的负担量比较小，这和声调的数量比较少有关，声调的音位负担量在1%—30%之间。如果汉藏族语的一种语言没有声调，负担量就会完全负载在声母和韵母上，如，安多藏语。声调音位负担量最大的在30%左右，这时声母和韵母的负担量也会在30%左右。

从汉藏语100个语言音位负担量的分布看，如果一个语言声母和韵母的负担量很大，声调的音位负担量就会很小，或者没有声调。如果一种语言的声母和韵母的负担量很高，这时声母和韵母在交际时就有可能出现困难，就有可能会涌现出声调，从而减轻声母和韵母的音位负担量。将这100个声母、韵母和声调的音位负担量用"点"表示，随机画在一张图上，其分布体现为一条长带，这说明它们分布在一个特定的范围内，体现出了上限和下限，声母、韵母、声调的音位负担量都不会太高或者太低。这反映了人类的语言能力对音位负担量的控制。从演化的角度看，人类的语言能力演化是以万年来计算的，因此，如果现代人的语言能力是相同的，音位负担量就是恒定的，因此，我们提出了"音位负担量恒定假说"，在这个音位负担量恒定的范围内，声母、韵母和声调的负担量可以根据音位系统的结构变化而变化，但不能超出音位负担量恒定的范围。（孔江平等 2017）

（四）音位的认知能力与演化

从人类语言演化的角度看，基本的时间单位是万年或者10万年，因此，在1万年之内语言的认知能力有可能是相对稳定的，但这一点还需要进一步的研究。从目前的情况来看，研究语言的认知能力和语言的演化主要从文献进行研究，研究方法也基本是结构主义的。中国从甲骨文开始有文献，但也只有5000年，因此，在我们讨论语言演化时，一定要将语言认知能力的演化和语言的演化分开。语言认知能力的演化相对稳定，因为它和人类大脑的演化相关，或者说同步。通常语言的演化集中在形式的演化上，速度相对较快。语言认知能力的演化和具体语言形式的演化是两个不同的概念，在理论上要将其区分。因此，我们现在讨论语言的演化是将语言认知能力固定在一个时间点上，在这个点上来讨论语言形式的演化。

一旦确定了语言的认知能力，语言外部形式的演化就很容易讨论了。比如说，声调的产生是一种演化的现象，根据音位负担量恒定假说，声调的涌现一定伴随着声母和韵母音位负担量的削弱。因此，从语言认知能力的恒定性来讨论语言的演化，就可以让我们对语言演化的方向以及演化的可能性做出科学的预测，这就是认知音位学与结构主义语位学的差异。因为在结构层面，我们很难讨论语言为什么会演化以及它演化的基本原则是什么？下面以十种藏语方言的资料为例来讨论声调的涌现。在藏语中，卫藏方言有声调，安多方言还没有声调，康藏方言的声调介于卫藏和安多方言之间，因此，藏语方言是研究声调涌现的最好的例子。（Kong 2019）从数据可以看出，当藏语声母或者韵母的音位负担量达到音位负担量恒定的上限时，声调就有可能涌现，因为，声母或者韵母的音位负担量太高就会影响到交际，这一点从藏语有关方言的同音词大量增加也可以反映出来。（Kong 2012）根据汉藏语有声调语言的声调设为零，然后将有声调语言和无声调语言一起计算声母和韵母的音位负担量画一条曲线，就能找到一个声调涌现的节点，利用这个音位负担量的节点就可以预测声调的涌现，同样也可以根据音位负担量来看构拟的汉语上古音是否有声调。因此，我们说语言认知能力的研究对我们研究具体语言的演化具有重要的理论价值，是语言演化的理论基础。

六、认知音位学研究的理论与方法

从以上的分析可以看出，随着语音感知和认知研究技术的发展，现在已经具备了建立认知音位学的理论框架。下面将从五个方面阐述认知音位学的基本定义、研究方法和理论框架：1）语音感知研究的方法；2）基于认知的音位定义；3）认知音位学的基本原则；4）音位认知的调查方法；5）基于认知的语言结构。

（一）语音感知研究的方法

20 世纪中期，随着语图仪的出现，语音学的研究进入了声学分析的时代。

随着人们对语音声学特征的深入了解，出现了区别性特征理论。最早的区别性特征是基于声学特征建立的。（Jakobson *et al.* 1961）为了了解声学区别性特征对语言交际的贡献，人们通过语音合成进行了不同声学特征的感知听辨实验。20世纪60年代，美国哈斯金斯实验室开发了一个电子语音合成器，其原理是将声学特征，如元音共振峰、辅音乱纹等声学特征画在一张胶片上，然后通过光电转换技术，将图片上的声学特征转换为语音声波，最终合成语音。利用这台设备，对语言的塞音、元音等进行了语音合成和感知实验，发现了第二共振峰音轨是塞音感知的主要声学参量和共振峰表示的元音感知空间，还发现了单元音之间是连续感知，塞音之间是范畴感知。但由于这种仪器过于复杂，这种方法没有得到普及。另外，在技术上语音合成的质量也不是很高，所以语音感知的研究没有得到推广。

随着计算机的出现，数字语音合成技术得到了飞快的发展，早期人们通过改变基频来合成声调的样本进行声调的感知范畴研究（如 Wang 1976；Abramson 1977；Francis *et al.* 2003；Gandour 1983；Liberman *et al.* 1957；Pollack *et al.* 1971；Pisoni 1973；Repp 1984；Studdert-Kennedy *et al.* 1970；Xu *et al.* 2006）。进入21世纪以后，信号处理的方法发展迅速，为高质量的语音样本合成奠定了基础。目前，在语音信号处理技术上，改变声调可以用时域和频率域的基音同步叠加法修改基频；改变元音可以用倒谱谱包络修改元音共振峰结构；改变时长可以用基音同步叠加法抽取或添加周期来修改时长；改变幅度可以用修改语音振幅包络的方法；改变发声类型可以用修改功率谱的方法。近10年，人们研究了声调的感知范畴（如孔江平 1995；刘文等 2016，2019，2020；陆尧等 2019；于谦 2017；吴南开 2019；刘娟等 2019；陆尧 2019；李斌 2019）、元音的感知范畴（如陈飞等 2019；王璐等 2021）、音长的感知范畴（如王璐等 2019；李晗菲等 2019）、发声类型的感知范畴（如张锐锋等 2014；于谦 2019；董理等 2019）、双音节声调的感知（如吴新新 2019；崔平等 2019）、语调的感知范畴以及焦点重音的感知范畴（如陈墨玉等 2019；杨洁等 2020）。另外，人们也开始了对语音情感和阿尔泰语附加成分和元音和谐的感知范畴的研究。在对这些音位进行感知范畴的研究中，发现二合元音体现为范畴感知，而同调型声调的感知体现为连续感知。这些研究增加了我们对语音感知的认识。可以看出，在语音合成上，通常单声学参量体现为连续感知，多声学参量的往往体现为范畴感知。我们还发现连续感知和范畴感知是渐变的，这些研究从理论上大大提高了我们对音位本质的认识。

以上的研究都是基于最小对立对的感知研究，但是我们知道这种单项对立占的比例是非常小的，而语言本身两项对立和三相对立占绝大多数。以汉藏语系语言的单音节语素为例，两个语素之间最小对立对的数目很少。以汉语为例，音位到底定位在哪个层面比较合适是一个非常重要的理论问题。如果按照音素音位的方法，音位可以分为音节首辅音、介音、主要元音、元音韵尾、辅音韵尾和声调。如果按照声、韵、调音位的方法，音位可以分为声母、韵母和声调。如果按照音节音位的方法，音位单位就是音节。在语音的结构层面，这三种方法都可以对汉语音位系统进行分析和建构。比如说，我们的汉语拼音就是在音素音位这个层面，汉语的反切是在声和韵（包括声调）音位的层面，汉语的直音是在音节音位的层面。那么到底哪个层面的音位单位更符合汉语的认知系统呢？语言感知的研究为我们提供了解决这个基本理论问题的方法。

（二）基于认知的音位定义

在结构主义音位学中，音位通常定义为"具有区别意义的最小语音单位"。根据以上的分析可以看出，在两个单音节语素之间，以音素音位作为最小对立的数量很少，而大部分是多项对立。如果以声韵调作为音位单位，两个单音节语素之间三项对立是主体，而单项对立是特例。由于世界上语言的音节结构和基本语素音节数量不同，在认知方面音位的基本语音意识也有很大差异，因此，将音素音位作为唯一的音位单位是不合理的。另一方面，音位认知的研究表明，语言中不同音位的语音意识是不同的。基于此，我们认为音位的单位需要基于具体语言的语音意识，而不应该是根据结构将音位一定定义为音素音位。基于这一理念，我们将认知音位学的音位定义为：在自然音位系统中，具有自然语音意识并区别意义的最小语音认知单位。

虽然这一新的定义还需要进行大量实际语言的验证，但可以看出，像英语等印欧语言采用音素音位比较合适，而像汉藏语系的大多数语言以音节作为音位更符合其感知和认知系统。另外，研究表明，音位的认知单位不一定是统一的，如英语的语音意识不一定就只是单音素（Huang *et al.* 1994），有时会是两个音素为一个语音意识单位，如，英语母语的儿童可以容易地将 s 从 sit 分离出来，但很难将 s 从 star 中分离出来。而汉语的语音意识是否就只是音节也需要进一步的认知研究，如，双声和叠韵。

（三）认知音位学的基本原则

按照认知音位学对音位的定义，认知音位学的第一条原则是"最小语音意识对立原则"。这和结构主义音位学的原则有很大的不同，音位的单位是确定的，即在自然音位系统中有语音意识的最小对立单位，也就是说音位单位的大小是根据语言来定的，而不只是音素音位。有可能是声韵调，也有可能是音节。认知音位学的第二条原则是"音位范畴原则"。音位范畴原则是指在语音互补的情况下，不能随意处理，而应该根据音位感知范畴来确定。我们知道在互补情况下往往会有多个难以确定的区别性特征同时存在，这时要根据感知范畴来确定音位，而不能随意处理。这样结构主义音位学中互补原则和相似原则在处理音位上的随意性和不确定性就得到了解决。

根据研究，音位系统有 8 种类型，分别是：1）完全口语音位系统；2）不完全口语音位系统；3）跨时域音位系统；4）跨地域音位系统；5）跨时域和跨地域音位系统；6）跨语言音位系统；7）构拟音位系统（跨时域，跨地域，多语种）；8）文字音位系统。（孔江平 2020）

从认知的角度，音位系统又分为自然音位系统和人为音位系统。认知音位学是研究人类大脑中的音位系统，即上述 8 种音位系统中的第一和第二种音位系统类型的自然音位系统和人为音位系统。因此，认知音位学在理论上定义精确，没有歧义，这样不同的人调查同一种语言，得到的音位系统应该是完全一样的。但是，从文献来研究一种语言历史上人大脑中的音位认知系统可能有较大的难度，因为无法进行感知和认知实验，文献中保留有多少语音认知信息需要进一步研究。因此，构拟的音位系统不应被看作人类历史上某个时间点人类大脑中的音位系统，因为它没有认知基础，只是许多相关材料的集合。

（四）音位认知的调查方法

在传统的田野调查中，首先要用国际音标进行严式记音，当记音材料达到一定量时再整理音位系统，最后进行同音词校验。然而，按照认知音位学的理论，田野调查的方法就完全不同，田野调查的步骤包括：

1）在记录语音材料的同时进行录音，完成所有材料记录和录音。记音可以使用不同的单位，如，音素、声、韵、调和音节。

2）确定音位单位，音位单位确定包括三个方面的语音意识听辨实验，分别是：a）音节意识的听辨实验；b）声韵调意识的听辨实验；c）音素意识的听辨实验。具体方法有音节删除、音节倒置、音节增加、声韵调探测、声韵调操纵等。（翁毅等 2021）听辨实验的顺序可以根据具体的情况进行选择，通常语音意识测定按从大到小的顺序。

3）确定了音位单位后，根据音位单位对材料进行整理。

4）对于互补分布中无法确定的音位进行语音合成和感知实验，根据感知范畴确定音位的最终归属。

5）对所有材料进行同音词校验。

从以上的田野调查步骤可以看出，认知音位学进行的田野调查是口语交际中人大脑中的音位系统，每个音位都需要有语音意识基础。音位单位的大小或者单位是否统一不是关键的问题，关键在于在人的大脑中是一个语音意识单位。

（五）基于认知的语音结构

从语音认知的角度看，如果一种语言母语者的大脑中并不存在某些语音意识或者说语音单位，但人们通过结构主义音位学的理论人为定义出了这些语音单位，并建立音位系统，这在逻辑上和理论上是说不通的。在对汉藏语系语言进行田野调查时，人们通常会用国际音标记录音素，然后整理成基于音素的音位系统。但是当你将一个音节中的音素音位分开念给没有拼音知识的母语者听时，他们完全不知道你在说什么。另外，汉语拼音也是一种人为音位系统，虽然汉语拼音对汉语的学习有一定的帮助，但汉语母语者的大脑通过自然语言习得并不能自然建立音素音位系统，这就是为什么学习过汉语拼音后会对阅读汉字造成负面影响，而以拼音为基础的新创民族文字基本上没有办法推行。

从结构主义音位学的角度看，音素音位是构成音位系统最理想的单位，其主要原因是结构主义音位学主要是基于印欧语系语言建立的理论体系。印欧语言通常都具有音素意识，而在汉语的自然习得中，只能建立音节意识，不能建立音素意识。然而，在习得了人为音位系统后，虽然有时人为音位系统不一定完全正确，但人的大脑似乎可以建立音素音位的语音意识和人为的音位系统。因为通常以结构主义音位学的方法建立一个语言的音位系统，不同的调查者会给出不同的系统，如汉语拼音以及中国民族语田野调查的音位系统。虽然人为音位系统存在一些问题，但对于汉藏语系语言来说，由于语音意识颗粒的细化建立的基于音素的人为音位系统推动了语言共时和历时的研究，汉语从"譬况法""读若法""直音法"到"反切"、中古音的"声、韵、调"以及现代的"注音字母"和"汉语拼音"。（李葆嘉 1998）这种人为的音位系统确实促进了汉语研究的发展。因此，利用认知音位学的方法研究人为音位系统中的音位认知单位和功能将是认知音位学的一项重要工作。

结构主义音位学和认知音位学是从两个不同的角度来研究语言的音位系统，结构主义音位学有悠久的历史和完整的理论体系，但也暴露出了一些无法解决的问题。随着脑科学研究方法的进展，认知音位学会迅速兴起，其研究直接逼近人大脑的语言处理机制，在研究方法上体现出了很强的科学实证性，虽然理论上有很多问题急需解决，但当这些理论问题的解决后，将会对传统语言学产生巨大冲击。众所周知，科学是一个整体，从语言学科学的角度看，结构属于语言的表层，认知属于语言的底层，随着认知音位学研究的深入，表层结构和深层认知的关系将会被认识，人们对语言音位系统的认识也会进入新的阶段。

七、结语

学术研究总是随着时代发展而进步，语言学也是一样。从 20 世纪中期到现在，在语言调查和音位学的处理上，主要是基于结构主义的音位学。然而，学术的发展在很大程度上是基于人们不同的研究方法和理念，随着现代语言学和语音认知科学的发展，本文提出了一套基于感知实验的认知音位学研究方法和理论框架，利用这些理论与方法，我们可以看到过去无法解释的问题，现在都有了很好的解释，而且，基于认知音位学的音位系统基本上能够反映人们大脑中语言音位的认知系统，包括自然的音位认知系统和人为的音位认知系统，这个系统在语言中是唯一性的，认知音位学的建立，使我们对语言的信息传达、音位的负担量、阅读的认知基础和语言的演化都可以进行科学的解释，因此，认知音位学的提出必将会对人类的认知科学做出语言学层面的贡献。[1]

参考文献

［1］布龙菲尔德. 语言论. 袁家骅，赵世开，甘世福译. 钱晋华校. 北京：商务印书馆，1997.

［2］布洛赫，特雷杰. 语言分析纲要（*Outline of Linguistic Analysis*）. 赵世开译. 北京：商务印书馆，1965.

---

［1］详细内容可参看作者即将出版的《认知音位学》一书。

［3］陈士林，边仕明，李秀清. 彝语简志. 北京：民族出版社，1985.

［4］陈飞，张昊，王士元，等. 内部因素与元音范畴化感知. 语言科学，2019（4）.

［5］陈墨玉，孔江平. 汉语焦点重音感知研究. 中国语音学报，2019（1）.

［6］崔平，王韫佳. 抚顺话"上声＋阴平"变调的声学和知觉研究. 中国语音学报，2019（1）.

［7］董理，王碧琳. 发声类型对声调感知的影响. 中国语音学报，2019（1）.

［8］孔江平. 藏语（拉萨话）声调感知研究. 民族语文，1995（3）.

［9］孔江平. 认知音位学的理论与方法. 中国语音学报，2018（2）.

［10］孔江平. 基于音位负担量的汉语方言认知研究. 方言，2020（2）.

［11］孔江平，李永宏. 基于语言结构功能的音位负担量计算方法. 方言，2016（1）：1-12.

［12］孔江平，李永宏. 语言音位结构负担量计量研究与"音位负担量恒定假说". // 汪锋，林幼菁主编. 语言与人类复杂系统. 昆明：云南大学出版社，2017.

［13］霍凯特. 现代语言学教程. 索振羽，叶蜚声译. 北京：北京大学出版社，1986.

［14］李葆嘉. 论汉语的原初音节证音法与反切法的产生. 南京师大学报，1998（2）.

［15］李斌. 年龄段与性别差异对阴平与上声的感知边界偏移的影响. 中国语音学报，2019（1）.

［16］刘文. 新寨苗语五平调的声学和感知研究——兼论五度标调法. 中国语音学报，2019（1）.

［17］刘文. 升还是平：新寨苗语声调个案研究——兼论平调的感知判断. 民族语文，2020（1）.

［18］刘文，张锐锋. 鱼粮苗语低平调和低降调的声学感知研究. // 北京大学中国语言学研究中心《语言学论丛》编委会编. 语言学论丛（第五十四辑）. 北京：商务印书馆，2016：197-212.

［19］刘娟，张梦如. 临沂方言降升调对立的感知实验. 中国语音学报，2019（1）.

［20］李永宏，孔江平. 汉语方言音位负担量研究. 北京：科学出版社，2020.

［21］李晗菲，冯燕，孟亚茹，等. 能量包络和音长对普通话声调感知的影响. 中国语音学报，2019（1）.

［22］罗常培，王均. 普通语音学纲要（修订本）. 北京：商务印书馆，2002.

［23］陆尧. 德宏傣语母语者普通话声调感知研究. 中国语音学报，2019（1）.

［24］陆尧，孔江平. 载瓦语声调的声学及感知研究. 民族语文，2019（1）.

［25］王璐，孔江平. 德宏傣语长短元音声学及感知研究. 中国语音学报，2019（1）.

［26］王璐，孔江平. 德宏傣语单元音和复元音感知范畴研究. 民主语文，2021（1）：90-98.

［27］吴南开. 平调的音高边界. 中国语音学报，2019（1）.

［28］吴新新，孔江平. 泰语双音节声调感知研究. 中国语音学报，2019（1）.

［29］于谦. 方言背景与普通话声调范畴感知研究. 北京大学博士学位论文，2017.

［30］于谦. 普通话上声的范畴感知与发声类型. 中国语音学报，2019（1）.

［31］杨洁，孔江平. 汉语陈述句和疑问句感知范畴研究. 中国语音学报，2020（1）.

［32］翁毅，孔江平. 汉语语音意识研究：以粤方言为例. 语言学论丛，2023（1）.

［33］张锐锋，孔江平. 河南禹州方言声调的声学及感知研究. 方言，2014（3）.

［34］中国少数民族语言简志丛书编委会，中国少数民族语言简志丛书修订本编委会编. 中国

少数民族语言志丛书（修订本）. 北京：中国民族出版社，2009.

[35] Abramson A S. Noncategorical Perception of Tone Categories in Thai. *The Journal of the Acoustical Society of America,* 1977（61）.

[36] Chao Yuan-ren. The Non-uniqueness of Phonemic Solutions of Phonetic Systems. *Bulletin of the Institute of History and Philology Academia Sinica,* 1934（4）.

[37] Chiu Chenhao, Sun J T-S. On Pharyngealized Vowels in Northern Horpa: An Acoustic and Ultrasound Study. *The Journal of the Acoustical Society of America,* 2020（4）: 2928-2946.

[38] Connie Suk-Han Ho, Peter B. Development of Phonological Awareness of Chinese Children in Hong Kong. *Journal of Psycholinguistic Research.* 1997（1）.

[39] Francis A L, Ciocca V, Ng B K C. On the (non)Categorical Perception of Lexical Tones. *Perception &Psychophysics.* 2003（7）: 1029-1044.

[40] Gandour J. Tone Perception in Far Eastern Languages. *Journal of Phonetics,* 1983（11）: 149-175.

[41] Huang H S, Richard H J. Phonological Awareness and Visual Skills in Learning to Read Chinese and English. *Cognition,* 1994（54）.

[42] Kong Jiangping. A Study on the Origin of Tibetan Tones by Homonym Rate. // 北京大学中国语言学研究中心《语言学论丛》编委会编. 语言学论丛（第四十五辑）. 北京：商务印书馆，2012: 112-127.

[43] Kong Jiangping. A Study on Tone Emergence Based on Phoneme Load. The Ancestry of the Languages and Peoples of China. *Journal of Chinese Linguistics Monograph Series,* 2019（29）.

[44] Kong Jiangping. Active Syllable Average Limit 1,000（音涯一千）: The Phonemic Cognitive Ability of Human. *Language and Linguisitics,* 2022（1）: 4-19.

[45] Liberman A M, Harris K S, Hoffman H S, *et al.* The Discrimination of Speech Sounds Within and Across Phoneme Boundaries. *Journal of Experimental Psychology,* 1957（5）:358-368.

[46] Pollack I, Pisoni D. On the Comparison between Identification and Discrimination Tests in Speech Perception. *Psychonomic Science,* 1971（24）: 299-300.

[47] Pisoni D B. Auditory and Phonetic Memory Codes in the Discrimination of Consonants and Vowels. *Perception& Psychophysics,* 1973（2）: 253-260.

[48] Read C, Yun-Fei Z, Hong-Yin N, *et al.* The Ability to Manipulate Speech Sounds Depends on Knowing Alphabetic Writing. *Cognition,* 1986（1-2）: 1-44.

[49] Repp B H. Categorical Perception: Issues, Methods, Findings. //N J Lass (eds.). *Speech and Language: Advances in Basic Research and Practice.* New York: Academic Press, 1984（10）: 243-335.

[50] Roman J, Fant C G M, Morris H. *The Distinctive Features and Their Correlates.* Cambridge：The MIT Press, 1961.

[51] Stevens K N. The Quantal Nature of Speech: Evidence from Articulatory–acoustic Data. //

Denes P B, David E E. (eds.) *Human Communication: A Unified View*. New York: McGraw-Hill, 1972：51-66.

[52] Stevens K N. On the Quantal Nature of Speech. *Journal of Phonetics*, 1989 (17)：3-45.

[53] Stevens K N, Keyser S J. Quantal Theory, Enhancement, and Overlap. *Journal of Phonetics*, 2008. (doi: 10.1016/j. wocn. 2008.10.004.)

[54] Studdert-Kennedy M, Liberman A M, Harris K S *et al*. Motor Theory of Speech Perception: A Reply to Lane's Critical Review. *Psychological Review,* 1970 (3)：234-249.

[55] Wang W S-Y. The Measurement of Functional Load. *Phonetica,* 1967 (16)：36-54.

[56] Wang W S-Y. Language Change. *Annals of New York Academy of Sciences,* 1976 (1)：61-72.

[57] Youran Lin, You-Jing Lin, Feng Wang, *et al*. The Development of Phonological Awareness and Pinyin Knowledge in Mandarin-speaking School-aged Children. *International Journal of Speech-Language Pathology,* 2020.

[58] Xu Y, Gandour J T, Francis A L. Effects of Language Experience and Stimulus Complexity on the Categorical Perception of Pitch Direction. *Journal of Acoustical Society of America*, 2006 (120)：1063-1074.

语言类型学在中国的发展

刘丹青

一、导语

语言类型学是当代语言学诸多学派或分支学科之一。相比形式、功能等当代学派，语言类型学在中国的传播发展起步较慢，最近二十年才呈现加速之态，但在反映中国语言学发展的总体进程方面，类型学却具有不可取代的标志性意义，原因在于语言类型学研究对象的特殊性。在国内的教学科研学科体系中，语言学迟迟未能成为一级学科，这是影响语言学整体发展的一大瓶颈因素。由于语言研究分散在汉语、民族语言和外语三大板块中，多数研究者的兴趣及成果都是语种导向的，其中很多研究不同程度地引入了当代语言学的一些理论方法，但主要是为了推进、深化汉语及中国境内其他语言的研究，对语种成果的普通语言学价值关切不够。形式、功能、认知诸派的研究，都可以在单一语言内部进行，唯独语言类型学，以跨语言研究为立身之本，所有研究都自带普通语言学的"光泽"。因此，类型学在中国语言学道路上踏出的足迹，很大程度上反映了改革开放以来中国语言学的现代化之路。本文将聚焦这一标本性的领域，为语言类型学在中国的发展历程提供一个纵览，随后将重点对笔者创设的语言库藏类型学及其发展进行回顾和介绍。

二、语言类型学在中国的早期传播与研究小史

语言类型学分古典类型学和当代类型学两个阶段。古典类型学主要关注形态分类，将世界语言按形态的有无和特点分为屈折语、黏着语和孤立语三类，后来

又增加了北美洲的多式综合语（编插语）。古典类型学尚未形成严格的学科体系和范式，更像是历史比较语言学在其高光年代的一个伴生小弟，早期涉足者多不严格区分谱系分类和类型分类，只有一些"非主流"学者关注到类型分类独立于谱系分类的性质，并且出现了语言特征的蕴含关系这一当代类型学核心观念的一些萌芽状态的探索，（Graffi 2010）语言类型学还难以看成一门独立的学科，类型学（typology）一词到1894年才由加柏连孜（Gabelentz）首次启用，随后也并未被广泛使用。到结构主义盛行时代，学界更注重语言的个性而非共性，语言类型学总体处于低潮期，只有萨丕尔、雅各布森等少数学者在类型学研究领域有较大推进。直到以Greenberg（1963）及该文所在的《语言共性》（*Universals of Language*）文集为标志的当代类型学诞生，类型学才真正成为语言学中一门独立的分支学科。对初生的当代类型学还未及介绍，中国就进入了"文化大革命"时期。类型学在中国的真正传播与研究，始于1978年中国开始改革开放之后。

另一方面，早在当代类型学兴起之前的数十年，现代中国的诸位语言学大家就已看到比较方法对语言学的重要价值，并积极参与跨语言、跨方言的比较研究。赵元任1926年就发表了《北京话、苏州话、常州话语助词比较》一文，用方言比较，结合汉外比较，研究汉语特色的语助词。黎锦熙在出版开创性的现代汉语语法专著《新著国语文法》后，又写了《比较文法》（1933）一书，提倡和实践通过古今比较、中外比较来深化对汉语语法的认识。吕叔湘（1942—1944/1982）《中国文法要略》一书，也采用文言白话对比的方法描写汉语语法规则，同时穿插一些中外比较。吕先生（1992）还专门撰文《通过对比研究语法》，从多个方面论述了语言对比的重要性。王力（1943—1944/1985）《中国现代语法》在许多章节末设置"比较语法"栏，附一些方言语法比较。这些学界前辈重视比较研究的传统，为类型学在中国的发展繁荣创造了条件。

（一）古典语言类型学知识的早期传播

在语言类型学真正引进之前，与类型学相关的部分知识，特别是不见于汉语的一些形态现象的知识，已进入中国学界，主要是作为普通语言学知识传播。国内引进或原创的少量普通语言学及其普及版——语言学概论一类著作教材，都会介绍一些黏着型或屈折型语言的形态现象，如高名凯（1957b）在《语法范畴》长文中对名词代词的性、数、格，动词的人称、时制、体、数、式、态等形态范畴做了较为详细的多语种例解。这些知识也出现在作者后来主编的《语言学概论》

（高名凯，石安石 1963）教材中。1957 年，高名凯在他的《普通语言学》增订版中介绍了"语言的类型学分类法"。这可能是国内最早出现"类型学"一词的著作。当年在中苏学术交流中进入中国的苏联语言学论著，也带来了很多跨语言的语法知识及一些形态类型学的讨论。《中国语文》等刊物，刊载了一些普及多语种语法知识的译介类文章，如彭楚南（1957）对语法范畴进行了更广泛的介绍，除了高名凯谈过的那些范畴外，还介绍了类别范畴、方位范畴、定指范畴、比较范畴等，所举实例远超印欧语范围，大量来自国内民族语言和各大洲的不同语系。这些文章让只熟悉分析性语言的国人有机会了解不同的形态类型。值得一提的是，代表结构主义时代类型学最高水平的萨丕尔的类型学观点，主要反映在《语言论——言语研究导论》（1921）一书中，该书中文版经陆卓元翻译、陆志韦译注于 1964 年出版。书中指出了传统的形态分类无法精确反映具体语种的复杂情况，提出了一套形态类型的多指标综合性评估模式，拓展和深化了对人类语言形态类型多样性的认识，此书用例也提供了丰富多彩的跨语言景观。这些多语种类型知识，为类型学日后的传播做了一定的铺垫。不过，在语种导向的学科体系下，跨语言视角的成果和语料引起的关注终究有限，不像汉语的重要成果那样能激起一波波的讨论热潮。

（二）当代语言类型学的引进

20 世纪 70 年代末开始的改革开放，为中国的学术带来了"科学的春天"。在转换生成语法、系统功能语法、格语法、配价语法、社会语言学及稍后的认知语法、语法化理论等学说引入中国并渐成热点之时，语言类型学也在中国土地上迈开了步伐。

最先引入当代类型学理念的是叶蜚声、徐通锵（1981）合著的大学教材《语言学纲要》。该书设置了"语言的结构类型和普遍特征"一节，共 6 页。虽然书中尚未触及当代类型学的核心课题——语序类型（后来的修订版有此内容），"结构类型"讲的主要还是形态类型，但是该节在几个方面体现了当代类型学精神：一，专设"语言的普遍特征"小节。在类型差异中发现语言共性（普遍特征），是当代类型学"置顶"的学术追求，而这不是古典类型学的学术目标。二，专设"语法结构不能分优劣"小节，这是当代类型学与古典类型学的根本区别之一，因为多数古典类型学家都认为不同的类型体现了语言之间不同的发展水准，而类型不分优劣是当代类型学的基本共识和前提（Graffi 2010）。三，普遍特征部分介绍的共性现象，涉及语音、形态、构词法、句法各个方面，远远超出古典类型学聚焦的形态范围。不过，该书介绍的共性都是现象共性，而不是当代类型学最具标志性的成果——蕴含性共性，加之没有介绍语序类型，因此这部分内容对于类型学的介绍还是比较初步的。

刘宁生、刘丹青、马景仑（1987）的《语言学概论》专设"语言的分类"一章，其中专设"类型分类法"一节，与"谱系分类法"和"地域分类法"并列。下设"语言共性与语言类型""形态分类法""语序分类法"三小节，是国内较早勾勒当代类型学框架的教材。

当代类型学的系统引进还有赖关键的经典原著的介绍。

1984年《国外语言学》第2期同时刊登了两篇重要译文。一篇是Greenberg（1963），由陆丙甫、陆至极摘译，徐烈炯校，中文题为《主要与语序有关的若干语言普遍特征》，这篇当代类型学的奠基之作终于以中文在华面世。语言类型学以语言共性为首要目标，语言分类的参项从形态扩大到句法，甚至以语序为中心，语言取样应当兼顾谱系、地域和类型的平衡，语言共性主要建立在由四分表四缺一构成的蕴含关系基础上，语言特征的和谐现象和优势现象存在互动关系，这些当代类型学的核心理念和方法，都包含于这篇经典论文中。另一篇则是Li和Thompson（1976），由李谷成摘译，中文题为《主语与话题：一种新的语言类型学》，此文虽然只涉及类型学中的一个具体题目，但触及了汉语主语和话题这个高关注度的问题，因此在汉语学界的影响不小，其汉语话题优先观持续影响着汉语研究，热度延续至今。

对类型学更系统的介绍来自科姆里（Comrie 1981）的专著《语言共性和语言类型》，由沈家煊译（1989；该书原著1989第二版之中文版由沈家煊，罗天华译，陆丙甫校 2010）。这是类型学的第一部专著，科姆里是国际语言类型学会的创会会长。此书首次构建了语言类型学的学科体系。作者撰写了中译本序，寄语学界"能得益于中译本，从中意识到世界语言的变异范围，从而能把汉语置于这个变异范围之内来考察"。此译本让当代类型学有机会以系统完整的形式面向中国受众，为当代类型学在中国的传播和发展创造了基本的条件。

在科姆里的专著译本出版之前，一部专注东亚大陆语言的"非典型"类型学著作，给类型学在中国的传播带来了强劲助力。这就是桥本万太郎（1985）的《语言地理类型学》，余志鸿译，朱德熙为之作序，盛赞此书"高瞻远瞩，一空依傍"。次年，胡双宝（1986）以此为题发表书评《高瞻远瞩，一空依傍——读桥本万太郎〈语言地理类型学〉》。此书主旨并非类型学理论，而是通过语音、词汇、语法的区域比较提出中国及东亚大陆语言的地理推移模式，但其所论专题多采用类型学视角，包括语音声调类型、语序类型，谈到了 SVO 和 SOV、顺向（右分支）和逆向（左分支）等语序类型的分布。此书由于聚焦汉语及其历史和方言，加上国内名家的盛赞，引起的关注超过了纯粹类型学的著作，客观上普及了一些类型学观念。

除了直接介绍外，也有些学者通借鉴类型学的方法研究汉语等语言的现象，推动了类型学在中国的传播，下一小节将有讨论。

在中国大陆以外的汉语语言学圈，学者们像桥本那样有更多机会及时接触当代类型学，类型学之风吹起的学术涟漪来得更早。Greenberg（1963）发表后，海外汉语学者就开始思考汉语的语序类型，进行了现代汉语是 SVO 还是 SOV 的讨论。Li 和 Thompson（1973a，1973b）等认为汉语中存在大量 SOV 语序，选择 SVO 还是 SOV 受定指与否的影响，汉语正经历从 SVO 类型到 SOV 类型的演变。此说引起了一场热烈的争论［参看第三节第（一）小节］。不过，参与讨论者多数并没有长期保持对类型学的关切，仍主要在功能、认知或形式的框架内研究汉语。

（三）语言类型学研究的萌芽

除了类型学名著的翻译出版，少数学者较早开始将类型学观念和方法引入汉语研究，直接通过汉语的个案来传播类型学，也形成了一批类型学背景的汉语研究成果。

伍铁平是同代人中较早积极引介语言类型学并付诸中国语言研究实践的学者。他在 1980 年就撰文介绍 Greenberg（1966）专著《语言普遍现象》［*Language Universals*，区别于他主编（1963/1966）的文集 *Universals of Language*］。他还介绍了语音共性和类型的先驱雅各布森的多篇讲话和论文，涉及语音共性、类型学与历史语言学的关系等（如伍铁平 1981），发表了多篇呼吁加强语言类型比较研究的论文。伍铁平的这些文章（如伍铁平 1988，1990），除了纯粹书评外，多结合汉语、少数民族语言和多种外语资料展开类型比较研究，大部分涉及语音音系和词汇语义。例如，比较汉语历时音变和多种外语历时音变，指出汉语和日耳曼语族共有的重唇到轻唇的演变，揭示了语音历史演变方面的语言共性，又用语音的类型规律（实即蕴含共性）评估上古音构拟的合理性，还提到，徐通锵、叶蜚声研究上古音的内部拟测法，也从语言共性的角度质疑了上古音构拟中一些拟音的可靠性。伍铁平在词汇语义的共性与类型方面做的工作更多。如从空间词引申发展出时间词的共性和类型差异，比喻词的共性和类型差异，音近同源词语义关系的跨语言验证（如"鬼"和"畏"），指"数"的名词和"手"的跨语言关联，代词复数和尊称的跨语言关联等。这些类型学的视野大大超出了传统音韵学、训诂学的研究领域，其成果可以为传统成果提供有力的支持或验证。伍铁平的类型学研究主要聚焦语音和词汇，而当代类型学影响的主要领域还是形态句法，伍铁平的著述较少涉猎这方面。

也有一些学者在语法方面较早采用类型学视角来研究汉语等中国境内语言。

胡裕树、陆丙甫（1988）在研究汉语语序时引入了 Greenberg 的类型学视角，分析了指称义、定语类别和语音节律对语序的影响，并就海外学者关于汉语 SVO 和 SOV 语序的讨论指出汉语的 SOV 语序受到更多限制。陆丙甫（1990）发表《加强共性研究更是当务之急——对中国语言学研究反思的反思》一文，文中通过跨语言比较提出了状语语序在动词前后的轨层理论，即不管在前在后，不同状语类别与谓语动词的语序是按照同样的亲疏等级排列的。这一轨层理论也被写入陆丙甫参编的钱乃荣（1990）主编《现代汉语》；相关的类型学思考，还反映在陆丙甫（1993）的《核心推导语法》一书中。

桥本万太郎（1985）《语言地理类型学》的译者余志鸿在汉语研究中较早引入"前置词""后置词"的类型学语序观念，并关注语言接触与汉语 SVO 和 SOV 语序的关系。余志鸿（1984）《汉语前后置词混用的实质》一文中，明确提出汉语不是单纯前置词的语言类型。他的研究还涉及元代汉语、西北方言的 SOV 语序和后置词等，探讨了造成这些现象的语言接触动因。

沈家煊（1999）主要用标记论等当代语言学理论深入研究汉语语法的若干问题。其第一章"理论前提和方法"1.5 节的标题为"将汉语纳入世界语言变异的范围"，这个追求就来自他翻译的科姆里《语言共性和语言类型》的中译本序（沈家煊 1989/2010）。该书讨论问题不时引入英汉比较和类型学视角。如第九章"主语和宾语的不对称"，在分析中借鉴了多种类型学的理论资源，包括 Silverstein 的有生性等级，Croft 对题元种类（近施事类和近受事类）的跨语言考察、SVO 和 SOV 的语序类型差异等，也评论了 Li 和 Thompson 的主语–话题类型学，从而深化了汉语主语宾语不对称现象的研究，指出主宾语不对称的实质是施事和受事的不对称、话题和非话题的不对称，两者结合才能更好地解释这些不对称现象。

刘丹青（1986）对大量方言形态现象做了类型学思考，认为丰富多样的重叠等现象说明汉语其实有不少形态现象，但是这些现象与典型形态语言的形态有一系列重要差异，包括以音节为单位、多表达主观性语义等。刘丹青（1990）以Berlin 和 Kay 的颜色词共性为背景，用构词、语义、形态、句法多种指标评估现代汉语颜色词，得到八个基本颜色词的序列，并分析其与颜色词共性的关系，是较早的汉语词汇类型学成果。刘丹青（1991）从汉语特色词类的角度认同汉语部分方位词具有后置词的性质。刘丹青（1995）从 Li 和 Thompson（1976）的主语 – 话题类型学得到启发，由话题优先观进一步泛化为汉语的语用优先观。

比起二十世纪八九十年代功能语法、形式语法、社会语言学等新学派在中国的发展势头，这一时期无论是语言类型学的引进介绍，还是零星萌芽状态的研究，学界反响和呼应都有所不及，难掩一丝寂寥之态。主要还是受制于国内学界语种导向的大环境。在这种环境中，对跨语言议题的漠然具有一定的惯性，即使类型学成果能对具体语种研究有显著的助力，学界也需要有足够时间去渐进体认。

（四）新世纪的中国语言类型学：从小众到显学

随着新世纪的临近和到来，中国整体呈现出更强劲的开放态势。语言类型学也在此大势下走上了加速道，在较短时间里在国内从原本小众的兴趣转化为一门显学，这一趋势体现在诸多方面。

1. 重要著作相继引入中国

类型学概论陆续入华。包括 Croft（1990）的原文引进版（2000）、第二版（2003）原文引进版（2008）和中译版（龚群虎译 2009），宋在晶（Song 2001）的原文引进版（2008），Whaley（1996）原文引进版（2009）。这些著作有中文翻译或有详细中文导读，促进了语言类型学在国内的教学和传播。其他重要著作和论文也有引进。如 Hawkins（1994）的原文引进版（2006），戴庆厦、汪锋（2014）主编的译文集。

2. 语言类型学进入课程教育

从世纪之交起，语言类型学作为研究生课程，先后在一些高校和研究机构作为研究生课程开设，开课的高校逐步增多。同时，"语言类型学"作为多种全国性暑期班和高校的暑期开放课程连年开设。一些语言学博士点设立了语言类型学培养方向，培养了一批类型学高级人才，推出了一批类型学博士论文。当代类型学理论方法传授给大量年轻语言学人，强化了语言研究中的共性意识和跨语言眼光。中国语言学界成长起一代超越单一语种、带有类型学视角的学术新人。

应课程和自学的需求，陆丙甫、金立鑫（2015）主编出版了《语言类型学教程》，这是首部中文类型学教材，覆盖了类型学发展至今的重要创获，展示了完整的学科体系，吸纳了国内类型学研究的成果，出版后很受欢迎。与类型学课程有关的著作还有根据刘丹青讲课实录整理的《语言类型学》（2017；修订版2021），由曹瑞炯整理。

3. 汉语语言学学术活动中类型学的主题越来越多

2001 年，新加坡国立大学主办了第一届肯特岗国际汉语语言学圆桌会议，会议主题是语言类型学，与会者多数来自中国大陆。这是第一次以类型学为主题的汉语语言学会议。会后出版了徐杰（2005）主编的论文集《汉语研究的类型学视角》。这次会议后，语言类型学相关的论文逐步出现在各类语言学会议，特别是语法、方言、民族语言、语法化等领域的会议，2010 年，香港科技大学主办了"中国语言的比较研究与类型学国际研讨会"，同年，北京语言大学主办了首届"语言类型学视野下的汉语与民族语言研究高峰论坛"，之后连续举办了五届。2013 年在常熟理工学院举行了第一届语言类型学国际研讨会，到 2021 年广西民族大学举办时已是第五届。各个类型学会议成为专业背景最多样化的语言学会议，分别来自中文、民族语文和外文三大学科，并有国际著名类型学家参会。这种无缝跨界的中外交流展示了类型学学科导向而非语种导向的特色和活力，是国内最贴近普通语言学领域的会议。类型学的组织机构也开始出现。南昌大学2009 年成立了语言类型学研究所。2017 年，中国民族语言学会成立了语言类型学专业委员会，并每年举行年会，每届都有集中的主题，非常有利于语言类型学的深化。

4. 语言类型学课题立项逐渐增多，研究性成果相继涌现

类型学相关的课题立项在国家社会科学基金、教育部社会科学基金等系统中逐渐增多，立项数稳步增长，呈现显学态势。研究性成果也稳步增多，类型学逐步进入收获季节。国内各期刊、集刊发表语言类型学相关的论文在增加，并开始出现研究性著作。研究性著作主要有两大类。一类是以语言类型学为背景研究汉语类型特点及跨方言内部差异的；另一类是更大规模的跨语言研究，多取中国境内语言为范围，带有区域类型学性质。前者如刘丹青（2003），以古今汉语和吴语的十多个方言点为材料，用前置词、后置词的新介词观和语序类型观考察

汉语及其方言中的相关现象。此书前部还结合汉语全面介绍了语序类型学。再如陈玉洁（2010），依托类型学框架及其跨语言指示词研究成果，对汉语及其数十种方言的指示词的共时表现及历时语法化进行考察，获得对汉语指示词的很多新认识。后者如李云兵（2008），用语序类型学的主要参项，对中国南方各语系语族 93 种语言的语序类型进行了考察和总结，展示了南方语言语序类型多样性的全景及参项间的关系，并结合语法化和语言接触因素的考察。再如罗天华（Luo 2016）在欧洲出版的英文著作，穷尽性地考察了中国境内的 130 种语言和汉语十大方言的极性问等疑问句的表达手段，探讨极性问手段与其他句法特征的关系、语言接触对疑问手段的影响等。此外，外语界也出版了一些类型学背景下语言对比研究的著作，如上海三联书店 2014 年推出金立鑫主持的"语言类型学研究课题丛书"，主要聚焦类型学视野下汉外语序对比，包括韩汉、汉西（班牙）、汉法、俄汉的语序对比和日语语序研究。成果遍及汉、民、外三界。

类型学是一个多侧面的庞大学术工程，除了直接以类型学比较为主题的著作，类型学研究也必须不断拓宽采样范围。为了获得具有可比性的语言材料，类型学者往往还需要用"模型中立"的客观态度去调查描写新的语言方言，为共同的类型学事业添砖加瓦。这类成果主要以参考语法的形式出现。这项事业已经在民族语言和方言两个层面得以推进。

在参考语法的概念引入之前，民族语言学界就开始推出更深入描写各语言语法系统的著作。20 世纪 90 年代起，孙宏开主编"中国新发现语言研究丛书"和"中国少数民族语言方言研究丛书"，两套丛书包含了数十本民族语言研究专著，都以系统性的语法描写为主体，普遍性提升了民族语言语法研究水准，都带有不同程度的参考语法属性，其中更有一些带有类型学背景的参考语法框架，如黄成龙（2007）引入了很多新的概念范畴描写蒲溪羌语，如词序、话题－评述结构、话题标记、话题链、比较句、情态、示证、领属结构、假分裂结构等，深化了语法描写。这类丛书及诸多同类著作，为跨语言类型学研究提供了宝贵的语料资源。参考语法概念被引入后，戴庆厦主编民族语言参考语法丛书，已出版了 20 多种，描写的细度和深度普遍又上新台阶，提供的类型学资料更加系统丰富。如蒋颖著、戴庆厦审订（2015）的《大羊普米语参考语法》一书，大 32 开近 650 页，覆盖了大羊普米语语法的完整架构，包括音系、词法、句法、长篇自然语料和带注音释义的词汇表。刘丹青、胡方、唐正大主编的汉语方言参考语法丛书起步稍晚，已出版两种——夏俐萍（2020）的益阳湘语和盛益民（2021）的绍兴吴语，内容和体系上更接近国际范式，规模和深度都达到了方言语法著作的新高度。语法描写还有一种形式是直接提供以类型学的多行注译法标注的语料，非常便于类型学研究的取样引用，目前有江荻、燕海雄、黄行主编的民族语言语法标注丛书，已出版 20 多种，每种书还含有一个语法体系的简单勾勒。既能覆盖多样化的语言特点、又要增强可比性的"模型中立"的描写框架，也需要在习惯于单一语言研究的中国推广。刘丹青（2008）的手册对 Comrie 和 Smith 的《语言的描写性研究问卷》进行了详细解释和例示，以问卷十倍的篇幅介绍了跨语言语法调查的思路、参项和方法，成为语法调查培训和参考语法撰写的参考用书。夏俐萍、唐正大（2021）则在几种简要调查问卷的基础上编制出适合汉语方言语法调查描写的调查问卷，出版后即被广泛用于调查实践。

5. 语法化等相邻相关学科对语言类型学的促进

语言类型学并非孤军奋战，有些语言学分支学科与类型学有非常密切的关系。这些学科在中国与类型学形成了携手前行、共同发展的态势，是类型学发展的重要助力。

与类型学合力最多的是语法化及历时句法学研究。此外，语音学、音系学也参与了类型学意识的强化。

当代语法化学说从一开始就重视跨语言的视角。该学说的奠基诸书均采用跨语言视角，因为语法化的规律，尤其是其单向性，本质上都属于语言共性，同时语言类型的差异也会对语法化的路径产生影响。当代语法化学说出现不久就传入中国，很快就成为学界的持久性热点。原本主要关注汉语本身的汉语史学界也在汉语的语法化研究中引进了跨语言的类型学眼光，以普遍性的语法化路径和机制佐证境内语言方言的语法化现象。2001 年，首届汉语语法化问题国际学术讨论会举行，会后出版了论文集（吴福祥，洪波 2003），至今已举行 11 届。会议文集中一直有类型学色彩浓厚的论文，如第一辑就有张敏《从类型学看上古汉语定语标记"之"的语法化的来源》、吴福祥《汉语伴随介词语法化的类型学研究》、刘丹青《语法化中的共性与个性，单向性与双向性》。类型学与语法化的携手，伴随着语法化研究在中国发展繁荣的全过程，带动了更多学者涉足类型学领域，对类型学的传播和发展起了非常积极的作用。吴福祥作为中国语法化研究的代表性学者，发表了许多语法化与类型学结合的论文，尤其在探讨汉语的类型特点对语法化路径的影响、引进区域类型学、语义地图模型并以此研究汉语及少数民族语言等方面发挥了积极作用。

语音、音系的共性和类型研究，如雅各布森关于音位库藏的蕴含共性研究，是当代类型学理念的重要源头和组成部分之一。中国学界对语音音系现象的类型学观照也有所进展。《方言》编辑部从 2012 年起举办"汉语方言类型研讨会"，偏重语音类型的研究，至今已举行 6 届，对强化方言语音研究者的类型学意识有一定作用。朱晓农及其合作者，用自创的结合实验语音学和音系学的"音法学"概念来研究方言语音和历时音变，其中包含了"音法类型学"的板块。（参看朱晓农 2022）麦耘在此基础还提出建立历时层面的"音法演化库藏类型学"的想法（见本书麦耘文）。刘丹青创设的库藏类型学从语法领域拓展到音系领域，提出了汉语及汉藏语系"音节显赫"观（刘丹青 2018）。石锋（2008）及其团队致力研究语音格局，认为每种语言方言的声母、韵母、声调、韵律等形成了一定的格局（pattern），格局概念实际上立足于跨语言跨方言的比较，格局观在一定意义上就是类型观。张洪明（2014）在诠释音系韵律层级系统时，论述了音系韵律单位层级性的共性和语种类型个性的关系。这些研究从语音音系角度推动了语言类型学在整个中国语言学界的传播和发展。

三、语言类型学与中国境内语言的研究

语言类型学在中国的研究对象，主要是中国境内的语言。本节我们将分两小节分别介绍成果较多的语序和话题两个类型学专题的研究收获，再以一个小节简要介绍其他一些重要的类型学课题的研究状况，以部分反映类型学在中国的发展状况。

（一）语序类型学研究

语序本是汉语语法学界高度关注的课题。在当代类型学兴起后，汉语的语序类型是最先受到影响并形成热点的问题。下面我们先介绍居于句法中心位置的小句基本语序问题的类型学研究，然后介绍其他语序类型的研究。

境外汉语学者受 Greenberg（1963）及一些后续研究者语序学说的影响，重新检讨了现代汉语语序，发现现代汉语有很多语序现象与 SOV 语言更一致，如各种定语包括关系从句都是前置于核心名词，存在后置词等，而汉语的"把"字句、受事主语句等常见句式也可以划归 SOV 或 OV 语序，于是戴浩一（Tai 1973，1976）、Li 和 Thompson（1973a，1973b）等提出了两个判断：（1）现代汉语是一

种 SOV 语序的语言，所以有很多 SOV 语言的语序现象；（2）从古代到现代，汉语经历了从 SVO 型到 SOV 型的发展。梅广（Mei 1980）、黎天睦（Light 1979）等则不同意，认为汉语语序虽然存在一些复杂情况，但小句基本语序仍是 SVO 类型。屈承熹（1984）在《语言研究》发表长文，全面回顾分析了上述争论双方所依据的事实和逻辑，指出上述两个判断缺乏事实和逻辑依据，并通过小范围的语篇统计，说明现代汉语 SOV 说得不到语料支持。次年，Sun（孙朝奋）和 Givón（1985）在 *Language* 发文，以更大规模的语篇统计，说明 SVO 在现代汉语文本中占 90% 以上，SOV 说不成立。

国内汉语语法学界经过 20 世纪 60 年代的主宾语问题讨论，凭语序辨识主宾语的观念已深入人心，宾语前置的观念被放弃，代之以受事主句、主谓谓语句等观念，"把"字句也不再被分析为宾语前置句。况且，如上述统计所示，即使加上受事话题句和把字处置式，也不改变现代汉语 SVO 句占绝对优势的现状，所谓 SOV 的判断，难以吸引国内学界的关注。

然而，从类型学角度讲，主谓谓语句，尤其是多层次叠加的主谓谓语句，难以讲清形式和意义的对应规则，也难以融入普通句法学理论，而汉语种种与 OV 型语言相近的语序现象，也需要得到合理解释。随着追求语言共性的当代语言类型学进入中国，汉语语法学仍然需要面对这些问题。

刘丹青（2003）《语序类型学与介词理论》作为国内第一本语序类型学专著，首先系统介绍了语言类型学的基本理念、方法，尤其是语序类型学的核心内容。该书主体在更加透彻地解读 Greenberg 语序共性理论及国际类型学者后续研究的基础上，重新直面汉语语序类型的热点难点问题，在跨时代、跨方言（主要是南北各地吴语）研究的基础上，对汉语语序类型提出了新的解释。该书的新认识主要有以下几点：

1. Greenberg 的蕴含性共性基本都是单向性的，P（WX）蕴含 Q（YZ）并不能推导出 Q（YZ）蕴含 P（WA）。而纯粹的语序和谐需要建立在双向蕴含的基础上，这得不到跨语言事实的支持。Greenberg 强调和谐性是与优势性互动的，共同作用于特定语言的语序。蕴含性共性的后件属于优势项，可以在不和谐的情况下存在。由是观之，早先关于汉语有哪些语序就必然属于 SOV 语序的观点，建立在纯和谐主义（双向蕴含）的基础上，这并非 Greenberg 学说的原意，依据并不充分，但当时的批驳方也没有依此角度质疑。

2. 类型学不但关注语言的类型，更关注语言特征的类型。一种语言常含多种类型特征，语言的整体特征不一定有很强的预测力，而类型特征之间的预测力比较高。因此，对于汉语语序，我们不必简单地将它归一个类，而要注意它含有哪些语序特征。

3. Hawkins（1981）在 Greenberg 基础上对语序类型的进一步考察表明，小句语序的预测力不如介词类型（前置词、后置词），特别是 SVO 语序对其他语序的预测力很低。汉语的 SVO 语序不足以预测其他语序特征。因此，刘丹青（2003）在研究小句语序的同时将更多关注投向介词类型，让介词类型的多样性（前置词、后置词、框式介词）在语序类型的考察和解释中更多发挥作用。

4. 汉语受事前置主要由话题化驱动，话题化的受事成分和"把"字介引的受事成分句法上都不宜分析为宾语，因为受事话题化后宾语位置仍可有宾语（橘子我剥了皮；我把橘子剥了皮），"把"是前置词而非宾语标记，现代汉语无须用 SOV 语序来描写。

5. 语序共性背后有多种功能认知动因在起作用，话题化受指称和信息结构影响，距离象似性和联系项居中原则也对语序有较强制约作用，最终的语序实现是多种因素互动的结果，遵守的原则越多越容易实现。汉语特有的一些歧义结构，如"咬死猎人的狗""对报纸的批评"等也得到了解释，（刘丹青 1999）因为汉语并存了不同类型的几种语序特征。

刘丹青（2000，2001a，2015a）进一步考察了跨方言的语序类型，指出在汉语方言中，粤语是 SVO 特性最强的方言，而吴语及闽语是话题优先最强、SVO 最弱的方言，普通话及其他一些方言居中，而西北一些方言 SVO 很弱、SOV 很强，则是语言接触的结果。这一模型，与桥本万太郎单纯以北–中–南论语序类型、认为越往南右分支（VO 等）越强的看法不同。

在汉语小句基本语序类型方面，金立鑫、于秀金（2012）以更多参项来进行评估。他们基于语序之间的"相关性"，全面检查了 15 个与 VO 和 OV 类型"相关"的语序参项（配对组），其中普通话存在 10 组配对，其中，4 组兼有 VO 配对和 OV 配对，3 组倾向于 VO 配对，3 组倾向于 OV 配对。据此，他们认为汉语属于 VO 和 OV 混合型语言。至于混合的原因，金立鑫（2016）主要以与阿尔泰语的长期接触进行解释，与桥本万太郎、余志鸿的思路一致。他们的考察主要也着眼于类型特征之间的关系，据此进一步夯实了一个类型学共识：汉语不是典型的 SVO 型语言，有很多不常见于 VO 语言的语序特征。但是，由于这里的相关和不相关，不是严格的蕴含关系，只反映了一种或然的倾向，现代汉语及其方言的小句内语序类型，仍然要通过对共时语料本身的考察来确定。

语序类型学的研究范式也影响到了民族语言学界。中国北方的少数民族语言主要是阿尔泰语言，其语序类型比较一致，都是 SOV- 后置词型。南方的民族语言谱系复杂，语序类型多样。上文介绍过的李云兵（2008）是国内较早对中国南方民族的语序类型进行概览式考察的成果，重点考察了小句基本语序、前后置词、几种定语状语的语序和差比句的语序。该书展示了汉语南方民族语言比汉语更符合语序类型的典型倾向，同时也分析了语言接触等造成的一些区域类型学现象。该书是类型学框架下民族语言语序研究的一项开拓性成果。

汉语和民族语言语序类型的研究也进一步促进了由桥本万太郎最早倡导的中国语言的地理类型学或区域类型学研究。尤其是西北地区很多方言因为语言接触、深度融合而形成的强 SOV 倾向、后置词系统及格标记、特殊的差比句等，在类型学框架下得到了深入的研究，如王双成（2012，2020）、张安生（2013，2016）、杨永龙（2015）等。

对于汉语语序的一些复杂情况，金立鑫及其合作者不但用汉语是 VO 型和 OV 型混合并存语言的判断来解释，还提出汉语是主宾格类型和作通格类型（他们称作格为"施格"）并存混合的语言（金立鑫，王伟红 2014；于秀金，金立鑫 2020）来解释。汉语有些一元动词的唯一论元可以出现在动词的任意一边，如"客人来了～来客人了"，这些动词被视为通格动词；有些二元动词或动结式的受事出现在动词之前时仍是受事，如"张三吃了晚饭～晚饭吃了""甲队打败了乙队～乙队打败了"，这些动词被视为施格动词；有些一元动词的唯一论元只能位于动词前，如"他笑了～* 笑了他"，这些是不及物动词；有些二元动词的前面只能出现施事，如"他骂了我～他骂了"，这些是及物动词。处置式也能放在施通格框架里解释。通格动词和施格动词代表施通格语言特征，不及物动词和及物动词代表主宾格语言特征。叶狂、潘海华（2017）也结合类型学和形式语法的测试认为汉语是主宾格和作通格混合类型的语言。但是这些看法也遇到了强烈质疑，如罗天华（2021，2022）从形态标记和句法表现两个方面否认汉语有作格语言特征，他引用 Dixon 的观点，认为句法作格是形态作格大类下面的次类，形态作格是前提，汉语没有形态作格，也就不存在句法作格。我们认为，主宾格语言和作通格语言的对立首先基于格形态成分在动词论元上的分配模式，将其延伸到句法位置的论元分配模式，本质上是一种类比。由于句法位置的分配涉及更多因素如生命度、指称、信息结构等的互动，不像形态格的分配遵循更加刚性的规则，即使是分裂作格也有更刚性的规则可循，如代词和名词之别、动词时体之别等，因此这种类比是否合理、是否必要、能否显著增强解释力，目前还难以取得一致看法，尚待有关研究的进一步深化。

除了小句内基本语序和介词语序，其他一些语序的类型问题也引起了关注。

陆丙甫较早开始对状语定语语序类型的研究。在状语方面，他特别关注语义关系紧密度对语序的影响。陆丙甫（1990）提出了几种状语的跨语言轨层理论，不同类状语相对谓语动词是前置还是后置，因语言而异，同一语言也可能在动词前后漂移，但是它们彼此离动词的远近关系是跨语言稳定的，由它们跟谓语动词的语义亲疏决定，如时间状语总是在空间状语的外侧（动词前的更前位置和动词后的更后位置），方式状语总在时空状语内侧，据此提出了轨层理论。在定语的语序方面，他强调了语义接近度和可别度两个方面。陆丙甫（1993）分析了语义接近度原则对定语语序的作用：越是内在和稳定的属性越靠近核心名词，越是外在的不稳定的属性离名词越远。这体现了语义距离象似性，与状语轨层同理。陆丙甫有多篇论文谈到了可别度对汉语多项定语的制约作用，其《语序优势的认知解释》（2005a，2005b）一文则从语言共性角度对可别度居前原则的广泛作用做了理论概括，包括在定语语序中的作用，还分析了语义接近度原则和可别度原则的互动。

数量（数词－分类词）结构是汉语及汉藏语系的特色结构，数词和量词的语序，数量结构与名词的语序，都构成了具有汉藏语（及部分亚洲语言）特色的语序类型学参项。汉语不同方言在数量名结构的语序方面比较一致，而汉藏语系不同语言在这方面就有较大差异，并呈地域推移的类型格局。黄平（2012）的博士论文详尽考察了几十种汉藏语的数量名语序类型，结合谱系和地域描写了不同语序类型在汉藏语区域的分布情况，并从中总结了若干语言共性。至于研究汉藏语中单个语言数量名语序类型的则有很多成果。

除了对于语序本身的讲究，陆丙甫（2004，2011）还结合中外语言分析了语序和其他一些语法要素的关系，包括语序与语法标记的关系（相隔越远的成分越需要标记）、语序和单位重度的关系（重度越大越需要标记）。此外，陆丙甫、金立鑫（2010）对语言共性尤其是语序共性的典范表征模式——蕴含性共性的内在理据进行了解释，指出基于四缺一真值表的蕴含共性来自两种动因，一种是可能性等级（反映优势语序、优势现象背后的功能动因），一种是两因素互动（反映双因素皆负时的空格现象）。这些论文在描写和解释两个层面都拓展了国内语序类型研究的广度和深度。

（二）话题研究

汉语的语序类型与话题结构有着密切关系，本节将介绍类型学视角的话题研究。

话题本是话语篇章的概念，是研究汉语的学者赵元任（1948，1968）、Hockett（1958）最先将话题引入语法研究，提出汉语的主语就是话题、主谓关系就是话题－述题关系的论断，因为话题结构在汉语及相邻亚洲语言的句法结构中是一种显著的存在。Li 和 Thompson（1976）发展赵元任、Hockett 等的想法，初步建立主语－话题类型学，据此将语言分为主语优先（如英语等印欧语）、话题优先（如傈僳语、拉祜语等藏缅语和汉语）、主语优先和话题优先都明显（日语、朝鲜语／韩国语）、主语优先和话题优先都不明显（如他加禄语等菲律宾语言）四种类型。这一分类法影响很大，尤其是话题优先语言，因为这意味着对传统的以主语和主谓关系为中心的句法学框架的重大调整。自此，不同学派都对汉语的话题结构进行了研究，如形式学派（如 Xu & Langedorn 1985），功能学派和篇章语言学（如 Tsao 1979）。汉语学界提出的三个平面学说，将传统上笼统视为主语的成分区分为句法平面的主语、语义平面的施事和语用平面的话题，讨论三者之间交叉而不等同的关系，这也部分受到主语－话题类型学重视话题成分的影响。本小节无意全面介绍汉语话题的研究，而只关注类型学视角下对汉语话题所获得的一些关键认识。

1. 徐烈炯、刘丹青（1998）明确提出，在汉语这样的话题优先语言中，话题不仅是语用成分，而且已经高度语法化为一种常规的句法成分，有自己的句法位置，在句法上可以与主语并存（有时身兼二职）。话题可以出现在主语前（主话题）、主语和谓语动词之间（次话题），甚至某些结构的动词之后（双宾语的前宾语位置和兼语位置）。徐烈炯（2002）通过句法论证进一步指出汉语属于话题结构概念化语言，跟焦点概念结构化语言（如匈牙利语）分属话语概念结构化语言下的两个次类。

2. 作为话题优先语言中高度语法化的常规句法成分，话题不仅能出现在句子的不同结构层次中，还能形成句法特点各异的话题类别，表达有所差异的语义关系和语用功能。徐烈炯、刘丹青（1998）就分出论元共指型话题（由受事等论元成分充当的话题）、语域式话题（时空类话题及上位话题、整体话题等）、拷贝式话题（好是很好，……）和分句式话题（尤其是条件句话题）。刘丹青（2001b）又补充了论元分裂式话题（衬衫我买了三件），Liu（2004）将拷贝式话题改称"同一性话题"，并分出内部更多小类。黄哲、刘丹青（2018）补充了动词性次话题的小类（他学习认真）。其中很多话题小类是英语等主语优先语言不具备或很难有的。

3. 即使是论元共指话题这类较普遍存在的话题，在汉语和英语中也有着悬殊的出现频率，体现了话题优先语言和主语优先语言的巨大差别。如据李银美、袁凤识（2020）统计，在篇幅相当的自然语料中，汉语受事话题和英语受事话题的出现次数之比是 560∶16，即 35∶1，之前王义娜、李银美（2016）的同类统计是 297∶7，即 42∶1。这种悬殊对比，足以体现作为基本句法成分的话题和作为非常规语用操作的话题的区别。

4. 话题的优势语序，也能构成类型参项。英语这类主语优先语言不存在次话题。而在存在次话题位置的语言中，徐烈炯、刘丹青（1998）指出，普通话是主话题优先类型，受事话题一般在施事主语前充当主话题（TSV 式），而吴语（如上海话）是次话题优先类型，受事话题更常在施事主语和动词之间充当次话题（STV 式）。刘丹青（2001b）分析的分裂式话题，也表现出在北京话中以主话题为主，在吴语闽语中以次话题为主的同样倾向。胡建华等（2004）以宁波话的分析证明吴语次话题的句法地位。刘丹青（2001c）指出，STV 式常用后有转化为 SOV 类型的可能，但吴语此式目前仍是话题结构，未到 SOV 的阶段。刘丹青（2014）进一步分析了吴语次话题与西北方言受深度接触影响而形成的真正 SOV 语序类型的差别，显示了吴语次话题的话题属性。

5. 话题优先语言有高度语法化的常用话题标记，对话题标记的强烈需求也会促使很多成分语法化为话题标记，此类语法化很少见于非话题优先语言。刘丹青（2004）显示疑问标记、系动词、时间语标记、作为话题敏感算子的副词这四类成分在汉语及其方言中常常成为后置型话题标记的语法化来源，其中有些会经过条件句标记作为中介阶段。董秀芳（2012）补充了三类话题标记的来源，其中两类（处所介词；指示词）是前置型话题标记，一类（名词化标记，古汉语是"者"）是后置型标记。话题优先语言在历时领域展示出了多种独特的语法化路径。话题优先的效应不仅波及历时语法化，甚至波及比句子小的结构。唐正大（2018a）认为汉语有某些多项定语的首项实际上带有若干话题属性，是话题结构的属性扩展到名词性单位的结果，这种情景只会出现于话题优先语言。

汉语的话题优先特征与上文讨论的语序类型有密切的相关性。有些研究将汉语存在部分 OV 型语序特征主要归因于语言接触融合，实际上强势的话题化倾向也是 OV 型特征的重要自源动因。许多有定或类指的受事充当话题或由处置介词介引到动词之前（也有话题化功能），即使前置的受事话题句法上不是地道的宾语，客观上也使得 VO 语序减少，并因此带上更多 SOV- 后置词型语言的语序特征。吴语在这方面尤其突出。而西北地区一些方言强烈的 SOV- 后置词特征，则主要由语言接触融合而形成。

（三）其他类型学课题的研究

1. 量词的特殊功能

量词给中国语言带来的不仅有指量名结构的语序问题，还有其他一些类型学问题，特别是量词本身的句法功能及其表义特点问题。

游汝杰（1982）最先指出作为古代百越语后代的壮侗语的量词可以不接数词、指示词单用，有多种表意功能，特别是定冠词式的定指功能。这些功能虽不见于普通话，但是却作为百越语的底层存留在部分南方方言尤其是吴语、粤语中。涉及的功能有单独限定名词表示有定指称，类似冠词的功能；在定语和核心名词之间充当定语标记的功能，等等。之后，多种南方方言量词的此类功能得到更详细描写。如石汝杰、刘丹青（1985）对苏州吴语量词功能的描写，施其生（1996）和周小兵（1997）对广州话量词定指功能的描写，如吴语粤语中"本书"表示 the book "这 / 那本书"，"我本书""我买本书"用作定名结构等。进入 21 世纪后，更多研究对量词的特殊功能进行了跨方言的类型学研究，获得了一些重要的类型学发现。陈玉洁（2010）[241-242] 通过跨方言比较，发现量词要获得定语标记用法，需要满足一些条件，一是量词有单独限制名词表示有定的类冠词作用，即量词的定语标记用法蕴含类冠词用法。二是必须位于定语和核心名词之间的居中位置。盛益民（2017）基于定指量名结构可单用的 37 种方言的比较，发现量词在有定量名结构中有"准冠词型"和"准指示词型"两种类型，后者不但有定指功能，还能与另一个指示词构成对举区别。两者在某些方言中并存且有韵律表现的差异。盛文在此基础上全面考察定指量名结构的句法表现和表意功能，得出了 6 条蕴含性共性，如第 1 条：对于独立使用的准冠词型"量名结构"，"量名"结构可独立使用蕴含可受修饰；而对于准指示词型"量名"来说，可受修饰蕴含可独立使用。

2. 疑问句类型

疑问句是一种普遍性的功能句类，最常分为是非疑问句和特指疑问句两大类（暂不考虑不在同一层面的回声问和附加问）。但是汉语普通话长期通行的疑问句分类法是四分法：是非问、正反问（反复问）、特指问、选择问。这四分法还未包括方言中常用的"可 VP"问，如昆明话"格去？"、苏州话"阿去？"。这 4 种或 5 种问句跟两大类问句是什么关系，给问句类型学留下了问题。朱德熙（1985）将方言中的"可 VP"句式视为反复问的一种，以此进行跨方言比较，认为"可 VP"和"VP 不 VP"在汉语方言中呈互补分布，有此无彼（后来有多种文献说明这一互补性－排斥性有不少例外）。张敏（1990）的博士论文以较大的规模考察了这方言中的这两类"反复问句"及多类型并存现象。朱德熙的定性给某些方言带来一种困扰。如苏州方言没有普通话"VP 吗"式是非问句，"阿 VP"在功能上同时对应普通话的"VP 吗"和"VP 不 VP"，如果"可 VP"是反复问句，那是不是苏州话就不存在最具有普遍性的"是非问句"了？况且"可 VP"在结构上不具备一正一反的结构形式。因此，苏州话研究者汪平（1984）、刘丹青（1991）、李小凡（1998）[140-141] 都将"阿 VP"式定性为是非问句。袁毓林（1993）将是非问限于指纯语调的"你去？"这类问句，而把"吗"类问句、"可 VP"问句和反复问句都归入正反问句，并同意"可 VP"问句与"吗"类问句更接近。余霭芹（1992）为了避开没有正反结构而称为"反复问句"的矛盾，建议将反复问句和"可 VP"问句合称"中性问句"，即对答句没有预期性倾向的问句。徐杰（2001）[§7.4] 则认为汉语及其方言中的"可 VP"句、正反问句和方言中的"正正反复问句"（重叠式问句）都是构成疑问范畴的不同手段，与英语用主谓语序颠倒的是非问只是手段不同。实际上认同它们均为是非问句。刘丹青（2008）[§1.1.1.2] 也从类型学角度明确认为是非问句是一个功能大类，"吗"字问句、正反问句和"可 VP"问句都属于这个大类下以不同手段表现的小类，包括在汉语方言中存在的由正反问句省略否定词而形成的重叠式问句（徐杰所说的"正正反复问句"），也可以采用更广义的术语"极性问句"（polarity question）来概括所有小类。吴福祥（2008）也将正反问句归入极性问句。对于正反问句和重叠问句的类型属性，学界的讨论仍在继续。

正反问句和重叠问句是带有强烈地域特色的问句类型，得到了更深入的类型学考察。吴福祥（2008）从区域类型学的角度研究南方少数民族语言（分属壮侗、苗瑶语族和南亚、南岛语系，未及藏缅语）A-not-A 极性问句（即正反问句）的来源，认为它们都来自与汉语的接触，关键理由有两条。其一，通过检索现有类型学成果，可以证明正反问句是一种罕见极性问类型，不见于多种世界极性问类型汇总的文献，只见于汉语及其周边；其二，这些采用正反问句的南方语言的境外亲属语言并不使用正反问句。可见，这些语言的反复问句都来自与正反问自古发达的汉语的接触。刘丹青（2009a）对汉语方言和民族语言中的重叠式问句进行了比较研究，发现了一条语言共性，即正反问句在脱落否定词变成重叠问句时，单音谓词是 VV 式，而双音谓词则未见完整的 ABAB 式，只有 AAB 式或 ABB 式。文章主要用语义贡献度小的成分优先脱落的原则，解释了这一共性。

中国境内特色极性问句的类型学研究，进一步丰富了人类语言问句库藏的多样性，从中可得到有价值的语言共性和语言接触样本。有关人类语言疑问手段的总结，也必须要补进正反问和来自正反问的重叠问这些尚缺的类型。

3. 语义地图研究

语义地图模型（Semantic map model，或称"语义图模型"）是三十多年来由 Croft、Haspelmath 等类型学家发展出来的一种理论模型和分析工具，主要研究跨语言的形义关联模式，尤其是多功能形式的扩展路径和共性，以方法的可操作性、成果的可验证性和表征的直观性见长，在由张敏、吴福祥等学者引入中国以后，很快形成了研究热潮，产出了一批高质量的成果，并以中国语言的研究深化推进了该模型的理论建设。潘秋平、张敏（2017）的长文既清晰介绍了语义地图模型的理论内涵和操作规则，又回顾总结了该理论引入中国、带动一批中国学者投入研究并产出丰硕成果的过程和经验，可以参看。

语义地图主要包含反映概念空间的底图和具体语言方言的语义地图两个方面，前者是在跨语言基础上制作的包含各种可能节点的图，后者可以是单一语言的某个要素的多功能展示图或多个要素的叠加图，也可以是多语种同类要素的叠加图，叠加图的各个要素之间通常呈部分节点重合的交叉关系，各要素的节点合起来可以覆盖整个底图，语种之间在相关单位上的共性和差异一目了然。

语义地图的核心要义切合语言类型学的根本精神：（1）底图体现阶段性的跨语言研究成果，随着研究的语种增多，底图也可能需要扩展修订；（2）每个节点都代表一种语义功能，这种语义功能必须至少在一种语言里有独立的单位表示（而不是单凭语义分析所得），节点之间总能找到形式有区别的语种；（3）节点距离代表语义关联的距离，节点连续性假说预测任何节点之间的语义关联都不能跳过两者之间的节点，语义功能之间必然由近及远；（4）尽量避免环形连接，因为环形连接导致节点之间"路路通"，就失去了预测力。

随着研究的深化，学者们还对模型进行了一些改进。不同的扩展路段若出现频率不同，可以用线条的粗细或长短来表示；参考语法化的单向性，将线条改为尖头，可以减少环形连接的缺陷。

香港科技大学张敏从 2008 年起在母校北京大学多次进行语义地图的讲座，开始了语义地图模型在内地的传播。北京大学随后设立了语义地图的合作科研项目，在张敏、李小凡、郭锐等带领下展开了多个专题的语义地图研究，培养了一批熟悉该模型的博硕士生，很快产出了一批成果，包括多篇博士硕士论文，北京大学《语言学论丛》连续多辑刊登语义地图专栏或单篇论文。李小凡等（2015）还出版了论文集《汉语多功能语法形式的语义地图研究》，是国内第一本语义地图的论文集。张敏（2011）讨论了双及物结构的语义地图，郭锐、李知恩（2021）讨论了量词功能的语义地图、李小凡（2015）讨论了"掉"义补语的语义地图、范晓蕾（2011）讨论了能性情态词的语义地图，等等，都是中国较早的语义地图重要的个案研究成果，主要以汉语的跨方言材料为研究对象。

吴福祥（2009）是国内最早采用语义地图模型进行个案研究的，在分别描写分析各语言词项的基础上用语义地图清晰展示汉语动词"得"和东南亚语言得到义动词的同中有异的多功能模式，引起学界对语义地图模型的关注。吴福祥（2011，2014）系列论文结合个案对语义地图的力量和方法做了更多阐释。吴福祥 2010 年指导的张定的博士论文《汉语多功能语言形式的语义图视角》修订扩充后在商务印书馆中国语言学基金丛书中出版（张定 2020），是中国第一部语义地图博士论文和专著，其中有对语义地图模型及其学术价值的介绍和探讨，更有多个个案的深入研究，包括多功能虚词个案和多义实词个案。

以上团队和学者在运用语义地图模型研究中国语言方言的同时，也结合个案研究对语义地图模型进行了理论探讨，如如何确定节点、如何在单一语言的多方言或多词项基础上制作底图，这些探讨有助于理论模型和操作方法的进一步完善。在以上学术活动、项目和成果的积极影响下，语义地图模型在短短 10 余年间成为受欢迎的研究范式，在现代汉语及其方言、汉语史及语法化、民族语言、外语等多个领域都涌现出了大量成果，客观上也进一步强化了中国学者在语言研究中的跨语言眼光。

语义地图模型有强大的可操作性可验证性，有它发挥学术威力的领域，但也有模型的内在属性带来的一些局限，其中有些也已经引起研究者的关注。这里着重分析三点。

1. 设立节点的语义功能标准并不明晰统一。例如，Haspelmath（1997）关于不定代词的经典个案的底图（根据张敏 2017 译文）：

$$特指 — 特指 — 非特指 \begin{cases} 疑问句—间接否定—直接否定 \\ 条件句—比较标准—自由选择 \end{cases}$$

（说话人知晓）（说话人不知晓）（非现实语境）

在这个底图中，两种"特指""非特指"和"自由选择"，都是 any 一类不定代词的语义功能；但是，疑问句、间接否定、直接否定、条件句、比较标准，这些都不是 any 所表达的语义功能，只是 any 适合出现的句法语义环境，至多是不定代词协助其他主要功能成分一起贡献于这些功能。每个成分可以出现的环境是极其多样的，哪些可以设为节点，哪些不宜，恐难有可操作的标准，难免带有一些主观任意性。

2. 每个语义功能在语义地图中的地位是相等的，但是它们在具体语言中的实际地位可能相差很大。学者们已注意到不同节点的出现频率无法在图中体现并提出了改进意见，中国学者也提出了自己的技术改进方案，如陈振宇、陈振宁（2015）。但是，频率仅是语义功能地位的一个方面。根据库藏类型学，一个单位的不同语义功能可能拥有很不相同的库藏地位，入库和不入库不同，显赫和非显赫不同，原型功能和扩展功能不同，宿主范畴和寄生范畴不同（详下文第四节），不同的库藏地位造成形式和意义有不同的形义关联度［详见下文第四节第（四）小节第 2 点，指形式和意义相关联的紧密程度；不同于郭锐（2015）所讲的语义图不同节点之间的关联度］，在语言心理中有很不相同的表征，人类语言的形义关系理论必须充分顾及这些因素，而这是语义地图难以落实的任务。

3. 语义地图的连续性假说也可能存在问题。除了历时演变图，语义地图原则上以共时的语义功能为采样来源。但是共时的多功能是历时扩展的沉淀结果，沉淀过程中保留两头、丢失中间环节的情况或许存在，这就对功能连续性构成了挑战。例如现代汉语的"窃"，偷盗义作为词源义至今仍有一定的活力，如：

经查，从 2016 年至今，李某所**窃**电量涉及金额 5000 余元。（澎湃新闻《一"**窃**"就是六年多，"电耗子"终落法网》，2022-08-04）

疯狂作案达 12 起，**窃**得电动车 14 辆，泰州窃贼自喜却被打脸！为何？（"快汇特稿"网上新闻 2020-12-23）

由"偷盗"义派生出"暗中"义，在今天却不再成词，只能作为复合词的语素，如"窃喜、窃听"，不能说"窃悲、窃乐、窃看"等。由"暗中"义再派生出谦辞用法，在文雅语体中仍有一定的副词生命力，如"窃以为、窃谓"的组合，还不便整个分析为词。这样，现代汉语中就只有"偷窃"和"谦辞"两个节点，但是实际上它们是不连续的，"谦辞"的直接相邻节点应为暗中义而非偷盗义。中间环节暗中义作为词已经缺失。既然中间环节在共时平面可能缺失，就不能保证现有节点之间一定遵循语义地图的连续性。

当然，正是在冷静认识到语义地图模型的局限之后，我们可以充分发挥语义图作为分析和表征工具的作用，照样用好这个表征工具，发挥它具有较强操作性和解释力的作用。

四、语言库藏类型学

语言库藏类型学是由中国学者倡设并推进的语言类型学理论，是类型学的一种新的分支学科，旨在用类型学的跨语言视角揭示语言形式（库藏成分）和意义的复杂关系，尤其关注形式对意义的反作用。它是类型学落地中国后萌生成长的原创性理论成果，已逐渐形成了一种覆盖语法语音词汇的新研究范式，引起了一定的反响（参看吴建明 2018；成军 2019），催生出一批成果。本节将依托库藏类型学发展中形成的一套概念，介绍该理论的缘起、核心理念、研究对象，研究方法和主要成果。

（一）语言库藏类型学的缘起

2010 年 3 月，刘丹青参加香港科技大学主办的"中国语言的比较与类型学国际研讨会"，宣读了论文《语言库藏类型学构想》，首次提出这一学科名称，包括该理论的核心概念"显赫范畴"（mighty category）。此文定稿发表于 2011 年。次年，刘丹青（2012a）《汉语中的若干显赫范畴——语言库藏类型学视角》一文发表。此二文初步标示了语言库藏类型学的诞生。

直接孕育了语言库藏类型的学术土壤，是刘丹青基于 Li 和 Thompson 主语－话题类型学的汉语话题研究；以话题、焦点为主要对象的凸显类型学（typology of prominence，Sasse 1995），也是库藏类型学的一项理论渊源。刘丹青（2009b）《话题优先的句法后果》一文中的一段论述，就反映了库藏类型学酝酿时期的理论思考：

"（话题优先）最根本的后果，是使话题成为语法系统中一种基本的、现成的、常规的句法功能或曰句法位置。话题优先的语言不但会让语用上的话题充分利用这种位置得到句法实现，而且会借用这种位置完成在其他语言中由其他功能或手段完成的表义任务。这与其他某个要素在某种语言的句法中占据优先位置后发生的情况是一致的。这样的例子在每种语言里都有。"文章接着列举了英语比较级、现代汉语动结式和动趋式、"把"字处置式、日语的主格标记和话题标记的对立、藏语的自主非自主形态对立、壮侗语和汉语吴粤等方言中的量词/分类词，等等，指出它们"都是在各自语言中被凸现的语法手段，都在各自语言中发挥着超出其原型意义的作用"。

这段思考是提出显赫范畴的前奏，其最关键之处有二：（1）将话题优先的情况类推到其他范畴，不同语言有不同的得到凸显的范畴，这种凸显性只有在跨语言比较中才能发现；（2）指出特定语言里得到凸显的范畴，不但自身容易得到形式表征，而且常常发挥超出其范畴的其他功能，这也要在跨语言比较中才能展示。这两点，正是后来库藏类型学超越凸显类型学的两个方面：（1）凸显类型学只关注话题焦点范畴，库藏类型学将范畴凸显概念泛化到任何可能的范畴；（2）显赫范畴不仅凸显——容易得到形式表征，而且强势——具有超出本范畴的功能，即扩展范畴。跟凸显类型学共同的一点是类型学的跨语言视角

刘丹青（2011，2012a）基于这些思考将有关理论初步系统化，补充了众多实证个案，涉及从构词法、形态到句法各个层次，提供了从库藏形式到语义功能和从语义功能到库藏形式的双向视角，强调库藏形式，特别是显赫范畴的库藏形式对语义功能的强大反作用，由此构建了语言库藏类型学的基本框架。

（二）语言库藏类型学的核心理念

语言库藏指语言系统或其各级子系统的语言形式手段的总和。

以库藏命名，就表明了该理论相比其他语言学理论的关键性特征——对语言形式的强调，强调形式库藏对塑造一种语言类型属性的决定性作用，强调形式对意义的反作用。即形式库藏不仅影响如何表达意义，还影响表达什么意义。

同时，作为一个集合名词，库藏强调形式手段的整体性、系统性，强调系统内形式手段的相互影响和制约，是一个强调聚合关系的理论。

几乎所有语言学派都强调形式对语义及其语义背后的要素的反映和适应。形

式是被决定方，语义及其背后的要素是决定方。所谓背后的要素，可以是功能语法的交际功能，或认知语法的认知图式，或形式语法的语义逻辑式。这些学派都认为或默认，语义及其背后的要素都有人类普遍性，区别只是表达这些普遍要素的形式手段，包括语法系统。

库藏类型学同意语义及其功能、认知、逻辑背景对语言形式有强大制约作用，但是语言库藏形式，包括特定语种的库藏结构，对语义功能也有显著的反作用。如果语言形式只是被动反映普遍性的语义功能，那么翻译、第二语言习得等跨语言交际任务就远没有实际情况那么复杂，人们只要将本语言所表示的语义范畴在目标语言里找到同样范畴的形式手段就完成了这些任务。而事实并非如此。例如，有些看似简单的语义也无法精确翻译，因为目标语言没有相应的库藏手段，如：

A. 你喜欢谁写的书？ ~〈英〉…?

B. 〈英〉John is more sad than angry. ~〈汉〉……?

由于英语特指疑问句必须将疑问代词移位到句首，而关系从句是移位孤岛，内部成分不准移出，因此上面 A 句无法按字面义译成英语，也就意味着英语中没有与此句意义完全对等的句子语义。由于汉语差比句的比较双方必须位于谓语核心的前面，而 B 句的比较一方是谓语 sad 本身，因此 B 句也无法按字面义译成汉语，汉语中不存在与此句意义完全对等的句子语义。可见，语义并不如人们设想的都具有普遍性。

有些翻译并不符合语义范畴的对应，反而比语义对应的译法更符合目标语的表达，如：

A.〈英〉Better City, Better Life. ~ 城市让生活更美好。(?更好的城市，更好的生活。)

B.〈英〉Higher wage! Shorter working time! ~ 提高工资，缩短工时！(?更高的工资，更短的工时！)

英汉对译句的句法语义范畴均有较大差异，但是反而比语义范畴更对应的语句更为人接受。可见优先选项是各自库藏中显赫范畴的形式手段，语义范畴对应则可以舍弃。这再次说明形式库藏会影响人们说什么而不仅是怎么说，这都体现了形式对语义的反作用。

将人类语言的形式和意义放在跨语言视角下来看，以往各派学说多少都将两者关系简单化了，因而无法解释翻译、第二语言学习等跨语言交际为何会如此复杂。库藏类型学因此选择以语言形式为学科支点，旨在厘清形－义关系这一语言学核心问题的真实复杂状况，以此认识人类语言的本质属性并为多种应用领域提供学术支撑。这就是库藏类型学的核心理念。

（三）显赫范畴的功能扩展及其后果

1. 显赫范畴的界定

刘丹青（2011）的库藏首文就提出了显赫范畴的概念，刘丹青（2012a）专文讨论显赫范畴的定义及评估标准，并例析了汉语不同层级的若干显赫范畴。此阶段的显赫范畴主要限于形态句法范畴，因此定义和标准都集中于语法属性。

显赫范畴定义：假如某种范畴语义由语法化程度高或句法功能强大的形式手段表达，并且成为该手段所表达的核心（原型）语义，该范畴便成为该语言中既凸显又强势的范畴，即显赫范畴。

具体评估标准：

（1）由语法化程度高或功能强大的手段表达的范畴，会在该语言中得到凸显，更容易获得直接表现。例如，焦点在匈牙利语中因为有更多机会被语法表征而得到凸显。

（2）显赫范畴的强势，指其所用形式手段具有很强的扩展力，能用来表达与其原型范畴相关而又不同的范畴，它们在其他语言中可能属于其他语义语用范畴。例如，在汉语某些方言中，话题结构和话题标记可以用作表达差比范畴的基本手段。

（3）显赫范畴，必须是在该形式所表达的语义中占据原型地位或核心地位的范畴。例如，疑问是汉语疑问代词的核心功能，至于无定、全量等，是疑问代词的扩展功能。

（4）对于语法系统来说，成为显赫范畴的基本条件就是表达它的形式手段语法化程度高或句法功能强大。具体表现在强能产性（类推性）、使用强制性（productivity and obligation）和较多样的句法分布。对于虚词来说，词汇化程度也是成为显赫范畴的一个条件。适用面广的特定句法位置和使用频率高的专用构式作为形式手段也会增强所表范畴的显赫性。

（5）显赫范畴意味着它们在心理层面是易被激活的、可及性高的范畴。

刘丹青（2018）提出"音节显赫"概念，将显赫范畴概念施用于音系单位。为此，该文调整简化了显赫范畴评估标准，去除了只适合语法单位的属性，使之适合语言系统内任何层级的范畴。新的评估标准虽由5条简为3条，实际上覆盖了5条的内容。具体如下：

（1）显赫范畴使用频率高，得到显著表征，使用时受限制少。

（2）显赫范畴都拥有自身范畴或自身层级以外的扩展功能。

（3）显赫范畴在心理层面容易感知和激活。

第一条反映显赫范畴的常规表现，第二条是显赫范畴的区别性特征：必须有扩展功能才能归入显赫范畴。这也是显赫范畴的理论价值所在，因为扩展功能是人类语言形义关系复杂化的主要成因之一，也是设立显赫范畴概念的价值所在。第三条是显赫范畴现象的心理和神经基础，也是其本质所在。一个范畴显赫不显赫，根本上是由心理库藏中的地位决定的，因此，任何显赫范畴，最终应能在心理和神经系统中找到其表征。

牛彬（2020）专门讨论语法类显赫范畴的评估标准，着重对组合能力、扩展性和强制性三条标准及其关系进行了具体阐释。

刘丹青（2012a）通过分析，尤其是展示其扩展范畴的表现，确定了汉语中存在以下显赫范畴（并不穷尽）：词类中的动词（相对于名词，参看刘丹青2010）和量词（基于刘丹青2011），短语中的连动结构（相对于主从结构和并列结构），复句中的主次复句（区别于主从复句和并列复句），话题结构。刘丹青（2013）将藏缅语族普米语的趋向范畴作为极其典型的显赫范畴个案进行深入剖析，说明普米语趋向前缀的常用性、强制性和强大的扩展功能，在表达趋向的同时也有兼表其他范畴的功能。刘丹青（2012b）分析了现代汉语差比句与话题结构的同构性，指出汉语差比句与其他语言差比句相比有特殊的句法自由和特殊的句法限制，这两个方面都与话题结构高度一致，显示汉语差比句属于话题结构的一个子类，历史上也是由话题结构演变而来，是显赫的话题范畴扩展的产物。陆丙甫等（2015）指出汉语的状态补语是一种显赫句法成分。显赫范畴一般体现语言的类型特性，但也有些显赫范畴具有较大的普遍性，如郭中（2018）就提出小称是跨语言普遍显赫的范畴。

2. 显赫范畴的功能扩展及其后果

显赫范畴扩展会在语言内和语言间带来形义关系复杂化的后果。在语言内部，显赫范畴会超越自身范畴、扩张到其他范畴，产生其他范畴的表达效果，如普米语趋向范畴有时带有凸显完成体的功能，汉语话题结构有表达并列、对比、让步、差比等功能，吴、粤等部分南方方言的量词范畴（作为分类 / 个体化范畴）还有表达有定、类指和定中关系的功能。这类现象被称为"超范畴扩展"。在语言之间，超范畴扩展会形成"跨范畴对应"，如普米语的趋向范畴可以跟其他语言的体范畴形成对应关系，吴语粤语的量词范畴可以跟北方话的指示范畴和英语的定指范畴形成跨范畴对应。戴燃（2016）的博士论文以库藏类型学视角研究汉英翻译，展示了大量跨范畴对应的情况，例如汉语文本中的话题结构大部分都译成话题结构以外的多种句法结构。刘丹青（2020）分析了土耳其语、日语、韩国语、芬兰语、羌语、苏龙语等语言的格形态超越格范畴的各种扩展功能或寄生功能，体现了格范畴与其他语言指称、时体、信息结构等的跨范畴对应。周晨磊（2021）围绕芬兰语部分格的扩展，从理论上进一步区分了显赫范畴的域内功能扩展和域外功能扩展。

超范畴扩展和跨范畴对应强烈昭示了人类语言形义关系的复杂性。

刘丹青（2018a）提出汉语的音节显赫现象。音节作为显赫范畴，自身没有语义范畴，但它也有扩展功能，主要表现为超层级扩展。音节作为音系单位其自身的功能是单独或组合起来构成语素或词，承载语素或词的意义。此外，音节数目作为韵律表现形式在汉语中有很多词汇或语法层面的功能，这就是超层级扩展。如以三、四音节的区别展示惯用语和成语的差别；名词、动词等各有词的典型长度，使词长成为词性的辅助表征；以音节数造成的韵律单位来区分句法结构，以音节数的对等来构成对偶句式，帮助连接复句等。

研究显赫范畴的扩展功能，不但可以从扩张一方的范畴看，也可以从被扩张一方的范畴看。白鸽的博士论文及后续发表的系列论文（2013，2015，2018，2020），就从后一种视角研究了名词性成分类指表达的跨语言表现。其基于几大洲约 10 种语言的研究显示，人类语言的类指普遍为不入库范畴，即没有专用的库藏手段来表示，但不同语言都通过几个相邻范畴中的一种或多种范畴的扩展来兼表类指。这些范畴主要包括复数、有定、无定，以及名词原形（光杆 NP）。这一研究有两点特别重要。（1）选取什么范畴取决于这些范畴中哪个更显赫。如作者通过一系列测试标准测出法语的定指范畴比复数显赫，而英语的复数范畴比定指范畴显赫。相应地，法语表示类指的主要手段是有定标记（定冠词），而英语表示类指的首要手段是复数形态，其次才是定冠词，这有力地显示显赫范畴概念的解释力。这几项都不显赫的语言则多使用光杆 NP。（2）当有关范畴内扩展到类指语义域时，其原型范畴仍起作用。如英语复数、有定、无定成分都能表类指，但有所分工，而分工的依据与其原型功能高度相关，复数适合于整体类指，有定适合于表示已确定的类，无定适合于成员类指。可见显赫范畴扩展时并非转化为另一范畴，而是以原型范畴的身份进行超范畴扩展，这也表明形－义之间并非简单的一对一的关系。

3. 语言库藏的物尽其用原则

刘丹青（2014）在一系列显赫范畴功能扩展个案的基础上，提出了"语言库藏的物尽其用原则"。有限的库藏手段面对无限的表达需求，不同语种都会遵循这条原则充分用好系统内的库藏手段，特别是表达显赫范畴的库藏手段，通过范畴扩张表达更多范畴的语义功能。如汉语动词没有时范畴，只有体范畴，但汉语常常让体助词在无其他情况干扰的情况下带上默认的时意义，如"了"和"过"默认过去时，"着"默认现在时。类似地，缅甸语中时体范畴不发达，现实／非现实的式范畴可以兼默认表将来非将来的时范畴义。上面举过的一些个案也被此文用来展示该原则。物尽其用原则不但广泛适用于语言领域，它也是自然界和人类社会发展进化过程中普遍遵循的原则。文章指出，就语言学来说，物尽其用原则其实是语言经济性原则的具体表现之一，是聚合（而非组合）经济性的表现之一。

物尽其用原则提出后已被一些研究者用来解释多种语言现象。

4. 寄生范畴、敏感范畴、宿主范畴／目标范畴

刘丹青（2018b）提出库藏类型学框架下的"寄生范畴"（parasitic category）概念，这是库藏手段和语义范畴的又一种非直接对应现象。指的是表达甲范畴的库藏手段在使用中存在语义条件乙的限制，因此语义乙也在该手段中得到隐性表达，成为寄生于甲范畴的语义范畴。这种寄生性的语义范畴，并非由语言形式"表达"，而是由语言形式"带来"的语义。例如汉语复数后缀"们"用于名词语时有生命度方面的限制，主要用于指人。在这个限制条件下，"们"作为复数形态手段，同时蕴含高生命度的语义，由数范畴寄生生命度范畴。

库藏类型学的寄生范畴与 Nesset（1999）所说的"间接实现"的范畴、Chumakina 等（2007）所说的"非自主范畴"（non-autonomous categories）、Peterson（2013）研究惊异范畴时提出的"寄生范畴"都有相近交叉处，都指非语言形式直接表达的意义，但是界定并不等同。（1）刘文是明确以用法中的语义条件限制来界定寄生范畴的，而不是仅在语义层面看能否兼表某个语义；（2）刘文明确提出寄生范畴的寄生对象是另一个语义范畴，而不是某个形式，因此对被寄生的范畴提供了

两个内含不同的概念。从寄生对象意义说，是"宿主范畴"（host），从该范畴的功能指向来说，是"目标范畴"（target category），即言者使用该范畴的表义目标是该范畴，而不是寄生范畴。如"们"的目标范畴是数范畴的复数义，此义充当了寄生范畴高生命度的宿主。这就意味着，负载寄生范畴的前提是该形式首先要表达宿主范畴/目标范畴。假如说寄生在某个形式上，就可能摆脱目标范畴，就不是库藏理论中的寄生范畴了。这一界定既有操作性，也有明确边界，规定了寄生范畴永远低于目标范畴的库藏地位。刘丹青（2018b）曾将寄生范畴视为功能扩展的一种重要类型，但是后来认识到寄生范畴跟扩展范畴非常不同，寄生范畴不依赖语义功能的相近相关，而是用法规则导致的，因此刘丹青、孙泽方（2021）讨论寄生范畴时不再提及功能扩展和扩展范畴。

刘丹青（2018b）分析了古今汉语中的一系列寄生范畴实例，包括析取连词"或者－还是"的对立寄生陈述－疑问语气，先秦汉语情态动词"可"寄生被动态，"又～再""连忙～赶快""老～勤/多"等多种方式类副词寄生现实－非现实、表时间起点的介词连词［从、自、自从、打、自打、（从）……起］和表示相对时间域的名词（以后、之后）寄生事态（时、体、式）范畴等情况。刘丹青、孙泽方（2021）进一步围绕汉语事态范畴深化对寄生范畴的研究，其［附录］穷尽性地列出事态类寄生范畴及其宿主的总表，总结寄生范畴和事态范畴的各自特点，特别是论述了寄生范畴和显赫范畴的关系，提出显赫范畴的前提是入库（有专用形式手段），而寄生范畴不入库，不符合显赫范畴的基本条件。但是语言使用限制规则中有寄生范畴的作用，说明母语者对此范畴敏感，因此，可将寄生范畴视为一种敏感范畴，而显赫范畴也是一种敏感范畴，敏感范畴是两者共同的上位概念。

寄生范畴是不依赖于跨语言比较，在单一语种内部即可以研究的现象。但是，在进行库藏类型学的跨语言形义关系研究时，首先要确定每个语义功能范畴在特定语种的库藏地位，寄生范畴和目标范畴的库藏地位迥异，必须先行区分，因此，必须将寄生范畴一类现象纳入库藏类型学的研究框架。下文各小节的内容也属于这种情况，是在跨语言比较前必须在语言内部厘清的属性。

（四）形义单位的同一性：库藏裂变、库藏聚变与义项非独立性

在跨语言视野下研究形义关系时，首先要确定每个语言单位和语义功能的库藏地位。库藏地位既包括高低（入库与否、显赫与否、寄生与否……），也包括

异同，即语言单位的同一性问题。在词汇层面，同一性问题得到较多关注，多义词和同音词之别，就是同一性的界限：多义词是同一个词（但又是不同的义项），同音词则是不同的词。虚词也有同一性问题，吕叔湘（1962）在讨论朱德熙"的"字研究论文时就提出了语言单位的同一性问题。但是其他语言单位及语义单位的同一性问题尚未得到深入研究。因此，根据学科需求，库藏类型展开了多方面的同一性问题的研究。

1. 库藏裂变及库藏聚变

刘丹青（2015b）就吴语中已分化为很多读音和写法的多功能语素"许"的个案提出"库藏裂变"的概念，这是词的裂变。刘丹青（2017）研究了汉语连动式和动补式（动结式、动趋式）的库藏裂变，这是语法结构的裂变。在此基础上，刘丹青（2019a）对库藏裂变（inventorial fission）进行了正式界定和多层面的论证，定义如下：

> 库藏裂变：同一来源的几个功能单位经过演变分化在母语者心理上被识别为不同且无关的要素，而不再是同一要素的不同变体。

裂变所涉及的对象在表面上可能是同一个形式，需要探究的是心理上是否同一的问题。一个词有多个义项也可以称为裂变，但不是库藏裂变，如果多义词的不同义项有一天分化成几个同音词了，这才是库藏聚变，即在心理词库中不放在一起了。语法化的重新分析不一定是库藏裂变，因为人们在心理上仍可能感知到它们属于同一个单位，如"在"的动词、介词和副词功能。直至无法感知其同一性了，如"无"和来自"无"的疑问语气词"吗"，那就是库藏裂变了。构式等语法结构的库藏裂变更加复杂。但是，在研究形式和意义的关系之前，我们首先必须知道我们在讨论的是几个单位。

库藏裂变本质上是一种心理语言学现象，最可靠的鉴定，应当是心理语言学和神经语言学的实验。在有条件实验之前，还是要借助语言学方法来测试。刘丹青的上述库藏裂变论文针对汉语多个层级的库藏裂变问题分别进行了讨论，从音位、声调、连调到语素、实词、虚词和句式，对不同层级，观测的方式有同有异。如音位和声调，考虑到了赵元任所说的土人感（the feeling of native speakers）；语素和词，参考了读音异同、用字异同、词典立目、语义距离等多个因素；连动式和动补式的裂变，则从7个方面进行了论证。这些讨论，也为今后心理和神经实验做了语言学的准备。

库藏裂变提出后，有一些论文分析了汉语语法中的一些库藏裂变现象，夏俐萍（2017）研究了方言中部分连动式裂变出一种给予类双及物结构的现象，唐正大（2018）研究了"是时候 VP 了"句式从连动结构裂变出从句补足语结构的现象。

库藏聚变（Inventorial fusion）是库藏裂变的反向演变，即两个或多个原来无关的单位经过语言演变在心理上被认同为同一个单位。库藏聚变也可以发生在所有语言层级，但是目前还没有专文讨论，只在刘丹青（2019a）讨论库藏裂变时谈及，有些裂变出来的单位又并入了另一个单位，即裂变出来的新单位同现存的某个单位发生了合并。例如，中古入声字到近代汉语中分化成不同的声调，又分别并入其他现有声调，即所谓入派三声，这后一阶段的变化就是库藏聚变。再如古汉语"拜李斯为相"这种认定义兼语式有时中间会省略"为"类系词，经过长期演变，这种省略系词的兼语式逐渐与兼语式分化为不同的句式，但是又并入了已有的双宾语句式，这后一个阶段就是句式的库藏聚变。

2. 义项非独立性和形义关联度

义项，又称义位，是一个语言单位所含的语义单位，即单义单位的唯一语义，或多义单位所能表示的各个语义。义项通常在词典中收录为一个释义，一个多义词，在词典中会有多个义项。

"义项非独立"针对通行的"义项独立观"提出。义项独立观认为：多义单位只在语言系统中存在；当实际使用时，只有一个义项得到使用（激活），此时其他义项都不存在。诸义项中，中心义或基本义更容易被激活，引申义或边缘义的激活则需要更加特定的语境。

义项独立观部分反映了事实，也简化了语言研究的过程，但是未完整反映语言实际。

刘丹青（2017）首次简要提出义项非独立观，对广泛通行的义项独立观质疑。该问题与我们对人类语言的本质（尤形义关系）的理解、对语言产出和理解的心理机制的理解，与库藏类型学的入库、显赫范畴、跨范畴对应、寄生范畴、库藏裂变等概念都密切相关。

无论是实词词义、虚词的功能义，还是句法结构义，都存在义项非独立现象，尤其是强势的原型义（基本义）会在线影响和制约引申扩展义的使用和理解。例如"路、路线、路径、途径"这一组词都有表示物理空间范畴的基本义和表示行为的路径方法的比喻义。后一类义项虽然已经转喻为方式范畴而无关物理空间，但在句法组合中，所用的量词仍是"条、道"，所搭配的动词介词仍然是"走""进入""沿着"等行走义词，可见当这些词用于后一类义项时，仍遵循第一义项的行走道路的认知图式，原型义没有在派生义使用时退场。古汉语词汇研究的"核心义"理论也显示词语的核心义顽强存留在转义多次的后代义项中。再如前文所论，人类语言用不同的库藏手段表示类指成分，相当于都有类指的义项，但其原型功能（复数、有定、无定等）仍然对类指的小类有制约作用，这是语法层面的义项非独立。在结构义方面，以给予义为原型义的双宾语结构也表达很多其他行为事件，如问答、认定、称呼、殴打，可以视为该构式的不同义项，但只要使用双宾语构式，就会带上该构式的给予义。这些事实都显示同一单位的不同义项即使在具体使用中也不一定是独立存在的，义项之间互有影响，尤其是强势的原型义项始终对派生义项有在线影响。若语言单位有寄生范畴，更是毫无独立性，永远依附目标范畴而存在。

从库藏裂变和聚变、寄生范畴和目标范畴，到义项非独立，这些语言单位和意义单位的同一性有关的现象，都指向一个新的概念：形义关联度，即形式和意义相关联的紧密程度，或形式表达意义的力量强度。刘丹青、孙泽方（2021）在研究寄生范畴的库藏地位时，首次提出了形义关联度的概念，初步建立起如下关联度等级：

强关联：形式—基本义 / 原型义 / 显赫义（普通的表达关系）；
中等关联：形式—引申义［上中等］形式—边缘义［中中等］形式—化石义
　　　　［下中等］；
弱关联：形式—寄生范畴（既非无关，又非紧密关联）。

弱关联是专为寄生范畴设的，因为它从不单独出现，总是以目标范畴的隐性伴随义存在，与形式的关联总是弱于目标范畴。边缘义和化石义与形式的关联度也比较弱，表义力度弱，而且其关联度还可以进一步弱化，但彻底弱化的结果是库藏裂变，这时，它已被识解为另一个语言单位的基本义，形义关联度又恢复到强关联。不过，由于边缘义、化石义本身在当代语言中就是微弱的存在，因此它们作为形义结合体的库藏地位整体较低（罕用词之类），这跟形义关联度低不是一回事。

至此，我们可以看到，库藏类型学在语义范畴方面关注其不同的库藏地位，入库范畴、显赫范畴、寄生范畴，反映的都是库藏地位，即在心理库藏中的存在强度；在形义结合的紧密度方面关注其不同的形义关联度，有强关联、中等关联和弱关联等等级。库藏裂变和聚变，会影响库藏成分的形义关联度。

（五）语言库藏类型学的研究方法

库藏类型学作为语言类型学的分支，在方法上具有类型学的根本属性——跨语言的视角、对共性的探求、对差异的重视、模型中立、注重可见事实（visible facts）等；而它特有的理论目标——形义关系的复杂性和形式对意义的反作用，又决定了库藏类型学在研究思路和方法上的特点，不完全等同于类型学的一般特点。典型的类型学操作是基于大规模语种库的特征验证和统计。这种方式对库藏类型学也有用处，但是难以完全达到库藏类型学的目标，因为大规模统计的比较参项，只能是某种语义有没有形式手段表示，用什么手段表示，而库藏类型学还需要知道各种表义手段的库藏地位和形义关联度。库藏类型学已经提出的这些概念系统，为库藏地位和形义关联度的探讨提供了研究框架。这类研究所需要的精细颗粒度，无法单靠大规模语种库来满足。库藏类型学离不开类型学背景下对具体语言的深入研究，其跨语言层面则适合对小规模语种库的深度比较，如白鸽（2013）等研究类指表达所依托的10余种语言。这些比较需要每种语言在相关参项上具有相当的研究基础和成果，加上比较者本人对部分语言的深入研究。所以，语种深度研究和小规模跨语言深度比较，构成库藏类型学的显著方法特征。当然，从小范围语种库的研究中获得研究成果后，我们也鼓励在更大的范围内去验证理论假说，以不断提升库藏类型学研究的科学性。

（六）语言库藏类型学的展望

库藏的本质是母语者的语言心理库藏，语言库藏类型学从起点开始就有很强的心理语言学意识。库藏类型学一方面要通过更多语种、更多层面（音系、词汇、形态句法）的研究来验证和发展理论，一方面要努力与心理－神经语言学结合，让显赫范畴、跨范畴对应、库藏裂变、义项非独立性、形义关联度等概念都得到心理甚至神经实验的验证。这是库藏类型学学科建设的努力方向之一。

库藏类型学的核心任务是揭示其他学科较为忽略的形式库藏及其类型特点对语义的反作用，建立更为完整的形－义关系理论。这是当前的主要任务。在充分揭示库藏类型的反作用之后，库藏类型学将面对更形而上的问题：能深刻影响语义表达的库藏类型特征是语种历史偶然形成或接触而来的"任意性"特征，还是反映了民族文化乃至民族思维习惯的稳固而深层的特征？库藏类型学应当在坚持语言的经验学科方法论的前提下去探讨这些问题，而不是轻率地做出纯思辨的结论。

语言库藏类型学凭借其学科优势，应能有广阔的应用前景。尤其在第二语言习得和教育、翻译传译等跨语言交际、词典编纂这些领域，语言库藏类型学的概念系统和研究成果可以有直接的帮助。如入库范畴的差异对二语教学内容的选择、显赫范畴、跨范畴对应对二语交际和翻译的优化、对语言偏误的解释和纠正、义项非独立性和形义关联度对单语、双语词典的设条与释义等，都会有直接的帮助。

四、小跋

本文回顾了语言类型学在中国学术园地萌芽生长繁盛的过程。它和这片园地的关系值得回味。

语言类型学讲究先摆事实再讲道理，不同于喜欢先假设再证明的大部分当代语言学学派。这一顺序更符合中国传统的治学之道。但是，类型学天生面向广阔的语种范围，与中国学术长期主要聚焦"国学"和汉语、不同语种在各自小园里精耕细作的传统不无错位。在改革开放的大潮下，中国的类型学界兼中西之长，逐渐走上了快车道，令人欣喜。

限于篇幅，本文主要还是围绕一些大的专题做了粗线条的回顾，很多成果无法顾及，尤其是近年来许多青年新锐在众多类型学新课题上做出的成绩。从这些成果中，我们看到了一代学术新人的快速成长。比起他们的前辈，他们有更好的外语基础，有更多地接触多语种材料的机会，有更快捷地了解外部世界跨语言研究进展的路径，有更高远的理论情怀。语言类型学为有志于务实求是、登高行远的青年学人创造了特殊的条件。语言类型学特别专注于发现语种特点和类型特点，对每一项新发现的特点都如获至宝、视若天珍，因此，不会满足于用汉语的事实来证明现成的理论；语言类型学又特别追求语言共性，因此，不会满足于打造一种只适合汉语、推不开去的语言理论。我们相信，随着更多的中国学人加入语言类型学的行列，或用类型学的成果滋养其他分支学科，语言类型学一定能助推中国语言学走出一条有特色的广阔大道，通向世界学术的高峰。

参考文献

[1] 白鸽. 类指成分的跨语言研究. 中国社会科学院研究生院博士学位论文，2013.

[2] 白鸽. 定指标记与类指义的表达——语言库藏类型学视角. 外国语，2015(4).

[3] 白鸽. 光杆名词短语类指功能的跨语言考察. 外语教学与研究，2018(3).

[4] 白鸽. 入库范畴表达与非入库范畴表达的跨语言比较——以指称、量化范畴为例. 当代语言学，2020(4).

[5] 陈玉洁. 汉语指示词的类型学研究. 北京：中国社会科学院出版社，2010.

[6] 陈振宇，陈振宁. 通过地图分析揭示语法学中的隐性规律——"加权最少边地图". 中国语文，2015(5).

[7] 成军. 当代语言类型学的视角转换：从形态、功能到库藏. 西南大学学报，2019(6).

[8] 戴燃. 汉语语域式话题汉英翻译策略的库藏类型学研究. //复旦大学汉语言文字学科《语言研究集刊》编委会编. 语言研究集刊(第十八辑). 上海：上海辞书出版社，2017.

[9] 董秀芳. 话题标记来源补议. 古汉语研究，2012(3).

[10] 范晓蕾. 以汉语方言为本的能性情态语义地图. //北京大学中国语言学研究中心《语言学论丛》编委会编. 语言学论丛(第四十三辑). 北京：商务印书馆，2011.

[11] 高名凯. 普通语言学(增订本). 上海：新知识出版社，1957a.

[12] 高名凯. 语法范畴. //中国语文杂志社编. 语法论集(第二集). 北京：中华书局，1957b.

[13] 高名凯，石安石主编. 语言学概论. 北京：中华书局，1963.

[14] 郭锐. 语义地图中概念的最小关联原则和关联度. 北京：商务印书馆，2015.

[15] 郭锐，李知恩. 量词的功能扩张. 中国语文，2021(6).

[16] 郭中. 论汉语小称范畴的显赫性及其类型学意义. 中国语文，2018(2).

[17] 胡建华，潘海华，李宝伦. 宁波话与普通话中话题和次话题的句法位置. //徐烈炯，刘丹青主编. 话题与焦点新论. 上海：上海教育出版社，2003.

[18] 胡双宝. 高瞻远瞩，一空依傍——读桥本万太郎《语言地理类型学》. 语文研究，1986(2).

[19] 胡裕树，陆丙甫. 关于制约汉语语序的一些因素. 烟台大学学报，1988(1).

[20] 黄成龙. 蒲溪羌语研究. 北京：民族出版社，2007.

[21] 黄哲，刘丹青. 试析汉语中疑似连动式的话题结构. 世界汉语教学，2018(1).

[22] 蒋颖著，戴庆厦审订. 大羊普米语参考语法. 北京：中国社会科学出版社，2015.

[23] 金立鑫. 普通话混合语序的类型学证据及其动因. 汉语学习，2016(3).

[24] 金立鑫，王红卫. 动词分类和施格、通格及施语、通语. 外语教学与研究，2014(1).

[25] 金立鑫，于秀金. 左右分枝结构配置的功能分析. 外语教学与研究，2012(4).

[26] 黎锦熙. 比较文法. 北平：北平著作书店，1933；北京：科学出版社，1958.

[27] 李小凡. 苏州方言语法研究. 北京：北京大学出版社，1998.

[28] 李小凡. 语义地图：破解方言虚词比较中偏侧关系的利器. //刘丹青，李蓝，郑剑平主编. 方言语法论丛. 北京：中国社会科学出版社，2015.

[29] 李小凡，张敏，郭锐，等. 汉语多功能语法形式的语义地图研究. 北京：商务印书馆，2015.

[30] 李银美，袁凤识. 汉英主题结构的典型特征束：基于口语语料库的话语分析. 外语与外语教学，2020（4）.

[31] 李云兵. 中国南方民族语言语序类型研究. 北京：北京大学出版社，2008.

[32] 刘丹青. 苏州方言重叠式研究. 语言研究，1986（1）.

[33] 刘丹青. 现代汉语基本颜色词的数量及序列. 南京师大学报，1990（3）.

[34] 刘丹青. 苏州方言的发问词与"可VP"句式. 中国语文，1991（1）.

[35] 刘丹青. 语义优先还是语用优先——汉语语法学体系建设断想. 语文研究，1995（2）.

[36] 刘丹青. 语序共性与歧义结构——汉语歧义的类型学解释. //石锋，潘悟云. 中国语言学的新拓展——庆祝王士元教授六十五岁华诞. 香港：香港城市大学出版社，1999.

[37] 刘丹青. 粤语句法的类型学特点. 香港：亚太语文教育学报，2000（2）.

[38] 刘丹青. 汉语方言的语序类型比较. 日本：现代中国语研究，2001a（2）. //史有为主编. 从语义信息理解到类型比较. 北京：北京语言文化学院出版社，2001.

[39] 刘丹青. 论元分裂式话题结构初探. 语言问题再认识——庆祝张斌先生从教五十周年暨八十华诞. 上海：上海教育出版社，2001b.

[40] 刘丹青. 吴语的句汰类型特点. 方言，2001c（4）.

[41] 刘丹青. 语序类型学与介词理论. 北京：商务印书馆，2003.

[42] 刘丹青. 话题标记从何而来？——语法化中的共性与个性. //石锋，沈钟伟编. 乐在其中——王士元教授七十华诞庆祝文集. 天津：南开大学出版社，2004.

[43] 刘丹青编. 语法调查研究手册（第一版）. 上海：上海教育出版社，2008.

[44] 刘丹青. 谓词重叠疑问句的语言共性及其解释. //北京大学中国语言学研究中心《语言学论丛》编委会编. 语言学论丛（第三十八辑）. 北京：商务印书馆，2009a.

[45] 刘丹青. 话题优先的句法后果. //程工，刘丹青主编. 汉语的形式与功能研究. 北京：商务印书馆，2009b.

[46] 刘丹青. 汉语是一种动词型语言——试说动词型语言和名词型语言的类型差异. 世界汉语教学，2010（1）.

[47] 刘丹青. 语言库藏类型学构想. 当代语言学，2011（4）.

[48] 刘丹青. 汉语的若干显赫范畴：语言库藏类型学视角. 世界汉语教学，2012a（3）.

[49] 刘丹青. 汉语差比句和话题结构的同构性：显赫范畴的扩张力一例. 语言研究，2012b（4）.

[50] 刘丹青. 显赫范畴的典型范例：普米语的趋向范畴. 民族语文，2013（3）.

[51] 刘丹青. 论语言库藏的物尽其用原则. 中国语文，2014（5）.

[52] 刘丹青. 吴语和西北方言受事前置语序的类型比较. 方言，2015a（2）.

［53］刘丹青. 语言库藏的裂变：吴语"许"的音义语法分化. ∥北京大学中国语言学研究中心《语言学论丛》编委会编. 语言学论丛（第五十一辑）. 北京：商务印书馆，2015b.

［54］刘丹青. 语言库藏类型学与认知语言学. ∥杉村博文教授退休记念中国语学论文集刊行会. 杉村博文教授退休记念·中国语学论文集. 东京：白帝社，2017.

［55］刘丹青. 汉藏语言的音节显赫及其词汇语法表征. 民族语文，2018a（2）.

［56］刘丹青. 寄生范畴：源于语法库藏限制条件的语义范畴. 中国语文，2018b（6）.

［57］刘丹青. 汉语中的库藏裂变. 语言教学与研究，2019a（5）.

［58］刘丹青编. 语法调查研究手册（第二版）. 上海：上海教育出版社，2019b.

［59］刘丹青讲授，曹瑞炯整理. 语言类型学. 上海：中西书局，2017.

［60］刘丹青. 名词的"格外"功能——格形态的超范畴扩展. 外语教学与研究，2020（6）.

［61］刘丹青，孙泽方. 寄生范畴、敏感范畴和形－义关联度——以汉语事态范畴为例. 世界汉语教学，2020（3）.

［62］刘宁生，刘丹青，马景仑. 语言学概论. 南京：江苏教育出版社，1987.

［63］陆丙甫. 加强共性研究更是当务之急——对中国语言学研究的反思的反思. 汉字文化，1990（1）.

［64］陆丙甫. 核心推导语法. 上海：上海教育出版社，1993.

［65］陆丙甫. 作为一条语言共性的"距离－标记对应律". 中国语文，2004（1）.

［66］陆丙甫. 语序优势的认知解释（上）：论可别度对语序的普遍影响. 当代语言学，2005a（1）.

［67］陆丙甫. 语序优势的认知解释（下）：论可别度对语序的普遍影响. 当代语言学，2005b（2）.

［68］陆丙甫. 重度－标志对应律——兼论功能动因的语用性落实和语法性落实. 中国语文，2011（4）.

［69］陆丙甫，金立鑫. 论蕴涵关系的两种解释模式——描写和解释对应关系的个案分析. 中国语文. 2010（4）.

［70］陆丙甫，金立鑫主编. 语言类型学教程. 北京：北京大学出版社，2015.

［71］陆丙甫，应学凤，张国华. 状态补语是汉语的显赫句法成分. 中国语文，2015（3）.

［72］吕叔湘. 中国文法要略. 北京：商务印书馆，初版上卷1942，下卷1944，合订版1982.

［73］吕叔湘. 关于"语言单位的同一性"问题等等. 中国语文，1962（11）.

［74］吕叔湘. 通过对比研究语法. 语言教学与研究，1992（2）.

［75］罗天华. 汉语是作格语言吗？——作格格局是什么和不是什么. 当代语言学，2021（1）.

［76］罗天华. 作格语言的主语和汉语的主语. 外语教学，2022（2）.

［77］牛彬. 显赫度的评估标准初探——以跨语言"来""去"比较为例. 当代语言学，2019（4）.

［78］潘秋平，张敏. 语义地图模型与汉语多功能语法形式研究. 当代语言学，2017（4）.

［79］彭楚南. 语法范畴（上）（语言学讲话之三）. 中国语文，1957a（5）.

［80］彭楚南. 语法范畴（下）（语言学讲话之四）. 中国语文，1957b（7）.

[81] 钱乃荣主编. 现代汉语. 南京：江苏教育出版社，2001.

[82] 桥本万太郎. 语言地理类型学. 余志鸿译. 北京：北京大学出版社，1985.

[83] 屈承熹. 汉语的词序及其变迁. 语言研究，1984（1）.

[84] 沈家煊. 不对称和标记论. 南昌：江西教育出版社，1999.

[85] 盛益民. 汉语方言定指"量名"结构的类型差异与共性表现. 当代语言学，2017（2）.

[86] 盛益民. 吴语绍兴（柯桥）方言参考语法. 北京：商务印书馆，2021.

[87] 盛益民，陶寰，金春华. 准冠词型定指"量名"结构和准指示词型定指"量名"结构——从吴语绍兴方言看汉语方言定指"量名"结构的两种类型. //北京大学中国语言学研究中心《语言学论丛》编委会编. 语言学论丛（第五十三辑）. 北京：商务印书馆，2016.

[88] 施其生. 广州方言的"量＋名"组合. 方言，1996（2）.

[89] 石锋. 语音格局：语音学与音系学的交汇点. 北京：商务印书馆，2008.

[90] 石汝杰，刘丹青. 苏州方言量词的定指用法及其变调. 语言研究，1985（1）.

[91] 唐正大. 汉语名词性短语内部的话题性修饰语. 当代语言学，2018（2）.

[92] 唐正大. 从"是时候 VP 了"看汉语从句补足语结构的崛起——兼谈汉语视觉语体中的 VO 特征强化现象. 世界汉语教学，2018（3）.

[93] 汪平. 苏州话里表疑问的"阿、阿曾、啊". 中国语文，1984（5）.

[94] 王力. 中国现代语法. 北京：商务印书馆. 1985（初版 1943—1944）.

[95] 王双成. 西宁方言的介词类型. 中国语文，2012（5）.

[96] 王双成. 接触与共性·西宁方言方位词的语法化. 语言科学，2020（2）.

[97] 王义娜，李银美. 汉英主题结构的标记性：基于口语语料库的话语认知分析. 外国语，2016（6）.

[98] 吴福祥. 南方语言正反问句的来源. 民族语文，2008（1）.

[99] 吴福祥. 从"得"义动词到补语标记——东南亚语言的一种语法化区域. 中国语文，2009（3）：195-211.

[100] 吴福祥. 多功能语素与语义图模型. 语言研究，2011（1）.

[101] 吴福祥. 语义图与语法化. 世界汉语教学，2014（1）.

[102] 吴福祥，洪波主编. 语法化与语法研究（一）. 北京：商务印书馆，2003.

[103] 吴建明. 语言类型学的前沿探索——寻求"库藏"的眼光. 语言教学与研究，2018（2）.

[104] 伍铁平. 《语言普遍现象》简介. 国外语言学，1980（5）.

[105] 伍铁平. 雅可布逊：《儿童语言、失语症和语音普遍现象》. 国外语言学，1981（3）.

[106] 伍铁平. 语言类型学研究的意义. 学术研究，1988（3）.

[107] 伍铁平. 开展中外语言学说史的比较研究——兼论语言类型学对汉语史研究的意义. 世界汉语教学，1990（2）.

[108] 夏俐萍. 句法库藏裂变：从连动式到给予类双及物结构. //复旦大学汉语言文字学科《语言研究集刊》编委会编. 语言研究集刊（第十八辑）. 上海：上海辞书出版社，2017.

[109] 夏俐萍. 湘语益阳（泥江口）方言参考语法. 北京：商务印书馆，2020.

［110］夏俐萍，唐正大编著. 汉语方言语法调查问卷. 上海：上海教育出版社，2021.

［111］徐杰. 普遍语法原则与汉语语法现象. 北京：北京大学出版社，2001.

［112］徐杰主编. 汉语研究的类型学视角. 北京：北京语言大学出版社，2005.

［113］徐烈炯. 汉语是话语概念结构化语言吗？. 中国语文，2002（5）.

［114］徐烈炯，刘丹青. 话题的结构与功能. 上海：上海教育出版社，2007.

［115］杨永龙. 青海民和甘沟话的语序类型. 民族语文，2015（6）.

［116］叶蜚声，徐通锵. 语言学纲要. 北京：北京大学出版社，1981.

［117］游汝杰. 论台语量词在汉语南方方言中的底层遗存. 民族语文，1982（2）.

［118］于秀金，金立鑫. 类型学视角下汉语的混合格配置模式. 外国语，2020（5）.

［119］余志鸿. 汉语前后置词混用的实质. //浙江省语言学会编. 语言学年刊，1986.

［120］袁毓林. 正反问句及相关的类型学参项. 中国语文，1993（2）.

［121］张安生. 甘青河湟方言名词的格范畴. 中国语文，2013（4）.

［122］张安生. 甘青河湟方言的差比句——类型学和接触语言学视角. 中国语文，2016（1）.

［123］张定. 汉语多功能语言形式的语义图视角. 北京：商务印书馆，2020.

［124］张洪明. 韵律音系学与汉语韵律研究中的若干问题. 当代语言学，2014（3）.

［125］张敏. 汉语方言反复问句的类型学研究：共时分布及其历时蕴含. 北京大学博士学位论文，1990.

［126］张敏. 汉语方言双及物结构南北差异的成因：类型学研究引发的新问题. //纪念李方桂先生中国语言学研究学会编. 中国语言学集刊（第4卷第2辑）. 北京：中华书局，2011.

［127］周小兵. 广州话量词的定指功能. 方言，1997（1）.

［128］周晨磊. 显赫范畴的域内功能扩展和域外功能扩展——以芬兰语部分格标记为例. 外语教学与研究，2021（4）.

［129］朱德熙. 汉语方言里的两种反复问句. 中国语文，1985（1）.

［130］朱晓农. 从语音数据到音法范畴——类型和演化观中的基本概念和认知范畴. 常熟理工学院学报，2022（3）.

［131］Chao Y. R.（赵元任）. *Mandarin Primer: An Intensive Course in Spoken Chinese*. Harvard University Press, 1948. //李荣编译. 北京口语语法. 北京：开明书店，1952.

［132］Chao Y. R.（赵元任）. *A Grammar of Spoken Chinese*. Berkeley: University of California Press, 1968.

［133］Chumakina M, Kibort A, Corbett GG. Determining a Language's Feature Inventory: Person in Archi. //Austin P, Simpson A (eds). *Endangered Languages*. Hamburg: Helmut Buske, 2007.

［134］Comrie B. 语言共性和语言类型（第一版）. 沈家煊译. 北京：华夏出版社，1989.

［135］Comrie B. 语言共性和语言类型（第二版）. 沈家煊，罗天华译. 北京：北京大学出版社，2010.

［136］Comrie B, Smith N. *Lingua Descriptive Studies: Questionnaire*. North-Holland Publishing

Company, 1977.

[137] Croft W. *Typology and Universals*. Cambridge: Cambridge University Press, 1990. //初版原文引进版《语言类型学与语言普遍特征》. 北京：外语教学与研究出版社，2000. //第二版原文引进版，2008. //中译版《语言类型学与语言共性》. 龚群虎译. 上海：复旦大学出版社，2009.

[138] Graffi G. The Pioneers of Linguistic Typology: From Gabelentz to Greenberg. //Jae Jung Song（ed.）. *The Oxford Handbook of Linguistic Typology*. Oxford: Oxford University Press, 2010.

[139] Greenberg J. Some Universals of Grammar with Particular Reference to the Order of Meaningful Elements. //Greenberg J H. (ed.). *Universals of Language*. Mass Cambridge: M.I.T. Press, 1963/1966.

[140] Greenberg J. *Language Universals*. The Hague: Mouton, 1966.

[141] Haspelmath M. *Indefinite Pronouns*. Oxford: Oxford University of Press, 1997.

[142] Hawkins J A. *Word Order Universals*. New York: Academic Press, 1983.

[143] Hawkins J A. *Performance Theory of Order and Constituency*. Cambridge: Cambridge University Press, 1994.

[144] Hockett C. *A Course in Modern Linguistics*. New York: MacMillan, 1958.

[145] Nesset T. The Realization of (In) definiteness in Russian. *Poljarnyj Vestnik-Norwegian Journal of Slavic Studies*, 1999（2）.

[146] Li Charles N. (ed.) *Subject and Topic*. New York: Academic Press, 1976.

[147] Li Charles N, Thompson S. An Explanation of Word Order Change from SVO to SOV. *Foundations of Language*, 1973.

[148] Li Charles N, Thompson S. Historical Change of Word Order: A Case Study of Chinese and its implications. //Anderson J M, Charles J.（eds.）. *Historical Linguistics*, 1973.

[149] Li, Charles N, S Thompsons. Subject and Topic: A New Typology of Language. //Li Charles N. (ed.) Subject and Topic. New York: Academic Press, 1976.

[150] Light T. Word Order and Word Order Change in Mandarin. *Journal of Chinese Linguistics*, 1979（7）.

[151] Lindsay W. Introduction to Typology. //*The Unity and Diversity of Language*. Londres: Sage., 1997. //原文引进版《类型学导论：语言的共性与差异》. 北京：世界图书出版公司，2009.

[152] Liu Danqing. Identical Topics: A More Characteristic Property of Topic Prominent Languages. *Journal of Chinese Linguistics*, 2004（1）.

[153] Luo Tianhua. *Interrogative Strategies An areal typology of the languages of China*. Amsterdam: John Benjamins Publishing Company, 2016.

[154] Mei Kuang. Is Modern Chinese Really an SOV Language? Cahiers de *Linguistique-Asie*

Orientale, 1980（7）.

［155］Nesset T. The Realization of (In) Definiteness in Russian. *Poljarnyj vestnik: Norwegian Journal of Slavic Studies*, 1999（2）.

［156］Sapir E. 语言论——言语研究导论. 陆卓元译. 北京：商务印书馆，1962.

［157］Sasse H J. Prominence Typology. //Jacobs J, von Stechow A S, Sternefeld W *et al.* (eds.) *Syntax: An International Handbook of Contemporary Research* Vol.2. Berlin & New York: Walter de Gruyter, 1995.

［158］Song Zae Jung. *Linguistic Typology: Morphology and Syntax*. Longman, 2001.//原文引进版，《语言类型学：形态与句法》. 北京：北京大学出版社，2008.

［159］Sun Chao-Fen, Givón T. On the So-called SOV Word Order in Mandarin Chinese: A Quantified Text Study and Its Implications. *Language*, 1985（61）.

［160］Tai, H-Y. James. Chinese as a SOV language. //Corum C, *et al.*(ed.) *Papers from the Ninth Regional Meeting of Chicago Linguitics Society*. Chicago: Chicago University Press, 1973.

［161］Tai, H-Y.On the change from SVO to SOV in Chinese. *Papers from the Parasession on Diachronic Syntax. Chicago Linguistic Society*. Chicago: Chicago University Press, 1976.

［162］Tsao Feng-fu.*A Functional Study of Topic in Chinese: The First Step Towards Discourse Analysis*. Taipei: Student Book Co. Ltd., 1979. //中译本. 曹逢甫. 主题在汉语中的功能研究——迈向语段分析的第一步. 谢天蔚译. 北京：语文出版社，1995.

［163］Tyler P. Rethinking Mirativity: The Expression and Implication of Surprise. http://semanticsarchive.net/Archive/2FkYTg4O/Rethinking_Mirativity.pdf.2013.

［164］Xu Liejiong, Terence L D. Topic Structures in Chinese. *Language*, 1985（61）.

民族语言学前沿发展动态 *

黄成龙

一、引言

中国民族语言学学科是由中国现代语言学的奠基者罗常培、李方桂开创的。在罗常培、李方桂、傅懋勣、马学良等老一辈语言学家的引领和建设下，我国民族语言学研究立足于中国的民族语言实际，引进、消化了西方现代语言学的共时描写、历史比较、对比研究等理论方法，形成了自己的学科体系，并注重解决实际的语言文字问题。当代中国民族语言学研究在语言的调查、描写、历史比较和语言政策与规划等方面取得的成绩较为显著。

民族语言学的主要任务是开展民族语言田野调查，民族语言的本体共时描写研究、跨语言比较研究和历史比较研究，民族语言语音识别、民族语言自然语言处理以及民族文字文献研究，即在民族语言田野调查基础上的描写语言学、历史比较语言学、语言类型学、纪录语言学、文化语言学、社会语言学、实验语言学、计算语言学、民族文字文献等领域的研究和中国少数民族语言多媒体数据保存与有声数据库建设、中国少数民族语言资源保护，招收和培养语言学及应用语言学、中国少数民族语言文学等专业的硕士、博士研究生和博士后合作研究。民族语言学经过近百年的发展，取得了巨大成就，积累了宝贵的经验，形成了具有中国特色、世界上独一无二的较为系统和完善的民族语言学学科体系。

---

* 本章是民族语言学学科介绍性论文，民族语言学研究取得巨大成就，成果十分丰厚，由于篇幅的限制和本章撰写人水平所限，故仅仅反映了其中极少一部分，挂一漏万和错误在所难免，敬请各位专家学者和读者谅解，并赐宝贵意见。民族文字文献研究和计算语言学研究分别参考了孙伯君研究员和龙从军研究员提供的成果，在此向二位专家深表谢意。

二、民族语言田野调查

田野调查（field work）又称之为田野语言学（field linguistics），是美国结构主义语言学创始人弗朗茨·博厄斯（Franz Boas）、爱德华·萨丕尔（Edward Sapir）等开创的无文字记录的民族语言的调查、记录和研究。20世纪30—40年代田野调查传入中国，民族语言学研究先贤李方桂、罗常培、袁家骅、闻宥、傅懋勣、高华年、马学良、金鹏等先生奔赴少数民族地区调查第一手语料，并培养了一代又一代少数民族语言研究学者。

新中国成立以来，民族语言学者进行过多次较大规模的少数民族语言文字调查，每次调查各有侧重。1950—1960年代的第一次民族语言大调查由当时的中央民族事务委员会和中国科学院领导，组织了共计700多人的7个调查队分赴全国16个省和自治区对各少数民族地区进行民族语言普查工作。对55个少数民族的语言和方言情况进行了大规模调查，收集了1500多个调查点的语言资料，基本上摸清了少数民族语言（包括方言）的分布与使用状况，掌握了各民族的文字使用情况。这不仅是民族语言学研究史中的一件大事，也是迄今为止最大规模的人类语言的普查工作。这次调查取得的丰硕成果，对我国的民族识别工作和少数民族语言的系属划分奠定了坚实基础。该次调查获取的第一手资料，目前只刊布了其中的一部分，尚有很多材料有待整理、刊布和深入研究。

民族语言的方言不仅包含重要的语言结构特征，还包含不同地域重要的文化特征，因此，民族语言方言是重要的语言文化资源，对民族语言方言的调查研究十分重要。为了认识少数民族语言方言的结构差异和文化特点，民族语言学者从20世纪50年代至今开展了一系列民族语言方言调查，并在此基础上取得颇多研究成果。

1985—1988年，中国社会科学院民族研究所（现中国社会科学院民族学与人类学研究所）与国家民委共同组织承担了"中国少数民族语言使用情况和文字问题调查研究"项目，在3年时间里对全国5个自治区、30个自治州（盟）和113个自治县（旗）使用的65种语言和30种文字进行深入的实地调查，其成果包括《中国少数民族文字》（1992）、《中国少数民族语言文字使用和发展问题》（1993）和《中国少数民族语言使用情况》（1994）三本专著。此次调查对少数民族文字、少数民族语言使用现状和少数民族语言文字使用和发展问题做了较为深入的调查和分析。

1979 年 5 月，在昆明召开的"全国民族研究规划会议"上提出了调查中国空白语言（指过去少数民族语言普查时尚未调查或调查不深入的民族语言）的任务，民族语言学者结合语言识别工作深入调查，先后发现了一些新语言。1992年，中国社会科学院民族研究所（现民族学与人类学研究所）组织全国语言学界进行"中国新发现语言"调查研究，该研究成果为"中国新发现语言研究丛书"（50 余种）。该丛书收录了我国民族语言研究者 30 多年来进行的大量语言资源调查研究成果。研究者们通过这一次的调查研究摸清了国内的少数民族语言数目和方言差异。调查发现这 50 多种新发现语言多数是濒危语言，其成果具有重要的学术价值和社会价值。

21 世纪初组织实施的"新时期中国少数民族语言使用情况研究"，在调查少数民族语言使用现状和特点的基础上，编辑出版"新时期中国少数民族语言使用情况研究"丛书，共 19 部专著。这套丛书对了解和认识当前我国少数民族语言的使用状况及其变化有许多参考价值，也能为语言学、民族学、社会学等学科的研究提供鲜活的资料，还可作为制订民族语文政策、科学地开展民族语文工作的咨询和参考材料。同时，也是我国语言国情调查的一个重要组成部分。

2015 年，教育部、国家语委启动中国语言资源保护工程，并于 2016 年发布《关于推进中国语言资源保护工程少数民族语言调查的通知》，2015—2019 年在全国少数民族语言中展开 310 个一般点、110 个濒危点的总体规划表。到 2019 年，共完成 411 个点，其中 323 个一般点，88 个濒危点。20 个濒危点的少数民族语言被纳入国家出版基金资助的"中国濒危语言志"丛书。该系列是濒危语言调查和描写的重要成果。2022 年，《中国语言文化典藏》第二辑 20 册出版，包括 15 册汉语方言文化以及吉林和龙朝鲜语、广西西林壮语、四川普格彝语、湖南龙山土家语以及云南大理白语等 5 册少数民族语言文化。

民族语言田野调查是民族语言学研究的基础性工作，数十年来多个批次的大规模调查，虽然各有侧重，但始终围绕少数民族语言的系属分类、民族语言的本体特点、少数民族语言文字的使用现状等问题开展。回顾近百年来的少数民族语言调查，语种的调查越来越丰富，已调查近 140 种语言，应该是大体摸清了中国的语言数量。从我国五大语系的调查现状来看，汉藏语系的调查要强于其他语系；阿尔泰语系重书面语研究，口语的调查还比较薄弱，南亚语系研究队伍非常薄弱；南岛语系的调查中国台湾强于中国大陆；印欧语系只有俄罗斯语和塔吉克语，调查研究队伍较少。从少数民族语言的方言调查来看，除少数语言，如壮语、布依语、藏语、蒙古语、朝鲜语等调查比较深入外，绝大多数语言的方言调查还十分薄弱。因此，少数民族语言方言调查以及濒危语言、混合语的调查应该是未来民族语言调查的重要任务。

田野调查经历了从早期的纸笔记录、卡片到盒式录音，从录音笔到今天的数字多媒体记录等不同的发展时期。民族语言的保存也经历了从无到有、由少到多、由静态到动态的存储和保护过程。在新技术手段下，民族语言调查已运用数码录音和数字多媒体手段采集少数民族语料、记音、标注、存储构建数据库，同时还需要改进田野调查的形式和手段，积极开发便利性、开放性的语言调查软件，利用微信或网络平台让少数民族母语人积极参与语料的搜集和分享，为学者和社会大众服务，保存中华优秀传统文化。

三、民族语言本体研究

民族语言的本体研究主要涉及语音、词汇、语法的描写和比较研究。这是民族语言学最中心的任务。

（一）民族语言描写研究

民族语言的描写研究是运用结构主义的描写语言学方法对某种语言的语音、词汇和语法进行描写和分析，这是民族语言学研究的基础任务。在 20 世纪 50—60 年代调查材料的基础上，出版和发表了一些单个语言的语音、词汇、语法描写论著。除此之外还先后出版了几套少数民族语言描写研究丛书，包括"中国少数民族语言简志丛书"（59 种）、"中国新发现语言研究丛书"（50 余种）、"中国少数民族语言方言研究丛书"（20 多种）。这些成果全面推动了中国少数民族语言的描写研究，产生了极其深远的学术影响。

通过深入田野调查研究，逐步认识了少数民族语言的某些特殊的发音方法或者超音段特征，如蒙古语的吸气音和弱化音、朝鲜语的紧辅音、裕固语的带擦元音、藏语的减缩音节、景颇语的弱化音节、羌语的音节弱化现象、白语的声门混合擦音、阿昌语的清鼻音和拉咖语的鼻化元音以及彝缅语的松紧元音、侗台语的长元音等。现在较多通过语音实验关注内爆音、嘎裂音、气嗓音等问题。

词汇学以语言的词汇为研究对象，研究词汇的起源和发展、词的构造、词的意义等问题。民族语言的词汇学研究还十分薄弱，目前只有《景颇语词汇学》

（1995）、《彝语词汇学》（1998）、《现代哈萨克语词汇学研究》（2000）、《壮语词汇学》（2004）、《维吾尔语词汇学与研究》（2011）、《哈尼语词汇学》（2013）等研究成果。

中国少数民族语言词典编纂工作有比较悠久的历史，但新中国成立后才开始编写出版无文字的或文字使用历史不长的民族语言词典。辞书的类型从比较单一的汉语与民族语的对照，发展到民族语言单语词典与双语、多语词典并举。特别是"中国少数民族语言系列词典"（1992—2005）具有重要的学术价值和文化传承价值。

进入 21 世纪以来，基于新的研究方法的描写语言学研究取得积极进展。许多学者运用新的描写研究方法研究少数民族语言语法，并在此基础上出版了近 20 部"中国少数民族语言参考语法研究系列"（2009—2014）专著。为了规范民族语言的语法标注，提供规范标注的真实文本语料，民族语言学者通过原文行、标注行、翻译行三行对照的形式，对藏、彝、哈尼、纳西、土家、白、壮、黎、水、维吾尔、佤、独龙等民族的传统口传故事、族群起源传说、日常口语对话、儿童或寓言故事进行了语法标注。出版的"中国民族语言语法标注文本丛书"（1996，2021）是国内第一次以大规模真实文本方式开展的研究，具有典型真实文本和跨语言义本对齐特征，是语言类型学、历史语言学、区域语言学、语言接触研究等资源依赖型学科不可或缺的语料基础和学术财富，是从事语言学、民族学、人类学、历史学和自然语言处理的学者必备的资源和工具。

（二）民族语言比较研究

民族语言比较研究包括亲属语言内部的比较和非亲属语言之间的类型比较。历史比较语言学的理论和方法 20 世纪初期传入中国，为进行亲属语言的语音和词汇比较提供了理论和方法论指导。中国少数民族语言数量众多，类型各异，情况复杂，且大多数没有表音的文字文献，民族语言的历史比较研究难度很大。由于众多学者的不懈努力，语言谱系分类和语言同源关系研究方面取得很大进展，譬如《壮侗语族语言词汇集》（1985）、《苗瑶语方言词汇集》（1987）、《中国突厥语族语言词汇集》（1990）、《藏缅语语音和词汇》（1991）、《藏缅语族语言词汇》（1992）等。除此之外，还有《满-通古斯语族语言词汇比较》（2014）、《汉藏语语音和词汇（上、下册）》（2017）等对少数民族语言的系属分类、同源关系和历史构拟起了非常大的推动作用。

除了语音和词汇比较外，还进行亲属语言内部的比较或者语族的比较研究，如《藏语拉萨日喀则昌都话的比较研究》（1958）、《阿里藏语》（1983）、《侗台语概论》（1990，2010）、《侗台语族概论》（1996）、《中国孟高棉语族语言与南亚语系》（1995，2010）、《汉藏语概论》（1991，2003）、《突厥语概论》（1992）、《突厥比较语言学》（1997）、《突厥历史语言学研究》（1995）、《蒙古语族语言概论》（2006）等，这些研究介绍和归纳了亲属语言内部在语音、词汇、语法方面的异同点。

民族语言的比较研究在理论和方法上不断创新，获得前所未有的进展。在新的征程上，民族语言的历史比较语言学仍会充满活力，它已经开始与人类学、考古学、生物学、地理学乃至计算机科学结合，通过跨学科方法追寻和探索民族语言的起源及其演变特征。

国内语言类型学的研究从 20 世纪 50—60 年代翻译、介绍、评介国外语言类型学的最新研究成果和动态。早在 20 世纪 80 年代初就有学者倡导用语言类型学方法研究少数民族语言（傅懋勣、王均，1980），但在当时因条件的限制，语言类型学研究还开展不起来。改革开放以后，少数民族语言的类型学研究逐步开展起来，主要聚焦于中国少数民族语言的区域类型学研究或者像汉藏、阿尔泰、藏缅、侗台、南亚等系属内部的类型比较研究。随着语言研究的不断深入、研究视野的不断扩展，语言类型学将继续成为国内语言学的热点和重点研究领域之一。但需要引入一些新的研究方法，如地理语言学、计量类型学等，形态类型学应拓展到南方分析性语言研究中，系统研究中国民族语言类型学特征，深入梳理、归纳和总结中国民族语言类型学特点，为语言类型学和语言共性研究提供重要的类型学参项和理论支持。

四、民族语言文字应用研究

民族语言应用研究领域广、内容多，主要涉及民族地区推广国家通用语，濒危语言保护，民族语言生态，民族语言政策，民族语言规划研究，民族语言规范化、标准化、信息化以及民族语言自然语言处理等多个方面。

（一）社会语言学研究

民族语言学的社会语言学研究涉及语言国情调查和民族语言文字规划，为制定和规划少数民族语言政策提供科学依据，为国家民族语文工作和经济社会发展奠定了重要基础。通过调查研究少数民族语言使用情况，为民族语言的传承与保护作出积极贡献。民族语言的社会语言学研究内容包括民族语言国情调查，语言规划与政策，民族语言文字的规范化、信息化、标准化以及语言接触、语言变异、语言关系、语言态度和语言活力。

20 世纪 50—60 年代为了推广文字普及教育，提高少数民族群众的文化教育水平，主要研究工作围绕少数民族语言的标准语音，文字的设计原则，新词术语等规范化、标准化问题展开。改革开放以来，少数民族语言文字的规范化、标准化、信息化发展迅速，在语言文字标准确定、民族语言信息系统建设、民族语言文字网络化等方面展开工作，推动少数民族语言传承和使用，促进民族地区经济社会协调发展。

21 世纪，伴随《国家通用语言文字法》的颁布以及语言生活和语言能力研究范式的提出，保护濒危语言和推进语言文字教学成为少数民族语言政策和语言规划的重点。当前，铸牢中华民族共同体意识作为民族工作的主线，"大力推广和规范使用国家通用语言文字，科学保护各民族语言文字"成为中国语言文字工作的总原则。

（二）文化语言学／人类语言学研究

民族语言的文化语言学，又称"人类语言学"，是把语言和文化的互动关系作为研究对象的语言学分支学科，或是基于特定民族文化背景对语言进行研究、阐释语言文化内涵和文化价值的语言学分支学科。民族语言的文化语言学始于 20 世纪 40 年代，代表作有《从语言上论云南民族的分类》（1942）、《语言与文化》（1950，1989），但学科概念及其理论体系到 20 世纪 80 年代才基本形成。20 世纪 80 年代末至 90 年代，中国语言学界掀起了文化语言学研究的热潮。文化语言学得到了学界的普遍关注，展开了对文化语言学学科性质的讨论和相关研究领域及具体问题的研究，在民族史、物质文化、精神信仰、亲属称谓、颜色词、人名、族名／连名制、地名等领域取得非常大的进展。民族语言的文化语言学今后应该深入挖掘语言与文化的内在联系，为各民族交流交往交融提供鲜活的案例，促进构筑各民族共有精神家园，助力铸牢中华民族共同体意识的基础理论研究。

（三）计算语言学研究

民族语言的计算语言学研究是 20 世纪 80 年代基于计算机技术发展起来的新

兴交叉学科。经过 40 多年的发展，取得了较大进展，积累了一些研究经验。主要研究涉及字符编码、"字"处理以及句法、语义和篇章分级研究。如今已基本完成计算机字符编码，实现现行文字和古文字计算机输入、输出、显示、打印，基本实现基于统一编码的民族文字的网络传输。计算语言学为民族文字的文本信息化，基于民族文字的文化保护和传承、资源库建设奠定了比较好的基础。

少数民族语言"字"处理研究在蒙古文、藏文、维吾尔文、朝鲜文、哈萨克文、柯尔克孜文、彝文等民族语言在分词、词干词缀切分、词性标注等基础研究领域等取得了大批科研成果，构建了众多数据资源，开发了一些语言研究和分析工具，基本满足了民族语言自然语言处理的需要。少数民族语言句法、语义和篇章研究初具规模。不断积累基于句子级、篇章级的资源库，为深入开展民族语言本体和应用研究奠定了一定基础。

基于少数民族语言计算语言学研究的应用产品逐步涌现。一些跨国、跨境语言的民族语言文字应用产品，对维护国家边疆稳定、地区和平发挥着重要作用。"一带一路"沿线多语机器翻译、语音识别产品可以为跨国、跨地区经济、文化交流提供服务。蒙古语、藏语、维吾尔语语音识别和机器翻译系统基本达到实用水平，推动了各民族之间的文化交流。少数民族语言文字的搜索引擎、信息过滤等软件工具在净化网络环境、维护网络安全等方面发挥了重要作用。

计算语言学研究需要大量的语料和数据，也只有语料和数据量大了，计算的结果才能真实反映语言的特点。如果只采用少量数据，不能发挥计算机强大的运算功能，难以采用语言模型自动处理和获取语言材料中人工不能捕获的信息。民族语言资源目前难以满足大数据、神经网络技术的需求。民族语言计算语言学的未来研究中，亟待加强文本材料和语音材料的收集、整理，大力度积累数据资源。一方面，要逐步丰富文本信息处理资源提高民族文字的信息化、智能化水平。另一方面，要收集和整理大规模民族语言及方言土语口语材料，有效促进民族语言资源保护，为民族语言基础理论研究提供基础。

（四）边境语言调查研究

我国 55 个少数民族中有 33 个民族分布在边境地区，由于有的民族使用不止一种的语言，按国内语言统计，边境语言总数有 50 余种[1]，所以，边境语言数目

---

[1] 包括未定民族成分的克木语、图瓦语、东干语、格曼语、达让语等。

比边境民族多，由此看来，边境民族语言的调查研究非常重要。自 20 世纪 90 年代开始，我国开始关注边境语言问题，学者们就边境语言的调查方法、边境语言研究必须遵守的原则以及边境语言研究的学术价值等问题展开了讨论。

边境语言是由于国家因素而产生的一种语言差异，这种差异是有规律可循的。调查研究边境语言必须尊重其规律，遵守一定的原则。早期的边境语言研究关注语言结构本身，且侧重边境两侧语言的对比研究。在充分掌握边境语言材料的基础上，对其异同进行对比研究，能够获取有关语言演变的新规律。

边境语言调查研究范围逐步扩大，近年来涌现出大批基于田野调查的境内外边境语言研究个案，为边境语言研究积累了较为丰富的语言材料。这些个案既关注语言本体结构特点的描写，也重视语言使用功能、语言生活的调查，从各个方面描写和揭示了边境语言的特点，丰富了对边境语言的共时认识，深化了历史语言学、社会语言学等分支学科的研究。

边境语言研究正逐步形成一套独特的学科体系。基于近 40 年的田野调查、个案研究，目前学界对于边境语言的概念、研究内容、研究方法以及学术价值等有了较为深刻系统的认识。边境语言研究以其特殊的研究内容和自成体系的研究方法，在语言学研究领域中取得了独立的、不可替代的地位。

边境语言不仅是一种语言资源，而且是一种重要的文化资源、政治资源，与民族团结、边疆稳定、国家安全等息息相关，其研究成果可以直接服务于国家有关方针政策的制定，服务于国家建设的大局。

随着我国与边境邻国之间的频繁交流，边境语言文字的规范化问题显得更加重要。比起边境语言的差异，边境文字的差异更为明显。我国的边境民族有的使用相同的文字，有的使用不同的文字，有的一国有文字而在另一国却没有文字。边境语言研究应考虑边境双方或几方的语言文字现状，从而提出有利于边境民族相互交流和共同发展的方针和政策。

五、民族文字文献研究

民族文字文献研究属于"古典文献学"（050104）和"中国少数民族语言文学"（050107）的二级学科或交叉学科，其主要任务是搜集、整理和研究中国各少数民族曾经创制和使用的文字及其文献，揭示其中的语言文字规律。在考释民族文字、释读古文献的基础上，对民族语言的语音、词汇、语法的构成与特点进行研究。

少数民族传统文字是指历史上创制并沿用至今的文字或者已经失传的文献，包括藏文、彝文、纳西东巴文、佉卢文、粟特文、突厥文、回鹘文、察合台文、焉耆－龟兹（吐火罗）文、西夏文、八思巴文、契丹文、朝鲜文、满文等传统文字和文献。其中不少文字历史悠久，如佉卢文在公元前已传入我国，粟特文有2世纪至3世纪的铭文，焉耆－龟兹文有5世纪的文献，藏文、突厥文、回鹘文、于阗文、契丹字（分大字和小字）、西夏文等均有千年以上或千年左右的历史。其余如察合台文、八思巴字、女真大字、女真小字、朝鲜训民正音、彝文、4种傣文（傣泐文、傣绷文、傣纳文、傣端文）、满文、东巴文、哥巴文、尔苏沙巴文、方块白文、方块壮字、水书、汪忍波傈僳文等都有较长的历史。我国的少数民族传统文字可分为图画象形文字、音节文字、音素文字和仿汉文字等4种类型。

在对全国46个少数民族的语言进行普查和调查研究的基础上，从1956年开始，陆续为壮族、布依族、侗族、黎族、苗族（3种）、哈尼族（2种）、傈僳族、纳西族、佤族、彝族等10个民族创制了14种拉丁字母形式的拼音文字，其中壮文于1957年12月10日经国务院批准为正式文字推行，其余13种文字均经国家民委批准试行。还为傣族、拉祜族、景颇族等部分需要改进的少数民族文字进行了改进工作。二十世纪八九十年代还为土族、白族、土家族、羌族、瑶族等民族设计了拼音文字方案，基本上解决了我国各少数民族长期以来没有与自己母语相适应文字的问题。

新中国成立以来，尤其是近30年来，我国学者，如耿世民先生对古突厥文的研究，王尧先生对古藏文的研究，照那斯图先生对八思巴字的研究，道布先生对回鹘式蒙古文的研究，史金波先生对西夏文的研究以及对纳西东巴文、老彝文、契丹大字、满文等方面的研究也取得了显著的成果。同时，学者们在解读和整理尔苏沙巴文、水书、方块白文、方块壮字等方面也取得较大的进展。

近年来随着考古挖掘和各省文物探查的深入，发现了很多重要碑铭文献，包括契丹大字和契丹小字墓志、新的西夏文出土文献、同款墨书女真文等。这些碑铭文献为民族文字文献的研究提供了新的材料。

我国的印欧语系文字文献研究、藏文文献研究、突厥文献的研究水平，国际化程度较高，研究精深、范式严谨，古今中外相融一体，已经实现了中外学界的对接。西夏文献的研究主要集中在对草书文献的释读和佛教经典的对译及对勘研究，作者队伍随着文献刊布数量的增加而壮大。相对而言，南方民族文字文献的研究则有较大的局限性，语文学意义的研究整体水平有待提升，对国外学界的研究进展关注较少，研究范式尚未实现规范化。有的文字文献虽然研究论著众多但研究的深度和视野的广度、方法论都有待完善，大都以模仿汉文文献的研究范式为主，远未形成切合具体文字文献的研究译注范式。民族文字文献研究需要进一步对已经刊布的民族古文字文献开展系统细致的校勘、释义、注译、版本比较研究，需要以数字化技术及时建立民族古文字文献文本及语音视频数据库，为民族古文字文献保护研究提供权威的基础资料，推动学术资料利用方式和研究手段的更新。

我国的仙岛语、柔若语、土家语、达让语、义都语、苏龙语、木雅语、畲语、拉基语、木佬语、布央语、塔塔尔语、西部裕固语、康家语、赫哲语、鄂伦春语、京语、保安语、台湾少数民族语言、五色话、倒话等 30 多种语言已经濒危，占了全国语言总数的四分之一。我国人口 10 万以下的少数民族里约有 40% 的民族语言已经极度濒危，其余 60% 也处于程度不等的濒危状态。尽管国家社科基金把濒危语言调查纳入"冷门绝学"专项，但每年对其资助力度还不大，希望今后加大濒危语言调查的资助力度。

六、民族语言学研究方法论及范式

民族语言研究方法采用经验主义的研究范式，其研究路径为从田野调查获取语料、逐词标注、分析录音、本文材料，并在此基础上进行学术研究活动。

（一）研究方法论

民族语言研究的方法论是基于田野调查获取第一手语料基础上的经验主义实证研究，也就是无论是语言本体结构的描写和比较研究，还是民族语言应用的文化语言学、社会语言学、计算语言学等研究都是通过语料分析语言的特点，重构语言的历史，探讨语言的社会变异，考察语言的文化认知基础，对民族语言进行语音识别和自然语言处理等问题，基本上采用自下而上的归纳法。

近年来，民族语言学研究兴起了运用语言学、考古学与分子人类学等多学科相结合的方法追溯中国少数民族的起源和扩散问题的研究。长期以来，有关汉藏语系语言起源时间及起源地点的观点一直众说纷纭。一种观点认为，汉藏语系起源于大约 6000 年前的中国北方；另一种观点则认为，起源于 9000 年前的中国西南部或印度东北部。2019 年，两个由语言学者领衔的研究团队（国内复旦大学的张梦瀚等团队、德国和法国的合作团队）基于众多学科收集了有关汉藏语系语言及其使用者的证据，包括语言学、发生学、计算生物学、考古学以及分子人类学等，同时还考虑到了农耕文化发展进程及其在特定区域内对人类移民的影响，然后运用概率测试法对建立于上述证据的语言谱系树进行了评定。两个团队的成果分别发表在《自然》杂志和《美国科学院院报》，两个团队的研究结果都显示，原始汉藏语起源于黄河流域，也即现今的中国北方，其分化时间为 7200—5900 年前。该区域与当时黄河流域的仰韶文化息息相关（Zhang *et al.* 2019，LaPolla 2019；Sagart *et al.* 2019）。不同学者用不同的方法却得出了类似的结果，这是对汉藏语起源于黄河流域学说的重大支持，也是汉藏语系语言研究的重大进步。

阿尔泰语系的起源问题也一直存在争议。近年来，德国语言学家 Robbeets（2019）领衔的研究团队以语言学为基础讨论阿尔泰语系的起源地及其迁徙问题，其发表在《自然》杂志的论文《语言学、考古学、遗传学"三驾马车"阐明史前泛欧亚语系起源于中国北方的粟作农业人群（*Triangulation Supports Agricultural Spread of the Transeurasian Languages*）》，该团队利用历史语言学、考古学以及分子人类学等跨学科方法研究阿尔泰语系起源地，认为泛欧亚语系（旧称阿尔泰语系）的发源地在中国东北，即距今 9000—7000 年前在辽河流域的西部，后来随着使用者向东或者向西，先后迁徙到西伯利亚、韩国和日本，现今中国的阿尔泰语系民族以及韩国人、日本人、土耳其人，还有中亚各斯坦（塔吉克除外）、西伯利亚的通古斯人都来自中国东北。

此外，语言学、考古学和分子人类学（遗传学）都已经证实南岛语民族的起源地在中国东南沿海，如吴卫、王银平、李福生（2021）的《台湾海峡区域视野下南岛语族起源与扩散的考古学观察》、焦天龙（2021）的《中国东南沿海考古与南岛语族的起源研究（*Archaeology of Southeast Chian and the Search for an Austronesian Homeland*）》认为，考古材料为南岛语起源于中国东南沿海地区的论点提供了最直接也最有力的证据，南岛语的祖先在距今 8300 年左右就开始探索中国东南沿海的近海岛屿。到距今 5000 年左右，随着远距离航海技能的突破，有相当数量的南岛语人口移民中国台湾岛。厦门大学邓晓华团队 2020 年立项的国家社科基金重大项目"多学科视角下的南岛语族的起源与形成研究"主要从语言学、分子人类学 DNA、环南海史前考古视角来探究南岛民族的起源和迁徙问题。

（二）研究手段和方法的创新

民族语言研究人才培养面临诸多问题。国内民族语言研究队伍不断萎缩，学科发展平台严重削弱，如民族院校类学报、民族研究类期刊不再刊登少数民族语言文字研究成果，对构建少数民族语言的学科体系、学术体系和话语体系以及传承优秀中华传统文化极为不利。需要深刻认识中国少数民族语言研究在中国民族研究和人文社会科学领域的地位和作用，提升少数民族语言研究人才培养水平；迫切需要扩大国内民族语言研究队伍，深入挖掘少数民族语言研究内容，并提升其理论水平。

充分发挥国家级学会、学术期刊、出版机构等学科发展平台，积极推进学科高质量发展。尤其要向有关部门和高校领导呼吁民族院校类学报、民族研究类期刊恢复刊登少数民族语言文字研究成果，为构建少数民族语言的学科体系、学术体系和话语体系以及传承优秀中华传统文化作出少数民族语言研究应有的贡献。

在保持语言描写优势的基础上，深入开展跨语言比较研究和语言接触研究。罗仁地先生指出语言类型学、历史语言学和语言接触学之间有一种"你中有我，我中有你"的关系，因为三个领域都是针对语言形式的研究，三者的差别只在于着重点不一样。我们如果要了解语言的形式，就必须要了解语言形式的作用（语用／意思）和来源，包括影响形式或用法的因素，如说话者迁徙的历史以及语言（文化）接触及其影响。我们在进行类型学研究的时候，必须参照历史语言学和语言接触学，而进行历史语言学研究的时候更需要参照类型学。具体讨论语言的性质和功能、历史语言学的不同方法、类型学描写范畴和比较概念的区别和用法。（罗仁地 2021）我们研究任何一个问题应该从不同的视角、不同角度、不同方面去对其进行考察。

要正确认识到我国濒危语言的现状和趋势，创新濒危语言调查研究的理论方法，采取切实有效的手段和措施来保护濒危语言资源。未来研究需要发挥濒危语言保存的实际效用，思考濒危语言的学习和传承路径，记录保存原生态语料，实现语言资源共享，以保护人类语言的多样性。

民族地区国家通用语言文字教育关乎地方经济社会文化发展，实证研究更多是个案研究，缺少宏观把握和理论思考。今后的研究应更多将理论与实践有机结合，分析国家通用语言文字教育的发展。面向少数民族的国家通用语言文字推广普及是铸牢中华民族共同体意识的重要内容之一，不同地区、民族的学习者在学习国家通用语时，存在的语言偏误不尽相同，对语言学习偏误进行研究，并进行有针对性的指导和纠正，可以有效地提升学习者的语言水平，这是民族语言工作者的研究专长，也是新时代民族语言学研究的新拓展方向。

参考文献

［1］阿布都鲁南·塔克拉. 维吾尔语词汇学与研究. 北京：民族出版社，2011.

［2］朝克. 满通古斯语族语言词汇比较. 北京：中国社会科学出版社，2014.

［3］成燕燕. 现代哈萨克语词汇学研究. 北京：民族出版社，2000.

［4］程适良. 突厥比较语言学. 乌鲁木齐：新疆人民出版社，1997.

［5］戴庆厦主编. 新时期中国少数民族语言使用情况研究丛书. 北京：商务印书馆，2007-2014.

［6］戴庆厦主编. 中国少数民族语言参考语法研究系列丛书. 北京：中国社会科学出版社，2009-2014.

［7］戴庆厦，徐悉艰. 景颇语词汇学. 北京：中央民族学院出版社，1995.

［8］戴庆厦主编. 彝语词汇学. 北京：中央民族大学出版社，1998.

［9］德力格尔玛，波·索德. 蒙古语族语言概论. 北京：中央民族大学出版社，2006.

［10］傅懋勣、王均. 重视少数民族语言文字的使用和发展，使民族语文工作更好地为四个现代化服务. 民族语文，1980（1）.

［11］黄布凡主编. 藏缅语族语言词汇. 北京：中央民族学院出版社，1992.

［12］江荻主编. 中国民族语言语法标注文本丛书. 北京：社会科学文献出版社，2017-2021.

［13］焦天龙. 中国东南沿海考古与南岛语族的起源研究（英文）. *Social Sciences in China*，2021.42（1）：161-170.

［14］金鹏. 藏语拉萨日喀则昌都话的比较研究. 北京：科学出版社，1958.

［15］李泽然. 哈尼语词汇学. 北京：民族出版社，2013.

［16］李增祥. 突厥语概论. 北京：中央民族学院出版社，1992.

［17］梁敏，张均如. 侗台语族概论. 北京：中国社会科学出版社，1996.

［18］罗常培. 从语言上论云南的民族分类. 边政公论. 1942（7-8）.

［19］罗常培. 语言与文化. 北京：北京大学出版部，1950.

［20］罗常培. 语言与文化. 北京：语文出版社，1989.

［21］罗仁地. 历史语言学、语言类型学和语言接触学. 汉藏语学报，2021（12）.

［22］马学良主编. 汉藏语概论. 北京：北京大学出版社，1991.

［23］马学良主编. 汉藏语概论（修订版）. 北京：民族出版社，2003.

［24］倪大白. 侗台语概论. 北京：中央民族学院出版社，1990.

［25］倪大白. 侗台语概论（修订版）. 北京：民族出版社，2010.

［26］覃晓航. 壮语词汇学. 北京：民族出版社，2004.

［27］瞿霭堂，谭克让. 阿里藏语. 北京：中国社会科学出版社，1983.

［28］孙宏开主编. 中国新发现语言研究丛书. 上海：上海远东出版社（1997—1999）；北京：中央民族大学出版社（2000—2002）；北京：民族出版社（2002—2020）.

［29］孙宏开主编. 中国少数民族语言方言研究丛书. 成都：四川民族出版社（1998—1999）；北京：民族出版社（2001—2012）.

［30］孙宏开，丁邦新，江荻，等主编. 汉藏语语音和词汇（上、下册）. 北京：民族出版社，2017.

［31］王远新. 突厥历史语言学研究. 北京：中央民族大学出版社，1995.

［32］吴卫，王银平，李福生. 台湾海峡区域视野下南岛语族起源与扩散的考古学观察. 东南文化. 2021（5）.

［33］颜其香，周植志. 中国孟高棉语族语言与南亚语系. 北京：中央民族大学出版社，1995.

［34］颜其香，周植志. 中国孟高棉语族语言与南亚语系（修订版）. 北京：社会科学文献出版社，2012.

［35］中国社会科学院民族研究所编. 中国突厥语族语言词汇集. 北京：民族出版社，1990.

［36］中国社会科学院民族研究所编. 藏缅语语音和词汇. 北京：中国社会科学出版社，1991.

［37］中国社会科学院民族所，国家民族事务委员会文化宣传司编. 中国少数民族文字. 北京：中国藏学出版社，1992.

［38］中国社会科学院民族研究所主编. 中国少数民族语言词典系列丛书. 成都：四川民族出版社（1992—1996）；北京：民族出版社（2002—2005）.

［39］中国社会科学院民族研究所，国家民族事务委员会文化宣传司编. 中国少数民族语言文字使用和发展问题. 北京：中国藏学出版社，1993.

［40］中国社会科学院民族研究所，国家民族事务委员会文化宣传司编. 中国少数民族语言使用情况. 北京：中国藏学出版社，1994.

［41］中央民族学院壮侗语研究室编. 壮侗语族语言词汇集. 北京：中央民族学院出版社，1985.

［42］中央民族学院苗瑶语研究室编. 苗瑶语方言词汇集. 北京：中央民族学院出版社，1987.

［43］LaPolla R J. The Origin and Spread of the Sino-Tibetan Language Family. *Nature*, 2019（569）：45-47.

［44］Robbeets M. *et al*. Triangulation Supports Agricultural Spread of the Transeurasian Languages. *Nature*, 2021（599）：616-621.

［45］Sagart L. *et al*. Dated Language Phylogenies Shed Light on the Ancestry of Sino-Tibetan. *The Proceedings of the National Academy of Sciences (PNAS)*, 2019, Vol.116, No.21: 10317–10322.

［46］Zhang Menghan *et al*. Phylogenetic Evidence for Sino-Tibetan Origin in Northern China in the Late Neolithic Age. *Nature*, 2019（569）：112-115.

现代转型过程中文字学体系的
建构和术语系统的创立[*]

黄德宽

在中国当代人文学科体系中，文字学是历史最为悠久且成功实现现代转型的学科之一。汉代对先秦经典的整理和研究，促进了文字训诂之学的兴起，东汉时期产生了《说文解字》等"小学"经典著作。《说文解字》的问世，不仅标志着传统文字学的创立，而且奠定了传统文字学的基本格局和发展方向。传统文字学的主要任务是"说字解经义"，其目的是服务经典释读，理论研究极为薄弱而不成系统。

近代以来，与中国其他人文学术一样，文字学经历了从传统学术向现代学科的历史转型。"小学"或称为传统语文学，包含文字、音韵和训诂等内容，章太炎首先提出"小学""当名语言文字之学"。"语言文字之学"的提出及其研究实践，预示着传统语文学开启了向现代语言文字学转型的历程。[1]文字学作为传统"小学"的重要组成部分，其现代转型的关键就是推进文字学体系的建构和名词术语系统的创立，通过建构具有现代意义的学科体系和理论范畴，文字学逐步发展成为一门独具中国特色的现代学科。

---

* 蒙中西书局之邀，笔者撰写了《从传统学术到现代学科——论传统文字学的现代转型与理论创新》一文，论述文字学从传统学术向现代学科转型过程中的学科体系建构和理论创新等问题，全文篇幅较长，这里刊出的是该文的第一部分。

[1]章绛(太炎)：《论语言文字之学》，《国粹学报》第二年(丙午，1906)第五册。章太炎对自己的语言文字研究曾有如下总结："余以寡昧，属兹衰乱，悼古义之沦丧，愍民言之未理，故作《文始》，以明语原，次《小学答问》以见本字，述《新方言》以一萌俗，简要之义，著在兹编。"见章太炎《国故论衡》卷上《小学略说》，国学讲习会编，庚戌年(1910)五月。

一、文字学体系的建构

20世纪以来，文字学体系的建构大体上经历了文字学从"小学"的逐步分立到不断发展完善的历程。1905年，刘师培编著的《中国文学教科书》第一册"以诠明小学为宗旨"，从文字的形、音、义入手，对传统语文学涉及的文字、音韵、训诂知识进行了综合介绍，这是将传统语文学理论化、体系化的努力和尝试。[1]何仲英《新著中国文字学大纲》（商务印书馆，1922年）明确提出了"新著中国文字学"的宗旨，认为：文字有形、有音、有义，"凡研究这三者相互关系的一种学术，叫做文字学"。他指出："兼斯三者，得其条贯，始于清代戴震；后来钱大昕、段玉裁、王念孙、郝懿行、朱骏声，及近人章炳麟继起，发扬国粹，如日中天，于是中国文字学才成为一种有系统的学术。"这部书重视文字学内在系统性的建构，在继承传统语文学的同时，较为推崇章太炎的相关学说。马宗霍的《文字学发凡》（商务印书馆，1935年）由"形篇""音篇""义篇"构成，同样是按照文字形、音、义三端来建构体系的。这些著作所建构的文字学体系，是由传统字形演变学说、"六书"条例与音韵学、训诂学等内容糅合而成的"综合派"文字学，体现了传统语文学向现代文字学过渡时期的特点。

传统语文学向现代文字学过渡时期，也产生了一些富有创新意义的文字学著作。贺凯的《中国文字学概要》（北平文化学社，1931）构想的"新文字学的建设"，"是以文字的'形''音''义'三者为研究的对象，而求出文字的起源、构造、变迁及对于历史、风俗、社会文化的贡献；目的是为文字而研究文字学，并不只是为读古书而研究文字学"。他提出："近世甲骨文字的发现，在文字学上特开一新纪元。""语言文字之学，要有历史的眼光，凡一切甲骨金石文字，都在研究的范围内。所以现在研究文字学，要在《说文》以外得到新的发明，得到文字在历史上的解答，这才可称为研究文字学者。"贺凯对文字学的认识，体现了立足于文字的形、音、义和新发现的古文字材料来建构文字学理论体系的新认识。张世禄所著《中国文字学概要》（文通书局，1941年），虽然也主张形、音、义综合研究，但他强调："文字既然所以代表语言，语言上的声音和意义，就寄托在文字当中；而所用来记载声音和意义的工具，就是书写上的形体。所以无论哪种文字，它的实质总是声音和意义，它的形式就是各个字体；无论哪个文字，

---

[1]刘师培《中国文学教科书》第一册，收入《刘申叔先生遗书》。

总具有形、音、义这三方面的……这样形、音、义三方面互相推求，把字书偏旁之学、训诂之学、音韵之学打成一片，才可以揭示中国文字的奥秘，才可以说是完全的文字学。"张氏具有现代语言学的理论视野，从"建设中国文字学的科学"出发，通过语言文字关系的分析，为从形、音、义综合研究文字确立理论依据，克服了传统语文学向现代文字学过渡时期的弊病，代表了综合研究形、音、义以建构文字学理论体系的进步。

现代转型过程中文字学学科体系建构的关键一环，是音韵学、训诂学与文字学的分离。1917 年，北京大学的文字学课程分为"文字学形义篇"（朱宗莱讲授，北京大学出版部，1917）和"文字学音篇"（钱玄同讲授，北京大学出版部，1918），将音韵学内容从"文字学"中分立出来。"文字学形义篇"即所谓"文字形义学"，沈兼士对此有一个界说："研究中国文字的形体、训诂之所由起，及其作用与变迁，而为之规定各种通则以说明之，这种学问，就叫做文字形义学。"[1]沈氏在北京大学的"文字形义学"讲义，提出"以'钟鼎'、'甲骨'为中心的造字说"，以形体和训诂为核心"分为上下两篇，上篇叙述历史的系统，下篇讨论理论的方法，意在使读者先有了文字形义学观念，然后再进而研究各种理论，如此办法，比较的为有系统、有根据一点"。根据沈兼士文字形义研究的相关论著，可大体了解沈氏文字学理论建构的设想。于省吾评价说："昔人以研讨文字之形、音、义者谓之小学，自章炳麟先生易称为语言文字学，俾脱离经学附庸，上承顾江段王之业，综理其成。而兼士先生亲炙绪论，推寻阐发，究极原委，进而为语根字族之探索，遂蔚为斯学之正宗。先生之言曰：'余近年来研究语言文字学，有二倾向：一为意符字之研究，一为音符字之研究。意符之问题有三：曰文字画，曰意符字初期之形、音、义未尝固定，曰意通换读。音符之问题亦有三：曰右文说之推阐，曰声训，曰一字异读辨。二者要皆为建设汉语字族学之张本。'此为先生自叙治学之纲要。"[2]"文字形义学"是传统文字学现代转型的一次发展，周兆沅、杨树达、高亨等所编文字学讲义都曾使用这个名称。[3]"文字形义学"虽然

[1]沈兼士编有《文字形义学》讲义（北京大学，1917）并发表《研究文字学"形"和"义"的几个方法》（《北京大学月刊》第一卷第八号，1921）。沈氏讲义并未完成，从《叙说》可了解其全书理论构建。参看《沈兼士学术论文集》，中华书局，1986 年。

[2]见于省吾《段砚斋杂文·序》，收入《沈兼士学术论文集》，中华书局，1986 年。

[3]周兆沅：《文字形义学》，商务印书馆，1935 年；杨树达：《文字形义学》（曾名《中国文字学概要》），1940 年湖南大学石印本，1943 年以后改为此名；高亨：《文字形义学概论》（40 年代讲义），山东人民出版社，1963 年。

在字"义"研究方面还没能彻底摆脱"训诂"的影响，但其分离出音韵学的内容，将关注的重点放在文字形体结构方面，是现代文字学理论体系建构迈出的重要一步。

与此同时，有些学者进一步撇开与训诂相关的"字义"问题，将主要研究对象聚焦于文字的形体结构，从而促进"形体派"文字学从传统语文学中实现了完全的独立。如吕思勉的《中国文字变迁考》（商务印书馆，1926年）、顾实的《中国文字学》（商务印书馆，1926年）、蒋善国的《中国文字之原始及其构造》（商务印书馆，1930年）以及容庚的《中国文字学形篇》（燕京大学研究所石印本，1931年）等著作，都排除了传统语文学"训诂"的内容，主要围绕形体演变和结构来研究文字学相关问题。唐兰对中国文字学理论体系的建构有着自觉的追求，他以建设"一种西方人不能理解的特殊学科"——真正科学的"中国文字学"（The Science of Chinese Characters）为己任，指出，"清末以来的文字学，也总包括形、音、义三方面。……我的文字学研究的对象，只限于形体"；"文字学本来就是字形学，不应该包括训诂和声韵。一个字的音和义虽然和字形有关，但在本质上，它们是属于语言的。严格说起来，字义是语义的一部分，字音是语音的一部分，语义和语音是应该属于语言学的"；以字形为核心，"搜集新材料，用新方法来研究文字发生构成的理论，古今形体演变的规律，正是方来学者的责任"。[1]唐兰《中国文字学》（开明书店，1949年）由"前论"和"文字的发生""构成""演化""变革"等五大部分组成，该书在文字学理论体系建构方面成就最为显著，它的问世标志着以"形体"为中心建构的科学文字学理论体系基本形成。

20世纪50年代以后，"形体派"文字学理论代表了文字学研究的主流。梁东汉的《汉字的结构及其流变》（上海教育出版社，1959年）、蒋善国的《汉字形体学》（文字改革出版社，1959年）、《汉字的组成和性质》（文字改革出版社，1960年）等著作，代表了"形体派"文字学理论研究取得的新进展。新中国的文字改革政策，对50年代后的文字理论体系建设产生了较大的影响。蒋善国的《汉字学》（上海教育出版社，1987年），由"绪论"和"汉字的起源""汉字的特点""汉字的创造类型""汉字的发展"等四编构成，分析汉字的结构，探讨汉

---

[1]唐兰:《中国文字学》，收入《唐兰全集》第六册，第394、395、396、408页，上海古籍出版社，2015年。

字发展规律，进而建立文字学的科学体系，为文字改革提供理论依据。[1]王凤阳的《汉字学》（吉林文史出版社，1989年）则明确提出："更换名称更重要的用意在于划清和传统的'小学''文字学'的界限，说明'汉字学'与传统文字学无论在观点、立场上，还是在方法、目的上都有着本质的不同。'汉字学'从历史上说是对传统的文字学的批判的继承，在体系方面说，则是对传统文字学的根本改变。"这部著作由"绪论""字体论""体系论""改革论""字形论"五大部分构成，"以汉字的改进、改革为出发点"，通过对传统文字学的批判，试图建构一个富有变革意义的文字学理论体系，在汉字理论研究方面提出了不少值得重视的新见解。[2]裘锡圭的《文字学概要》（商务印书馆，1988年）是一部立足于汉字发展实际、体系完备的文字学理论著作。全书讨论了汉字的性质、形成、形体演变、结构以及形、音、义关系等基本问题，充分利用出土和历代典籍保存的大量文字资料，贯通古今，在汉字理论研究和体系建构方面取得重要进展，有关汉字形成、形体演变、基本结构类型等问题的讨论尤为缜密深入，代表了近现代以来文字学理论体系建构达到的新高度。

二、文字学分支学科的形成

在传统文字学实现转型的历程中，古文字、近代汉字和现代汉字研究等相关分支学科的形成和发展，成为文字学学科体系建构和发展的重要方面。

古文字本就是文字学的重要研究对象，汉代的古文研究以及许慎的《说文解字》确立了古文字研究的传统。晚清金石学的复兴和吴大澂、孙诒让等人的研究，促进古文字研究从金石学中分立。19世纪末，甲骨文的发现以及罗振玉、王国维等人的研究，则为现代古文字学的建立拉开了帷幕。[3]

---

[1] 蒋善国在汉字研究方面有多部著作，其中最有创新价值的是他的《汉字形体学》。他的文字学研究也深受文字改革思想的影响，曾主张"直接改用拼音文字，使汉字由标音、表意走向纯粹拼音"（见《汉字的组成和性质》第296页，文字改革出版社，1960年）。

[2] 该书的写作有着鲜明的时代色彩，文字改革的思想和观念，在一定程度上影响了该书总体价值取向和对一些问题的判断。根据作者介绍，这部书的写作准备始于1956年从事文字学教学，次年作者即编出汉字学讲义，此后经过近三十年的曲折努力，于1985年完成书稿，经过修订，1989年才由吉林文史出版社出版。2018年，该书经张世超修订后，由中华书局出版。

[3] 参看黄德宽、陈秉新：《汉语文字学史》增订本第四编第一章、第二章，第147—186页，安徽教育出版社，2014年。

　　1934 年，唐兰在北京大学讲授古文字学时所撰《古文字学导论》（北京大学出版组 1934 年石印，1935 年来薰阁书店出版，1981 年齐鲁书社出版增订本），是首部关于"古文字学"的论著。唐兰认为："古文字学好像只是文字学的一支，但它却是文字学里最重要的部分。""一直到近代，研究古文字的人可说不少，而古文字学却始终不能被称为一种科学。"[1]《古文字学导论》分为两编，上编"是由古文字学的立场去研究文字学"，包括古文字学研究的范围及其历史、文字的起源和演变等内容；下编"是阐明研究古文字学的方法和规则"，包括古文字研究的目的、古文字释读方法、古文字研究涉及的基本学科和戒律等内容。该书深入讨论了古文字学的基本理论、方法等重要问题，为建构古文字学科奠定了理论基础，对古文字学的发展产生了深远影响。

　　随着甲骨文、金文、战国秦汉文字资料的不断发现和研究，古文字学研究全面发展，取得了巨大成就。尤其是 20 世纪 70 年代以来战国秦汉文字资料的大量发现以及研究的深入，古文字学逐步发展出相应的分支学科，唐兰曾提出将古文字划分为"殷商""两周""六国""秦"四系的设想得以实现。[2]古文字学的繁荣发展，是文字学实现现代转型的标志性成就，汉字的形成、发展、形体、结构等相关理论研究，因古文字学的发展而获得重要突破，对文字学的丰富、拓展以及科学体系的建构和完善产生了极大推进作用。

　　古文字学自身的理论建设，虽然比古文字资料整理研究和古文字考释成就相对逊色，但同样也不断取得进步，20 世纪 80 年代之后有多部古文字学著作（教材）相继问世，如李学勤的《古文字学初阶》（中华书局，1985 年）、林沄的《古文字研究简论》（吉林大学出版社，1986 年）、高明的《中国古文字学通论》（文物出版社，1987 年）、陈世辉和汤余惠的《古文字学概要》（吉林大学出版社，1988 年）、陈伟湛和唐钰明的《古文字学纲要》（中山大学出版社，1988 年）、黄德宽的《古文字学》（上海古籍出版社，2015 年）等，这些著作（教材）体现了古文字研究与古文字学理论体系建设的不断进展。此外，裘锡圭《文字学概要》的主要内容也是关于古文字学方面的。古文字学是文字学现代转型时期成果最为

---

[1] 唐兰：《古文字学导论》第 29 页，上海古籍出版社，2016 年。

[2] 唐兰：《古文字学导论》第 34—36 页，上海古籍出版社，2016 年。按，古文字各分支学科称名目前虽然还不统一，但大体上是按照"甲骨""金文""战国文字""简帛文字"等来分类的，所涉及内容基本上不出唐兰"古文字的四系"的范围。唐兰还根据中国文字学的历史，分出：俗文字学、字样学、《说文》学、古文字学、六书学五大派别，认为"前两派属于近代文字学，后三派属于古文字学"（唐兰：《中国文字学》，见《唐兰全集》第六册，第 408 页，上海古籍出版社，2015 年）。

丰硕的领域，当前已发展成为一门与历史学、考古学、语言学、古文献学以及信息技术密切相关的新兴交叉学科。

近代汉字和现代汉字研究，也是文字学现代转型过程中发展起来的分支学科方向。"近代汉字"（或称"近代文字"）是与"古文字"相对应提出的概念，指的是隶书以后的文字。[1]隶楷阶段的近代汉字，从汉代延续至现代，历史跨度长，材料丰富，与当代文字直接相关。但是，传统文字学长期忽视近代汉字的研究，直到20世纪初新文化运动之后，伴随汉字改革运动和文字学的现代转型，这种局面才逐步得到改变。50年代之后，推行简化字成为国策，对俗体字的整理和研究得到重视。80年代之后的近代汉字研究，从服务于文字改革逐步转向以隶楷阶段汉字发展和用字现象的研究为重点。利用出土的简牍碑刻和传抄刻印的各类文献资料，研究隶楷阶段文字结构、形体及其演变规律等，拓展了文字学研究的新领域。这期间对俗字的整理考释和理论研究成果尤为突出，如张涌泉的《汉语俗字研究》（岳麓书社，1995年）、《敦煌俗字研究》（上海教育出版社，1996年）、《汉语俗字丛考》（中华书局，2000年）等。近年来，在近代汉字整理、考释和理论研究方面的积累，涉及隶楷汉字研究的各个方面，对历代字书俗字、疑难字、汉字海外和民族地区传播的研究也都取得较大进展，近代汉字学已经发展成为文字学的一个新的分支。

50年代以来，面向汉字改革、运用、教学和信息处理的需求，现代汉字自然就成为文字学研究的新领域。在简化字、异体字的整理研究以及有关汉字规范的制定和推广方面，继承新文化运动的遗产，制定和发布了《第一批异体字整理表》（1955年）、《简化字方案》（1956年）、《简化字总表》（1964年）和《通用规范汉字表》（2013年）等，由此推动现代汉字研究取得了显著的进步。汉字教学、信息处理和应用，也促进了对现代汉字的性质、构形特点和分析方法的研究，因此逐步发展出现代汉字学这一文字学研究的新分支。1980年，周有光发表《现代汉字学发凡》（《语文现代化丛刊》第2辑），提出建设"现代汉字学"的设想，并发凡起例简略论述了现代汉字学的学科定位、研究内容和方法等问题。苏培成的《现代汉字学纲要》（北京大学出版社，1994年）初步建构了现代汉字学的理论体系，现代汉字学目前正呈现出较好的发展态势。

---

[1]唐兰：《古文字学导论》第32—33页，上海古籍出版社，2016年。按，汉代与"古文字"相对应的概念是"今文"，即当时通行的隶书。

古文字学、近代汉字学和现代汉字学等分支学科的形成和发展，全面拓展了文字学的研究领域，从历史汉字到现代汉字都被纳入文字学研究的范围，各个分支学科的创新发展加快了文字学现代转型的历史进程。

三、文字学名词术语系统的创立

名词术语是一个学科核心概念的载体，名词术语系统的建立是学科知识体系建构的基础。在文字学现代转型和理论体系建构的过程中，名词术语系统的创立是一项基础性的工作，也代表着文字学作为现代学科发展的水平。传统文字学虽然历史悠久，但名词术语却较为贫乏，不仅数量有限，而且许多名词术语含义模糊，导致理解歧异，使用混乱。这是中国传统人文学术普遍存在的现象。文字学在现代转型过程中，接受西方语言学的影响，一方面对传统文字学积累的名词术语加以继承和改造，另一方面通过向西方语言学借鉴和自身创造来发展必需的新名词术语，逐步建立起现代文字学的名词术语系统。

文字学名词术语的创立与现代文字学理论体系的建构密切关联。比如，"书""名""文""字""文字"等是传统文字学对汉语书写符号的统称，而"中国文字""汉字"以及"中国文字学""汉字学"则是文字学现代转型过程中出现的重要名词术语。"中国文字""中国文字学"这类新名词，只有在与外国文字相比较的视野下才能创立；[1] 在中古到清代的文献中，"汉字"本是与民族文字或外国文字相对应时才使用的称谓，并不是一个真正意义上的学术术语，在文字学现代转型时期"汉字""汉字学"才发展成为文字学名词术语。[2] 随着研究的深入和

---

[1] 唐兰认为："文字学是研究文字的科学，在一个中国人看来，这个名词是很恰当的。但西方输入的科学名词，还没有一个可以配合的名称。""因为中国的文字是特殊的，在一切进化的民族都用拼音文字的时期，她却独自应用一种本来含有义符的注音文字。"参看唐兰《中国文字学》，见《唐兰全集》第六册，第394页，上海古籍出版社，2015年。

[2] "汉字""汉字学"成为文字学名词术语，经历了一个历史过程。"汉字"一词中古时期的佛典翻译中就已出现。唐宋以后的有关史书文献中，与民族文字、外国文字相关的语境中通常用"汉字"（或称"汉文"）指称汉人使用的文字（有时为汉语言文字的泛称），这是一种"他称"，汉人一般并不用以指称自己的文字。清代编纂的《钦定满洲蒙古汉字三合切音清文鉴》（乾隆四十六年/1781）所使用的"汉字"已具有术语性质。到19世纪后期，"汉字"在日本作为文字学名词术语的运用已较普遍。20世纪初叶，章太炎也曾使用"汉字"一词，谓"汉字自古籀以下，改易殊体，六籍虽遥，文犹可读"（章太炎：《国故论衡》卷上《小学略说》，国学讲习会编，庚戌年/1910）。新文化运动时期，"汉字"一词开始在国内流行。如1923年《国语月刊》一卷七期"汉字改革号"（文字改革出版社1957年重印），刊载钱玄同、傅斯年、蔡元培、黎锦熙等人谈文字改革的文章，都已使用"汉字"。50年代，"汉字改革" （转下页）

文字学体系建构的进步，文字学名词术语系统建设日趋完善。以文字的结构及其分析为例，传统文字学涉及文字构造和分析的名词术语，只有"六书"有关名目以及"偏旁""形旁""声旁""独体""合体"等有限的名词，而且这些名词大都缺乏严格的界定。转型后的文字学产生了一批代表汉字结构不同层级的名词术语，如"结构""字式""构形方式""构形模式""结构类型""象意字""表意字""表形字""表音字""意符字""音符字""记号字""半记号字""合音字""字音""字义""字符""意符""义符""音符""构形""构意""构形元素""字素""字元""构件""部件""符号""记号""笔画""笔形""笔顺"，等等。这些名词术语出现在文字学或汉字构形学相关著作中，虽然有的名词术语仅代表部分学者的意见，但总体上反映出通过创新名词术语以满足文字学理论体系建构的需要，这是汉字构形研究走向严密和深入的体现。

文字学名词术语的创立、发展和规范，是文字学转型为现代人文学科的必然要求。2011 年，全国科学技术名词审定委员会首次组织审定公布《语言学名词》，其中"文字学"部分，按照"总论""汉字的起源和发展演变""汉字的结构""汉字的形体""汉字系统内部关系""汉字政策、应用研究等"六个部分，审定公布了 207 个重要的名词术语作为文字学国家科技名词标准。[1]文字学名词术语国家标准的公布，是对传统和现代文字学名词术语的一次全面清理，这些主要名词术语的构成体现了文字学现代转型后的基本理论构成，也代表了文字学现代转型后的学科发展水平和所取得的理论成果。

无论是体系的建构还是术语的创立，都是传统文字学实现现代转型所必须经历的基本环节，也最能代表文字学现代转型所取得的实质性进展。本文从这个角

（接上页）"简化汉字"成为官方表述（见吴玉章：《文字必须在一定条件下加以改革——全国文字改革会议上的报告》，1955 年）。此后，"汉字"作为名词术语的使用愈加广泛，但是文字学界依然更习惯于用"中国文字""文字"来指称汉字。"汉字学"这一名词则出现得更迟且使用者较少。80 年代，蒋善国《汉字学》（上海教育出版社，1987）、王凤阳《汉字学》（吉林文史出版社，1989）相继出版。彼时，王凤阳依然还在倡导使用"汉字"与"汉字学"，指出："'文字'是个大类名，它不仅可以概括汉字，也可以囊括古今中外的所有书写的符号体系。就汉族自身讲，对汉字固然可以称文字……但是，为了名实相副，还是径直称为'汉字'好，这样既可以区别于国外的埃及文字、玛雅文字……也可以区别于国内的蒙文、维吾尔文……中国的'文字学'不是普通文字学，不是比较文字学，也不是国内各族人民的文字学，为使面目清楚，不如也径直称作'汉字学'为好。"（王凤阳：《汉字学》修订本，第 5 页，中华书局，2018 年）

[1] 语言学名词审定委员会：《语言学名词》，第 19—33 页，商务印书馆，2011 年。

度总结近代以来传统文字学现代转型的历程，可以看出，文字学堪称从传统学术向现代学科转型的典范。

文字学的现代转型，不仅体现出其作为一门独具中国特色的人文学科获得了新的学术生命，而且也表明在现代学科体系中文字学具有不容忽视的存在价值。文字学作为传统学术现代转型的成功样本，全面揭示其转型发展的历史进程和动因，对深入认识中国现代人文学科的发展是很有意义的。文字学的现代转型发展，总体上看取决于近代以来中国社会历史文化发展的大势，而从人文学术的发展来看，以下因素的影响至关重要：（1）西方语言学的引进以及不同民族语言文字的比较互鉴，极大地开拓了中国学者的理论视野；（2）随着中国现代考古学的建立和一系列重要考古发现，甲骨文等历代文字新资料极大地丰富了文字学研究的内容，对汉字的形成、形体构造、发展规律等一系列重要问题获得了更加深入的认识；（3）文字学研究领域全面拓展，由以服务于经典释读的研究范式，逐步拓展到以古代、近代和现代汉字为本体的全方位研究，文字学各个分支学科的形成和发展，使汉字的基础研究和应用研究渐趋均衡；（4）中国人文社会科学和自然科学的整体发展，为文字学借鉴相关学科的研究方法和手段提供了可能，不同学科研究方法的吸收对文字学研究方法的改进和理论的创新也产生了重要的作用。正是以上各要素的共同作用，推动传统文字学成功地实现了向现代学科的转型发展。

近二十来年的古文字学鸟瞰

陈　剑

一、引言

　　"古文字"是通行的习惯提法，本文所及就是"古汉字"。"古文字"与"古文字学"，都有狭义和广义之分。"狭义的古文字"仅指"先秦的古汉字"（且不包括小篆），"广义的古文字"则将秦汉时代的篆文与汉初古隶（时代大致在汉武帝之前）也一并包入。狭义的"古文字学"主要研究古汉字的文字系统本身（自然也包括文字所记录的词汇），与之相对的即"普通文字学"或"一般文字学"。广义的"古文字学"则还包括对文字所记载内容及其载体等的研究，涉及语言学、文献学、历史学和考古学等多个领域，具有"交叉学科"性质。

　　按一般传统的分法，古文字学有以下几大分支领域：甲骨学、青铜器与铭文研究（或称"金文学"）、战国文字研究、简帛学。所谓"简帛学"是近几十年来随着出土简帛材料的大量增多才逐渐独立出来的；实际上，就其所使用"文字系统"而言，战国简帛与秦汉简帛实大为不同（汉初一般简帛古书文字与西北屯戍汉简文字亦大有不同），其研究也是各自相对比较独立的。主要着眼于文字系统本身来讲，又可将古文字学分为甲骨文研究、金文研究、战国文字研究、秦与汉初文字研究几大领域。从上述相关命名，已经可看出其中各种"交叉之处"。一般而言，"甲骨学"可涵盖"甲骨文研究"，"青铜器与铭文研究"可涵盖金文研究、战国文字中之"兵器铭文"研究，"简帛学"可涵盖战国简帛研究（也是战国文字研究的主体）、"秦与汉初文字研究"中的秦汉简帛研究。同时，秦文字相对比较独立，所谓"战国文字研究"，往往又仅系指战国时代东方六国文字的研究；与之相对，研究者将西土春秋战国时代的秦国文字和秦代文字统称为"秦系文字"，作为一个独立的研究分支。汉初古隶与秦文字一脉相承，亦已被附带纳入古文字研究，合起来即上文所述"秦与汉初文字研究"。

本文所谓"近二十来年"，大致亦即"从新世纪以来"。一方面，这略可与裴锡圭和陈剑旧所论相接续；[1]另一方面也是更重要者，即大致以1998年春郭店简的刊布为界，到2000年左右上博简开始零星披露重要材料（2001年出版第一册），学界逐步掀起战国竹书研究的热潮，由此上溯并大大改变了早期古文字释读的面貌，从此可以说古文字学步入了一个新的阶段。

总的来看，近二十来年的古文字学蓬勃发展，知识更新速度极快，其面貌可谓"日新月异"。各分支领域，以楚简研究最为热门，并带动了战国文字其他领域的研究，变化最为剧烈；甲骨学面貌日新，是同样进展最大最快的。其余领域，亦多有发展。下面抓住几个特点略作概述。

二、被"推着前进"的古文字学

跟其他学科不大一样的是，谈古文字学的发展，除了学科内在的逻辑，不能不特别强调其"外在驱动力"。其中最重要者，就是大量新出材料的推动。大家喜欢用"井喷式"来形容近几十年来古文字新材料的"涌现"，洵非过言。前引裴锡圭和陈剑文曾谓："几乎可以说，建国以后的古文字研究是由考古工作推着前进的。"后来形势有所不同，除了考古发掘出土者外，还有大量重要新材料是盗掘或私掘流散再被抢救回来的。我们把"考古工作"一语换为笼统的"新出材料"，这话同样合适。

先说最为显著者，即以楚地出土战国竹书为代表的战国文字研究。

以1998年5月《郭店楚墓竹简》的出版为界，随后大宗资料有《上海博物馆藏战国楚竹书》（已出至第九册，上海古籍出版社 2012）、《清华大学藏战国竹简》（已出至第拾叁册，中西书局 2023）、《安徽大学藏战国竹简》（已出至第二辑，中西书局 2022）。这些新材料，无不甫一公布迅即掀起研究热潮，并吸引了大批主要从事历史研究、思想史研究、文学史研究的学者投入。

"识字""释字"，是古文字学的基础，新出战国竹书对此起到了关键作用，

---

[1] 裴锡圭、陈剑：《古文字研究五十年（1949—1999）》，原载《中国教育报》1999年9月28日第7版，收入《裴锡圭学术文集·金文及其他古文字卷》，上海：复旦大学出版社，2012年，第503—507页。

成为近二十多年来古文字释读的最大"增长点"和"动力"。之前的战国文字研究，对构形变化的讨论成果最为丰富，相关认识可以说已经非常透彻深入。但由于旧有材料多系玺印封泥、陶文货币等不连成完整文句者，其文字释读往往难以从辞例得到检验；连成文的简册又多为卜筮祭祷记录、遣册和法律文书，性质亦与一般古书不同，其中多专名和程式化的套语。以上因素，皆大大限制了战国文字释读的进步。郭店简、上博简、清华简和安大简等都是一般意义的古书典籍，既具有"成文"、能够依靠语言环境决定或至少可大致推定有关文字音义的优势，又具有可以跟丰富的传世古书相"对读"的优势（一些竹书篇章本身还有不同本可以对读）。因此，很多旧有战国文字中的疑难字，一旦出现在明确语境中，或者一经"对读"，自然也就认识了；有些字形来源不明的，或还需上溯才能解决，又为考释更早的古文字提供了"定点"与"钥匙"，由此解决了旧有殷墟甲骨文与商周金文中的不少疑难字词释读问题。再有，这些陆续公布的新材料，又还在不断起到检验、修正已有古文字释读成果的作用。因此，研究者公认，从郭店简开始，古文字学进入了一个"大规模释字 / 识字"的时代。

竹书之外，战国文字新资料最为显著者，是数量巨大的民间收藏玺印，以及新出陶文。前者见于多种各家收藏所出谱录，难以一一列举。较为集中的著录见吴砚君《盛世玺印录（修订本）》（西泠印社出版社 2021）、《盛世玺印录·续一》（文化艺术出版社 2017）至《续四》（书法出版社 2020），又集其钤本为萧玄成主编《盛世玺印录钤本集》（西泠印社 2022）。新出陶文，主要见于山东新泰、沂水和临淄等地（参看第三部分）。

殷墟甲骨文，考古发掘出土的重要新材料有两批完整刊布，即《殷墟花园庄东地甲骨》（云南人民出版社 2003）和《殷墟小屯村中村南甲骨》（云南人民出版社 2012）。前者是首次集中出土的成批子卜辞材料，一度成为甲骨研究最为热门的领域。此外见于民间收藏者亦不乏新的重要资料，主要著录于段振美等《殷墟甲骨辑佚——安阳民间藏甲骨》（文物出版社 2008）、宋镇豪等《殷墟甲骨拾遗》（中国社会科学出版社 2015）。西周甲骨也有新的重要发现，即陕西岐山周公庙遗址出土甲骨，已有部分发表。另附带一提，曹玮《周原甲骨文》（世界图书出版公司 2002）收有高清彩照，较旧有著录质量大大提高，亦未必不可视为某种意义上的西周甲骨新材料。

有铭青铜器的重要发现，如《殷墟新出土青铜器》（云南人民出版社 2008），陕西眉县杨家村西周青铜器窖藏（逨盘、四十二年逨鼎、四十三年逨鼎等）、扶风五郡西村西周青铜器窖藏（五年琱生尊等），零星出现的西周重器如幽公盨、鲁叔四器等。新出见于公私收藏者，如保利艺术博物馆《保利藏金（续）》（岭南美术出版社 2001）、刘雨和汪涛《流散欧美殷周有铭青铜器集录》（上海辞书出版社 2007），萧春源《珍秦斋藏金：秦铜器篇》（澳门基金会 2006）、《珍秦斋藏金·吴越三晋篇》（澳门基金会 2008），首阳斋、上海博物馆、香港中文大学文物馆《首阳吉金：胡盈莹、范季融藏中国古代青铜器》（上海古籍出版社 2008）、宛鹏飞《飞诺藏金　春秋战国篇》（中州古籍出版社 2012），等等。

此外最重要的，是各诸侯方国遗址、墓地所出有铭青铜器。其中重要者如，山西曲沃天马－曲村晋侯墓地出土铜器铭文（《天马－曲村 1980—1989》，科学出版社 2000），从西周早期到春秋中晚期的曾国墓地所出铜器铭文（《随州叶家山——西周早期曾国墓地》，文物出版社 2013；又随州文峰塔、枣树林墓地等，材料还在陆续发表），彻底揭开了所谓"曾随之谜"，使得不见于古书记载的曾国历史逐渐清晰。又如，山东枣庄市东江村小邾国墓地出土及追缴铜器铭文（《小邾国遗珍》，中国文史出版社 2006），河南平顶山应国墓地出土铜器铭文（《平顶山应国墓地》，大象出版社 2012），湖北随州羊子山、河南南阳夏饷铺墓地出土噩国铜器铭文（《汉淮传奇：噩国青铜器精粹》，上海博物馆 2021），山西梁带村芮国墓地出土铜器铭文（《梁带村芮国墓地：二〇〇七年度发掘报告》，文物出版社 2010；《金玉华年：陕西韩城出土周代芮国文物珍品》，上海书画出版社 2012），翼城大河口霸国墓地出土铜器铭文（《霸金集萃：山西翼城大河口西周墓地出土青铜器》，上海古籍出版社 2021）、绛县横水倗国墓地出土铜器铭文（《倗金集萃：山西绛县横水西周墓地出土青铜器》，上海古籍出版社 2021），等等。

秦与汉初文字，在旧有秦汉简帛之外，更是有大批新发现。已经完整公布的有《关沮秦汉墓简牍》（中华书局 2001）、《天水放马滩秦简》（中华书局 2009；红外扫描图片见孙占宇《天水放马滩秦简集释》，甘肃文化出版社 2013）、《岳麓书院藏秦简（壹—柒）》（上海辞书出版社 2010—2022）、《北京大学藏秦简牍》（上海古籍出版社 2023），《随州孔家坡汉墓简牍》（文物出版社 2006）、虎溪山汉简（《沅陵虎溪山一号汉墓》，文物出版社 2020）、《天回医简》（文物出版社 2022）、《张家山汉墓竹简（三三六号墓）》（文物出版社 2022）；尚在陆续公布中的如《里耶秦简（壹）》（文物出版社 2012）、《贰》（文物出版社 2017），《北京大学藏西汉竹书（贰）（上海古籍出版社 2012）和《壹》、《叁》至《伍》（皆上海古籍出版社 2015），等等。此外还有大量新见秦印、秦封泥（参后文）。

以上新材料，一方面令研究者获得新知、帮助解决旧有问题，一方面自然也带来大量新问题的研究。

新的技术手段，也起了很大"推着前进"的作用。就材料整理而言，如简牍修复与保护手段的进步，红外照相或扫描还有铜器 X 光透视以获得高清影像资料，高清印刷技术的广泛采用等，不但大大提高了相关材料刊布的质量，还使得一些新的研究课题成为可能，如研究印文、字迹乃至文字的笔画关系与书写顺序，甲骨刻写、钻凿的细节等。就研究者个人而言，随着大量资料电子化、获取与查检更为方便，电脑字符集越来越大、图像处理能力越来越强，互联网资源日益丰富，等等，都使得研究越来越便捷高效。后引裘锡圭先生所指出古文字学"电脑化程度过低"的问题，现在已经大为改观。

总之，近二十来年古文字研究取得了大量新成果，目前整个古文字学的水准、学界对古文字认识的整体，相较于以前确实是大大提高了。但这很大程度上应该归功于材料本身，主要还是受惠于新材料加上科技进步之赐。作为研究者个人，我们恐怕很难说自己的研究能力比起前人来有了多大提高。

三、材料整理的全面深入与工具的完善便捷

对古文字原始材料的整理，既是所有研究的基础，同时本身又即古文字研究的重要组成部分。所谓"工具"，既包括传统的各类纸质工具书，在今天新形势下，如上所述，还包括各种电子化手段。

裘锡圭先生在二十多年前曾指出：

目前，在古文字研究方面，存在着新资料的发布不及时、资料著录总集和工具书不能满足研究的需要、理论性总结工作做得不够以及电脑化程度过低等问题。古文字学似乎受了它所研究的对象的古老性的影响，跟其他学科相比，显得有些落伍。研究者往往费力多而收获少。

并针对"推动古文字学发展的当务之急"呼吁：

为了推动古文字学更快更好地发展，古文字研究者当前必须以主要力量投入的首要任务，就是编出高质量的各种资料总集和工具书，提供尽可能完整的各种古文字资料，全面反映古文字研究已达到的水平，以适应研究工作

及其电脑化的需要。[1]

值得欣慰的是，二十多年过去后，现在情况比起当初所述，已经有了很大改观。

在有关发掘或收藏单位自身的重视与努力、学界以不同方式推动与协同合作等因素共同影响下，新材料的发布速度已经大大提高。如清华简在 2008 年入藏后，从 2010 年开始至今，即稳定以每年一辑的速度出版整理本，这在以前可以说是难以想象的。同时，又有大量字编、引得、集释等性质的工具书编纂出版，基本已涵盖了古文字资料的各个时段与门类，可以大致满足研究者多方面的需求。下面略为列举出一些重要常用者。

通贯类的文字编，有高明和涂白奎《古文字类编（增订本）》（上海古籍出版社 2008）。黄德宽主编、徐在国副主编的"古汉字字形表系列"，计有夏大兆《商代文字字形表》、江学旺《西周文字字形表》、吴国升《春秋文字字形表》、徐在国等《战国文字字形表》和单晓伟《秦文字字形表》（以上皆上海古籍出版社 2017），诸书合在一起，亦即可作为较新的贯通全貌的古文字编。

与上述相联系者，通贯的字源研究著作，有季旭昇《说文新证》（台北艺文印书馆 2014），吸收学界新说较多，多次修订再版，影响较大。李学勤主编《字源》（天津古籍出版社、辽宁人民出版社 2012），收字最全。黄德宽主编《古文字谱系疏证》（商务印书馆 2007），收字亦多，且于用例皆有解释。张亚初《商周古文字源流疏证》（中华书局 2014）亦颇可参，惜仅完成前四卷。另网络数据库有香港中文大学"汉语多功能字库"（http://humanum.arts.cuhk.edu.hk/Lexis/lexi-mf/），颇能吸收学界新知，甚具参考价值。

通假材料的汇集，如王辉《古文字通假字典》（中华书局 2008），白于蓝《简牍帛书通假字字典》（福建人民出版社 2008），及其不断增补修订而成的《战国秦汉简帛古书通假字汇纂》（福建人民出版社 2012）、《简帛古书通假字大系》（福建人民出版社 2017），另有如刘信芳《楚简帛通假汇释》（高等教育出版社 2011）、徐俊刚《非简帛类战国文字通假材料的整理与研究》（吉林大学博士学位论文 2018），亦可参。

---

[1] 裘锡圭：《推动古文字学发展的当务之急》，原载《学术史与方法学的省思——中央研究院历史语言研究所七十周年研讨会论文集》，台北："中研院"史语所，2000 年。收入《裘锡圭学术文集·金文及其他古文字卷》，上海：复旦大学出版社，2012 年，第 508—514 页。

下面来看古文字学各个分支领域的情况（叙述免不了或会略有交叉）。

殷墟甲骨研究，其材料问题最为复杂，有关成果也最多。

对旧有材料的重新整理，重要者如《中国国家博物馆藏文物研究丛书·甲骨卷》（上海古籍出版社 2007）、《北京大学珍藏甲骨文字》（上海古籍出版社 2008）、《上海博物馆藏甲骨文字》（上海辞书出版社 2009）、《史语所购藏甲骨集》（台北"中研院"史语所 2009）、《中国社会科学院历史研究所藏甲骨集》（上海古籍出版社 2011）、《俄罗斯国立爱米塔什博物馆藏殷墟甲骨》（上海古籍出版社 2013）、《旅顺博物馆所藏甲骨》（上海古籍出版社 2014）、《复旦大学藏甲骨集》（上海古籍出版社 2019）、《安阳博物馆藏甲骨》（西泠印社出版社 2019）、《吉林大学藏甲骨集》（上海古籍出版社 2021）、《河南藏甲骨集成·开封博物馆卷》（河南美术出版社 2021）、《故宫博物院藏殷墟甲骨文·马衡卷》、《故宫博物院藏殷墟甲骨文·谢伯殳卷》（中华书局 2022），等等。诸书大多采用正背面彩照（有的还多面彩照）、拓本、摹本三位一体的著录办法，更为全面科学。旧拓片的著录，重要者如郭若愚《殷契拾掇三编》（上海古籍出版社 2005）、《中国社会科学院古代史研究所藏甲骨文拓》（上海古籍出版社 2020）等。以上诸书，其中皆不乏以前未刊布的重要材料。

专门的缀合问题，新出诸家缀合汇集成书者如，蔡哲茂《甲骨缀合续集》（台北文津出版社 2004）、《甲骨缀合三集》（台北"中研院"史语所 2022），另蔡哲茂《甲骨缀合汇编（图版篇）》（新北花木兰文化出版社 2011）、《甲骨缀合汇编（释文与考释）》（新北花木兰文化出版社 2013），是对学界旧有缀合成果（除已收入《甲骨文合集》与《甲骨文合集补编》者）的汇集。又林宏明《醉古集：甲骨的缀合与研究》（台北万卷楼 2011）、《契合集》（台北万卷楼 2013），张宇卫《缀兴集——甲骨缀合与校释》（台北万卷楼 2020），黄天树主编《甲骨拼合集》（学苑出版社 2010）至《甲骨拼合五集》（学苑出版社 2019）。后者每本均附有"甲骨新缀号码表"，其中《五集》所附"2004 年～2017 年甲骨新缀号码表"最新最全。近来复旦大学出土文献与古文字研究中心制成"缀玉连珠：甲骨缀合信息库"（见中心网站，http://www.fdgwz.org.cn/ZhuiHeLab/Home），最便使用。

专题性质或某批材料的汇编，有蒋玉斌《殷商子卜辞合集》（学苑出版社 2020）、张惟捷和蔡哲茂《殷虚文字丙编摹释新编》（台北"中研院"史语所 2017）。最新最重要的"集大成"性质的材料汇编著作，是黄天树主编《甲骨文摹本大系》（北京大学出版社 2022）。

释文分片查考的工具书，在各书原有释文及早出之《殷墟甲骨刻辞摹释总集》外，新出有曹锦炎和沈建华《甲骨文校释总集》（上海辞书出版社 2006）、陈年福《殷墟甲骨文摹释全编》（线装书局 2010）。各片卜辞所属类组的查考，可参考杨郁彦《甲骨文合集分组分类总表》（台北艺文印书馆 2005），以及新近出版的彭裕商主编《殷墟甲骨文分类与系联整理研究》（四川辞书出版社 2023）。

类纂亦即单字辞条查考者，《殷墟甲骨刻辞类纂》之后，收材料最全的是陈年福《殷墟甲骨文辞类编》（四川辞书出版社 2021）；专门针对新出材料编纂者，花东卜辞有两种，即齐航福和章秀霞《殷墟花园庄东地甲骨刻辞类纂》（线装书局 2016）、洪飏等《殷墟花园庄东地甲骨文类纂》（福建人民出版社 2016），另如李霜洁《殷墟小屯村中村南甲骨刻辞类纂》（中华书局 2017）、《〈甲骨文合集补编〉类纂及相关问题研究》（复旦大学博士学位论文 2021）。

以上两方面内容的查考，与下述网络数据库相配合使用，颇可互补。即香港中文大学"汉达文库"（https://www.chant.org/）、安阳师范学院甲骨文信息处理重点实验室"殷契文渊"（http://jgw.aynu.edu.cn/ajaxpage/home2.0/index.html）。

查考字形的工具书，主要有李宗焜《甲骨文字编》（中华书局 2012）、刘钊等《新甲骨文编（增订本）》（福建人民出版社 2014）；另沈建华和曹锦炎《甲骨文字形表（增订版）》（上海辞书出版社 2017）、韩江苏和石福金《殷墟甲骨文编》（中国社会科学出版社 2017）、陈年福《甲骨文字新编》（线装书局 2017）、王蕴智《甲骨文可释字形总表》（河南美术出版社 2017）、前述《商代文字字形表》等，亦可参考。针对某一批材料的，有如姜巧巧《殷墟小屯村中村南甲骨文字编》（安徽大学硕士学位论文 2014）、朱添《殷墟花园庄东地甲骨文字编》（黑龙江大学出版社 2017）、郭仕超《旅顺博物馆所藏甲骨文字编》（中国社会科学出版社 2023）等。

文字集释类者，如何景成《甲骨文字诂林补编》（中华书局 2017），接续《甲骨文字诂林》。研究文献汇编类的工具书，有宋镇豪和段志洪主编《甲骨文献集成》（四川大学出版社 2001），集中收录旧著录释文考释（个别有图版）和单篇研究论文；《甲骨文研究资料汇编》（国家图书馆出版社 2008），专门汇集了甲骨文发现早期出版的五十部稀见旧著录。

下面来看金文。

材料总集类者如，中国社会科学院考古研究所《殷周金文集成（修订增补本）》（中华书局 2007），在修订旧版基础上，新附有释文。此书之外新出者，也不断被汇编，如刘雨和卢岩《近出殷周金文集录》（中华书局 2002）、刘雨和严志斌《近出殷周金文集录二编》（中华书局 2010），陈昭容等《新收殷周青铜器铭文暨器影汇编》（台北艺文印书馆 2006）。收录资料最新最全、最便使用者，则是吴镇烽《商周青铜器铭文暨图像集成》（上海古籍出版社 2012）与《商周青铜器铭文暨图像集成续编》（上海古籍出版社 2016）、《商周青铜器铭文暨图像集成三编》（上海古籍出版社 2020）；与之相配套的单机软件为吴镇烽《金文通鉴》，比起纸质版来，其所收彩照效果更佳，同时还在保持随时更新。

其他或按出土地收录编排者，如山东省博物馆编《山东金文集成》（齐鲁书社 2007），刘彬徽和刘长武《楚系金文汇编》（湖北教育出版社 2009），陈青荣和赵缊《海岱古族古国吉金文集》（齐鲁书社 2011），孙合肥《安徽商周金文汇编》（安徽大学出版社 2016），张振谦《齐系金文集成》（学苑出版社 2018），苏影《山东出土金文合纂》（新北花木兰文化 2019），等等。

另有不少主要按考古学方式著录铜器及其铭文者，颇能提供不少铭文高清彩照，对于文字研究也很有帮助。如曹玮《周原出土青铜器》（巴蜀书社 2005），张天恩主编《陕西金文集成》（三秦出版社 2016），徐天进和段德新主编《宝鸡青铜器博物院藏商周青铜器》（上海古籍出版社 2017），李伯谦主编《中国出土青铜器全集》（科学出版社、龙门书局 2018），另如收录山西出土青铜器的《山右吉金》系列、《山西珍贵文物档案》系列，以及众多博物馆藏品介绍、图录性质的书籍等，不再一一列举。

文字编，主要有董莲池《新金文编》（作家出版社 2011）、陈斯鹏等《新见金文字编》（福建人民出版社 2012）；专为殷商金文编的，有毕秀洁《商代金文全编》（作家出版社 2012）、严志斌《商金文编》（中国社会科学出版社 2016）两种。另如王心怡《商周图形文字编》（文物出版社 2007）、张俊成《西周金文字编》（上海古籍出版社 2018）、吴国升《春秋金文全编》（社会科学出版社 2022）、刘秋瑞《宋人著录商周青铜器铭文文字编》（社会科学文献出版社 2020）等。另前举《西周文字字形表》和《春秋文字字形表》，合起来亦可大致看作即西周春秋金文编。

释文引得类工具书，有张亚初《殷周金文集成引得》（中华书局 2001）、华东师范大学中国文字研究与应用中心编《金文引得》（广西教育出版社 2002）、张桂光主编《商周金文辞类纂》（中华书局 2014）。诸书现已颇可为前述《金文通鉴》所取代。研究文献汇编类，有刘庆柱和段志洪主编《金文文献集成》（香港明石文化国际出版 2004）。

下面来看战国文字。

楚地出土竹简，除前述清华简等大宗独立材料之外，其余部分也多有合集或重新整理。陈伟等《楚地出土战国简册(十四种)》（经济科学出版社 2009），收录上博简面世之前湖北、河南和湖南出土简册共十四种的释文注释。武汉大学简帛研究中心等《楚地出土战国简册合集》已出版五册，即《(一)·郭店楚墓竹书》（文物出版社 2011）、《(二)·葛陵楚墓竹简、长台关楚墓竹简》（文物出版社 2013）、《(三)·曾侯乙墓竹简》（文物出版社 2019）、《(四)·望山楚墓竹简、曹家岗楚墓竹简》（文物出版社 2019）、《(五)·九店楚墓竹书》（文物出版社 2021），多新拍有红外照片。此外，李零《子弹库帛书》（文物出版社 2017）最完整地新公布了现藏于美国弗利尔—赛克勒美术馆的子弹库楚帛书材料及其整理研究。

玺印、封泥和陶文的新出著录甚多，仅略举集中收录较全者。如胡长春《战国玺印(分域音序)》（人民出版社 2020），任红雨《中国封泥大系》（西泠印社 2018）、孙慰祖主编《中国古代封泥全集》（吉林美术出版社 2022），王恩田《陶文图录》（齐鲁书社 2006）、徐在国《新出齐陶文图录》（学苑出版社 2015）、徐在国《新出古陶文图录》（安徽大学出版社 2018）、成颖春《齐陶文集成》（齐鲁书社 2019）。

文字编，涵盖全面的有汤余惠等《战国文字编(增订本)》（福建人民出版社 2015），现在看来已不敷使用，前举《战国文字字形表》可略为弥补。因战国文字的总量太大，且还在不断剧烈递增中，故短期内似难以亦不必急于再编制全面的文字编，而可据下述各类字编加以汇总。

按材料编著的，简帛类旧有滕壬生《楚系简帛文字编(修订本)》（湖北教育出版社 2008）。另各批材料如曾侯乙墓竹简、包山楚简、望山楚简、新蔡葛陵楚简、郭店楚简、上博竹书等，皆已有文字编，有的还不只一种，不再一一列举。清华简首开每册即后附"字形表"之体例（后来安大简亦已采此），又很快分别结集为《清华大学藏战国竹简(壹—叁)文字编》（中西书局 2014）及其修订本（中西书局 2020）、《清华大学藏战国竹简(肆—陆)文字编》（中西书局 2017）、《清华大学藏战国竹简(柒—玖)文字编》（中西书局 2020）。

其他门类材料的文字编如，吴良宝《先秦货币文字编》（福建人民出版社 2006）、王恩田《陶文字典》（齐鲁书社 2007）、曹锦炎和吴毅强《鸟虫书字汇》（上海辞书出版社 2014）、张道升《侯马盟书文字编》（黄山书社 2017）、徐在国《新出古陶文文字编》（安徽大学出版社 2021），等等。另前举胡长春《战国玺印（分域音序）》后附有逐字"索引表"，可略兼作"古玺印文编"。白于蓝等《先秦玺印陶文货币石玉文字汇纂》（福建人民出版社 2021），于集中查考战国简帛金文之外的各类文字较为方便。

分区系的文字编，如李守奎《楚文字编》（华东师范大学出版社 2003）、孙刚《齐文字编》（福建人民出版社 2010）、张振谦《齐鲁文字编》（学苑出版社 2014）、汤志彪《三晋文字编》（作家出版社 2013）、孙启灿《曾文字编》（吉林大学硕士学位论文 2016）、张振谦《燕文字编》（文物出版社 2023）等。合起来看，秦文字（见后）之外的东方六国各区系文字，都有了各自的文字编。此外，传抄古文有徐在国《传抄古文字编》（线装书局 2006）、刘建民《传抄古文新编字编》（复旦大学博士学位论文 2013）等。

引得类如张显成主编《楚简帛逐字索引（附原文及校释）》（四川大学出版社 2013）。集释类者，涵盖全面的有曾宪通和陈伟武主编《出土战国文献字词集释》（中华书局 2019）。分类或分批编纂，或词典性质者如，刘国胜《楚丧葬简牍集释》（科学出版社 2011）、朱晓雪《包山楚简综述》（福建人民出版社 2013）、蔡丽利《新蔡葛陵楚墓卜筮简集释》（中国海洋大学出版社 2019）、徐在国《楚帛书诂林》（安徽大学出版社 2010），徐在国《上博楚简文字声系（一～八）》（安徽大学出版社 2013）、雷黎明《战国楚简字义通释》（上海古籍出版社 2020）、赖怡璇《战国楚简词典（文书卷）》（台北万卷楼 2022），等等。值得特别指出的，是有大量硕博士学位论文，往往在各批楚简材料公布不久即及时跟进，编制文字编、作集释等，为研究者提供了极大便利。此难以一一列举，前已或择要指出。

秦系文字，材料汇编与重新整理方面，最重要者是陈伟主编《秦简牍合集》（武汉大学出版社 2014）及其《释文修订本》（武汉大学出版社 2016），不少重拍有红外照片。此外如袁仲一和刘钰《秦陶文新编》（文物出版社 2009），刘瑞《秦封泥集存》（中国社会科学出版社 2020）、《秦封泥集释》（上海古籍出版社 2021），等等。文字编如，总的有王辉等《秦文字编》（中华书局 2015）；分材料编著的如方勇《秦简牍文字编》（福建人民出版社 2012）、蒋伟男《里耶秦简文字编》（学苑出版社 2018），陈松长等《岳麓书院藏秦简（壹—叁）文字编》（上海辞书出版社 2017）、《岳麓书院藏秦简（肆—柒）文字编》（上海辞书出版社 2023），赵平安等《秦汉印章封泥文字编》（中西书局 2019）、许雄志《秦印文字汇编（增订本）》（河南美术出版社 2021）。引得类如，张显成主编《秦简逐字索引（附原文及校释）增订本》（四川大学出版社 2013）。

最后，多个单位或个人开发有多种数据库或检索软件，或是流传于研究者中间，或是置于网络（前已略有举例），使得大家从各方面收集材料更为便捷高效。另还有多个学术网站、论坛讨论区，可以令有关新观点迅速广为流传。总之，当今古文字学在数字化、电脑化方面的进步，可以说已经走在了学界前列，跟"它所研究的对象的古老性"（前引裘锡圭先生语）比起来，正好形成了极大反差。

四、研究的细化与精密

跟材料整理的全面深入和工具的完善便捷相伴随、紧密联系的，是各方面的研究越来越细化精密。如前述战国分国别区系的文字编，本身就是各区系文字研究的成果，也是研究细化的表现。

对战国竹书材料的整理，大家注意到的问题越来越多。在拼合、编联与分篇日益得到全面重视的同时，又更注意到简背划痕／画线，印文乃至污痕及其所反映出的竹简间关系，抄手字迹乃至文字的笔画关系与书写顺序的研究，竹简的分篇分卷及其编联关系，等等。这些方面研究的专门论著如，李松儒《战国简帛字迹研究：以上博简为中心》（上海古籍出版社 2015）、贾连翔《战国竹书形制及相关问题研究——以清华大学藏战国竹简为中心》（中西书局 2015）、程鹏万《简牍帛书格式研究》（上海古籍出版社 2017），等等。

殷墟甲骨文研究，各类组卜辞皆已有专门论著加以整理讨论。按字迹对类组及其小类划分得越来越细，对其间关系的认识也更加明晰。如张世超《殷墟甲骨字迹研究——自组卜辞篇》（东北师范大学出版社 2002）、蒋玉斌《自组甲骨文献的整理与研究》（东北师范大学硕士学位论文 2003），门艺《殷墟黄组甲骨刻辞的整理与研究》（郑州大学博士学位论文 2008），崎川隆《宾组甲骨文分类研究》（上海人民出版社 2011）、王建军《宾组卜辞研究·分类卷》（科学出版社 2019），刘风华《殷墟村南系列甲骨卜辞整理与研究》（上海古籍出版社 2014）、刘义峰《无名组卜辞的整理与研究》（金盾出版社 2014）、马智忠《殷墟无名类卜辞的整理与研究》（吉林大学博士学位论文 2018），马尚《出类甲骨分类断代新探》（北京大学博士学位论文 2022），张昂《何类甲骨研究》（复旦大学博士学位论文 2023），等等。专门从类组角度讨论文字差异的，如王子杨《甲骨文字形类组差异现象研究》（中西书局 2013）。

按甲骨刻辞性质作专门整理研究的，如蒋玉斌《殷墟子卜辞的整理与研究》（吉林大学博士学位论文 2006）、常耀华《殷墟甲骨非王卜辞研究》（线装书局 2006）、杨军会《殷墟子卜辞的整理及文字研究》（广西师范大学出版社 2019），方稚松《殷墟甲骨文五种记事刻辞研究》（线装书局 2009）、《殷墟甲骨文五种外记事刻辞研究》（上海古籍出版社 2021）。

按出土地或收藏单位作集中整理研究的，如林宏明《小屯南地甲骨研究》（台湾政治大学博士学位论文 2003），姚萱《殷墟花园庄东地甲骨卜辞的初步研究》（线装书局 2006）、魏慈德《殷墟花园庄东地甲骨卜辞研究》（台湾古籍出版社 2006）、孙亚冰《殷墟花园庄东地甲骨文例研究》（上海古籍出版社 2014），魏慈德《殷墟 YH127 坑甲骨卜辞研究》（新北花木兰文化出版社 2011），张惟捷《殷墟 YH127 坑宾组甲骨新研》（台北万卷楼 2013），陈逸文《中研院史语所殷墟第一到九次发掘所得甲骨之整理与研究》（台湾中山大学博士学位论文 2013），周忠兵《卡内基博物馆所藏甲骨研究》（上海人民出版社 2015），等等。

有关"甲骨学"各个专题的研究，从甲骨形态学、甲骨整治、钻凿形态，到占卜程序以及刻写关系、卜辞文例以及甲骨缀合等，都有大量成果。仅略举专著如，李旼姈《甲骨文例研究》（台湾古籍出版社 2003）、刘影《殷墟胛骨文例》（首都师范大学出版社 2016）、何会《殷墟王卜辞龟腹甲文例研究》（中国社会科学出版社 2020）、刘新民和章念《殷墟甲骨卜辞文例研究》（中国社会科学出版社 2022），李爱辉《殷墟甲骨缀合理论与实践》（首都师范大学博士学位论文 2014），等等。另如宋雅萍《商代背甲刻辞研究》（台湾政治大学博士学位论文 2014），亦与此密切相关。

按卜辞内容分类整理的研究，如祭祀、军事战争、农业、田猎、疾病、天象卜辞等，以及作更具体专题研究的，如姓氏、人名、地名、职官、地理等，皆有多种专门论著。宋镇豪主编《商代史》共十一卷（中国社会科学出版社 2012），较为集中地吸收了相关成果。

金文整理与研究，多分时代、国别、区系或出土地等作专门讨论。如严志斌《商代青铜器铭文研究》（上海古籍出版社 2013）、《商代青铜器铭文分期断代研究》（社会科学文献出版社 2014），谢明文《商代金文研究》（中西书局 2022），邹芙都《楚系铭文综合研究》（巴蜀书社 2007）、黄静吟《楚金文研究》（台北花木兰出版社 2011）、程鹏万《楚系典型铜器群铭文整理研究》（黑龙江人民出版社 2016），吴毅强《晋铜器铭文研究》（浙江大学出版社 2018），黄锦前《曾国铜器铭文探赜》（科学出版社 2020），张俊成《齐系金文研究》（上海古籍出版社 2022），王晖主编《周王畿—关中出土西周金文整理与研究》（三秦出版社 2022），等等。对族徽文字的专门研究，有王长丰《殷周金文族徽研究》（上海古籍出版社 2015）、雒有仓《商周青铜器族徽文字综合研究》（黄山书社 2017）。

战国文字研究，除了前述分国别区系的文字编，各区系文字也多有专门的研究论著。如张振谦《齐系文字研究》（科学出版社 2019）、马晓稳《吴越文字资料整理及相关问题研究》（吉林大学博士学位论文 2017）。总的分域研究以及针对各类材料者，如周波《战国铭文分域研究》（上海古籍出版社 2019）、《战国时代各系文字间的用字差异现象研究》（线装书局 2012），萧毅《古玺文分域研究》（崇文书局 2018），等等。其他专门研究如，曹锦炎《鸟虫书通考（增订版）》（上海辞书出版社 2014），董珊《吴越题铭研究》（科学出版社 2014），孙刚《东周齐系题铭研究》（上海古籍出版社 2019），等等。附属于战国文字的"传抄古文"研究，亦已由"附庸"而"蔚为大观"。重要论著如，李春桃《古文异体关系整理与研究》（中华书局 2016）、《传抄古文综合研究》（上海古籍出版社 2021），张富海《汉人所谓古文之研究（修订版）》（中西书局 2023）。

秦与汉初文字研究，如徐宝贵《石鼓文整理研究》（中华书局 2008），黄文杰《秦至汉初简帛文字研究》（商务印书馆 2008）、《秦汉文字的整理与研究》（社会科学文献出版社 2015），王辉等《秦文字通论》（中华书局 2016）、周晓陆等《秦文字研究》（西北大学出版社 2021）。尤其是，随着里耶秦简 8-461 "更名方"的公布，和研究者对"用字习惯"的日益重视，集中在秦"书同文字"问题上的有关讨论成为一大热点。

还应该加以专门指出的，是近二十多年来古文字考释逐渐趋向的"精密化"。对此我曾简单总结谓：

> 所谓"精密化"，大致说来，总的趋势有几点：对字形同异的辨析越来越精细，考虑到的因素越来越多、越来越全面［如时代的不同、地域的不同（战国文字区系之别造成的文字异形与用字习惯的异同等），写、刻方式的不同，载体材料、资料的性质的不同，卜辞类组的不同，等等］；对不同历史

时期各字演变序列及其相互关系的细节不断地揭示得越来越清楚；对古文字发展中各种纷繁复杂的情况、文字学上的各种复杂关系认识得越来越清楚，各种特殊现象不断得到揭示和积累（如一形多用、字形讹混、形体糅合、同义换读、特殊简化、特殊用字习惯等等）；坚持从语言学的观点考虑问题，"比较充分地考虑到古文字和所表示的词的种种关系，考虑到它们在句子中的用法，把字形、词义、语法几方面的线索结合起来研究，把古文字资料和古书中的有关资料结合起来研究"（原注：《古文字研究五十年》，《文集·金文及其他古文字卷》，507 页）；考释中对各个方面的分析越来越严谨、周延、细密，越来越强调各个环节的论证"无征不信"；等等。[1]

对此可以从相关论著方面略作补充。

对纷繁复杂的古文字演变现象及其规律的丰富认识和总结，是古文字考释中"历史比较法"的根基。有关重要论著，有刘钊《古文字构形学（修订本）》（福建人民出版社 2011）。各时段各领域古文字，亦皆有了专门作构形研究的论著，如吴盛亚《甲骨文字构形研究》（首都师范大学博士学位论文 2020）、万瑞杰《两周金文构形演变研究》（中国社会科学出版社 2017）、萧毅《楚简文字研究》（武汉大学出版社 2010）、袁莹《战国文字形体混同现象研究》（中西书局 2019）、孙合肥《战国文字形体研究》（中华书局 2020）、李守奎和肖攀《清华简〈系年〉文字考释与构形研究》（中西书局 2015）、董翘杰《清华简文字构形研究》（华东师范大学博士学位论文 2021）、李苏和《秦文字构形研究》（复旦大学博士学位论文 2014），等等。

构形的特殊一面即所谓"讹书"，也引起了研究者的足够重视。这方面的成果如张峰《楚文字讹书研究》（上海古籍出版社 2016）、赵平安主编《讹字研究论集》（中西书局 2019）、郑邦宏《出土文献与古书形近讹误字校订》（中西书局 2019），等等。

以上古文字构形现象及其理论研究带来的对字形、文字关系等认识的深入细化，跟古文字考释的进步、"精密化"，是紧密联系在一起的。

古文字考释与语言学的紧密结合，表现最为明显的，是学界近年比较流行热门的"音义关系""字词关系""文字职用"研究。研究者密切结合"新派古音学"

---

[1] 陈剑：《〈释殷墟甲骨文里的"远""迃"（迩）及有关诸字〉导读》，裘锡圭原著，黄天树、沈培、陈剑、郭永秉读解：《中西学术名篇精读·裘锡圭卷》，上海：中西书局，2015 年，第 295 页。

对上古音认识的进展，着力弄清上古汉语各个阶段、地域的词语音义与字形关系的精确匹配，以及其间递嬗关系乃至与传世古书用字情况间的参差出入等，使得有关字词的释读理解更为精准。

迄今已召开过三届"汉语字词关系学术研讨会"，前两届的会议论文集已正式出版，即李运富和汪维辉主编《汉语字词关系研究（一）》（中西书局 2021）、陈斯鹏主编《汉语字词关系研究（二）》（中西书局 2021），另还可参李运富主编《汉语字词关系与汉字职用学》（商务印书馆 2022）。对各领域古文字这方面的专门研究，如武亚帅《甲骨文字形与音义之间复杂关系研究》（首都师范大学博士学位论文 2022）、田炜《西周金文字词关系研究》（上海古籍出版社 2016）、禤健聪《战国楚系简帛用字习惯研究》（科学出版社 2017）、陈斯鹏《楚系简帛中字形与音义关系研究（修订本）》（中西书局 2022）、翁明鹏《秦简牍字词关系研究》（中山大学博士学位论文 2020）等。

近年学界又已不断涌现出博士学位论文，对各个时段与门类的古文字考释的历史与方法加以总结。如刘洪涛《形体特点对古文字考释重要性研究》（商务印书馆 2019），袁伦强《甲骨文偏旁分析与文字考释》（首都师范大学博士学位论文 2022），侯建科《楚文字疑难字考释史研究》（清华大学博士学位论文 2022）、于梦欣《楚系简帛文字考释方法研究》（吉林大学博士学位论文 2023），等等。

五、结语

展望古文字学的未来，有以下几方面可说。

第一，古文字学仍将持续很长时间的高速发展。

这一点，还是由材料本身所决定的。前述作为战国竹书大宗的清华简和安大简，都还有很大部分尚未公布完毕（上博简也有一小部分）。近若干年中，又持续不断有大批楚简（且主要系竹书简）新出土。已经见于报道或有零星披露者如，湖北荆门严仓 1 号楚墓竹简、荆州夏家台楚墓竹简、龙会河北岸楚墓竹简、枣林铺造纸厂楚墓竹简（枣纸简）、王家咀楚墓竹简、湖南益阳兔子山古井楚简、湘乡三眼井遗址楚简，等等。其中多有重要资料。秦汉简牍如，前文所述尚在陆续公布中的里耶秦简、北京大学藏西汉竹书，另还有大批的如里耶古井秦汉简牍、湖北云梦睡虎地 77 号西汉墓简牍、荆州胡家草场西汉墓简牍等。其他领域，如温县盟书、前述周公庙西周甲骨，还待全面公布；对大宗甲骨收藏全面科学的重新整理，前述故宫博物院所藏者待陆续出齐，另如山东博物馆、天津博物馆所藏者，其整理已进行多年，有望很快可以看到出版；其他如金文和玺印陶文等，仍在不断出土面世。

这些新材料必将不断带来新知，同时也累积起更多待解决的新问题。学界对它们的逐步消化吸收，需要很长一段时间。作为研究者个人，我们也要警醒的是，不能一味追逐新材料而忽略旧有老材料，尤其不能被层出不穷的新材料"牵着鼻子走"却往往陷于"浅尝辄止"。

第二，人工智能应用于古文字研究，有望取得较大进展。

人工智能、深度学习等技术介入古文字研究，目前已经取得较大成绩者，主要是在甲骨缀合与校重、青铜器分期断代、对已识文字的自动/智能识别等方面。研究者指出，人工智能与古文字学的交叉结合，未来"多模态模型的应用将会是主要发展方向，生成式人工智能的发散思维将为古文字问题解答提供更多思路，而借助大数据智能的数据挖掘能力则可以发现更多古文字中的规律性现象"；[1]利用深度学习算法实现形体上的识别，构建古文字知识图谱，"不但可以识别已识字，还可以为考证未释字提供参考"。[2]对这方面的进展，我们可以保持乐观的期待。

第三，古文字本体的研究，仍需进一步细化精密。

应该说，作为古文字本体研究的"核心"，仍然是疑难字词的考释。新旧材料中，都还大量存在"读不懂"之处；对此加以考释、作主要属于"语文学"层面的研究，仍然是需要我们长期坚持努力的基础任务。

不少研究者都已经感受到，前文所述"大规模释字/识字"的势头，近若干年来已经逐渐衰歇。古文字考释似乎进入了"瓶颈"阶段。确实，随着研究的不断深入，古今汉字的对应关系被一一弄清楚，要将未识古文字与后代文字联系上，是越来越困难了。今后的古文字考释要想有所突破，一方面是继续寻找、联系上已识文字的不同或特殊写法，另一方面则更多的是要以已经认识的基础形体为基础，通过研究它们跟"［字］"的种种复杂关系，真正认识其身份和职能，揭示出它们跟语言中的"｛词｝"的对应关系。

由以上设想出发，我们应该有意识地展开对古文字与出土文献中"［字］"与

［1］莫伯峰、张重生：《人工智能在古文字研究中的应用及展望》，《中国文化研究》2023年夏之卷。
［2］李春桃等：《基于人工智能技术的古文字研究》，《吉林大学社会科学学报》2023年第2期。

"{词}"的分别的"总账式"的清理。前者可以分为"由流溯源"和"由源探流"两个方面。所谓"由流溯源"，即要一一弄清，后代（主要是小篆系统和六国古文）我们已经明其读音的基础形体，哪些是还未明其"远源"的？哪些是其间字形演变还存在"缺环"的？所谓"由源探流"，即在早期古文字中，哪些基础形体是后代尚无对应者的？六国文字中，哪些已识基础形体，是在秦汉文字系统中尚无对应者的？通过这样有意识地"系统比对"，有可能比较有根据地新联系起基础形体的对应关系，自然对疑难字形也就认识或接近认识了。对"{词}"的清理，则要依靠对字词关系研究的深入和细化，在前述弄清楚上古汉语各阶段各地域的词语音义与字形关系的精确匹配，以及其间递嬗、与传世古书的参差出入等的基础上，进一步考虑，可能应该在古文字与出土文献中出现的词语，还存在哪些"空位"，从而有意识地去寻找其间"对应关系"，得出新的认识。

第四，"贯通"与"综合"有待加强。

所谓"贯通"，主要就古文字本身各时段各领域研究的贯通而言。虽然说，由于材料与论著的"爆发式增长"和学科内部自身发展规律（自然趋势是越分越细）的因素，现在研究者个人往往只能主要着力于某一阶段或领域的古文字研究，但也不能对其他领域不管不问，而仍要重视"贯通"古文字的所有发展阶段，至少要争取对其他阶段和领域的古文字资料都能掌握利用。此外，前引裘锡圭先生所述"理论性总结工作做得不够"的问题，应该说目前仍然存在。这方面的工作，也同样需要建立在对古文字的"贯通"认识基础上来加强。

所谓"综合"，主要针对我们所谓"狭义"的研究而言。主要从事古文字本体研究者，不仅不能只关注字形及原文本身，而要同时重视与上古音研究、古汉语词汇研究、传世古书校读等的结合；同时也不能"只见树木不见森林"、陷于"饾饤琐屑"，而应该在可靠的释读与文本整理基础上，进一步关注研究有关文献学、历史学、思想史等综合性的问题。

上述第三点和第四点，可以说是一个矛盾的两个方面。平心而论，目前古文字学存在的主要问题，恐怕还远远到不了"综合性不够"这一步，而仍是"还嫌分得不够"；并非有关研究已经陷于"太琐碎"，而是其实还嫌研究得远远不够精细深入。这主要还是由前述学科本身正处于高速发展状态之中的现状所决定的。新材料还在目不暇接地出现，"读不懂"的太多，遑论进一步的"综合"研究。就学科规律而言，恐怕也应该是，首先需要各分支学科充分吸收消化新材料，各自发展精细、研究透彻，产出足以让其他领域学者很方便地学习使用的可靠成果，然后才谈得上再来"融合""综合"的问题。就研究者个人而言,"身在局中"而往往"疲于奔命",被新材料与新论著"推着走",也还远远不到能够"停下来"细细检点总结的时候。现状自有其必然性,实属"无奈"。

总之,要达到我们心目中"理想的古文字学",即尽可能地弄清古汉字微观与宏观的发展演变历史与规律,化古文字与出土文献资料为合格的"语料"和"史料",以真正据以进行可靠的"上古汉语研究"与"历史(包括思想史)研究",我们还有漫长的路要走,大量艰苦的工作要做。对此,我将最大希望寄托在新的年轻一代身上。

近代汉字研究的回顾与展望 *

张涌泉　　韩小荆　　梁春胜　　景盛轩

一、近代汉字概说

近代汉字，也称"隶楷汉字"，是以隶楷阶段的汉字为研究对象的一门新兴的学科。"近代汉字"这一名称的使用，见于费锦昌《汉字研究中的两个术语》（1989）一文，我们这里采用这一术语。

（一）研究范围

汉字史可以大致分为古汉字、近代汉字和现代汉字三个阶段。古汉字习惯上称为古文字，指小篆以前的汉字，包括殷商文字、西周春秋文字、六国文字和秦系文字。近代汉字指秦汉以后至 20 世纪初叶使用的以隶书和楷书为主体的汉字。"五四"以来记录现代汉语的汉字则称为现代汉字。可见近代汉字是指现代汉字之前的隶楷阶段的汉字，这就是近代汉字的范围。

近代汉字研究有三点值得注意：一是秦至西汉早期的隶书，处于古汉字和近代汉字的过渡阶段，目前主要由古汉字学者进行研究，所以往往被划到古汉字的范围。实际上这部分文字资料对于探讨近代汉字的来源至关重要，近代汉字研究者不能忽视。二是近代汉字以隶楷为主，但这一时期的草书和行书对于隶楷文字

* 本文的主要参考论文有：费锦昌《汉字研究中的两个术语》，《语文建设》1989 年第 5 期；景盛轩《二十年来近代汉字研究综述》，《汉语史学报》第十三辑（2013 年）；梁春胜《"近代汉字学" 刍议》，《近代汉字研究》第一辑（2018 年）；杨宝忠《疑难字考释的现实意义》，《中文自学指导》2008 年第 2 期；张涌泉《近代汉字是中华文明的主要载体》，《中国社会科学报》2021 年 6 月 11 日；张涌泉《大力加强近代汉字的研究》，《浙江教育学院学报》2003 年第 6 期，谨向各位作者致谢。

有较大的影响，理应纳入近代汉字研究的范围。三是汉代以后的传抄古文，一般作为古汉字研究的辅助材料，但其中一些字形以隶楷形式出现，对于隶楷文字也有一定的影响，也可以纳入近代汉字的范围。

（二）研究资料

根据文字资料载体的不同，近代汉字的研究资料主要可分为简帛、石刻、写本、刻本四类。

简帛文字资料时代较早，一般是秦汉魏晋时期的，主要有睡虎地秦简、里耶秦简、岳麓秦简、北大秦汉简、银雀山汉简、马王堆简帛、居延汉简、悬泉汉简、敦煌汉简、武威汉简、张家山汉简、定县汉简、尹湾汉简、五一广场东汉简、三国吴简、楼兰汉晋简等。

石刻文字资料从秦汉直至民国时期历代都有，大致可分为碑碣、石阙、摩崖、墓志、造像记、画像题字、塔铭、经幢、地券、镇墓文、石经等。

写本文字资料也是从汉代以来历代都有，且时代越近发现得越多。大宗的写本资料主要有吐鲁番文书、敦煌文献、黑水城文献、域外汉籍写本、宋元以来契约文书、宋元以来小说戏曲写本、明清档案等。

刻本文字资料指宋代以来雕版印刷的古书，有不同的分类方法，如按时代可分为宋刻、辽刻、金刻、元刻、明刻、清刻等，按刻书地域可分为蜀刻、闽刻、浙刻等，按刻印者可分为官刻、家刻、坊刻等，按印刷方法可分为初印本、后印本、朱印本、蓝印本、朱墨本、套印本等。

简帛、石刻、写本三类文字材料一般由当时人写定，未经后人改动，所以最真切地反映了书写时代的文字面貌，对于近代汉字研究而言是最重要的第一手材料。而刻本文字资料虽然数量最为庞大，情况却比较复杂：写本时代的文献在进入刻本时代后，其字形和用字往往随着刊刻时代在不断地规范化和当代化。时代较早的宋刻本还较多地保留了写本时代的文字特征，时代较晚的刻本则往往离手写文字面貌越来越远。所以要研究刻本时代之前的文字，刻本文字一般只能作为辅助资料使用，并且使用时要考虑到刻本文字资料的复杂性。当然，宋代以后产生的与著作年代同时代的刻本，如宋词的宋刻本、元曲的元刻本、明传奇的明刻本、清代小说的清刻本等，也可以作为研究这一时代文字的第一手资料使用。

（三）研究意义

朱德熙先生说："汉字有悠久的历史，这方面的研究很重要。但是过去太着重于古文字的研究，总认为后代文字变化不大，没有什么好研究的。从宏观上讲，可以这样说，……但仔细一看，变化还是不小。就说从汉朝到现在，许多字都经历了很复杂的演变过程，这里面有很多东西值得研究。古文字的研究不是不重要，但近代文字的研究尤其重要。因为它与我们关系更密切，就像古代史跟我们的关系不如近代史密切一样。所以我们应花足够的力量去研究近代文字的历史。现在的常用字里有许多字的历史我们不清楚，譬如说'抛弃'的'抛'，40 年代唐兰先生曾写文章专门考证这个字的来历。这种字过去人不研究是不对的。我们应提倡近代文字的研究，俗字的研究。现在我们对古文字知道得比较多，近代文字反而知道得比较少，有点厚古薄今，这是不对的。"（朱德熙 1988）[15-16]

正如朱先生所言，近代汉字上承古汉字，下启现代汉字，在汉字史上处于承前启后的位置。加强近代汉字的研究，主要有以下六个方面的意义：

1. 有助于构建完整的汉语文字学体系

只有大力加强近代汉字的研究，才能勾勒出古今汉字发展演变的完整脉络，建立起完整的汉语文字学体系。

当前，学界通常把古文字理解为小篆以前的古代文字，从纯粹的文字学研究角度来看，这种理解无疑是正确的。古文字的概念产生于汉代，"古"与"今"相对，今文字指的是隶书，古文字自然不包括以隶楷为主体的近代汉字。但如果以今人眼光看，我们把现行汉字称为当今文字，就可以把清代以前的文字一并称为古代文字。只有加强包括近代汉字在内的广义"古代文字"的全面研究，才能建立一套完整的汉语文字学体系，并为中华优秀传统文化的传承发展作出应有的贡献。

2. 有助于建立每个汉字演变的谱系

传世的汉字大多数是近代汉字阶段产生的，这些汉字是怎么来的？后来又是怎么演变的？比如茶叶的"茶"字是什么时候产生的？"花"字是什么时候出现的？"赔"字是从哪变来的？"娘""孃"是什么时候混用的？"國"字古今有哪些异体？等等。我们有必要对每个汉字的产生、孳乳、演变的过程进行精细的描写，探索它们的前世今生，勾勒出每一个汉字渊源演化的谱系。这是一项"摸家底"的工作，对汉字文明的传承与弘扬具有十分重要的意义。

3. 有助于大型字典的修订与完善

宋代以来的大型字典收字宏富，是近代汉字研究的重要材料。但这些字典也存在贪多求大、重收字而轻考辨的问题，所以其中收入了大量形音义有问题的疑难字，给现代的大型字典编纂带来了严重的负面影响。加强近代汉字中疑难字的考释和字形演变研究，则可以有效地解决这一问题，促进大型字典编纂质量的提高。

4. 有助于古文献的整理与研究

古书历经传抄和刊刻，其文本文字也在不断被当代化，字形的变迁、用字习惯的改变、有意的篡改和无意的讹误等，都会造成古书面貌逐步被改变。要想尽力恢复这些古书不同历史层次的本来面貌，就必须具备一定的近代汉字学知识。至于出土文献和写本资料，在字形和用字等方面都和现代汉字有很大差异，要整理和研究这些材料就更离不开近代汉字学知识。利用近代汉字研究的成果，不仅可以发现并解决古书文字方面的问题，而且可以为文本的断代和辨伪提供重要参考。[1]

5. 有助于正确认识汉字简化

简化是汉字发展的总趋势，简化字古已有之，今天的简化字大多数在历史上就已经出现。但由于对近代汉字研究不够，当前社会上对简化字存在很多错误的认识。通过对近代汉字资料的充分发掘和系统研究，我们就可以清晰地描绘出每一个简化字发展演变的历史，从而为今天的汉字简化提供有益的参考。同时，近代汉字在总体简化的同时，也存在大量的繁化现象，这对于在汉字简化中一味求简的做法也是一种警示。

6. 有助于汉字的规范和统一

汉字异体众多，不仅在历史用字方面如此，而且在中国大陆和港澳台社会用字以及汉字文化圈用字方面同样如此。文字的不统一，不但给现实生活中人们的交流带来了不便，而且也不利于信息时代以汉字为载体的信息的传播。目前的汉字异形现象，大都是近代汉字阶段的产物。大力加强近代汉字的研究，把每一个异体字的来龙去脉搞清楚，就可以科学地选择和淘汰字形，从而为汉字的规范和统一提供重要参考。

---

[1]例子可参李运富、李娟（2016）。

此外，近代汉字的研究，对于语言、历史、考古、书法等相关学科也有一定的借鉴和促进作用。事实上，正如每个古文字一样，每一个近代汉字的产生，都有自己的"身世"和"传说"，都是特定历史时期物质文明和精神文明的反映，是中华民族智慧的结晶，是中外文明交流互鉴的真实记载，值得我们珍惜和认真研究。

二、研究现状

传统的汉字学研究以《说文》为中心。宋代金石学兴起以后，古汉字学日益发展壮大，民国以来更成为汉字学领域成就最高、影响最大的门类。近代汉字的研究则一直以来就很薄弱，直到 20 世纪 70 年代情况才渐有改观。

20 世纪 70 年代以来，由于敦煌文献整理的需要，敦煌俗字开始受到学界的普遍关注，进而带动了各种俗文字的研究。在此基础上，近代汉字研究开始兴起，研究队伍日益壮大，主要表现在三个方面：

（一）近代汉字的理论研究日益深入

首先，对"近代汉字"名称的确定和近代汉字时段的划分逐步明确。虽然唐兰早在 20 世纪 30 年代就已经提出用"近代文字"指称隶书以后的汉字，但这一名称具有歧义，且唐氏对汉字史的三分法也不够明晰和准确。后来又有"今文字""现代汉字""隶楷文字"等名称，但都没有通行开来。费锦昌《汉字研究中的两个术语》（1989）一文，首次提出把汉字史分成三个阶段：秦代小篆和小篆以前的汉字为古代汉字，秦汉隶楷直到"五四"以前的汉字为近代汉字，"五四"以后的汉字为现代汉字。此文定名准确，分期明晰，从而奠定了科学划分汉字史的基础，其意见逐步为学界所普遍接受。其后许长安《近代汉字学刍议》（1990）、张鸿魁《近代汉字研究的几个问题》（1994）、张涌泉《大力加强近代汉字的研究》（2003a）、刘金荣《"近代汉字"刍议》（2005）等文章都对近代汉字的概念、分期、上下限、研究意义、研究内容、研究重点等问题作了明确的回答。

其次，近代汉字研究的重要性逐渐得到学界认可。1949 年，唐兰在《中国文字学》中强调近代文字的研究，他说："楷书的问题最多，别字问题，唐人所厘定的字样，唐以后的简体字，刻板流行以后的印刷体，都属于近代文字学的范围。西陲所出木简残牍，敦煌石室所出古写本经籍文书，也都是极重要的材料。"（唐兰 2005）[6-7]1959 年，蒋礼鸿发表《中国俗文字学研究导言》，该文以敦煌写本俗字为基本材料，对俗字与正字的关系、俗字研究的现状和俗字研究的意义以及俗字研究的步骤和方法等都作了独到的分析和阐述。这是汉语俗字研究方面的一篇具有导夫先路意义的重要论文。可惜限于当时的整个学术环境，这方面的研究并没有积极开展起来。

继唐兰和蒋礼鸿之后，著名学者朱德熙、裘锡圭等都曾呼吁加强近代汉字的研究。但近代汉字研究真正受到重视，还是在俗字研究兴起之后。张涌泉的《汉语俗字研究》（1995），对近代汉字的核心——俗字的方方面面作了系统阐述，被誉为不仅是俗字学，同时也是近代汉字学的奠基之作。此书的出版，有力地推动了俗字研究的进步，此后二十五年间，几乎每一种重要的俗字材料都开始有学者加以整理和研究。在此基础上，近代汉字研究的重要性日益凸显。张涌泉在《大力加强近代汉字的研究》（2003）一文提出，近代汉字研究与古汉字研究一起，构成汉语文字学的"车之两轮，鸟之两翼"，缺一不可，从而真正明确了近代汉字研究在汉字学学科体系中的地位。

第三，近代汉字的理论探讨日渐展开，理论体系初现雏形。李荣的《文字问题》（1987）以明容与堂刻《水浒传》等五种晚明刻本小说用字为研究对象，不仅对很多俗字的源流演变作了深入的分析，而且对与俗字有关的字形分化、简化、繁化、类化、改换偏旁、增减笔画、同音替代和音近替代等问题作了独到的阐述，对近代汉字的理论研究有开拓之功。

在近代汉字学的理论建设方面，张涌泉做了一些开创性的工作，其《汉语俗字研究》（1995b）系统、全面地论述了俗字研究的诸问题，奠定了近代汉字学的理论基础。杨宝忠的《论"以义考字"》（2004）、《论"以音考字"》（2005a）、《论"以序考字"》（2007）、《论"以用考字"》（2008b）等一系列论文，对疑难字的考释方法有了更加多元的探讨，极大地丰富了近代汉字的研究方法。曾良《俗字及古籍文字通例研究》（2006b），注意总结俗字书写和演变的通例，并利用这些通例来释读文字，为近代汉字字形演变研究做出了积极探索。梁春胜《楷书部件演变研究》（2012）从字形角度对楷书部件的演变情况进行研究，试图把楷书部件放到整个汉字形体源流演变的大背景中去，力求对楷书部件的源流演变作出更加精确的描述，同时对楷书部件的演变途径和演变规律进行更深入的探讨，在此基础上，总结楷书部件演变的通例，并应用于疑难俗字的考释工作，其研究成效卓著。

李运富《楚国简帛文字构形系统研究》（1997）、王贵元《马王堆帛书汉字构形系统研究》（1999）、陈淑梅《东汉碑隶构形系统研究》（2005）、刘延玲《魏晋行书构形研究》（2004）、齐元涛《隋唐五代碑志楷书构形系统研究》（2007）、王立军《宋代雕版楷书构形系统研究》（2003）、易敏《云居寺明刻石经文字构形研究》（2005）等，运用王宁汉字构形学理论，首次对近代汉字的构件和构形系统进行了全面而细致的描写，探索了汉字演变的过程和规律，为建立科学的汉字构形史提供了依据。李运富《汉字语用学论纲》（2005）、《汉字学新论》（2012）、《汉字职用研究·理论与应用》（2016）等提出汉字的本体研究包括形体、结构、职用三个平面，其中形体、结构层面的研究较多，而职用层面的研究最为薄弱，因而倡导建立"汉字职用学"，加强对汉字职用方面的研究。受其影响，字词关系研究越来越受到学界重视，2019年10月在浙江大学召开了首届汉语字词关系学术研讨会，2021年10月在中山大学召开了第二届汉语字词关系学术研讨会。两次会议的论文结集为《汉语字词关系研究（一）》（2021）和《汉语字词关系研究（二）》（2021）。

（二）各种近代文字资料的整理与研究逐步加强

最先受到重视的是敦煌写本上的异体俗字，进而扩展到字书、佛典、石刻、契约、医书、明清小说、域外汉籍、方言字等方面。下面分写本、刻本、石刻以及字韵书疑难字研究四大类评述。字书主要是刻本文献，也有少量写本字书，近年来针对字书疑难字的考释成果极其丰富，故而这一部分独立出来专门介绍。其实很多成果所使用的研究资料并不只局限于某一种载体，而是在偏重于某一种的基础上，综合使用多种载体的资料，本文只为论述的方便，才采取了这种简单的分类方式。

此外还有简帛文字，虽然这部分文字资料对于探讨近代汉字的来源至关重要，近代汉字研究者不能忽视，但是目前这批资料主要由古汉字学者进行研究，往往被划到古汉字研究的范围，有鉴于此，本文对其研究现状不再评述。

1. 写本文献文字研究

首先来看有关敦煌文献的文字研究。如前所说，敦煌写卷中有大量异体俗字，给敦煌文献的整理带来很大的困难，从而也推动了俗字研究的开展。1978

年，台湾学者潘重规偕弟子王三庆、曾荣汾、郑阿财等十余人编辑出版了《敦煌俗字谱》，该谱取材于台湾"央图"所藏的敦煌卷子和日本神田喜一郎编的《敦煌秘籍留真新编》，包括敦煌写卷 178 种。该书收录了大量唐五代时期流行的俗字异体，对古籍整理尤其是敦煌写本的整理具有很大的参考价值。但取材过于狭窄，难以代表敦煌文献俗字的全貌；加上缺乏简择，印刷不清，影响了实际使用效果。稍后金荣华为此书编制了《敦煌俗字索引》（1980），查检更为便捷。至2005 年，黄征的《敦煌俗字典》出版，这是第一部采用字形剪切技术编制的敦煌俗文字编，为近代汉字研究提供了丰富的字形资料。2020 年，该书第二版出版，增加了不少采集的写卷。

20 世纪 80 年代后期，郭在贻和他的学生张涌泉合作，以敦煌俗字研究为中心，先后发表了《俗字研究与古籍整理》（1990）、《俗字研究与俗文学作品的校读》（1992）等论文。后来张涌泉又发表了《敦煌写卷俗字的类型及其考辨方法》（1992）、《敦煌文书类化字研究》（1995a）、《试论汉语俗字研究的意义》（1996d）、《敦煌文献校读释例》（1996c）、《敦煌写卷武周新字疏证》（2017）、《量词"斗""石"大写考探》（2020a）等二十多篇论文。在深入研究的基础上，张涌泉又先后推出《汉语俗字研究》（1995）、《敦煌俗字研究》（1996a）两部专著。《敦煌俗字研究》的下编《敦煌俗字汇考》把见于敦煌辞书中的俗字和敦煌写本中可以用作偏旁的俗体汇为一编，"每个俗字下酌加考证，其中包括书证、例证、按语等项。按语中既有字形的辨析，又有其他传世古籍的旁证，上串下联，力图勾勒出每个俗字异体的来龙去脉"（张涌泉 2015）[222]，对古籍整理尤其是敦煌文献的整理具有较大的参考价值。2008 年，张涌泉主编的《敦煌经部文献合集》出版，把涵括韵书、训诂、字书、群书音义、佛经音义在内的敦煌经部写卷全部类聚在一起，整理者的录校工作严谨认真，达到了较高的学术水准。

与此同时，越来越多的学者致力于敦煌文献的语言文字研究，如朱凤玉《敦煌写本碎金研究》（1997），曾良《敦煌文献字义通释》（2001）和《敦煌佛经字词与校勘研究》（2010），蔡忠霖《敦煌汉文写卷俗字及其现象》（2002），叶贵良《敦煌道经写本与词汇研究》（2007）和《敦煌道经词语考释》（2009），张小艳《敦煌书仪语言研究》（2007）和《敦煌社会经济文献词语论考》（2013），赵红《敦煌写本汉字论考》（2012），于淑健《敦煌佛典语词和俗字研究——以敦煌古佚和疑伪经为中心》（2012）和《敦煌本古佚与疑伪经校注——以〈大正藏〉第八十五册为中心》（2017），高天霞《敦煌写本〈俗务要名林〉语言文字研究》（2018），陆忠发、李艳《敦煌写本汉字形体变化研究》（2019），赵家栋《佛教名物术语词研究》（2020a）等，这些著作质量上乘，都在敦煌俗字研究方面取得了不错的成绩。

除了上述论著之外，还有很多与敦煌俗字研究相关的论文，如潘重规《敦煌卷子俗写文字与俗文学之研究》（1980）、《用敦煌俗写文字校释〈文心雕龙〉刊本中残存俗字考》（1991b）、《敦煌卷子俗写文字之研究》（1991a），施安昌《敦煌写经断代发凡——兼谈递变字群规律》（1985）、《论汉字演变的分期——兼谈敦煌古韵书的书写时间》（1987）、《敦煌写经的递变字群及其命名》（1988），孙启治《唐写本俗别字变化类型举例》（1988），杜爱英《敦煌遗书中俗体字的诸种类型》（1992），郑阿财《敦煌文献与唐代字样学》（1995），郝茂《论唐代敦煌写本中的俗字》（1996），邓鸥英《敦煌写本〈佛说地藏菩萨经〉俗字考辨》（2001），马国强《敦煌变文字词札记》（2001），郑贤章《敦煌音义写卷若干俗字重考》（2003），朱凤玉《敦煌本〈碎金〉与宋、明俗用杂字之比较》（2003），蒋宗福《释敦煌变文"烺"字》（2005），黄征《敦煌俗字要论》（2005），汪泛舟《敦煌俗别字新考（上）》（2006）、《敦煌俗别字新考（下）》（2009），马建东《敦煌俗字举隅——以写本相书为中心》（2008），叶贵良《敦煌道经形误字例释》（2009），曾良《敦煌变文字词考》（2006a）、《敦煌文献字词札记二则》（2009a），赵静莲《敦煌文献字词考释七则》（2013），赵家栋《敦煌文献疑难字词考辨四则》（2015），俞绍宏《敦煌写本〈诗经〉异文中的隶定古文释例》（2015a）、《敦煌写本〈诗经〉异文中的隶定古文探源（之二）》（2015b），周晟《俄藏敦煌文献Дх.10787〈解梦书〉字词校释八则》（2016），吴士田《敦煌写本〈坛经〉的繁化俗字》（2017），窦怀永《敦煌写卷避讳字形递变现象初论》（2017），李博《敦煌变文"烺"字新释》（2018），孙幼莉《敦煌杂字书疑难字词辑释》（2018），高天霞《敦煌写本〈开蒙要训〉字词笺释一则》（2012）、《敦煌写本S.5604号〈籝金〉疑难字句补释》（2019），于淑健《〈浙藏敦煌文献〉字词一则》（2004）、《敦煌吐鲁番纸本文献疑难字撷释》（2019），张小艳《敦煌变文疑难字词辨释》（2018）、《敦煌祭文疑难字词校考》（2019）、《敦煌变文疑难字词校释》（2020），李索、李双池、俞绍宏《敦煌写本〈诗经〉中的俗字溯源释例》（2020），李华斌《敦煌写卷佛经音义疑难字考释六则》（2021）、罗慕君、张涌泉《文字比较在敦煌本〈金刚经〉整理中的运用》（2021）等一系列论文，皆就敦煌俗字研究的意义、方法及个案分析等，进行了深入的讨论。另外，蒋冀骋《近代汉语词汇研究》（1991）、《近代汉语纲要》（1997）也用一定的篇幅讨论过敦煌俗字问题，可以参看。

在吐鲁番出土文书用字研究方面，以王启涛、张显成的成绩较为突出。王启涛《吐鲁番出土文献词典》（2012）、《吐鲁番出土文献语言导论》（2013）、《敦煌西域法制文书语言研究》（2016）、《吐鲁番文献合集·儒家经典卷》（2017a）、《丝绸之路语言新探》（2021）、《吐鲁番出土文书疑难词语考辨》（2007）、《"渠破水蠲"新考》（2010）、《吐鲁番文献释录中的几个问题》（2017b）、《吐鲁番出土文书疑难字词新考》（2018）、《吐鲁番出土文书标识符号研究》（2019a）等，对吐鲁番文书中的大量异体俗字作了辨析，作者注意秦汉简牍、吐鲁番文书、敦煌文献用字的比较分析，有不少新见。张显成《吐鲁番出土文书字形全谱》（2020）对吐鲁番文书文字字形进行了系统梳理，字头以《说文》为序，每一个字头下有字频、字形、辞例和出处，字形收集较为全面。赵红《吐鲁番俗字典》（2019），采用字形剪切技术采集吐鲁番出土文献字形，不易失真，但所收并非都是"俗字"。此外张涌泉《量词"斗""石"大写考探》（2020a）、《数词"百"大写作"伯"发覆》（2020b）也以吐鲁番出土文书的材料为主。

写本文献的另一个重要部分就是契约文书，近年来出版了不少辑录整理契约文书的专著，如王钰欣、周绍泉主编《徽州千年契约文书》（1993），张传玺主编《中国历代契约会编考释》（1995）和《中国历代契约粹编》（2014），沙知《敦煌契约文书辑校》（1998），刘伯山主编《徽州文书》（2005—2011），孙兆霞《吉昌契约文书汇编》（2010），曹树基等编《石仓契约》（2011—2014）、《鄱阳湖区文书》（2018），张介人《清代浙东契约文书辑选》（2011），胡开全《成都龙泉驿百年契约文书：1754—1949》（2012），吴晓亮《云南省博物馆馆藏契约文书整理与汇编》（2013），黄志繁《清至民国婺源县村落契约文书辑录》（2014），罗志欢《清代广东土地契约文书汇编》（2014），首都博物馆《首都博物馆藏清代契约文书》（2015），汪文学《道真契约文书汇编》（2015），褚红《河南省古代契约文书整理与研究》（2018），赵敏《大理民间契约文书辑录》（2018），王启涛《吐鲁番文献合集·契约卷》（2019b），吴晓亮《腾冲契约文书资料整理与汇编》（2019），郝平《清代山西民间契约文书选编》（2019），熊昌锟《赣南文书》（2019），吕燕平《大屯契约文书汇编》（2020）等。

契约文书文字研究成果还不太多，专著主要有方孝坤《徽州文书俗字研究》（2012），杨小平《清代手写文献之俗字研究》（2019），刘道胜《徽州文书稀俗字词例释》（2019），储小旵、张丽《宋元以来契约文书俗字研究》（2021）等。论文有方孝坤《徽州文书中的俗字》（2006）、《徽州俗字的研究价值》（2010），唐智燕《俗字研究与民间文献整理——以〈吉昌契约文书汇编〉为例》（2012）、《〈石仓契约〉俗字释读疏漏补正》（2013）、《〈石仓契约〉俗字校读十则》（2014）、《〈石仓契约〉俗字校读十五则》（2015）、《〈石仓契约〉（第三辑）俗字校读十则》（2017）、《〈石仓契约〉（第四辑）方俗字词考释五则》（2018），储小旵、张丽《契约文书俗字考五则》（2013）、《宋元以来契约文书俗字在大型字典编纂中的价值》（2014），张丽《云南契约文书疑难字词考辨十则》（2018），张丽、高雅靓《云南省博物馆馆藏契约文书疑难字续考》（2018），储小旵、李琦《宋元以来民间契约文书与大型字典编纂》（2018），卢庆全、黑维强《贵州契约文书俗字"艰"考释》（2015），郭敬一、张涌泉《〈石仓契约〉方音俗字考释二则》（2019），吴昌政《民国抄本〈各样文约款式〉俗字考五则》（2020）等。这些研究为识读、校理和研究契约文书提供了极大便利。

明清档案虽为官方文书，但大多为纸本手写，文字分歧的情况也很严重，近年来也开始引起研究者的注意。主要研究论文有杨小平《南部档案俗字考释》（2012）、李义敏《明朝档案俗字研究》（2012）、周梅《〈东北边疆档案选辑〉俗字研究》（2014）、张嘉楠《咸丰朝巴县档案俗字研究》（2018）等。

此外，写本文献文字研究相关的专著还有龙宇纯《唐写全本王仁昫〈刊谬补缺切韵〉校笺》（1968）、徐前师《唐写本〈玉篇〉校段注本〈说文〉》（2008）、肖瑜《〈三国志〉古写本用字研究》（2011）、蔡永贵等《俄藏黑水城汉文文献俗字研究》（2016），论文有张国良《宝卷俗字札记》（2015）、王建军《清乾隆年间桂北地区〈捷经〉杂字述要》（2017）、温振兴《清至民初影戏抄本俗字的类型和特点》（2016）、李伟大《明清戏曲小说疑难字考释三则》（2018）、《影戏影卷俗讹字考释五例》（2020）、王美雨《车王府戏曲中俗字研究》（2021）、侯玉贵《清车王府藏曲本俗字札记》（2021）、吴小萱《〈古本戏曲丛刊〉疑难俗字札考》（2021）等。

2. 刻本文献文字研究

宋代以后，随着版刻书籍的盛行和流传，以正楷为主的印刷体的地位不断得到巩固和加强，字体逐渐趋于一尊。人们的书写有了可遵循的范本，从而大大减少了俗字存在的机会和市场。但历代新出的各类民间通俗作品中，异体俗字数量可观。早在20世纪30年代，刘复、李家瑞（1930）就曾编纂过《宋元以来俗字谱》。后来，对这类资料中的异体俗字进行研究的专著主要有张鸿魁《金瓶梅字典》（1999），周志锋《明清小说俗字俗语研究》（2006），曾良《明清通俗小说语汇研究》（2009b）、《明清小说俗字研究》（2017）、《明清小说俗字典》（2018）等。

论文有曾铭汇《〈居家必用事类全集〉俗字初探》（2021），段卜华、邓章应《清至民初子弟书疑难俗字理据考察十二则》（2021），毛宇、冯利华《〈新编事文类聚启札云锦〉甲集俗字类型初探》（2021）等。刘君敬的《唐以后俗语词用字研究》（2020）考释了20多个近代汉字，此书虽不以"明清小说"字样冠名，但利用的材料多为明清小说材料。

传世刻本中的佛教文献对于近代汉字研究来说更是举足轻重，近年来，研究佛经及佛经音义中的文字问题的论著层出不穷，代表性成果有徐时仪《〈慧琳音义〉研究》（1997）、《玄应〈众经音义〉研究》（2005）、《玄应和慧琳〈一切经音义〉研究》（2009）、《〈一切经音义〉三种校本合刊》（2012），姚永铭《慧琳〈一切经音义〉研究》（2003），郑贤章《〈新集藏经音义随函录〉研究》（2007/2023）、《〈郭逸经音〉研究》（2010），韩小荆《〈可洪音义〉研究——以文字为中心》（2009），谭翠《〈碛砂藏〉随函音义研究》（2013）、《〈思溪藏〉随函音义研究》（2021），梁晓虹、陈五云、苗昱《〈新译华严经音义私记〉俗字研究》（2014）、《日本古写本单经音义与汉字研究》（2015），王华权《〈一切经音义〉文字研究》（2014），耿铭《〈玄应音义〉文献与语言文字研究》（2016）、吴继刚《七寺本〈玄应音义〉文字研究》（2021）等。李国英《〈大正藏〉疑难字考释（三）》（2014）、《〈大正藏〉疑难字考释（二）》（2015b）、《〈大正藏〉疑难字考释》（2015a）等一系列论文和他的新著《〈大正藏〉疑难字考释》（2023），极大推进了佛经疑难字考释的深度和广度。韩国李圭甲主编《高丽大藏经异体字典》（2000）收录高丽藏异体俗字较为丰富，然此书字形系排印，难免失真。

古书刻本大多源自写本，由于所据底本不一，不同刻本间异文的存在自然不可避免，其中大多数异文的产生与字形演变有关。郭在贻《杜诗异文释例》（1982）、《唐诗异文释例》（1983）是较早讨论这一问题的论文。真大成《中古文献异文的语言学考察》（2020）则对中古刻本文献异文的成因、来源、类型和性质进行比较系统全面的讨论，所举例子大多为作者本人探索所得，颇具创见。

如前所说，古书刻本可按时代、地域、印刷方法等分成不同类别，研究这些不同版别古书的用字问题，自亦应为近代汉字研究的题中应有之义。但见闻所及，只有前面已经提到的王立军《宋代雕版楷书构形系统研究》（2003），这方面的工作需要大大加强。

3. 石刻文献文字研究

石刻文字方面，出版了一批石刻录文汇编之作，如赵超《汉魏南北朝墓志汇编》（1992），毛汉光主编《唐代墓志铭汇编附考》（1983—1995），周绍良、赵超主编《唐代墓志汇编》（1992）、《唐代墓志汇编续集》（2001），吴钢主编《全唐文补遗》（1994—2007），王其祎、周晓薇《隋代墓志铭汇考》（2007），毛远明《汉魏六朝碑刻校注》（2008），周阿根《五代墓志汇考》（2012），王连龙《新见北朝墓志集释》（2013）、《新见隋唐墓志集释》（2017），罗新、叶炜《新出魏晋南北朝墓志疏证》（2016），朱明歧、戴建国主编《明止堂藏宋代碑刻辑释》（2019），何新所《新出宋代墓志碑刻辑录（北宋卷）》（2019）、《新出宋代墓志碑刻辑录（南宋卷）》（2020），张铭心《吐鲁番出土墓志汇考》（2020），周峰《散见宋金元墓志地券辑录》（2021）等，收集材料很丰富，但释文也或多或少存在一些问题。秦公《碑别字新编》（1985）、马向欣《六朝别字记新编》（1995）、吴钢《唐碑俗字录》（2004）、臧克和主编《汉魏六朝隋唐五代字形表》（2011）、毛远明《汉魏六朝碑刻异体字典》（2014）等，收录石刻异体俗字甚多，但误释、漏收等问题也不少。

研究石刻异体俗字的专著，主要有曾良《隋唐出土墓志文字研究及整理》（2007）、陆明君《魏晋南北朝碑别字研究》（2009）、毛远明《汉魏六朝碑刻异体字研究》（2012）、何山《魏晋南北朝碑刻文字构件研究》（2016b）、董宪臣《东汉碑刻异体字研究》（2018）、王立军《汉碑文字通释》（2020）、梁春胜《六朝石刻丛考》（2021）等，在碑刻疑难字的考释或字形资料的汇集方面，都很有贡献；梁书还对若干碑刻的真伪作了辨正，应予留意。

研究碑刻文字的论文有毛远明、章红梅《汉魏晋南北朝碑刻同形字举证》（2005），胡红雯、曾述忠《唐代墓志文字校正举例》（2005），姚美玲《唐代墓志俗字辨误》（2007），周阿根《五代墓志俗字类型及成因探析》（2014），何山《新刊碑志俗字考释八题》（2015a）、《新刊隋唐碑志俗字考》（2015b）、《明清石刻俗字考释十题》（2016a）、《唐代碑刻俗字考释十五题》（2021），郭洪义《晋唐间佛教石刻文字词语研究》（2016），黄程伟、何山《〈长安高阳原新出土隋唐墓志〉俗字例释》（2018），邹虎《元代碑刻文献整理及文字词汇研究》（2018），周阳《北魏碑志俗字考辨七则》（2019），赵家栋《〈汉魏六朝碑刻异体字典〉补正》（2020b）等。

4. 字韵书及疑难字研究

作为文化学习辅助工具的字韵书编纂古今都非常发达，汉代许慎的《说文解字》是研究古今汉字的桥梁，之后有吕忱《字林》，虽已亡佚，但有清代任大椿

《字林考逸》和陶方琦《字林考逸补本》可资了解其概况。之后顾野王《玉篇》是当时隶楷汉字的集大成之作，对后世乃至整个汉字文化圈都影响深远。到了唐代，字韵书编纂进一步繁荣，现存于世的有颜元孙《干禄字书》、张参《五经文字》、唐玄度《九经字样》等字样书和各种版本的《切韵》系韵书。宋代有《宋本玉篇》《广韵》《集韵》《类篇》，辽代有《龙龛手镜》，金代有《四声篇海》，元代有《古今韵会举要》，明代有《洪武正韵》《字汇》《正字通》，清代有《康熙字典》等。随着时间的推移，历代字韵书的收字越来越多，但问题也陈陈相因，不断累积，很多字头或形或音或义都存在问题。改革开放的新时期，出版了两部大型字典——《汉语大字典》和《中华字海》。二书在承袭古代字书的基础上，又从古今文献中搜辑出大量字形，对汉字形音义做了系统的整理，前者代表了当今汉语大型字典的最高水平，后者则是迄今为止收字最多的汉语字典。尽管如此，二书还是承袭了前代字韵书中的很多错误，并且还增加了新的错误。

由是，对上述大型字韵书中各类文字问题的研究考辨，成为新时期近代汉字研究者的首要任务，其中胡吉宣、张涌泉、杨宝忠、郑贤章、李国英、邓福禄等成绩最为显著。胡吉宣的《玉篇校释》（1989）在文字校订、字义梳理和疑难字考释等方面均有大量收获，代表了目前《玉篇》研究的最高水平。张涌泉的《汉语俗字丛考》（2000）首次系统运用俗文字理论对大型字书疑难字加以清理和考释，创获极多，是字书疑难俗字考释的开创之作。杨宝忠的《疑难字考释与研究》（2005b）、《疑难字续考》（2011）、《疑难字三考》（2018）注重对字书贮存领域疑难字的清理与考释，首倡从字书源流关系考释疑难字，创获极丰，是继《汉语俗字丛考》之后的又一典范。郑贤章《〈龙龛手镜〉研究》（2004）利用佛教文献研究这部佛教字典，例证确凿，多为定论。李国英《楷体部分未识字考》（2003）、《楷书字际关系考辨（二）》（2007）、《楷体部分未识字考（二）》（2009）、《〈汉语大字典·麦部〉收字、字形考辨》（2011b）、《〈汉语大字典〉（第二版）新收音义未详字考》（2011a）等一系列论文，对疑难字考释的深度和广度都有所推进。受郑贤章的启发，邓福禄、韩小荆《字典考正》（2007）也更加有意识地广泛利用佛教文献研究《汉语大字典》和《中华字海》中的文字问题，收获亦丰。

此外，陈飞龙《〈龙龛手鉴〉研究》（1974），葛信益《〈广韵〉丛考》（1993），蒋礼鸿《〈类篇〉考索》（1996），周志锋《大字典论稿》（1998），孔仲温《〈玉篇〉俗字研究》（2000），吕浩《〈篆隶万象名义〉校释》（2007），余迺永《新校互注〈宋本广韵〉》（2008），柳建钰《〈类篇〉新收字考辨与研究》（2011），赵振铎《〈集韵〉

校本》（2012），张磊《〈新撰字镜〉研究》（2012），张青松《〈正字通〉异体字研究》（2016），熊加全《〈新修玉篇〉疑难字考释》（2019）、《〈玉篇〉疑难字考释与研究》（2020）等，也都取得了不俗的成绩。张文冠《近代汉语同形字研究》（2014）和李军《汉语同形字研究》（2018）辨析了《汉语大字典》中的一些同形字，其中很多与近代汉字相关。

5. 其他

不管是简帛还是写本、刻本的古代医学文献，在近代汉字研究方面都有特殊的价值，这已被很多专家学者发现。研究医书中俗字现象的论著有马继兴等《敦煌医药文献辑校》（1998），冯利华、李讯琪《〈道藏〉本〈肘后备急方〉俗字研究》（2006），沈澍农《中医古籍用字研究》（2007），李书田《以马王堆古医书补〈汉语大字典〉义项之不足》（2008），陈增岳《敦煌古医籍校正》（2008），彭馨《敦煌医药卷子俗字及相关语言文字现象研究》（2008），范登脉《黄帝内经素问校补》（2009），孙孝忠、丁春《中医古籍的俗字研究》（2009），段晓华、曾凤《〈新雕孙真人千金方〉俗字特点初探》（2013），方成慧、周祖亮《简帛医书语言文字研究现状与展望》（2014），杨艳辉、张显成《简帛医书文献用字考据与古籍文献整理研究》（2014），李烨、田佳鹭、张显成《简帛医籍字词释义要则》（2016），刘敬林《日本回归医籍〈济世碎金方〉俗字考释》（2017），王启涛主编审订、王兴伊撰《吐鲁番文献合集·医药卷》，张献方、李艳丽、边思怡、高静《新疆出土医学文书俗字研究》（2021），周艳红、马乾《中医古籍"疒"部俗字考辨举隅》（2021）等。

还有就是对方言俗字的关注。各类文字材料中都难免出现方俗字，以往的研究主要侧重于方言本字的考求和现代方言字的释读，如章炳麟《新方言》（1907）、陈伯辉《论粤方言词本字考释》（1998）、翁寿元《无锡、苏州、常熟方言本字和词语释义》（2014）等。陈源源《汉语史视角下的明清吴语方言字研究》（2017）在详尽考释 21 组方言字的基础上，全面总结了方言字的特点和类型，指出了方言字存在的问题，探讨了方言字的认知理据，分析了方言字研究的难点，对汉语史、汉语文字学、历史方言学的研究都有参考价值。董绍克的《聊斋俚曲集俗字研究》（2020）则对蒲松龄《聊斋俚曲集》中的方言字作了深入探讨。除了上述专著外，研究方俗字的论文还有董绍克《方言字初探》（2005），周志锋《论〈越谚〉方俗字》（2011），陈源源、张龙《〈六书故〉所见宋代温州方言字例说》（2012）、《〈俗字编〉方言字例释》（2020），王建设《明刊闽南方言戏文中的俗字研究》

（2015），陈日芳《博白地名方言字集解》（2017），林伦伦《粤东闽语方言俗字研究》（2020），董思聪、侯兴泉、徐杰《"大汉字"观念与方言字规范》（2021）等，不管是在研究理论方面，还是个案考证方面都对方俗字研究有积极推进。

汉字在历史上很早就传入邻国，因而形成了以中国为主体，包括日本、朝鲜、韩国、越南和新加坡在内的汉字圈。近年来，关注汉字文化圈近代汉字历史状貌的学者也越来越多，他们在汉字圈汉字的受容状况、研究价值、文字特点以及个案考证等方面作出了有益的探索，主要成果有方国平《日本古辞书在近代汉字研究中的价值》（1992），郑阿财《越南汉文小说中的俗字》（1993）、《俗字在汉字文化圈的容受——以越南汉碑写本刻本为例》（2002），裘锡圭《浅说汉字文化圈内的汉字异形的问题》（1994），张涌泉《韩、日汉字探源二题》（2003b），河永三《韩国固有汉字中"国字"之结构与文化特点——兼谈〈异体字字典〉之〈韩国特用汉字〉》（2005），费锦昌、松冈荣志《日本"国字"的汉语读音》（2005），聂鸿英、孙永恩《汉字在东亚文化圈的复兴与地位》（2008），何红一、王平《美国国会图书馆馆藏瑶族写本俗字的研究价值》（2012），吕浩《韩国汉文古文献异形字研究》（2013），韦凡州《越南阮朝时期的土俗字应用特点》（2018），何华珍、逯林威《〈朴通事〉"爝"字源流考》（2019），刘正印、李运富《越南少数民族汉籍及其俗字释例》（2021）等。

其中何华珍在域外汉字研究方面取得了较为突出的成绩，其专著《日本汉字和汉字词研究》（2004）对日本汉字、汉字词作了溯源与考释，匡正了中日辞书和相关著述中的一些谬误。他的"中日汉字比较研究系列论文"（2001，2003，2005，2006），从中日文化背景的异同出发，讨论了日本国字、简体字、俗字之源流，探究了中日近现代汉字之传承与变异。之后研究视域不断扩大，近些年更多关注越南汉字，出版了《东亚汉籍与越南汉喃古辞书研究》（2017）、《越南汉喃文献与东亚汉字整理研究》（2019）、《越南碑铭文献的文字学研究》（2020）等专著，创获颇多。2018年，何华珍出版专著《俗字在域外的传播研究》，该书综合比较汉字圈俗字发展的共性和个性，揭示通用俗字与国别俗字的关联和类隔，从东亚汉字圈的广阔视域探求俗字域外传播规律，尝试创建域外俗字学理论体系。

（三）近代汉字学会成立

近代汉字学会是中国文字学会下属的第一个（目前也是唯一一个）二级学

会，2018 年 11 月成立，其宗旨是推动近代汉字研究的发展，加强近代汉字学界的交流，为继承和发扬中国优秀的文化传统，促进文字的规范化、标准化和现代化，推动语言文字的统一而贡献力量。其成立顺应了近年来近代汉字研究快速发展的需要，同时也是近代汉字学界积极争取的结果。近代汉字研究会的成立，对于整合学术资源，加强学术界的分工与合作，促进近代汉字研究的繁荣发展，起到了积极的作用。

2016 年 8 月 18 日，全国首届近代汉字学术研讨会在河北大学召开，来自全国的 50 余位学者参加了此次研讨会，收到论文 47 篇。大会决定以集刊的形式创办本学会的会刊，2018 年 6 月河北大学出版社出版了《近代汉字研究（第 1 辑）》，收录专业论文 20 篇。2018 年 11 月 1 日，全国第二届近代汉字学术研讨会于浙江财经大学召开，来自全国的 92 位学者参加了此次研讨会，会议收到论文 86 篇，2020 年 9 月河北大学出版社出版了《近代汉字研究（第 2 辑）》，收录专业论文 24 篇。2020 年 11 月 20 日第三届近代汉字研究学术年会在湖南师范大学召开，来自全国各地各高校的近百名学者齐聚麓山脚下，会议收到近百篇论文，即将结集出版。

自 2016 年举办近代汉字研究第一届学术年会以来，越来越多的专家学者认识到近代汉字研究的重要价值，近代汉字研究的队伍持续壮大、发展良好，越来越多的年轻力量的不断加入，极大促进了近代汉字研究的发展。

三、研究展望

纵观 20 世纪 70 年代以来的近代汉字研究，有如下特点：一是研究的对象和范围日益扩大，涉及简帛、写本、刻本和石刻等各类资料。二是研究成果已相当丰硕，其中有关敦煌俗字和大型字书的研究成果最为突出。此外，碑刻文字研究也取得了前所未有的发展。三是研究不断深化，更加注重研究的理论探讨和现实价值，这主要表现在四个方面：（1）从历时的角度来研究近代汉字，把每个汉字放到汉字史的框架中进行研究；（2）注意近代汉字的系统性，从文字体系的角度分阶段来考察汉字的构造和演变；（3）注意进行比较研究，从汉字圈的大视野来考察汉字；（4）加强了和现代汉字的联系研究，特别注重研究成果的现实意义。

但是，近几十年的近代汉字研究也存在着力不均衡的现象，主要体现为较多关注疑难字的考辨，而对常用汉字关心不够，系统性的观照和理论建构尚且不足。因此，我们迫切需要在充分掌握材料的基础上，认真分析近代汉字的字体、构形、职用，探讨近代汉字与古文字、与现代汉字的关系，总结近代汉字字形演变的规律，归纳近代汉字研究的方法，进而编著一部具有条理性、系统性、科学性的近代汉字概论性著作，并创建一门真正的近代汉字学，使近代汉字研究由感性阶段上升到理性阶段，以指导今后的研究工作。所以，今后近代汉字研究需要加强以下方面的研究工作：

（一）进一步加强近代汉字的理论建设

近代汉字的理论建设，主要包括字源、字形、结构和用字等方面的研究。

字源方面，汉字字量增加的一个重要途径，就是形体的孳乳分化，从而形成了一组组内部关系复杂的汉字字族谱系。字源学的研究，就是要研究每一个汉字的形体来源，以及汉字字族谱系形成、发展与演变的规律。汉字的源流分化是贯穿古今的，所以字源的研究，不仅限于古汉字领域，在近代汉字领域也同样需要。近代汉字中有大量的字来源不清楚，这是字源研究需要解决的问题。

字形方面，近代汉字异体俗字的字形，往往经历了剧烈的演变，主要有讹变、讹混、糅合、简化、繁化、类化、草书楷化、变形音化、变形义化、改换偏旁、偏旁易位、全体创造等多种情况。近代汉字字形的研究，需要在大量搜集各时期、各种文字材料异体俗字字形的基础上，排比字形演变的序列，总结字形发展演变的途径和规律，并且进一步利用这些规律分析疑难字的构形，为疑难字的考释提供理论支持。字形研究是目前近代汉字研究的重点，但目前的研究多局限于单个或某一类字形，缺乏综合和系统的研究，这也影响了字形理论方面的总结和提高。

结构方面，近代汉字的结构研究包括两个层面：共时的结构类型的分析、历时的构形方式的研究。结构类型是在共时层面上进行静态分析而归纳总结出来的汉字结构类别，包括指事、象形、会意、形声四类。构形方式则是从汉字的发生和创造机制角度总结出来的关于汉字构造的各种方式，揭示的是随着汉字体系的发展，不同结构类型的汉字分布情况的消长变化。目前近代汉字结构方面的研究较为薄弱，无论是对共时的结构类型的分析，还是对历时的构形方式的研究，都因对材料占有不充分而有明显的不足之处。今后需要在尽可能全面占有各种不同时期、不同类型文字资料，并加以正确释读的基础上，加强这方面的研究。

用字方面，近代汉字在不同时期、不同地域、不同行业、不同宗教、不同阶层等多个层面，用字往往有一定的差异，所以用字研究也应是近代汉字研究的重要内容。用字研究包括对用字习惯的研究、字词对应关系的研究、文字规范化的研究等。目前这方面的研究空白较多，今后需要重点加强。

汉字研究中的理论与实践，合则双美，离则两伤。但目前的近代汉字研究，存在理论与实践相脱节的现象。从事近代汉字理论研究的学者，往往在文字资料的整理与研究方面实践不够，掌握的字形材料有限，文字考释的水平有待提高，在此基础上所作的理论探讨，也就必然缺乏深度。从事文字整理与考释的学者，则往往忽视文字学理论修养的提高，常常只见树木，不见森林，陷在具体问题的考证当中而不能自拔，因而研究成果也就是琐碎而不成系统的。今后必须解决好这种理论与实践两层皮的问题，从事文字整理与考释的研究者要加强文字学理论修养，从事理论研究的学者也要加强文字的整理与考释实践，以理论指导实践，同时从实践中丰富和深化理论。只有这样，近代汉字研究才能不断进步。

（二）进一步加强对各类文字资料的整理与研究

目前除了敦煌文献用字和字书文字研究已经取得较大成绩外，其他文字资料的整理和研究都还不够充分。今后要加强这方面的工作，至少可以从以下两个方面来展开：

首先是要加强文字编的编纂。编写文字编是汉字研究的基础工作，但同古汉字研究相比，近代汉字文字编少得可怜，严重制约了近代汉字研究的发展。今后这方面的工作十分繁重，可以考虑从比较重要的文字资料开始，每一种文字资料都编写出尽可能详备的字表，这样经过一定时间的积累后，就可以将这些材料整合成专题和断代的文字编，并最终整合为一部比较完备的近代汉字文字编。

其次是继续加强疑难字的考释。目前的疑难字考释已经取得了显著的成绩，但仍然有大量的疑难字待考，今后的考释工作同样很繁重。要全面总结已有考释成果和考释方法，从中抽绎出一些具有规律性的东西，从而为今后的疑难字考释工作提供指导。以前的疑难字考释常受制于材料，在举证方面困难较多，所以很多疑难字的考释结论因为缺乏文献用例的佐证而难成定论。今后要在各类文献文字资料的整理和搜集方面狠下功夫，唯有如此，疑难字考释的举证工作才能逐步改善。

（三）加强古今汉字的源流演变研究

古今汉字是一脉相承的，近代汉字的一些字形和用字特征，在古汉字和早期隶书当中就已经出现。所以汉字研究也理应贯通古今，源流并重。但在目前的汉字研究中，古汉字研究与近代汉字研究之间常常缺乏有效的沟通、交流与合作。古汉字研究有着深厚的学术积累，涌现出很多一流学者，已经取得了辉煌的成就；而近代汉字研究起步较晚，基础薄弱，虽在近年有显著进步，但就整体成绩而言，仍然远远落后于古汉字研究。目前的近代汉字研究主要研究汉隶以下的文字，而对于古汉字和早期隶书关注不够，所以近代汉字研究者往往很难及时、充分地吸收古汉字学界的研究成果，而古汉字学者也往往忽视近代汉字研究所取得的成绩。但要想建立完整的汉语文字学体系，构建完整的汉字史，这种情况就必须改变。古今汉字的源流演变研究，应是今后一个时期汉字学研究需要重点加强的领域。这就要求古汉字学界与近代汉字学界通力合作，加强沟通与交流，这对于双方面的研究都是有益的。近代汉字学者尤其要开阔视野，培养历史的观念，从汉字史的角度来研究汉字，力求做到每一个字形的梳理和疑难字的考释，都能放到汉字史的大背景下来展开。经过这样的长期的积累，有朝一日，编写科学完整的汉字史就会成为可能。

（四）加强近代汉字研究人才的培养

现在党和国家高度重视中华优秀传统文化的传承发展，高度重视古文字在中华文明乃至人类文明发展史上的重要作用，并为此实施了"古文字与中华文明传承发展工程"，推行强基计划以加强古文字方向的人才培养。这对加强古文字的研究和人才梯队建设是件大好事，也是完全必要的。近代汉字作为汉字学的重要分支，与古文字可谓车之两轮、鸟之两翼，缺一不可。而且，近代汉字是中华文明的主要载体，现在传世的文献主要以近代汉字记载，东亚汉字文化圈也形成和发展于近代汉字阶段。加强近代汉字的研究，不仅有利于中华优秀传统文化的传承与弘扬，也有利于国际汉字文化圈的交流与互鉴。

我们现在习惯把古文字研究看作"冷门绝学"，其实从文字学研究的人数和成果来看，头重脚轻，真正"冷"的是对于近代汉字包括现代汉字的研究。我们不妨用广义角度来看待古文字，把它理解为清代以前的古代文字，这样不但有利于构建完整的文字学学科体系，也有利于为强基班学生打牢基础，培养根柢厚实、上下贯通的文字学研究全才。我们只有将数量特别巨大的近代汉字研究透了，才能勾勒出汉字由甲骨文到现代文字发展演变的历史轨迹，原来的独轮车才能变成双轮车，汉语文字学研究的两翼才能趋于协调。只有如此，我们才能建立一套完整的汉语文字学体系，并为中华优秀传统文化的传承发展作出应有的贡献。

总之，近代汉字学的兴起和发展，已经并将继续改变汉字研究的格局。在不久的将来，近代汉字学将和古汉字学、现代汉字学一起，共同构建起汉字学的完整大厦。

参考文献

［1］蔡永贵. 俄藏黑水城汉文文献俗字研究. 银川：宁夏人民出版社，2016.

［2］蔡忠霖. 敦煌汉文写卷俗字及其现象. 台北：文津出版社有限公司，2002.

［3］曹树基等编. 石仓契约. 杭州：浙江大学出版社，2011—2014.

［4］曹树基等编. 鄱阳湖区文书. 上海：上海交通大学出版社，2018.

［5］陈伯辉. 论粤方言词本字考释. 香港：中华书局，1998.

［6］陈飞龙.《龙龛手鉴》研究. 台北：文史哲出版社，1974.

［7］陈日芳. 博白地名方言字集解. 中国地名，2017（4）：22-24.

［8］陈淑梅. 东汉碑隶构形系统研究. 上海：上海教育出版社，2005.

［9］陈斯鹏. 汉语字词关系研究（二）. 上海：中西书局，2021.

［10］陈源源. 汉语史视角下的明清吴语方言字研究. 杭州：浙江大学出版社，2017.

［11］陈源源.《俗字编》方言字例释. 温州大学学报，2020（1）：33-39.

［12］陈源源，张龙.《六书故》所见宋代温州方言字例说. 广西民族师范学院学报，2012（5）：85-87.

［13］储小旵，李琦. 宋元以来民间契约文书与大型字典编纂. //教育部人文社会科学重点研究基地华东师范大学中国文字研究与应用中心，华东师范大学语言文字工作委员会编. 中国文字研究（第二十八辑），上海：上海书店出版社，2018：153-158.

［14］褚红. 河南省古代契约文书整理与研究. 郑州：郑州大学出版社，2018.

［15］储小旵，张丽. 宋元以来契约文书俗字研究. 北京：人民出版社，2020.

［16］储小旵，张丽. 契约文书俗字考五则. //浙江大学汉语史研究中心编. 汉语史学报（第十三辑）. 上海：上海教育出版社，2013：295-300.

［17］储小旵，张丽. 宋元以来契约文书俗字在大型字典编纂中的价值. //教育部人文社会科学重点研究基地华东师范大学中国文字研究与应用中心，华东师范大学语言文字工作委员会编. 中国文字研究（第十九辑），上海：上海书店出版社，2014：135-143.

［18］邓福禄.《汉语大字典·犬部》俗字和疑难义训杂考. 长江学术，2021（4）：107-114.

［19］邓福禄，韩小荆. 字典考正. 武汉：湖北人民出版社，2007.

［20］邓鸥英. 敦煌写本《佛说地藏菩萨经》俗字考辨. 南京师范大学文学院学报，2001（4）：78-81.

［21］董绍克. 聊斋俚曲集俗字研究. 北京：商务印书馆，2019.

［22］董绍克. 方言字初探. 语言研究，2005（2）：83-86.

［23］董思聪，侯兴泉，徐杰."大汉字"观念与方言字规范. 长江学术，2021（1）：112-120.

［24］董宪臣. 东汉碑刻异体字研究. 北京：九州出版社，2018.

［25］窦怀永. 敦煌写卷避讳字形递变现象初论. 敦煌吐鲁番研究，2017（1）：25-34.

［26］杜爱英. 敦煌遗书中俗体字的诸种类型. 敦煌研究，1992（3）：117-127.

［27］段卜华，邓章应. 清至民初子弟书疑难俗字理据考察十二则. //四川大学文学与新闻学院编. 汉语史研究集刊（第三十辑），成都：四川大学出版社，2021：284-295.

［28］段晓华，曾凤.《新雕孙真人千金方》俗字特点初探. 北京中医药大学学报，2013（9）：592-594.

［29］范登脉. 黄帝内经素问校补. 北京：学苑出版社，2009.

［30］方成慧，周祖亮. 简帛医书语言文字研究现状与展望. 江苏社会科学，2014（5）：265-270.

［31］方国平. 日本古辞书在近代汉字研究中的价值. 中州学刊，1992（6）.

［32］方孝坤. 徽州文书俗字研究. 北京：人民出版社，2012.

［33］方孝坤. 徽州文书中的俗字. 古籍研究，2006（2）：79-83.

［34］方孝坤. 徽州俗字的研究价值. //教育部人文社会科学重点研究基地安徽大学徽学研究中心编. 徽学（第6卷），合肥：安徽大学出版社，2010：220-226.

［35］费锦昌. 汉字研究中的两个术语. 语文建设，1989（5）：21-25.

［36］费锦昌，松冈荣志. 日本"国字"的汉语读音. 语言文字应用，2005（3）：63-68.

［37］冯利华，李讯琪.《道藏》本《肘后备急方》俗字研究. 怀化学院学报，2006（10）：134-136.

［38］高天霞. 敦煌写本《俗务要名林》语言文字研究. 上海：中西书局，2018.

［39］高天霞. 敦煌写本《开蒙要训》字词笺释一则. //浙江大学汉语史研究中心编. 汉语史学报（第十二辑）. 上海：上海教育出版社，2012：314-315.

［40］高天霞. 敦煌写本 S.5604 号《篡金》疑难字句补释. 语文学刊，2019（2）：39-43.

［41］葛信益.《广韵》丛考. 北京：北京师范大学出版社，1993.

［42］耿铭.《玄应音义》文献与语言文字研究. 上海：上海人民出版社，2016.

［43］郭洪义. 晋唐间佛教石刻文字词语研究. 西南大学博士学位论文，2016.

［44］郭敬一，张涌泉.《石仓契约》方音俗字考释二则. 方言，2019（3）：341-344.

［45］郭在贻. 杜诗异文释例. 草堂，1982（2）：48-56；又载郭在贻. 郭在贻文集（第一卷）. 北京：中华书局，2002.

［46］郭在贻. 唐诗异文释例. 文史，1983（19）：153-164；又载郭在贻. 郭在贻文集（第三卷）. 北京：中华书局，2002.

［47］郭在贻，张涌泉. 俗字研究与古籍整理. 古籍整理与研究，1990（5）：235-242.

［48］郭在贻，张涌泉. 俗字研究与俗文学作品的校读. //蒋绍愚，江蓝生编. 近代汉语研究（二）. 北京：商务印书馆，1992.

［49］韩小荆.《可洪音义》研究——以文字为中心. 成都：巴蜀书社，2009.

［50］郝茂. 论唐代敦煌写本中的俗字. 新疆师范大学学报，1996（1）：35-44.

［51］郝平. 清代山西民间契约文书选编. 北京：商务印书馆，2019.

［52］何红一，王平. 美国国会图书馆馆藏瑶族写本俗字的研究价值. 广西民族大学学报，2012

（6）：181-186.

[53] 何华珍. 日本汉字和汉字词研究. 北京：中国社会科学出版社，2004.

[54] 何华珍. 中日汉字词辨考. 杭州师范学院学报，2001（2）：95-99.

[55] 何华珍. 日本简体字探源. 语言研究，2003a（4）：88-91.

[56] 何华珍. 日本简体字探源（续）. 杭州师范学院学报，2003b（6）：55-59.

[57] 何华珍. 日本"国字"辨正. 语言研究，2005（2）：87-92.

[58] 何华珍. "退婴"探源. //第六届汉语词汇语义学研讨会论文集. 厦门：厦门大学，2005；语言研究，2006（1）：94-96.

[59] 何华珍. 俗字在域外的传播研究. 北京：中国社会科学出版社，2018.

[60] 何华珍，逯林威.《朴通事》"爨"字源流考. 古汉语研究，2019（3）：81-90.

[61] 何华珍，刘正印. 越南碑铭文献的文字学研究. 北京：中国社会科学出版社，2020.

[62] 何华珍，阮俊强. 东亚汉籍与越南汉喃古辞书研究. 北京：中国社会科学出版社，2017.

[63] 何华珍，阮俊强. 越南汉喃文献与东亚汉字整理研究. 北京：社会科学文献出版社，2019.

[64] 何山. 新刊碑志俗字考释八题. 巢湖学院学报，2015a（4）：91-96.

[65] 何山. 新刊隋唐碑志俗字考. 保定学院学报，2015b（5）：88-94.

[66] 何山. 明清石刻俗字考释十题. 广东技术师范学院学报，2016a（3）：38-44.

[67] 何山. 魏晋南北朝碑刻文字构件研究. 北京：人民出版社，2016b.

[68] 何山. 唐代碑刻俗字考释十五题. 中国文字研究，2021（1）：130-135.

[69] 何新所. 新出宋代墓志碑刻辑录（北宋卷）. 北京：文物出版社，2019.

[70] 何新所. 新出宋代墓志碑刻辑录（南宋卷）. 北京：文物出版社，2020.

[71] 河北大学传世字书与出土文字研究中心编. 近代汉字研究（第1辑）. 保定：河北大学出版社，2018.

[72] 河北大学传世字书与出土文字研究中心编. 近代汉字研究（第2辑）. 保定：河北大学出版社，2020.

[73] 河永三. 韩国固有汉字中"国字"之结构与文化特点——兼谈《异体字字典》之《韩国特用汉字》. //教育部人文社会科学重点研究基地华东师范大学中国文字研究与应用中心，华东师范大学语言文字工作委员会编. 中国文字研究（第六辑），上海：上海书店出版社，2005：258-267.

[74] 侯玉贵. 清车王府藏曲本俗字札记. //四川大学文学与新闻学院编. 汉语史研究集刊（第三十一辑），成都：四川大学出版社，2021：258-266.

[75] 胡红雯，曾述忠. 唐代墓志文字校正举例. 语言科学，2005（5）：99-104.

[76] 胡吉宣. 玉篇校释. 上海：上海古籍出版社，1989.

[77] 胡开全. 成都龙泉驿百年契约文书：1754—1949. 成都：巴蜀书社，2012.

[78] 黄程伟，何山.《长安高阳原新出土隋唐墓志》俗字例释. 保定学院学报，2018（3）：80-84.

[79] 黄征. 敦煌俗字典. 上海：上海教育出版社，2005/2020.

［80］黄征. 敦煌俗字要论. 敦煌研究，2005（1）：80-87.

［81］黄志繁等. 清至民国婺源县村落契约文书辑录. 北京：商务印书馆，2014.

［82］蒋冀骋. 近代汉语词汇研究. 长沙：湖南教育出版社，1991.

［83］蒋冀骋. 近代汉语纲要. 长沙：湖南教育出版社，1997.

［84］蒋礼鸿. 中国俗文字学研究导言. 杭州大学学报，1959（3）：129-140.

［85］蒋礼鸿.《类篇》考索. 济南：山东教育出版社，1996.

［86］蒋宗福. 释敦煌变文"烺"字. 中国语文，2005（3）：285-286.

［87］金荣华. 敦煌俗字索引. 台北石门图书公司，1980.

［88］景盛轩. 二十年来近代汉字研究综述. //浙江大学汉语史研究中心编. 汉语史学报（第十三辑）. 上海：上海教育出版社，2013：308-318.

［89］孔仲温.《玉篇》俗字研究. 台北：学生书局，2000.

［90］李博. 敦煌变文"烺"字新释. 中国语文，2018（4）：477-479.

［91］李圭甲. 高丽大藏经异体字典.［韩］高丽大藏经研究所，2000.

［92］李国英. 楷体部分未识字考. 古汉语研究，2003（2）：54-56.

［93］李国英. 楷书字际关系考辨（二）.//教育部人文社会科学重点研究基地华东师范大学中国文字研究与应用中心，华东师范大学语言文字工作委员会编. 中国文字研究（第八辑），上海：上海书店出版社，2007：116-120.

［94］李国英. 楷体部分未识字考（二）. 古汉语研究，2009（3）：2-6.

［95］李国英.《汉语大字典（第二版）》新收音义未详字考. //教育部人文社会科学重点研究基地华东师范大学中国文字研究与应用中心，华东师范大学语言文字工作委员会编. 中国文字研究（第十五辑），郑州：大象出版社，2011a：111-118.

［96］李国英.《汉语大字典·麦部》收字、字形考辨.//北京师范大学文学院编. 励耘学刊（语言卷）（第十二辑），北京：学苑出版社，2011b：59-74.

［97］李国英.《大正藏》疑难字考释（三）.//北京师范大学民俗典籍文字研究中心. 民俗典籍文字研究（第十四辑），北京：商务印书馆，2014：112-123.

［98］李国英.《大正藏》疑难字考释.//中国文字学会. 中国文字学报（第六辑），北京：商务印书馆，2015a：184-196.

［99］李国英.《大正藏》疑难字考释（二）. 古汉语研究，2015b（2）：2-10/95.

［100］李国英.《大正藏》疑难字考释. 北京：中华书局，2023.

［101］李华斌. 敦煌写卷佛经音义疑难字考释六则. //教育部人文社会科学重点研究基地华东师范大学中国文字研究与应用中心，华东师范大学语言文字工作委员会编. 中国文字研究（第三十三辑），上海：上海书店出版社，2021：155-158.

［102］李军. 汉语同形字研究. 北京：商务印书馆，2018.

［103］李荣. 文字问题. 北京：商务印书馆，1987.

［104］李书田. 以马王堆古医书补《汉语大字典》义项之不足. 河南中医，2008（10）：94-96.

［105］李索，李双池，俞绍宏. 敦煌写本《诗经》中的俗字溯源释例. 大连大学学报，2020（2）：

16-20.

[106] 李伟大. 明清戏曲小说疑难字考释三则. 中国语文，2018（6）：738-741.

[107] 李伟大. 影戏影卷俗讹字考释五例. //北京师范大学文学院编. 励耘语言学刊（第三十三辑），北京：中华书局，2020：1-9.

[108] 李烨，田佳鹭，张显成. 简帛医籍字词释义要则. 求索，2016（2）：178-182.

[109] 李义敏. 明朝档案俗字研究. 浙江师范大学硕士论文，2012.

[110] 李运富. 楚国简帛文字构形系统研究. 长沙：岳麓书社，1997.

[111] 李运富. 汉字语用学论纲. //北京师范大学文学院编. 励耘学刊（语言卷）（第一辑），北京：学苑出版社，2005：43-50.

[112] 李运富. 汉字学新论. 北京：北京师范大学出版社，2012.

[113] 李运富. 汉字职用研究·理论与应用. 北京：中国社会科学出版社，2016.

[114] 李运富，李娟. 传世文献的改字及其考证. //北京文献语言与文化传承研究基地，北京语言大学文献语言学研究所. 文献语言学（第二辑），北京：中华书局，2016：17-32.

[115] 李运富，汪维辉主编. 汉语字词关系研究（一）. 上海：中西书局，2021.

[116] 梁春胜. "近代汉字学" 刍议. //河北大学传世字书与出土文字研究中心编. 近代汉字研究（第1辑）. 保定：河北大学出版社，2018.

[117] 梁春胜. 楷书部件演变研究. 北京：线装书局，2012.

[118] 梁春胜. 六朝石刻丛考. 北京：中华书局，2021.

[119] 梁晓虹. 日本古写本单经音义与汉字研究. 北京：中华书局，2015.

[120] 梁晓虹. "无穷会本系"《大般若经音义》"詹" 声俗字考. //四川大学文学与新闻学院编. 汉语史研究集刊（第三十一辑），成都：四川大学出版社，2021：267-281.

[121] 梁晓虹，陈五云，苗昱.《新译华严经音义私记》俗字研究. 新北：花木兰文化出版社，2014.

[122] 林伦伦. 粤东闽语方言俗字研究. 潮学研究，2020（1）：181-192/253-254.

[123] 刘伯山. 徽州文书. 桂林：广西师范大学出版社，2005—2011.

[124] 刘道胜. 徽州文书稀俗字词例释. 北京：中国社会科学出版社，2019.

[125] 刘复，李家瑞. 宋元以来俗字谱. 中央研究院历史语言研究所，1930.

[126] 刘金荣. "近代汉字" 刍议. 浙江社会科学，2005（4）：165-168.

[127] 刘敬林. 日本回归医籍《济世碎金方》俗字考释. //北京师范大学文学院编. 励耘语言学刊（第二十七辑），北京：中华书局，2017：316-326.

[128] 刘君敬. 唐以后俗语词用字研究. 北京：商务印书馆，2020.

[129] 刘延玲. 魏晋行书构形系统研究. 上海：上海教育出版社，2004.

[130] 刘正印，李运富. 越南少数民族汉籍及其俗字释例. 古汉语研究，2021（2）：9-18.

[131] 柳建钰.《类篇》新收字考辨与研究. 沈阳：辽宁大学出版社，2011.

[132] 龙宇纯. 唐写全本王仁昫《刊谬补缺切韵》校笺. 香港：香港中文大学，1968.

[133] 卢庆全，黑维强. 贵州契约文书俗字 "艰" 考释. 新疆大学学报，2015（3）：145-150.

［134］陆明君. 魏晋南北朝碑别字研究. 北京：文化艺术出版社，2009.

［135］陆忠发，李艳. 敦煌写本汉字形体变化研究. 上海：上海教育出版社，2019.

［136］罗慕君，张涌泉. 文字比较在敦煌本《金刚经》整理中的运用. 古汉语研究，2021（2）：19-27.

［137］罗新，叶炜. 新出魏晋南北朝墓志疏证. 北京：中华书局，2016.

［138］罗志欢等. 清代广东土地契约文书汇编. 济南：齐鲁书社，2014.

［139］吕浩.《篆隶万象名义》校释. 上海：学林出版社，2007.

［140］吕浩. 韩国汉文古文献异形字研究. 上海：上海人民出版社，2013.

［141］吕燕平. 大屯契约文书汇编. 贵阳：孔学堂书局，2020.

［142］马国强. 敦煌变文字词札记. 古汉语研究，2001（2）：85.

［143］马继兴等. 敦煌医药文献辑校. 南京：江苏古籍出版社，1998.

［144］马建东. 敦煌俗字举隅——以写本相书为中心. 天水师范学院学报，2008（1）：103-105.

［145］马向欣. 六朝别字记新编. 北京：书目文献出版社，1995.

［146］马小川. 据观智院本《类聚名义抄》解读《龙龛手镜》俗字释例. 语言科学，2021（3）：329-336.

［147］毛汉光. 唐代墓志铭汇编附考. 中央研究院历史语言研究所，1983—1995.

［148］毛宇，冯利华.《新编事文类聚启札云锦》甲集俗字类型初探. 语文学刊，2021（5）：65-75.

［149］毛远明. 汉魏六朝碑刻校注. 北京：线装书局，2008.

［150］毛远明. 汉魏六朝碑刻异体字研究. 北京：商务印书馆，2012.

［151］毛远明. 汉魏六朝碑刻异体字典. 北京：中华书局，2014.

［152］毛远明，章红梅. 汉魏晋南北朝碑刻同形字举证. //教育部人文社会科学重点研究基地华东师范大学中国文字研究与应用中心，华东师范大学语言文字工作委员会编. 中国文字研究（第六辑），桂林：广西教育出版社，2005：111-118.

［153］聂鸿英，孙永恩. 汉字在东亚文化圈的复兴与地位. 东北师大学报，2008（6）：219-223.

［154］潘重规. 敦煌卷子俗写文字与俗文学之研究. 孔孟学刊，1980（7）.

［155］潘重规. 敦煌卷子俗写文字之研究. 敦煌学（第17辑），1991a.

［156］潘重规. 用敦煌俗写文字校释文心雕龙刊本中残存俗字考. //中国文化大学中国文学系，汉学研究中心编. 第二届敦煌学国际研讨会论文集. 台北：汉学研究中心，1991b.

［157］潘重规等. 敦煌俗字谱. 台北：石门图书公司，1978.

［158］彭馨. 敦煌医药卷子俗字及相关语言文字现象研究. 南京中医药大学博士学位论文，2008.

［159］齐元涛. 隋唐五代碑志楷书构形系统研究. 上海：上海教育出版社，2007.

［160］秦公. 碑别字新编. 北京：文物出版社，1985.

［161］裘锡圭. 浅说汉字文化圈内的汉字异形的问题. //韩国国际汉字振兴协会. 第二届汉字文化圈内生活汉字问题国际讨论会. 汉城：LOTTE饭店，1994.

［162］任韧. 陕西神德寺塔出土文献的俗字校注. 中国社会科学报，2021-12-28.

［163］沙知. 敦煌契约文书辑校. 南京：江苏古籍出版社，1998.

［164］沈澍农. 中医古籍用字研究. 北京：学苑出版社，2007.

［165］师存勋. 1640 年代至 1950 年代初海南民间地契中的俗字初探. 南海学刊，2021（3）：109-118.

［166］施安昌. 敦煌写经断代发凡——兼谈递变字群规律. 故宫博物院院刊，1985（4）：58-66.

［167］施安昌. 论汉字演变的分期——兼谈敦煌古韵书的书写时间. 故宫博物院院刊，1987（1）：65-69.

［168］施安昌. 敦煌写经的递变字群及其命名. 故宫博物院院刊，1988（4）：66-71.

［169］首都博物馆编. 首都博物馆藏清代契约文书. 北京：国家图书馆出版社，2015.

［170］孙启治. 唐写本俗别字变化类型举例. //北京大学中国中古史研究中心编. 敦煌吐鲁番文献研究论集（第五辑），北京：北京大学出版社，1990.

［171］孙孝忠，丁春. 中医古籍的俗字研究. 福建中医学院学报，2009（1）：51-53.

［172］孙幼莉. 敦煌杂字书疑难字词辑释. //浙江大学汉语史研究中心编. 汉语史学报（第十九辑）. 上海：上海教育出版社，2018：220-225.

［173］孙兆霞. 吉昌契约文书汇编. 北京：社会科学文献出版社，2010.

［174］谭翠.《碛砂藏》随函音义研究. 北京：中国社会科学出版社，2013.

［175］谭翠.《思溪藏》随函音义研究. 北京：中国社会科学出版社，2021.

［176］唐兰. 中国文字学. 上海：上海古籍出版社，2005.

［177］唐智燕. 俗字研究与民间文献整理——以《吉昌契约文书汇编》为例. //四川大学文学与新闻学院编. 汉语史研究集刊（第十五辑），成都：巴蜀书社，2012：382-399.

［178］唐智燕.《石仓契约》俗字释读疏漏补正. 宁波大学学报，2013（6）：53-57.

［179］唐智燕.《石仓契约》俗字校读十则. 宁波大学学报，2014（5）：7-11.

［180］唐智燕.《石仓契约》俗字校读十五则. 宁波大学学报，2015（2）：12-18.

［181］唐智燕.《石仓契约》（第三辑）俗字校读十则. 宁波大学学报，2017（4）.

［182］唐智燕.《石仓契约》（第四辑）方俗字词考释五则. 宁波大学学报，2018（5）.

［183］汪泛舟. 敦煌俗别字新考（上）. 敦煌研究，2006（1）.

［184］汪泛舟. 敦煌俗别字新考（下）. 敦煌研究，2009（2）.

［185］汪文学. 道真契约文书汇编. 北京：中央编译出版社，2015.

［186］王贵元. 马王堆帛书汉字构形系统研究. 南宁：广西教育出版社，1999.

［187］王华权.《一切经音义》文字研究. 上海：上海人民出版社，2014.

［188］王建军. 清乾隆年间桂北地区《捷经》杂字述要. 广西民族大学学报，2017（1）.

［189］王建设. 刊闽南方言戏文中的俗字研究. 中国方言学报，2015（1）.

［190］王立军. 宋代雕版楷书构形系统研究. 上海：上海教育出版社，2003.

［191］王立军. 汉碑文字通释. 北京：中华书局，2020.

［192］王连龙. 新见北朝墓志集释. 北京：中国书籍出版社，2013.

［193］王连龙. 新见隋唐墓志集释. 沈阳：辽海出版社，2017.

［194］王美雨. 车王府戏曲中俗字研究. 皖西学院学报. 2021（3）.

［195］王其祎, 周晓薇. 隋代墓志铭汇考. 北京：线装书局, 2007.

［196］王启涛. "厶甲"的使用以及"厶"表"专"义见于隋唐. 中国语文, 2006（3）.

［197］王启涛. "渠破水讁"考. 艺术百家, 2010（4）.

［198］王启涛. 吐鲁番出土文献词典. 成都：巴蜀书社, 2012.

［199］王启涛. 吐鲁番出土文献语言导论. 北京：科学出版社, 2013.

［200］王启涛. 敦煌西域法制文书语言研究. 北京：人民出版社, 2016.

［201］王启涛. 吐鲁番文献合集·儒家经典卷. 成都：巴蜀书社, 2017a.

［202］王启涛. 吐鲁番文献释录中的几个问题. 新疆师范大学学报, 2017b（2）.

［203］王启涛. 吐鲁番出土文书疑难字词新考. 吐鲁番学研究, 2018（2）.

［204］王启涛. 吐鲁番出土文书标识符号研究. //四川大学文学与新闻学院编. 汉语史研究集刊（第二十七辑）, 成都：四川大学出版社, 2019a.

［205］王启涛. 吐鲁番文献合集·契约卷. 成都：巴蜀书社, 2019b.

［206］王启涛. 丝绸之路语言新探. 北京：社会科学文献出版社, 2021.

［207］王启涛主编审订, 王兴伊撰. 吐鲁番文献合集·医药卷. 成都：巴蜀书社, 2021.

［208］王钰欣, 周绍泉. 徽州千年契约文书. 石家庄：花山文艺出版社, 1993.

［209］韦凡州. 越南阮朝时期的土俗字应用特点. 广西民族大学学报, 2018（1）.

［210］温振兴. 清至民初影戏抄本俗字的类型和特点. //教育部人文社会科学重点研究基地华东师范大学中国文字研究与应用中心, 华东师范大学语言文字工作委员会编. 中国文字研究（第二十三辑）, 上海：上海书店出版社, 2016.

［211］翁寿元. 无锡、苏州、常熟方言本字和词语释义. 苏州：苏州大学出版社, 2015.

［212］吴昌政. 民国抄本《各样文约款式》俗字考五则. 民俗典籍文字研究, 2020（2）.

［213］吴钢辑, 吴大敏编. 唐碑俗字录. 西安：三秦出版社, 2004.

［214］吴钢. 全唐文补遗. 西安：三秦出版社, 1994—2007.

［215］吴继刚. 七寺本《玄应音义》文字研究. 上海：上海古籍出版社, 2021.

［216］吴士田. 敦煌写本《坛经》的繁化俗字. 长春大学学报, 2017（5）.

［217］吴小萱. 《古本戏曲丛刊》疑难俗字札考. 中国文字研究, 2021（1）.

［218］吴晓亮, 贾志伟. 腾冲契约文书资料整理与汇编. 北京：人民出版社, 2019.

［219］吴晓亮等. 云南省博物馆馆藏契约文书整理与汇编. 北京：人民出版社, 2013.

［220］肖瑜. 《三国志》古写本用字研究. 上海：上海教育出版社, 2011.

［221］熊加全. 《新修玉篇》疑难字考释. 北京：中国社会科学出版社, 2019.

［222］熊加全. 《玉篇》疑难字考释与研究. 北京：中华书局, 2020.

［223］徐前师. 唐写本《玉篇》校段注本《说文》. 上海：上海古籍出版社, 2008.

［224］徐时仪. 《慧琳音义》研究. 上海：上海社会科学院出版社, 1997.

［225］徐时仪. 玄应《众经音义》研究. 北京：中华书局, 2005.

［226］徐时仪. 玄应和慧琳《一切经音义》研究. 上海：上海人民出版社, 2009.

[227] 徐时仪.《一切经音义》三种校本合刊. 上海：上海古籍出版社，2012.

[228] 徐雁宇，熊昌锟. 赣南文书. 桂林：广西师范大学出版社，2019.

[229] 许长安. 近代汉字学刍议. 语文建设，1990（5）.

[230] 杨宝忠. 论"以义考字". 河北大学学报，2004（2）.

[231] 杨宝忠. 论"以音考字". 河北大学学报，2005a（1）.

[232] 杨宝忠. 疑难字考释与研究. 北京：中华书局，2005b.

[233] 杨宝忠. 论"以序考字". 河北大学学报，2007（3）.

[234] 杨宝忠. 疑难字考释的现实意义. 中文自学指导，2008a（2）.

[235] 杨宝忠. 论"以用考字". 河北大学学报，2008b（5）.

[236] 杨宝忠. 疑难字续考. 北京：中华书局，2011.

[237] 杨宝忠. 疑难字三考. 北京：中华书局，2018.

[238] 杨小平. 南部档案俗字考释. 西华师范大学学报，2012（6）.

[239] 杨小平. 清代手写文献之俗字研究. 北京：北京师范大学出版社，2019.

[240] 杨艳辉，张显成. 简帛医书文献用字考据与古籍文献整理研究. 东南学术，2014（2）.

[241] 姚美玲. 唐代墓志俗字辨误. 语言研究，2007（1）.

[242] 姚永铭. 慧琳《一切经音义》研究. 南京：江苏古籍出版社，2003.

[243] 叶贵良. 敦煌道经写本与词汇研究. 成都：巴蜀书社，2007.

[244] 叶贵良. 敦煌道经词语考释. 成都：巴蜀书社，2009.

[245] 叶贵良. 敦煌道经形误字例释. 敦煌研究，2009（3）.

[246] 易敏. 云居寺明刻石经文字构形研究 上海：上海教育出版社，2005.

[247] 于淑健.《浙藏敦煌文献》字词一则. 古汉语研究，2004（2）.

[248] 于淑健. 敦煌佛典语词和俗字研究. 上海：上海古籍出版社，2012.

[249] 于淑健. 敦煌本古佚与疑伪经校注. 南京：凤凰出版社，2017.

[250] 于淑健. 敦煌吐鲁番纸本文献疑难字撷释. 中国语文，2019（3）.

[251] 余迺永. 新校互注《宋本广韵》. 上海：上海人民出版社，2008.

[252] 俞绍宏. 敦煌写本《诗经》异文中的隶定古文探源（之二）.//北京师范大学文学院编. 励耘语言学刊（第二十二辑），北京：学苑出版社，2015.

[253] 俞绍宏，李索. 敦煌写本《诗经》异文中的隶定古文释例. 古籍整理研究学刊，2015（3）.

[254] 臧克和. 汉魏六朝隋唐五代字形表. 广州：南方日报出版社，2011.

[255] 曾良. 敦煌文献字义通释. 厦门：厦门大学出版社，2001.

[256] 曾良. 敦煌变文字词考. 中国语文，2006a（5）.

[257] 曾良. 俗字及古籍文字通例研究. 南昌：百花洲文艺出版社，2006b.

[258] 曾良. 隋唐出土墓志文字研究及整理. 济南：齐鲁书社，2007.

[259] 曾良. 敦煌文献字词札记二则. 中国语文，2009a（4）.

[260] 曾良. 明清通俗小说语汇研究. 南昌：江西教育出版社，2009b.

[261] 曾良. 敦煌佛经字词与校勘研究. 厦门：厦门大学出版社，2010.

［262］曾良. 明清小说俗字研究. 北京：商务印书馆，2017.

［263］曾良，陈敏. 明清小说俗字典. 扬州：广陵书社，2018.

［264］曾铭汇.《居家必用事类全集》俗字初探. 语文学刊，2021（2）.

［265］张传玺. 中国历代契约会编考释. 北京：北京大学出版社，1995.

［266］张传玺. 中国历代契约粹编. 北京：北京大学出版社，2014.

［267］张国良. 宝卷俗字札记. 古汉语研究，2015（2）.

［268］张鸿魁.《金瓶梅》与近代汉字研究. 东岳论丛，1992（6）.

［269］张鸿魁. 近代汉字研究的几个问题. 东岳论丛，1994（4）.

［270］张鸿魁. 金瓶梅字典. 北京：警官教育出版社，1999.

［271］张嘉楠. 咸丰朝巴县档案俗字研究. 重庆大学硕士学位论文，2018.

［272］张介人. 清代浙东契约文书辑选. 杭州：浙江大学出版社，2011.

［273］张磊.《新撰字镜》研究. 北京：中国社会科学出版社，2012.

［274］张丽. 云南契约文书疑难字词考辨十则. 沈阳大学学报，2018（4）.

［275］张丽，高雅靓. 云南省博物馆馆藏契约文书疑难字续考. 安庆师范大学学报，2018（5）.

［276］张民权. 元代科举韵书《文场韵略》简俗字问题论稿. 长江学术，2021（4）.

［277］张铭心. 吐鲁番出土墓志汇考. 桂林：广西师范大学出版社，2020.

［278］张青松.《正字通》异体字研究. 北京：语文出版社，2016.

［279］张文冠. 近代汉语同形字研究. 浙江大学博士学位论文，2014.

［280］张献方，李艳丽，边思怡，高静. 新疆出土医学文书俗字研究. 浙江中医药大学学报，2021（11）.

［281］张显成. 吐鲁番出土文书字形全谱. 成都：四川辞书出版社，2020.

［282］张小艳. 敦煌书仪语言研究. 北京：商务印书馆，2007.

［283］张小艳. 敦煌社会经济文献词语论考. 上海：上海人民出版社，2013.

［284］张小艳. 敦煌祭文疑难字词校考. ∥复旦大学出土文献与古文字研究中心编. 出土文献与古文字研究（第8辑）. 上海：上海古籍出版社，2019.

［285］张小艳. 敦煌变文疑难字词校释. 中国语文，2020（6）.

［286］张小艳，冯豆. 敦煌变文疑难字词辨释. 敦煌学辑刊，2018（3）.

［287］张涌泉. 敦煌写卷俗字的类型及其考辨方法. 九州学刊，1992（4）.

［288］张涌泉. 敦煌文书类化字研究. 敦煌研究，1995a（4）.

［289］张涌泉. 汉语俗字研究. 长沙：岳麓书社，1995b.

［290］张涌泉. 敦煌俗字研究. 上海：上海教育出版社，1996a.

［291］张涌泉. 敦煌俗字研究导论. 台湾：新文丰出版公司，1996b.

［292］张涌泉. 敦煌文献校读释例. 文史（第41辑），中华书局，1996c.

［293］张涌泉. 试论汉语俗字研究的意义. 中国社会科学，1996d（2）.

［294］张涌泉. 汉语俗字丛考. 北京：中华书局，2000.

［295］张涌泉. 大力加强近代汉字研究. 浙江教育学院学报，2003a（6）.

［296］张涌泉. 韩、日汉字探源二题. 中国语文，2003b（4）.

［297］张涌泉. 敦煌经部文献合集. 北京：中华书局，2008.

［298］张涌泉. 敦煌写卷武周新字疏证. //中国文字学会. 中国文字学报（第七辑），北京：商务印书馆，2017.

［299］张涌泉. 量词"斗""石"大写考探. 华夏文化论坛，2020a（1）.

［300］张涌泉. 数词"百"大写作"伯"发覆. 四川大学学报，2020b（3）.

［301］张涌泉. 近代汉字是中华文明的主要载体. 中国社会科学报，2021-06-11.

［302］章炳麟. 新方言. 国粹学报，1907.

［303］赵超. 汉魏南北朝墓志汇编. 天津：天津古籍出版社，1992.

［304］赵红. 敦煌写本汉字论考. 上海：上海古籍出版社，2012.

［305］赵红. 吐鲁番俗字典. 上海：上海古籍出版社，2019.

［306］赵家栋. 敦煌文献疑难字词考辨四则. //浙江大学汉语史研究中心编. 汉语史学报（第十五辑）. 上海：上海教育出版社，2015.

［307］赵家栋. 佛教名物术语词研究. 上海：上海教育出版社，2020a.

［308］赵家栋.《汉魏六朝碑刻异体字典》补正. 古汉语研究，2020b（4）.

［309］赵静莲. 敦煌文献字词考释七则. 西南交通大学学报，2013（2）.

［310］赵敏，王伟. 大理民间契约文书辑录. 昆明：云南大学出版社，2018.

［311］赵庸.《广韵》俗字所生假性异读札记四则. //北京师范大学文学院编. 励耘语言学刊（第三十四辑），北京：中华书局，2021.

［312］赵振铎.《集韵》校本. 上海：上海辞书出版社，2012.

［313］真大成. 中古文献异文的语言学考察. 上海：上海教育出版社，2020.

［314］郑阿财. 越南汉文小说中的俗字. //中国文字学会，中央大学中文系所主办. 第四届中国文字学全国学术研讨会. 桃园：中央大学，1993.

［315］郑阿财. 敦煌文献与唐代字样学. //中国文字学会，中兴大学中国文学系主办. 第六届中国文字学全国学术研讨会论文. 台中：中兴大学，1995.

［316］郑阿财. 俗字在汉字文化圈的容受——以越南汉碑写本刻本为例. 北海道大学. 典籍的国际交流－容受会议论文，札幌：北海道大学，2002.

［317］郑贤章. 敦煌音义写卷若干俗字重考. 敦煌研究，2003（1）.

［318］郑贤章.《龙龛手镜》研究. 长沙：湖南师范大学出版社，2004.

［319］郑贤章.《新集藏经音义随函录》研究. 长沙：湖南师范大学出版社，2007.

［320］郑贤章.《郭迻经音》研究. 长沙：湖南师范大学出版社，2010.

［321］郑贤章.《新集藏经音义随函录》研究（增订本）. 上海：上海教育出版社，2023.

［322］周阿根. 五代墓志汇考. 合肥：黄山书社，2012.

［323］周阿根. 五代墓志俗字类型及成因探析. //教育部人文社会科学重点研究基地华东师范大学中国文字研究与应用中心，华东师范大学语言文字工作委员会编. 中国文字研究（第二十辑），上海：上海书店出版社，2014.

［324］周峰. 散见宋金元墓志地券辑录. 新北：花木兰文化出版社，2021.

［325］周梅.《东北边疆档案选辑》俗字研究. 浙江师范大学硕士论文，2012.

［326］周绍良，赵超. 唐代墓志汇编. 上海：上海古籍出版社，1992.

［327］周绍良，赵超. 唐代墓志汇编续集. 上海：上海古籍出版社，2001.

［328］周晟. 俄藏敦煌文献 Дx.10787《解梦书》字词校释八则. 敦煌研究，2016（4）.

［329］周艳红，马乾. 中医古籍"疒"部俗字考辨举隅. 汉字汉语研究，2021（3）.

［330］周阳. 北魏碑志俗字考辨七则. //四川大学文学与新闻学院编. 汉语史研究集刊（第二十七辑），成都：四川大学出版社，2019.

［331］周志锋. 大字典论稿. 杭州：浙江教育出版社，1998.

［332］周志锋. 明清小说俗字俗语研究. 北京：中国社会科学出版社，2006.

［333］周志锋. 论《越谚》方俗字. 古汉语研究，2011（4）.

［334］朱德熙. 在"汉字问题学术讨论会"开幕式上的发言. //中国社会科学院编. 汉字问题学术讨论会论文集. 北京：语文出版社，1988.

［335］朱凤玉. 敦煌写本碎金研究. 台湾：文津出版社有限公司，1997.

［336］朱凤玉. 敦煌本《碎金》与宋、明俗用杂字之比较. //浙江大学汉语史研究中心编. 汉语史学报（第三辑）. 上海：上海教育出版社，2003.

［337］朱明歧，戴建国. 明止堂藏宋代碑刻辑释. 上海：中西书局，2019.

［338］邹虎. 元代碑刻文献整理及文字词汇研究. 华东师范大学博士学位论文，2018.

语言规划学说略

李宇明

语言规划学是正在发展的一个语言学分支。它以语言规划（包括语言政策）为研究对象，其实质是一门关于语言功能的学问。对语言规划的内涵、外延和名称学界认识尚不一致，在国外，有 Language Policy（语言政策）、Language Planning（语言规划）、Language Policy and Language Planning（语言政策与语言规划）、Language Planning and Language Policy（语言规划与语言政策）等多种称谓，简称 LP、LPP、LPLP 或 LP&P。在中国，除了这些名称之外，过去也常称之为语文运动、语言文字工作，也曾把语言规划翻译为"语言计划、语文建设"等。一个学术概念或学科概念有多个名称，原因有多个方面：或是跨语言传播中的不同翻译所致，或是不同学者的学术认识、学术习惯所致，或是学科不断发展而带来概念的内涵增益、外延拓展所致。这种情况是正常的学术现象，甚至还意味着这门学科充满发展生机。现在，这些名称有统称为"语言规划"的趋势，本文也一般将其称为语言规划，把语言政策的制定、实施、反馈、修正等，都看作语言规划的应有内容。

语言规划有实践有理论。语言规划的实践，就是各国家、各地区、各领域、各组织所实施的语言规划；语言规划的理论，就是通过对各种语言规划实践的研究所获得的关于语言规划的理性认识，这种研究及其所得的理性认识，便属于语言规划学的范畴。

本文所阐述语言规划学的实质是关于语言功能的学问，指出它在语言学体系中的地位；此外，还概述了国内外这一领域的研究简况，及中国近二十年来的语言规划学理念；最后指出，语言规划学发展的根本是广泛收集、深入分析、科学解释古今中外语言规划的实践素材。

一、关于语言功能的学问

（一）语言结构和语言功能

研究语言需要看到语言的"一明一隐"，"明"的是语言结构，"隐"的是语言功能。语言是一个符号系统，是一个有结构的符号装置。这个符号装置通过一定的原理运作，发挥一定的语言功能。语言能够在人类社会中产生、存在、发展，能够与人类社会互动互育，就是因为它具有各种功能。研究语言功能，可以更好地认识语言的结构，可以对语言结构给予功能解释；同样，研究语言结构，也可以更好地认识语言的功能，可以从结构上对语言功能做出解释。

语言结构一般分为语音、语汇（或称"词汇"）、语法三个子系统，当然特殊的语言学派可能有不同的认识，比如乔姆斯基的转换生成语言学的"语法"，就不是一般的语言学所说的语法。如果考虑到书面语，文字也应当是语言的载体，也可以看作语言的一个子系统。在具体的语言活动中，还有"副语言"的问题。口语交际伴随使用的拟声、表情、手势、身姿等"体态语"，书面交际与文字一起使用的标点符号、科技符号、图表公式、表情包等"特殊符号"，都可以称为"副语言"，副语言也可以归入广义的语言结构中。特别是当前语言交际进入到多媒体、融媒体的时代，体态语、特殊符号等"副语言"在语言交际中的作用越来越重要，语言结构研究应当有其一席之地。如此说来，语言的结构系统应当由五个子系统构成：语音、文字、语汇、语法、副语言。

语言功能应当分为两个层次：（1）具体交际功能；（2）宏观社会功能。具体交际功能是指语言在具体交际中所发挥的表情达意功能，牵涉话语、副语言、交际对象、交际意图、交际工具（或语言载体）、交际环境和时代背景等多种因素。修辞学、语用学、话语分析、交互语言学、语境学等，对语言的具体交际功能都有所研究、有所建树，但总体上看，这一研究仍不够系统，尚未形成关于话语交际的有效研究范式。

宏观社会功能是指语言对人类群体和人类个体所发生的各种影响，比如对人类的迁徙和社会进步的影响，对人类各种共同体、各种社会制度和文化构建的影响，对人类的思维、意识和精神世界的影响，对人类经济活动的影响，对人类个体一生的学习、生活、工作的影响等。比起具体交际功能而言，对语言的宏观社会功能的研究更是不够，尽管社会语言学、文化语言学、人类语言学、认知语言学、儿童语言学、老年语言学等学科为此做出了不少努力。这一领域的研究，需要语言规划学的参与。

（二）语言功能研究

语言规划学，本质上是关于语言功能的学问。它主要研究四大问题：（1）语言能够发挥哪些功能？可称为"功能论"；（2）这些功能的发生原理和运作机理如何？可称为"原理论"；（3）怎样利用和调节这些原理和机理来使语言的正功能得到发挥，使语言的负功能得到遏制，使其惠及人类社会和社会个体？可称为"调节论"；（4）调节的结果如何？如何根据调解结果进行"再调节"？可称为"评价论"。

以往的语言学，主要研究语言结构，相对忽视研究语言功能；即使研究语言功能，也多是研究语言的具体交际功能，较少研究宏观社会功能。李宇明（2019）在《语言学的问题意识、话语转向及学科问题》一文中，提出了语言研究的"话语转向"问题。语言研究的"话语转向"，就是要研究语言应用的真实状态、研究话语、研究语言功能，包括语言的宏观社会功能。

回顾语言学史，语言学在四个方面取得的成果最多，形成了四大研究领域：

第一，关于语言结构的研究。语言结构的研究包括语音学、文字学、词汇学、语义学、语法学等，包括关于语言结构的历史发展、地域变异、社会变异研究，包括不同语言结构类型的对比研究和类型学研究等。关于语言结构的研究常被人称为"本体研究"，其实不同的学科有不同的"本体"说法，将语言结构研究称为"本体研究"未必妥帖。

第二，关于人类语言学习的研究。人类语言学习包括四类：（1）母语学习。包括母语口语习得（一般是第一语言，也有第一语言习得"非母语"的情况）、母语书面语学习、侨民的祖语传承。[1]（2）外语学习。多是第二语言学习，也有第三语言学习、第N语言学习。近来发现，第三语言学习具有与第二语言学习的许多不同特点，可能成为研究的一个新方向。（3）民族间语言学习。包括少数民族的国家通用语言（或国语、官方语言）学习、主体民族学习少数民族语言和少数民族相互学习语言。（4）特殊语言教育。听障、视障等语言障碍者的语言学习与语言康复。由于社会人员的快速流动、多元文化家庭的增多，幼儿期的多语学

---

[1] 在中国称之为"华语教学"或"华语文教学"，详见郭熙（2012，2021）。

习现象大量出现，成为人类语言学习的新趋势。

第三，关于机器语言学习的研究。语言信息处理、语言智能的研究，就是要使机器拥有语言智能，亦即机器的语言学习。机器语言学习包括语音识别、自动翻译、信息检索与分析、自动文摘、机器写作、"口语—书面语—特殊用语（盲文、手语）"的相互转换、机器阅读理解、社交机器人等。

第四，语言的神经学、病理学研究。包括大脑语言中枢、人类的发音器官、书写器官、视觉器官、听觉器官、语言疾病的研究，也包括老年语言能力退化的研究。

语言规划学是关于语言功能的研究，正好填补已有语言学研究的缺口，成为语言学的第五大研究领域，如图1所示。语言功能虽然在语言产生之初就存在，但是就学术研究来说，它还是一个正在成长的学术概念。语言究竟有哪些功能，对人类来说哪些是有利的正功能，哪些是有害的负功能，这些功能的发生原理和运作机理如何，怎样利用和调节这些原理和机理来使语言的正功能得到充分发挥、使语言的负功能得到遏制等，有许多都还是未知的，都需要探索。语言规划学是一个正在发展的学术领域，是一个可以把语言学带到新高度的学术加速器，它可以推动语言学观念的变革，推进语言学发展，推动社会进步。

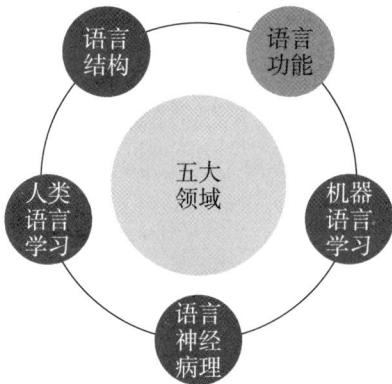

图1　语言学研究领域示意图

二、语言规划学的历史发展

人类的语言规划早已有之，如公元前 220 年前后秦始皇实施"书同文"，如495 年北魏孝文帝开始实施"断诸北语、一从正音"的"变北俗"之策。但语言规划学的产生才只有几十年的历史。

（一）国际语言规划学简况

国际语言规划学的研究，已有诸多文献进行了梳理，并有商务印书馆 2011 年开始出版的《语言规划经典译丛》、外语教学与研究出版社 2012 年开始出版的《语言资源与语言规划丛书》等。本文对此没有太多新突破，此处只对前贤的研究做梗概式介绍。

1957 年，威因里希（Uriel Weinrich）首创"语言规划"（language planning）一词。1959 年，豪根（Einar Haugen）的《在现代挪威规划一种标准语》，标志着语言规划学的创建。之后，有费希曼（Joshua A. Fishman）等人的《发展中国家的语言问题》，伊斯曼（Caral M. Eastman）的《语言规划导论》，鲁宾（Joan Rubin）等人的《语言能规划吗？》，兰伯特（Wallace Lambert）的《语言、心理和文化》，弗格森（Gibson Feguson）的《语言规划与语言教育》，诺伊施图普尼（Jiří V. Neustupný）的"语言管理论"，库伯（Robert Cooper）的《语言规划与社会变革》，斯波斯基（Bernard Spolsky）的《语言政策》和《语言管理》等。这些人物是语言规划学的领跑者，这些著作是语言规划学的经典。[1]

国际上的语言规划学研究，早期（二十世纪七十年代及以前）主要关注语言标准化和多语社区、多语问题。到了中期（二十世纪八九十年代），较多关注语言与经济、政治、教育、宗教等关系及语言立法、语言保护等问题。当今（二十一世纪）主要关注语言权利、语言管理、原住民语言问题。其中，语言的地位规划、本体规划、声望规划、习得规划等问题，讨论得最为系统，也对现实最有指导意义。语言权利，特别是弱小族群的语言权利，是语言规划学持续关注的问题。而今，语言管理问题受到较多关注，分"语言域"研究语言规划问题成为新时尚。

（二）中国语言规划学的发展

中国语言规划学是在中国语言规划的实践活动中产生并发展起来的，其观念、理论、方法、研究内容等主要来自将近一百三十年的中国语言规划实践，当然其中也有国际经验、国际学术成果的借鉴。中国语言规划学的萌芽，可以追溯到切音字运动以来关于白话文运动、语言统一、文字改革、汉语拼音等的论述

---

[1] 此段论述参见陈章太主编（2015）第七章《国外语言规划》。

中，包括清朝学部中央会议议决的《统一国语办法案》、黎锦熙 1934 年的《国语运动史纲》等文献。

1955 年，中国科学院哲学社会科学部在北京召开"现代汉语规范问题学术会议"，罗常培、吕叔湘的主题报告《现代汉语规范问题》，已经超出了对具体语言文字工作的论述，是一篇代表中国智慧与实践的重要的语言规划学文献。这一报告，解决了普通话规范、也是共同语规范的一些重要的理论和现实问题，如：（1）共同语是历史形成的；（2）共同语与方言的关系；（3）共同语与个人风格和文学创作的关系；（4）共同语在全民交际和社会发展中的重要作用；（5）共同语怎样进行规范；（6）共同语的维护需要社会宣传、政策支持和学术研究等。这些问题在中国语言规划学上有重要意义，在人类的语言规划学上也有重要意义。同时，这一报告提出了三个方面的工作（宣传、政策、研究）和七大研究任务，都在后来国家语言规划实践中陆续实现，奠定了新中国语言研究的基础，巩固了语言研究支持国家语言事业的传统。还有一些著作，可以列入中国语言规划学的早期研究中，如周恩来《当前文字改革的任务》（1958）、周有光《汉字改革概论》（1961）、周有光《语言生活的现代化》（1979）等。

1984 年，中国社会科学院语言文字应用研究所（今教育部语言文字应用研究所）成立。与之相应，创刊于 1956 年的《文字改革》（1956 年刊名为《拼音》，1957 年更名《文字改革》）更名为《语文建设》，"语文建设"就是"Language Planning"的中译；1992 年，《语言文字应用》创刊。"一所两刊"强力推进了中国语言规划的研究，开拓了中国语言规划研究的新时代。这一时期的重要文献有周有光《中国语文的现代化》（1986）、周有光《语言生活的五个里程碑》（1989）、陈章太《语文生活调查刍议》（1994）、王均主编《当代中国的文字改革》（1995）、陈永舜《汉字改革史纲（修订版）》（1995）、于根元《二十世纪的中国语言应用研究》（1996）、傅永和《二十世纪的汉语言文字规范工作》（1998）、戴昭铭《规范语言学探索》（1998）、陈章太《再论语言生活调查》（1999）等。这些文献的特点是致力于研究中国语言规划实践。

二十世纪九十年代以后，国家制定"语言文字法"的工作被提上日程，国家语言文字工作委员会联合中国社科院等机构的学者有意识地了解世界各国和国际组织的语言政策，了解国际上关于语言规划的研究状况。调研情况反映在周庆生主编的《国外语言政策与语言规划进程》（2001）、《国家、民族与语言——语言政策国别研究》（2003）两部著作中。这项工作不仅为《国家通用语言文字法》的制定提供了重要参考，而且也开启了研究国际语言规划的河闸，带来了中国语言规划学界的"改革开放"，中国学人的研究与国际语言规划学界开始接轨、同步，甚至渐有自己的研究特色。

此期重要的文献有李建国《汉语规范史略》（2000）、陈章太《语言规划研究》（2005）、李宇明《中国语言规划论》（2005）、郭龙生《中国当代语言规划的理论与实践》（2008）、王世凯《语言资源与语言研究》（2009）、李宇明《中国语言规划续论》（2010b）、苏培成主编《当代中国的语文改革和语文规范》（2010）、郭熙《华语研究录》（2012）、赵世举主编《语言与国家》（2014）、陈章太主编《语言规划概论》（2015）、李宇明《中国语言规划三论》（2015a）、周庆生《语言生活与语言政策》（2015）、文秋芳和张天伟《国家语言能力理论体系构建研究》（2016）等。这些文献的研究视野开阔，研究内容不限于中国，有了一定的理论意识和学科意识，标志着中国语言规划学进入成熟阶段。

2005年，《中国语言生活状况报告》（俗称"绿皮书"）编纂出版，至今已经持续编纂16年。在绿皮书的影响下，《中国语言政策研究报告》（蓝皮书，2015年始出版）、《世界语言生活状况报告》（黄皮书，2016年始出版）、《中国语言文字事业发展报告》（白皮书，2017年始出版）相继问世，形成了国家语言文字工作委员会的"四大皮书"。同时，京穗沪也开始编纂地方的语言生活状况报告，语言服务领域、粤港澳大湾区也编辑出版领域、区域的语言生活报告，它们与"四大皮书"一起形成了语言生活的"皮书方阵"。2012年南京大学创办《中国语言战略》，2014年北京外国语大学创办《语言政策与语言规划研究》，2015年北京语言大学创办《语言规划学研究》，2016年《语言战略研究》杂志创刊，并在杂志刊发论文的基础上出版《语言战略研究丛书》，形成了"期刊方阵"。2006年南开大学首先设立语言规划的博士方向，2013年和2014年，上海外国语大学、北京外国语大学和北京语言大学，相继设立了语言规划方向的博士点，形成了高水平的人才培养基地。一些大学和单位成立了以语言规划研究为主的科研单位，计有20余家。中国语言学会设立语言政策与规划专业委员会，并举办系列的学术会议。中国语言规划学具有了基本的学术配置。

此外，联合国教科文组织还与中国政府合作，2014年在苏州共同举办世界语言大会，就语言能力与人类文明和社会进步、语言能力与教育创新、语言能力与国际交流合作等议题进行讨论，发表了《苏州共识》；2018年在长沙共同举办首届世界语言资源保护大会，会后发表了以"保护语言多样性"为主题的《岳麓宣言》。《苏州共识》和《岳麓宣言》都吸纳了中国语言规划学的研究成果。中国语言规划实践和理论研究做出了国际贡献。

三、二十年来中国语言规划的若干理念

进入二十一世纪的中国语言规划学，已经具有了基本的"学科标配"，产生了许多学术成果，这些成果中蕴含着许多新的学术理念。

（一）构建和谐语言生活

"语言生活"这个术语源自日本。日本国立国语研究所 1951 创办《言语生活》（1988 年停刊）杂志，也曾出版过《言语生活之实态》的研究报告。[1] 1955 年，罗常培、吕叔湘的《现代汉语规范问题》使用了"语言生活"这个说法，且带引号，这是目前所见中国学界最早的提法。之后，周有光在 1979—1989 的十年间，多次使用"语言生活、语文生活"，如《语言生活的现代化》（1979）、《我看日本的语文生活》（1986）、《语言生活的五个里程碑》（1989）。陈章太在 1990—1999的几年间，也数次使用"语言生活、语文生活"，如《四代同堂的语言生活——陈延年一家语言使用的初步考察》（1990）、《语文生活调查刍议》（1994）、《再论语言生活调查》（1999）。晔子 1997 年发表《语言生活与精神文明》，第一次对语言生活做出了基础性定义。"语言生活"广泛使用并成为中国语言规划学的基本概念，是 2005 年以来《中国语言生活状况报告》的持续出版所产生的影响。

语言生活是指运用语言、学习语言、研究语言而形成的社会生活。这里的"语言"，包括文字、语言文字知识和语言技术。语言规划，其规划的对象不是语言，而是语言生活；即使在规划中涉及语言与文字，也是因为语言生活的需要。语言规划学就是要关注语言生活，解决语言生活问题，引导语言生活发展。什么是理想的语言生活？引导语言生活向何处发展？回答是"和谐的语言生活"，并通过语言生活的和谐促进社会生活的和谐。

构建和谐语言生活理念的提出，是在 2005 年至 2006 年前后。当时语言规划面临的主要问题是如何处理好语言关系，国家通用语言的推广与民族语言使用、方言保护的关系，本土语言和外语的关系，国内汉语和海外华语的关系等。

---

[1] 感谢刘海燕教授提供日本的材料。

夏莉、张雪莲（2005）的《构建和谐的语言生活——访教育部语信司司长李宇明》一文，是较早提出"和谐语言生活"理念的文献。2006 年 3 月 31 日，为纪念国务院《关于公布〈汉字简化方案〉的决议》和《关于推广普通话的指示》发布 50 周年，在人民大会堂举办了纪念会和"语言文字规范化工作学术研讨会"，许嘉璐、陈至立、赵沁平等到会讲话，直接或间接地讲到了语言生活的和谐问题。《光明日报》（2006）根据会议精神发表了《构建和谐的社会语文生活》的评论员文章。2006 年 5 月 22 日，"2005 年中国语言生活状况报告"新闻发布会在京召开，时任国家语言文字工作委员会主任的赵沁平在新闻发布会上做了题为《关注语言国情　建设和谐的语言生活》的书面讲话；会议提供的《中国语言生活状况报告（2005）》蓝本，其序言标题亦是《构建健康和谐的语言生活》。

自此之后，构建以国家通用语言为主导的多语并存共用的和谐生活，逐渐成为共识，并发展为新时期国家语言规划的工作目标。构建和谐语言生活，包含着多语主义、语言平等、语言和谐、国家通用语言主导等多种思想观念，内涵十分丰富，也切合中国的语言国情。

（二）保护、开发语言资源

费希曼在 1973 年开始提及"语言资源"这一概念，鲁伊兹（Richard Ruiz）在 1984 年把语言资源看作影响语言规划的三种取向之一。卡普兰（Kaplan，1997）、格林（Grin，2003）把语言看作重要的"人力资源""人力资本"，是语言规划的一个方面。二十世纪八十年代，澳大利亚也曾依照语言资源理念制定了《国家语言政策》（见王辉 2010）。我国最早使用"语言资源"概念的是邱质朴，他在 1981 年就从信息化、语言教学、语言规划等角度讨论语言资源的开发问题。《语文建设》1988 年发表楼必安可（Joseph Lo Bianco）的《澳大利亚的国家语言政策》。尽管如此，语言资源的理念在中国要发生影响，还要到 2004 年国家语言资源监测与研究中心的建立。

2004 年 6 月，教育部语言文字信息管理司（以下简称"语信司"）与北京语言大学共建平面媒体语言分中心，由此开始了国家语言资源监测与研究中心建设之路。研究中心拥有平面媒体、有声媒体、网络媒体、教育教材、少数民族语言、海外华语等分中心，研究成果在《中国语言生活状况报告》中逐年发表。2007 年 9 月，语信司与北京语言大学共办"国家语言资源与应用语言学"高峰论坛，也是国家语言资源监测与研究中心的几个分中心共同邀请国内外学者参加的学术会议。这是国内首次召开的语言资源的大型学术会议，其成果收录在《中国语言资源论丛》（2009）中。2007年中国语言资源有声数据库建设开始筹备，2008正式启动建设。2008年中国语言资源开发应用中心在商务印书馆成立，次年创办内部刊物《中国语言资源动态》。2009年王世凯《语言资源与语言研究》专著出版。这些重要活动，使"语言资源"这个概念走向了社会。特别是2015年中国语言资源保护工程（"语保工程"）启动，2016年北京语言大学语言资源高精尖创新中心成立，并不断召开国际语言资源高层论坛，2018年在长沙举办"首届世界语言资源保护大会"，语言资源便成为中国语言规划的基本概念。

某种事物能被作为资源看待，一是它对人类有用，二是这种"有用性"能被人类认识。自然资源先被认识，然后是社会资源。而语言的资源性质是最近二十年才被中国人意识到的。二十一世纪初，人们主要论证语言的资源性质，指出语言资源需要保护、应当开发利用。在中国语言资源有声数据库建设开始前后，人们主要讨论语言资源保护的类型、措施和技术，讨论语言资源的内涵与外延，认为语言资源有口头语言资源、书面语言资源和语言衍生资源（语言知识、语言技术、语言艺术、语言人才等）等三类。2015年"语保工程"启动、2016年语言资源高精尖创新中心成立后，研究向"语言资源功能"方向发展，语言保护、语言信息处理和语言学习是当前语言资源最重要的三大功能域，要根据语言资源的功能决定语言资源的收集、整理、建库、开发的标准。同时也提出了"语言知识观"，即语言不仅是一个符号系统，更是一个贮存人类语言知识体系及文化体系的知识库。依照"语言知识观"建设语言资源，才能满足语言保护和机器语言学习、人类语言学习的资源需要。因此也有学者建议要建立"语言资源学"。

当前，数据问题又成为重大的社会课题。数据不仅是计算机智能的源泉，也是数字经济时代的七大生产要素之一。语言数据是最为重要的数据，从数据的角度看待语言资源，成为未来的新视野。

（三）提升国家语言能力

"语言能力"是个老名词，不过乔姆斯基学派、应用语言学派讲的都是个体的语言能力。1993年，美国学者布莱奇特（Brecht）和沃尔顿（Walton）提出"国家语言能力"（National Language Capacity）问题，2006年美国实施"关键语言计划"，群体语言能力才开始受到关注。不过，布莱奇特等人的国家语言能力及美国的关键语言计划，主要讲的是国家的外语能力，目的是维护国家安全。

中国学人也是从对语言与国家安全的关注中引发国家语言能力思考的。2010年11月，李宇明在首都师范大学"燕京论坛"做《提升国家语言能力的若干思考》的学术讲座，将国家语言能力定义为"国家处理海内外各种事务所需要的语言能力"，并提出了国家语言能力表现的若干方面。文秋芳在2011年前后就开始关注国家的外语能力问题，着手建立外语人才数据库，并于2018年出版了这一领域的首部专著《国家语言能力理论体系建构研究》（与张天伟合作）。2019年又发表《对"国家语言能力"的再解读——兼述中国国家语言能力70年的建设与发展》一文，其中，将国家语言能力第三次定义为"政府运用语言处理一切与国家利益相关事务的能力"；定义的三度演变，记录着文秋芳近十年来对这一问题的不停探索。2014年世界语言大会在中国召开并发表《苏州共识》，反映了中国在这一研究领域成果丰硕，同时也进一步促进了国人的研究。魏晖2015年在《国家语言能力有关问题探讨》一文中，更关注"国家分配和管理国家语言资源的效率"。赵世举2015年在《全球竞争中的国家语言能力》中，把国家语言能力定义为"一个国家掌握利用语言资源、提供语言服务、处理语言问题、发展语言及相关事业等方面能力的总和"，这是关于国家语言能力较为全面的定义。

国家语言能力主要表现在语种能力、领域语言能力和话语权上。为满足国家处理海内外事务的各种语言需要，支撑中华民族共同体、人类命运共同体的构建，需要具备20/200种语言的能力。用20种语言获取世界信息，与世界"通事"；用200种语言向世界讲"中国故事"，与世界"通心"。领域语言能力是利用语言处理各领域事务的能力，这些领域主要有行政、外事、军事安全、新闻舆论、科技教育、经济贸易等。国家的语言能力还表现在话语权上。获取话语权主要在两方面：设置话题；说话令人信服。话题设置本质上需要有独到见解，能把握人类社会的发展规律，了解物理世界的运行规律，凝练出社会所关心的、能解决社会问题的、引领社会进步的前沿话题。说话令人信服，需要话语艺术，更需要深入理解所谈话题。而要对话题有深入理解，就需要对有关话题进行长期的内涵研究和表达研究。（参见李宇明 2021）

目前，我国的个体语言能力有了较大进步，双语人、三语人已成为社会主体。但是国家语言能力还比较弱，需要认真研究，加强规划，积极实施。

（四）重视语言的经济属性

语言具有诸多方面的属性，经济属性是其中一个方面。过去，人们主要从社会、文化、符号、信息等方面来认识语言，很少关注它的经济属性。近几十年来，由于服务业的发展、人口大流动、信息化的快速发展，语言的经济属性逐渐凸显出来。2009 年 10 月"中国语言经济学论坛"召开（至今已连续召开 13 届）。2004 年山东大学经济研究院组建语言经济研究所，2011 年在研究所基础上创办山东大学语言经济研究中心。2010 年北京市语言文字工作委员会创办北京语言产业研究中心，召开"中国语言产业论坛"（至今已连续召开 6 届）；2018 年在中心基础上创办首都师范大学中国语言产业研究院，编辑《语言产业研究》，招收语言产业方向的硕士生和博士生。语言经济学、语言产业研究的发展，使人们看到了语言在经济活动中的重要作用，甚至认识到语言不仅是软实力，而且也是"硬实力"。

语言的经济作用，起码可以表述为四个方面：第一，语言能力是劳动力的重要构成要素。特别是在服务业成为重要产业、数字经济成为重要经济形态的时代，语言能力在劳动力构成中的地位就更为重要。语言能力包括母语能力（国家通用语言能力）和外语能力，也包括使用现代语言技术的能力。我国的职业有 8 大类近 1500 种，多数职业都需要一定的职业语言能力。第二，语言在技术传播、统一市场形成方面具有重要作用。语言碎片化会对信息传递、技术传播、统一市场形成等有较大阻碍。中国改革开放，发展成为世界第二大经济体，就是架起了普通话、外语等"语言金桥"。第三，语言产业逐渐成为国家的支柱产业。随着社会进步，人们语言需求的品位在不断提升，语言需求的范围在不断延展，语言消费水平在不断提高，发展语言产业以满足语言需求，提升社会语言生活。第四，在数字经济时代，数据是数字经济的关键生产要素，是与"劳动、资本、土地、知识、技术、管理"同等重要的生产要素。80% 的数据是语言数据，语言数据进入了生产要素的范畴。（参见李宇明 2020）

语言规划过去主要是从信息交际和文化发展的角度进行的，而今必须考虑语言的经济属性，主动与国家的经济规划相配合，通过发挥语言的经济作用来提升劳动力水平、发展语言产业特别是语言数据产业，推进国家的经济建设。

（五）树立"大华语"意识

实现语言统一是中国语言规划的历史传统。1911 年清朝学部中央教育会议议决了《统一国语办法案》，民国时期确定了国语的标准，1956 年国务院发布《关于推广普通话的指示》，2000 年颁布《国家通用语言文字法》。百余年来，汉民族共同语实现了标准化，并推行到全中国和海外华人地区。但是，由于政治和移民等因素的作用，汉民族共同语在海内外有不同的名称，比如中国大陆叫"普通话"，中国台湾叫"国语"，海外老华语区叫"华语"，中国香港和海外的其他地区三个名称都有。

不仅名称不同，语言标准上也有若干差异，特别是词汇和文字。这种差异对于语言的现实使用、语言教育的标准选定都有阻碍。在英语世界中，英国英语、北美英语、澳洲英语也都有不小差别，有人认为英语已经是个"复数"。汉民族共同语会逐渐趋同还是会逐渐疏远，甚至裂变为现在英语式的复数形式，这是需要考虑的。

陆俭明、周清海、郭熙、李宇明、姚德怀、刁晏斌、卢德平、赵世举、周明朗、吴英成等一批学者，提倡"全球汉语"的研究视野。而为了全世界华人的沟通，在周清海、陆俭明等倡议下，商务印书馆组织世界华语学者于 2004 年开始编纂《全球华语词典》，继之编纂《全球华语大词典》，前后用时 12 年。在编纂的过程中逐渐形成了"大华语"的理念。

大华语是以普通话／国语为基础的全世界华人的共同语，是由"多波"标准语的扩散而形成的。民国时期，以新国音、新词汇、新语体为代表的国语教育，伴随着反对封建、昌明科学、复兴民族的社会大潮，从内地兴起，逐渐波及中国港澳、中国台湾及海外华人社区。这是现代汉民族共同语（国语）的第一波扩散。二十世纪五十年代以来，中国内地进一步规范汉民族共同语，随着中国的改革开放，普通话也在持续地影响中国港台及海外，且波及华人社会之外。这是现代汉民族共同语（普通话）的第二波扩散。同时，以老国语为基础的中国港台及海外华语，也不断登陆回乡。新老华语相互接触、相互借鉴、相互吸收，逐渐形成了现在覆盖全球的"大华语"。

华语的内部差异，主要表现在词汇上，其次是语音，再次是语法。不同社区的华语有共性，也各有特色。这些特色的形成有各种原因，如各自社会生活差异，新老华语波及不均衡，各地方言底色浸润，当然还有所在地他族语言的影响。华语社区不同于汉语的方言区，各社区华语不是方言，而是人们说的带有各自特点的普通话或国语。就目前的认识水平看，华语社区可划分为中国大陆地区、中国港澳地区、中国台湾地区以及新马印尼等地区，同时需有意识地关注泰国、越老柬缅、东北亚、澳洲、北美、欧洲等地的华语。这些不同华语社区的华语，是大华语的不同变体。

与大华语理念相近的，有邢福义先生主持的"全球华语语法研究项目"（2011

年），有刁晏斌、李崴 2015 年创刊由德国德古意特出版社刊印的《全球华语》杂志等。"大华语"是看待共同语规范的一个新视角，是对链接全世界华人的母语纽带的再强调，是团结全世界华人的一个新理念，也是从全球角度来看待汉语，以帮助汉语走向世界。

（六）语言扶贫

2000 年在联合国千年首脑会议上，各国领导人通过了以减贫为首要目标的千年发展目标。2015 年在联合国发展峰会上，世界各国领导人共同通过了以消灭贫困为首要目标的 2030 年可持续发展议程。在中国减贫脱贫的道路上，语言扶贫发挥了一定作用。2016 年，教育部、国家语言文字工作委员会发布的《国家语言文字事业"十三五"发展规划》提出，要"结合国家实施的精准扶贫、精准脱贫方略，以提升教师、基层干部和青壮年农牧民语言文字应用能力为重点，加快提高民族地区国家通用语言文字普及率"。这是政府的语言扶贫规划，也是社会动员，由此开展了各种语言扶贫行动。

围绕语言与贫困的关系，中国语言学界也积极探索，开展了一系列讨论，形成了一系列研究成果。比如 2018 年至 2021 年的《中国语言生活状况报告》连续刊发了多篇语言与贫困的研究报告；2018 年 6 月 "语言与贫困" 微信公众号创建；"推普脱贫攻坚研讨会" 在江苏师范大学召开。2019 年到达研究的高峰期,《语言战略研究》在 2019 年第 1 期刊发 "语言与贫困" 研究专题；2019 年 10 月 15—16 日，"中国语言扶贫与人类减贫事业论坛" 在北京的中国职工之家举行，并发布了《语言扶贫宣言》；2019 年下半年，"第十一届全国语言文字应用学术研讨会" "第十一届中国语言经济学论坛" 都专门设置语言与贫困、推普脱贫等相关议题；《云南师范大学学报》(哲学社会科学版)2019 年第 4 期开辟 "语言与贫困 / 语言扶贫减贫" 专栏。商务印书馆还编辑出版了《语言扶贫问题研究（第一辑）》(2019)、《语言扶贫问题研究（第二辑）》(2020)。语言与贫困问题已经成为中国语言规划学的一个热点。

语言扶贫是在修筑扶贫脱贫的语言大道。"要致富，先修路。" 村村通公路，这是现实之路；户户通广播通电视，宽带网络广覆盖，这是电信之路；语言大道是负载知识与机遇之路。1966 年，费希曼观察到，凡是较为富裕的国家，语言都较为统一，即具有 "同质性"；而较为贫穷的国家，语言具有较强的多样性，即具有 "异质性"。1972 年，普尔（Jonathan Pool）在费希曼研究的基础上，分析了 133 个国家 1962 年前后人均国内生产总值与语言状况的关联，发现"一个语言极度繁杂的国家，总是不发达或半发达的；而一个高度发达的国家，总是具有高度的语言统一性"。2000 年，内特尔（Daniel Nettle）在此基础上提出了"费希曼 - 普尔假说"（Fishman-Pool Hypothesis），即认为语言多样性与经济发展之间有种逆相关，而语言统一与经济发展则是正相关。中国发展为世界第二大经济体，就是通过推广普通话，加强外语学习，整合了语言碎片，打破地域区隔，促进了信息和技术的传播，促进了人才、资金、产品的流动。

语言能力是劳动力，提升语言能力可以得到更好的教育，可以有更大的职业选择范围，可以从事更高收入层面的工作。二十世纪六七十年代，伯恩斯坦（Basil Bernstein）从教育学角度发现，家境不好的孩子，说话总是使用"局限语码"，而中产阶级家庭的孩子，说话总是使用"复杂语码"。两类语码与语言能力的强弱基本呈正相关。语言上的差别与家境息息相关，而其背后就是教育资源的获取程度。美国曾经认为，中产阶级家庭的孩子与贫困家庭的孩子之间有"3000万词语"的差距，要向贫困开战，就要消除这"3000 万词语"的鸿沟。提升语言能力具有阻断贫困代际传递的功能。

语言扶贫在减贫脱贫事业中发挥着独特作用。在中国，学习国家通用语言文字并提升学习者的能力水平是语言扶贫的基础路径和核心经验。国家通用语言文字、少数民族语言文字、各语言的方言、外语都是语言扶贫事业的有机组成部分，在不同的层次和领域发挥着各自的作用。语言扶贫事业不是孤立的，需积极协同其他扶贫举措共同为减贫事业贡献力量。要高度重视信息技术在语言扶贫事业中的重要作用，充分发挥人类技术创新的力量。

语言可以扶贫，源自语言与教育的密切关系，源自语言与信息的密切关系，源自语言与人与互联网的密切关系，源自语言与人的能力和机会的密切关系。开展语言扶贫，使语言在扶贫脱贫中真正发挥作用，需要研究语言与贫困的理论关系，认识并利用好语言作用于贫困或经济发展的机制与规律，需要总结国内外开展语言扶贫实践经验。

2021 年 2 月 25 日，中国宣告脱贫攻坚取得全面胜利，现行标准下 9899 万农村贫困人口全部脱贫，832 个贫困县全部摘帽，12.8 万个贫困村全部出列，区域性整体贫困得到解决，完成了消除绝对贫困的艰巨任务。在建成小康社会的当下，相对贫困治理成为新议题，乡村振兴成为中国农村发展的新行动，语言扶贫的经验如何在乡村振兴中发挥作用，是一个新课题。

中国语言文字学的发展

（七）应急语言服务

2005 年 9 月，上海召开"世博会语言环境建设"国际论坛，200 多人与会。屈哨兵与多位会议出席者提出"语言服务"问题，这是语言服务概念在中国的发端。2010 年 9 月，"2010 中国国际语言服务行业大会暨大型国际活动的语言服务研讨会"在京举行，中国译协郭晓勇先生做了《中国经济文化走出去 语言服务是支撑》的大会报告，语言服务概念开始广为流行。

语言服务有广狭二义。狭义的语言服务主要指语言翻译服务。广义的语言服务，李宇明（2014）《语言服务与语言消费——序屈哨兵等〈广告语言谱系研究〉》的界定是：利用语言（包括文字）、语言知识、语言艺术、语言技术、语言标准、语言数据、语言产品等所有语言的所有衍生品，来满足政府、社会及家庭、个人的需求。

应急语言服务是面向突发公共事件的语言服务，是语言服务的一种特殊类型。应急语言服务有三大主要任务：第一，信息沟通。突发事件救援有现场与后方之分，涉及人群分为不同的群落，不同的群落有不同的沟通问题，需要提供不同的信息，需要有不同的语言服务方略。第二，语言抚慰。通过语言文字及语言产品发挥安慰功能，帮助受到突发事件波及的个体和群体缓解或解决负面情感。个体语言抚慰可以用谈心、安神音乐、励志故事、有抚慰作用的文学作品等开展，主要的抚慰策略是倾听、共情、心理补偿、转移关注点等。群体语言抚慰是对大众、社会的负面情感的抚慰，常用的方式有悼念亡灵、抚慰伤者、表彰先进、设置纪念日、建立纪念碑等。第三，语情监测。通过语情大数据预测突发事件；在应急处理事件时监测、分析语情，帮助处理紧急语情。

应急语言服务的最高境界是"平时备急，急时不急"。平时备急的主要工作是开展应急语言服务教育，使社会具有应急语言服务的意识与常识，使救援人员具有一定的应急语言服务技能，使应急语言服务得到专业支撑。应急语言服务教育，可以分为五种：（1）社会教育；（2）学生常识性教育；（3）应急语言服务团队培训；（4）应急救援者培训；（5）应急语言服务的专业教育。

应急语言服务是在新冠疫情防控中发展起来的概念。[1]"战疫语言服务团"在

---

[1] 2019 年 6 月，防灾科技学院外国语学院正式成立"应急救援语言服务研究所"，"应急语言服务"的概念有了雏形，但并未最后形成并有效传播。

疫情发生后不久就研制了《抗击疫情湖北方言通》、《疫情防控外语通》（41 种外语）和《疫情防控"简明汉语"》；《语言战略研究》《天津外国语大学学报》《北京第二外国语大学学报》等及时开展应急语言服务的学术探讨，《人民日报》《光明日报》《中国日报》也积极反映应急语言服务的言论与行为；商务印书馆还出版了《应急语言问题研究》（李宇明 2020b）论文集。2020 年 6 月，西北师范大学成立应急语言服务团。2020 年 7 月，天津外国语大学成立了天津市应急外语服务人才库、应急外语服务人才培养基地、应急外语服务研究院、应急外语服务多语种语料库实验室（简称"一基地三库"），编纂教材，召开"应急语言服务发展论坛"。"中国语言服务 40 人论坛"在疫情期间积极开展应急语言服务研讨与行动，许多部门、学校也开展应急语言服务，研究应急语言服务问题。在应急语言服务的实践中形成了应急语言服务的理念，形成了一些学术共识。要做好应急语言服务，必须建立国家应急语言服务的法制、体制、机制，建立"国家应急语言服务团"，开展应急语言服务教育，开发应急语言服务产品，探讨应急语言服务学理，建立"应急语言学"。

四、以古今中外语言规划为材料

理论来自于事实，是对事实的概括和解释。语言规划学，以语言规划的实践作为研究材料，在这些材料的基础上来发现规律、构建理论。用于语言规划学的材料可以分为三大类：国别区域、国际组织、重要领域。

（一）国别区域的语言规划学材料

中国是较早进行语言规划的国家，而且历代都有大量的文献资料存留下来，具有重要的语言规划学研究价值。参照李建国（2000）《汉语规范史略》，可以画出一条粗略的时间线索：先秦，周礼对语言行为的规约，官学的语文教育，辀轩使者的方言采风，孔子的"正名论"，荀子的"约定俗成"说，《尔雅》的义类理念等；秦汉，秦始皇的"书同文"，经学发展与汉字"隶变"，《说文解字》的文字产生说与字书编撰实践，熹平石经与文字规范；魏晋隋唐，佛教东来与反切的发明和翻译论说，北魏孝文帝拓跋宏的"语言替换"国策，《颜氏家训》的语言规范思想，科举兴起与语言规范，日本"遣唐使"与语言文字的传播，"字样之学"的文字规范观；宋元明清，印刷术对文字发展的影响，《切韵》《中原音韵》的语音规范意义，清代的"国语骑射"方略，《康熙字典》的规范作用，清末的切音字运动；此后民国的国语运动、俗体字运动、注音字母运动，中华人民共和国七十年的语言规划。

中国语言规划是人类语言规划学的宝库，但是，过去对中国历史上的语言规划多从教育、语言、文字、辞书等角度研究，很少从语言规划的角度探讨。古人有很多与语言规划相关的著述，但多在序跋、注疏、笔记、家训等处，不擅长做论文式的专门论述，这就需要今人从这些材料中去做"知识挖掘"，发现古人是如何进行语言文字规范的，是如何发展注音工具的，是如何利用礼仪、教育、勒石、字书、科举等来传播语言文字规范的，少数民族政权是如何对待自己的语言与汉语的，汉语是如何伴随着外国留学生、中国移民而传向海外的。

全世界有 200 多个国家和地区，这 200 多个国别单位的语言规划当然都需要知道，但是最需要关注那些有重要意义的国别单位。如那些较有影响力的大国、一些古老的国家、语言矛盾比较突出的国家、具有语言规划典型性的国家等。典型性有各种不同的典型性，比如日本、韩国、朝鲜基本上是单一语言的国家，印度是"语言立邦"，比利时是"语言建党"，加拿大实行典型的"双语制"，法国特别重视国家语言尊严等。

语言规划往往形成区域性的倾向，出现区域性的问题，因此在国别研究的基础上要有区域意识，重视区域的语言规划共性，换言之，重视具有语言规划共性的区域。比如 100 多年来的亚洲地区，出现了"拉丁化"的文字改革运动，从土耳其到巴尔干半岛，从中亚到东北亚的蒙古、中国、朝鲜半岛和日本，从南亚次大陆到越南。这波拉丁化运动对亚洲的语言文化发展影响深远，且至今还余波未熄，中亚多国从基里尔字母重回拉丁化。再如前南斯拉夫地区，正在出现"变方言为语言"的语言规划，以适应新建国家的需要；苏联地区，深陷"去俄语、兴国语"的语言旋涡之中，甚至出现激烈的语言冲突乃至语言战争；非洲的一些国家，一直纠葛于教育语言是采用民族语言还是原殖民者的语言。

（二）国际组织的语言规划学材料

国际组织分为政府间组织和非政府间组织，也可分为区域性国际组织和全球性国际组织。截至 2016 年，世界上约有 6.2 万个国际组织，包括政治、经济、社会、文化、体育、卫生、教育、环境、安全、贫穷、人口、妇女儿童等众多人类生存和发展领域。今天，国际组织已成为左右世界局势和人类社会发展的重要力量，研究国际组织的语言规划非常必要且意义重大。

国际组织的语言规划主要有三方面：第一，组织运作所选择的语言，包括官方语言和工作语言。官方语言具有较多的象征意义，工作语言具有实际的工作意义。第二，语言理念。有些国际组织有公开的语言理念，比如联合国、联合国教科文组织、欧盟等。国际组织的语言理念一般都涉及语言平等、语言权利（特别是弱势群体的语言权利）、土著或濒危语言保护等。第三，语言任务。一些与语言关系密切的国际组织，常常要完成一些特殊的语言任务，比如一些国际标准化组织，会涉及语言文字标准化问题；语言教学组织会涉及外语教学和本国语言的传播问题等。一些跨国组织和跨国的"中间共同体"可能会形成区域性的语言规划理念，或者提出区域性的语言规划任务，如法语国家组织（Organisation Internationale de la Francophonie）对法语世界地位的维护、阿拉伯国家联盟（League of Arab States）对阿拉伯语的提倡、非洲联盟（African Union）对非洲语言的维护等。这种情况与区域语言规划研究有交集。

多数国际组织并无显性的语言规划，在官方语言和工作语言的选用上多向联合国看齐，语言意识上倾向于语言平等。这基本上形成了"国际通例"。国际组织的显性或隐性的语言规划，一方面会以或显或隐的方式影响到各国的语言规划，另一方面代表着未来的国际语言规划走向。中国乃至国际语言规划学界，甚至是国际组织自身，对国际组织的语言规划也缺乏研究，是一个需要重视的学术领域。

此外，一些大语言的国际传播也值得关注，如英语、法语、西班牙语、阿拉伯语、葡萄牙语、德语、俄语、汉语、日语、韩语等。这些语言传播都有一些组织（特别是外语教育组织）的支持，影响到一些地区，形成国际语言生活的一个方面。

（三）重要领域的语言规划学材料

领域语言生活是语言生活的重要内容，准确了解领域语言生活状况及其发展趋势，监测领域语言生活的发展变化，是科学制定、及时调适语言政策的基础性工作。

各国内部都有一些领域是国家语言规划特别关注的。如在中国，党政机关、学校、新闻媒体、公共服务行业（包括商业、邮政、通信、文化、铁路、交通、旅游、金融、保险、卫生、工商、税务等系统）是语言文字工作的四大领域。党政机关起龙头作用，学校起基础作用，新闻媒体起榜样作用，公共服务行业起窗口作用。这四大领域的语言规划分三方面：第一，支撑国家语言政策；第二，制定本领域的语言文字规范标准；第三，解决本领域的语言问题。

当互联网媒体兴起以后，网络上的语言问题、包括新词语、新话语、新媒体、融媒体、超语言现象等受到关注。此外，社会基层（家庭，学校，单位，乡村）的语言问题也受到关注，比如"家庭语言政策"就是一个热点。领域、基层的语言规划需要重视，是因为这些规划对国家语言政策和社会语言生活都有重大影响，现在的"语言治理"理念讲究"自上而下"与"自下而上"的语言规划相结合，也为重视领域、基层的语言规划提供了理论依据。（参见王春辉 2017，2021）

在超国家层面，领域语言规划也比较重要。许多国际组织本来就是领域性的，都可能涉及领域语言规划。比如许多国际组织都涉及命名问题，如国际气象组织关于台风命名的原则、世界卫生组织关于病毒命名规则、化学元素的国际命名规则、国际地名组织关于地名单一罗马化的规定等，都涉及语言文字问题。

总之，古今中外语言规划材料的搜集，是语言规划学的重要任务。从何处搜集材料，用何方法搜集材料，怎样集聚和整理搜集到的材料，这本身还是需要研究的课题。然而，材料是研究的基础，在这些材料的基础上，才能够构建起有解释力的语言规划学。一个有解释力的语言规划学，要能够涵盖图 2 所示的四个层级的语言规划，能够解释、评判历史上已有的语言规划，预判某地、某国正在发生的语言规划问题，为某国家、某组织、某地区、某领域做出科学的语言规划。语言规划的现代理念或追求就是：（1）构建和谐语言生活，减缓语言冲突，避免语言战争；（2）保护和开发语言资源，将语言资源转化为产品和生产力；（3）提升国家和公民的语言能力；（4）加强国家和国际社会的语言治理，促进人类社会的发展进步。

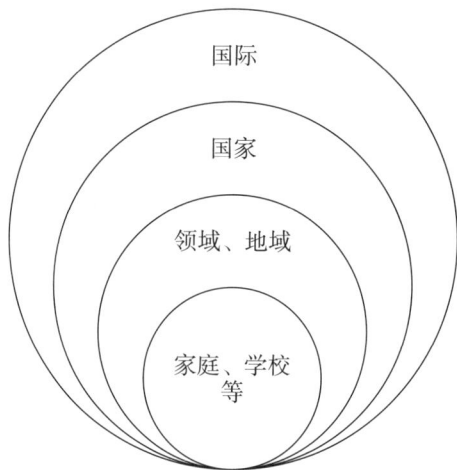

图 2　语言生活的规划层级

五、结语：中国的"语言生活"研究

中国近二十年来的语言规划学，是一群关注语言生活的学者以"语言生活"为基本理念展开的。其学术追求，李宇明（2015b）在《致〈中国语言生活状况报告〉韩语版读者》中表述为如下七个方面：

1. 关注语言生活，引导语言生活，构建和谐的语言生活；

2. 语言是资源，要珍惜它，爱护它，充分开发利用它，以期获取最大的语言红利；

3. 尊重各社区、各群体的语言权利，主张文化上平等、交际上互有分工的多语主义，使各种语言及其变体各得其所、各安其位、相辅相成；

4. 加强语言教育，努力提升个人语言能力和社会语言能力；

5. 推进政府和学界的社会语言服务，关心国际、国家、领域和家庭的语言规划，着力打造学界与社会的智力"旋转门"，探索用社会话语表述语言学研究成果；

6. 语言学发展的原动力，就是解决社会前进中遇到的语言问题。解决这些语言问题，需要多学科共治，需要多种研究方法共用，需要重视实态数据的收集与运用；

7. 信息化为语言生活提供了虚拟空间，为语言运用提供了语言技术和新媒体平台，为语言研究和语言规划提供了新手段。要全力促进语言信息化，积极利用语言信息化成果，过好虚拟空间的语言生活。

这群关注语言生活的学者，也被称为"语言生活派"。其实学派创立实属不易，"语言生活派"离真正的学派还有很大的距离。语言生活的研究才刚刚开始，只是发现了一些问题，提出了一些理念。未来的研究主要有几个方面：第一，深入观察图2所示的各层次、各领域的语言生活，搜集语言问题，并将其"学术化"，成为学科问题。第二，全面搜集语言规划资料。在材料基础上概括语言规划规律，升华语言规划理论。第三，积极开展中外学术交流，花更大力气把中国语言规划的实践及学术研究介绍到国际上去，也要积极关注国际语言政策与规划研究动向，最好是建立起相互对话、相互合作的平台。第四，服务社会，推进社会语言生活的进步。学术的追求，不仅在于学科的发展，更在于发现问题、解决问题。评价学术贡献，不能只看发多少学术文章、承担多少科研项目这些外在因素，更要看对本学科的学术提升力，学科间的学术穿透力，对社会的学术影响力。

中国语言生活学者建有一个微信群，名为"语言生活 π"，并把每年的 3 月 14 日作为群纪念日。π 是圆周率，其值为 3.14159265……，是一个无限不循环小数，这象征着语言生活的研究要永不停步，且不因循守旧。

参考文献

［1］本刊评论员（光明日报）. 构建和谐的社会语文生活. 光明日报，2006-03-31.

［2］陈永舜. 汉字改革史纲（修订版），长春：吉林大学出版社，1995.

［3］陈章太. 四代同堂的语言生活——陈延年一家语言使用的初步考察. 语文建设，1990（3）.

［4］陈章太. 语文生活调查刍议. 语言文字应用，1994（1）.

［5］陈章太. 再论语言生活调查. 语言教学与研究，1999（3）.

［6］陈章太. 语言规划研究. 北京：商务印书馆，2005.

［7］陈章太主编. 语言规划概论. 北京：商务印书馆，2015.

［8］戴昭铭. 规范语言学探索. 上海：上海三联书店，1998.

［9］冯志伟. 论语言文字的地位规划和本体规划. 中国语文，2000（4）.

［10］傅永和. 二十世纪的汉语言文字规范工作. // 刘坚主编. 二十世纪的中国语言学. 北京：北京大学出版社，1998.

［11］关彦庆，关亦淳. 新中国语言文字工作论. 吉林：东北师范大学出版社，2018.

［12］郭龙生. 中国当代语言规划的理论与实践. 广州：广东教育出版社，2008.

［13］郭熙. 华语研究录. 北京：商务印书馆，2012.

［14］郭熙. 主持人语：华语与华语传承研究再出发. 语言战略研究，2021（4）.

［15］黎锦熙. 国语运动史纲. 北京：商务印书馆，1934/2011.

［16］李建国. 汉语规范史略. 北京：语文出版社，2000.

［17］李宇明. 中国语言规划论. 吉林：东北师范大学出版社，2005.

［18］李宇明. 构建和谐的语言生活. // 国家语言资源监测与研究中心. 中国语言生活状况报告 2006. 北京：商务印书馆，2007.

［19］李宇明主编. 全球华语词典. 北京：商务印书馆，2010a.

［20］李宇明. 中国语言规划续论. 北京：商务印书馆，2010b.

［21］李宇明. 语言服务与语言消费——序屈哨兵等《广告语言谱系研究》. // 屈哨兵等. 广告语言谱系研究. 广州：暨南大学出版社，2014.

［22］李宇明. 中国语言规划三论. 北京：商务印书馆，2015a.

［23］李宇明. 致《中国语言生活状况报告》韩语版读者. // 李宇明，郭熙主编. 中国语言生活状况报告. 北京：新星出版社，商务印书馆，2015b.

［24］李宇明主编. 全球华语大词典. 北京：商务印书馆，2016.

［25］李宇明. 李宇明语言传播与规划文集. 北京：北京语言大学出版社，2018.

［26］李宇明. 语言学的问题意识、话语转向及学科问题. 广州大学学报，2019（5）.

［27］李宇明. 数据时代与语言产业. 山东师范大学学报，2020a（5）.

［28］李宇明主编. 应急语言问题研究. 北京：商务印书馆，2020b.

［29］李宇明. 讲好中国故事——序王革主编《读懂中国：英语读写教程》.// 王革主编. 读懂中国：英语读写教程. 北京：清华大学出版社，2021.

［30］楼必安可（Lo Bianco）. 澳大利亚的国家语言政策. 语文建设，1988（5）.

［31］罗天华等. 周有光年谱. 杭州：浙江大学出版社，2019.

［32］吕冀平主编. 当前我国语言文字的规范化问题. 上海：上海教育出版社，2000.

［33］晔子（李宇明）. 语言生活与精神文明. 语文建设，1997（1）.

［34］邱质朴. 试论语言资源的开发——兼论汉语面向世界问题. 语言教学与研究，1981（3）.

［35］苏培成. 中国语文现代化的回顾与展望. 北京：语文出版社，2007.

［36］苏培成主编. 当代中国的语文改革和语文规范. 北京：商务印书馆，2010.

［37］王春辉. 语言与社会的界面：宏观与微观. 北京：中国社会科学出版社，2017.

［38］王春辉. 语言治理的理论与实践. 北京：中国社会科学出版社，2021.

［39］王辉. 澳大利亚语言政策研究. 北京：中国社会科学出版社，2010.

［40］王均主编. 当代中国的文字改革. 北京：当代中国出版社，1995.

［41］王世凯. 语言资源与语言研究. 上海：学林出版社，2009.

［42］魏晖. 国家语言能力有关问题探讨. 语言文字应用，2015（4）.

［43］文秋芳，张天伟. 国家语言能力理论体系构建研究. 北京：北京大学出版社，2016.

［44］文秋芳. 对"国家语言能力"的再解读——兼述中国国家语言能力 70 年的建设与发展. 新疆师范大学学报，2019（5）.

［45］文秋芳. 学术国际话语权中的语言权问题. 语言战略研究，2021（3）.

［46］夏莉，张雪莲. 构建和谐的语言生活——访教育部语信司长李宇明. 语言文字周报，2005-11-09.

［47］于根元. 二十世纪的中国语言应用研究. 太原：书海出版社，1996.

［48］张普，王铁琨主编. 中国语言资源论丛. 北京：商务印书馆，2009.

［49］赵沁平. 加强语言文字应用研究 构建和谐的语言生活. 语言文字应用，2007（1）.

［50］赵世举主编. 语言与国家. 北京：商务印书馆，党建读物出版社，2014.

［51］赵世举. 全球竞争中的国家语言能力. 北京：中国社会科学，2015（3）.

［52］周恩来. 当前文字改革的任务. 人民日报，1958-01-13.

［53］周庆生主编. 国外语言政策与语言规划进程. 北京：语文出版社，2001.

［54］周庆生主编. 国家、民族与语言——语言政策国别研究. 北京：语文出版社，2003.

［55］周庆生. 语言生活与语言政策. 北京：社会科学文献出版社，2015.

［56］周有光. 汉字改革概论. 北京：文字改革出版社，1961.

［57］周有光. 语言生活的现代化. 北京：中国语文教学，1979（3）.

［58］周有光. 中国语文的现代化. 上海：上海教育出版社，1986a.

［59］周有光. 我看日本的语文生活. 群言，1986b（10）.

［60］周有光. 语言生活的五个里程碑. 百科知识，1989（11）.

［61］周有光. 语文生活的历史进程. 群言，2001（6）.

图书在版编目（CIP）数据

中国语言文字学的发展／中西书局组编 . —上海：
中西书局，2024

ISBN 978－7－5475－2169－4

Ⅰ.①中… Ⅱ.①中… Ⅲ.①汉语—语言学—研究—
中国②汉字—文字学—研究—中国 Ⅳ.① H1

中国国家版本馆 CIP 数据核字（2023）第 184893 号

中国语言文字学的发展

中西书局　组编

责任编辑	郎晶晶　李丽峰　田　颖　汪惠民
装帧设计	梁业礼
责任印制	朱人杰

出版发行		上海世纪出版集团
		®中西書局（www.zxpress.com.cn）
地　　址		上海市闵行区号景路 159 弄 B 座（邮政编码：201101）
印　　刷		常熟市人民印刷有限公司
开　　本		700 毫米 ×1000 毫米　1/16
印　　张		24.75
字　　数		430 000
版　　次		2024 年 1 月第 1 版　2024 年 1 月第 1 次印刷
书　　号		ISBN 978－7－5475－2169－4/H・141
定　　价		128.00 元

本书如有质量问题，请与承印厂联系。电话：0512－52601369